全球治理丛书

总主编 | 刘 浩 关 宏

全球治理与青年使命

GLOBAL GOVERNANCE AND YOUTH MISSION

何昌垂文稿自选集

何昌垂/著

法律出版社 LAW PRESS · CHINA
北京

图书在版编目(CIP)数据

全球治理与青年使命：何昌垂文稿自选集 / 何昌垂著. -- 北京：法律出版社, 2024
(全球治理丛书 / 刘浩, 关宏总主编)
ISBN 978 - 7 - 5197 - 9001 - 1

Ⅰ. ①全… Ⅱ. ①何… Ⅲ. ①国际政治－文集 Ⅳ. ①D5 - 53

中国国家版本馆 CIP 数据核字(2024)第 070930 号

全球治理与青年使命
——何昌垂文稿自选集
QUANQIU ZHILI YU QINGNIAN SHIMING
—HECHANGCHUI WENGAO ZIXUANJI

何昌垂 著

策划编辑 朱 峰
责任编辑 苗 婕
装帧设计 贾丹丹

出版发行 法律出版社
编辑统筹 辞书·融出版编辑部
责任校对 王 丰 李景美
责任印制 吕亚莉
经 销 新华书店

开本 710 毫米×1000 毫米 1/16
印张 23 **字数** 339 千
版本 2024 年 4 月第 1 版
印次 2024 年 4 月第 1 次印刷
印刷 北京建宏印刷有限公司

地址:北京市丰台区莲花池西里 7 号(100073)
网址:www.lawpress.com.cn
投稿邮箱:info@lawpress.com.cn
举报盗版邮箱:jbwq@lawpress.com.cn

销售电话:010 - 83938349
客服电话:010 - 83938350
咨询电话:010 - 63939796

书号:ISBN 978 - 7 - 5197 - 9001 - 1
定价:98.00 元

作 者 简 介

何昌垂

北京大学博士，国际欧亚科学院院士，遥感与地理信息系统专家。长期从事农业与粮食安全全球治理以及资源与环境管理、数字地球与卫星遥感技术应用研究。近十年参与全球治理与国际胜任力人才培养、数字中国及智慧农业等智库研究与政策咨询。曾在联合国工作25年，包括任联合国粮农组织副总干事（联合国副秘书长级别）等职务。

主要著作有：《我的联合国之路》《国际公务员实务概论》《纵横全球　兼济天下——国际组织任职启示录》《粮食安全——世纪挑战与应对》，以及百余篇论文与报告。

曾获多个国家与国际机构表彰，如泰国政府授予的“泰国皇家特级皇冠勋章”及“骑士”封号、日本摄影测量学会“邦英德拉亚洲遥感特别贡献金奖”、亚洲遥感协会最佳论文奖等。

2019年5月，作者参加西北工业大学第一届国际组织人才训练营开营式合影。

作者曾多年受聘为北京大学国际关系学院特聘教授。左图为作者在北京大学大国青年国际组织主题活动月的一次讲座。

2020年11月，时任北大校长郝平（前排中）在临湖轩会见作者（左二）讨论全球治理与可持续发展。参加会见的有北京大学国关学院张海滨副院长（右二)、城环学院金鑫副院长（右一）以及大国青年班部分代表。

2021 年 9 月，作者在清华大学与岭南大学合办的首届 DBA 开学典礼上作题为《数字中国建设进展》的讲座。左图为讲座现场，右图为作者与首届管理项目博士学员合影留念，后排右六为清华大学曲炜主任。

2021 年 10 月，作者在交通运输部主办的全球交通青年英才研修班为国际留学生作题为《全球治理与可持续发展》的讲座。左图为讲座现场，右图为作者课后与学员合影。

2021 年 10 月，作者为中国科协与北京外国语大学联合举办的国际组织任职及后备人员培训班授课并指导模拟国际组织竞聘。

2023 年 10 月，作者应邀在 2023 世界青年发展论坛代表高级别咨询委员会致辞。

2023 年作者在外交学院为出国人员培训班讲座时与学员合影。

2023 年 5 月，中国教育发展战略学会国际胜任力培养专业委员会理事长张宁、学术委员会副主任宋允孚及作者一同参加武汉大学首届国际胜任力青年人才训练营。图为作者与武汉大学校党委书记黄泰岩、校党委副书记屈文谦、“周鲠生讲席教授”黄解放及有关职能部门领导和学员合影留念。

2018 年 7 月，作者在中国工程院第 265 场中国工程科技论坛作智慧农业发展报告。

2021 年 6 月，作者应邀参加中国科学院举办的生态地理标志产品讨论会，与世界工程组织联合会主席龚克教授、中科院地理科学与资源研究所刘闯教授及当地农民在牛蒡基地调研。

2022 年 9 月，作者在吴江参加乡村振兴研讨会作题为《把握全球发展倡议机遇，推动乡村振兴国际合作》主旨发言。

2023 年 5 月，作者参加国际农业智库工作会议与翟虎渠主席（前排中）等同事合影。

2023 年 7 月，作者在科技部与广西壮族自治区政府共同主办的中国—东盟可持续发展创新合作国际论坛作主旨演讲。

2023 年 9 月，作者在苏州中欧地理标志合作发展论坛主持大会主旨报告。

2023 年 7 月，作者赴广西龙胜各族自治县的全球重要农业文化遗产地——龙脊梯田系统实地调研。

2023 年 11 月，作者为农业农村部农业外派人员能力提升培训班作讲座时与成员合影。

2019 年 7 月，作者在第十四届中国电子政务论坛暨“数字政府”高峰论坛（广州）作题为《政府数字化转型的若干问题思考》的报告。

2020 年 10 月，作者在第三届数字中国建设峰会“数字福建”分论坛主持高峰对话。

2021 年 4 月，张军院士（右）、陈杰院士（左）及作者参加第四届数字中国建设峰会“福州三坊七巷院士行”高峰论坛。

序　言

何昌垂博士，这位在联合国系统勤勉耕耘了25个春秋的资深专家，以其丰富的国际组织实践经验和卓越的管理才能，为全球治理和可持续发展作出了重要的贡献。何昌垂博士在联合国亚太经社会和联合国粮农组织任职期间，不仅努力推动空间遥感技术应用与资源环境管理，还致力于全球粮食安全治理、农村贫困状况改善、气候变化应对等全球性挑战，贡献发扬了东方智慧。

从联合国退休后，何博士又投身培养新一代全球治理人才事业。他的新著《全球治理与青年使命》不仅是一部分享个人丰富经历和深刻思考的作品，更是一份对未来全球治理青年人才的宝贵指导和真诚建议。

本书分为三个部分："国际胜任力与青年培养""全球粮安与青年担当""数字治理与青年创新"，何博士以其独特的视角和深刻的见解，为青年在国际组织任职、推动农业发展和粮食安全、参与数字治理创新等方面的角色和责任提供了全新阐释。他强调青年在全球治理中的重要作用，呼吁青年一代勇于担当、积极作为，为构建新时代全球治理体系贡献青春力量。

北京理工大学积极响应全球治理需求，以理工特色为基础，成立了国际组织创新学院。学院以管理学和法学为双翼，开展跨学科、贯通式培养，为中国和有类似需求的国家培养具备国际视野和专业能力的复合型人才。我校国际组织创新学院的设立发展，全球治理人才培养的创新进步，都有何昌垂博士的贡献。我们对何昌垂博士表示衷心感谢！

何昌垂博士将《全球治理与青年使命》纳入全球治理丛书，不仅是对北京理工大学国际组织创新学院的信任，更是对我们青年全球治理人才培养工作的鼓舞。我们相信，本书将成为激发更多青年学子投身全球治理、贡献智慧和力量的重要媒介。让我们共同期待，更多青年才俊在全球治理舞台上绽放光彩，为推动构建人类命运共同体贡献青春力量。

中国工程院院士、北京理工大学党委书记

2024 年 3 月 18 日

自　序

在联合国任职25年之后，我于2013年退休回国，赶上了一个好时期：实现中华民族伟大复兴中国梦的提出；“一带一路”倡议、建设生态文明、促进绿色发展、构建人类命运共同体等一系列新理念相继问世。毫无疑问，中华民族正信心百倍地迈向全球治理舞台的中心。国家对参与全球治理空前重视，但国际化人才短缺的问题却随之凸显，培养具有国际胜任力的人才迫在眉睫、任重道远，而青年领军人才的培养尤为重中之重。

为了和青年分享自己长期在国际组织的奋斗心路，我于2019年完成并由中信出版社出版了《我的联合国之路》一书；之后，我又主编出版了《国际公务员实务导论》（北京大学出版社）及《纵横全球　兼济天下——国际组织任职启示录》（浙江大学出版社）等书。这些年来，我参与了国际组织人才培养的一些活动，曾受聘为北京大学国际关系学院的特聘教授以及清华大学、浙江大学、北京理工大学、南京大学、武汉大学、北京外国语大学等十多所高校的国际胜任力培养实践导师；应邀为中国科协、中科院、科技部、工信部、农业农村部、交通运输部等部委组织的国际组织后备人才培训班讲座。在分享自己在国际组织积累的工作经验与知识的同时，我也不时有一些思考以及对思考的思考。

令我欣慰的是，许多听过我的讲座或读过我的书籍的青年专家与学生，对我与共和国共成长的经历、在国际组织工作的历练及联合国系统这个庞大的国际组织的工作场景表示了极大的兴趣。我深受触动的是，不少青年来信表示，要立志厚植家国情怀，练好过硬本领，积极参与全球治理，包括到国际组织任职，为分享中国的经验、提供中国的方案贡献自己的智慧与力量。

一位来自西北的西工大毕业生告诉我，他为我的家国情怀所感动，决定“把自己的奖学金送给老家的中学,支持家乡困难的孩子上学”;南京大学的几位同学表示,“在讲解如何在国际事务中交流沟通、推动问题解决、提出智慧方案的过程中,何教授结合亲身经历和实践,为大家提供了如何在国际磋商中发挥积极作用的示范”;武汉大学的同学提到,“何教授的讲座不仅仅是在教我们如何锻炼提升全球胜任力,更珍贵的收获在于引导我们不断思考,深刻反思自己仍存在的不足,全方位审视自己、评估自己,只有这样更好地认知自己,才有利于明晰将来努力弥补的方向”;来自中科院的一位年轻研究员把我的《路》列为她“2022年的21部电子书中最爱读的三本书之一”,并说自己被“先以自己为道路,再为后来者开路”的经历所激励与启发,决心探索参加国际组织工作的道路;一位农业农村部的青年分享了他参加培训课后的想法,他说:“何先生讲座中传授的宝贵的思维方式、观点认知和实用的知识,让人受益匪浅!”

……

每每得到学员热情洋溢的反馈、充满求知欲的探索与富有哲理的思悟,我会为自己这些年来并没有终止于退休生活、没有停下脚步歇息而感到安慰——“老骥伏枥”,也可派上用场,为启智青年、培植青年的社会责任感作点有益的贡献。但也常常伴有不安——“传道授业解惑”乃“国之大也”,教育工作非己所长,一言一行切不可辜负时代,更不能误导青年,此乃初衷,不敢暴虎!尽管每次课件总会不惜时间投入,反复打磨提升,但一站上三尺讲台,总有战战兢兢、如履薄冰之感。

2019年年底暴发的持续三年多的新冠肺炎疫情,加上西方一些国家推行的单边主义、冷战思维、霸权霸道霸凌加速了百年未有之大变局的演进,“和平赤字,发展赤字,安全赤字,治理赤字”加重,世界“陷入严重的全球功能障碍”。世界的和平、发展与安全正面临着一轮新的考验。“二战”后建立的以联合国为核心的全球治理机制正处在人类历史的十字路口、关键节点,国际社会比以往任何时候都应该更认真思考如何维护并加强以联合国为核心的全球治理体系,探索创新建立健全世界新秩序的重大命题。无疑,错综复杂的变化对传统的全球治理理念、模式与机制提出严峻的挑战。国际社会需要面对现实,正视传统机制的缺陷,研究新模式、探索新机制、培养新人才,全面提升全球治理的能力与水平,以适应新形势、应对新变化。这是时代的命题,也是我和一批从国际组织退休回国的同事们经常思考和谈论的问题。

作为最大的发展中国家,中国必须积极参与全球治理,担当负责任大国的义务与责任。这是中国不断拓展自身发展空间的需要,也是国际社会特别是广大发展中国家对中国在全球治理中发挥更大作为的期盼。这是新时期历史赋予一个崛起大国的新使命,也是中国在人类发展进程中砥砺前行并创造新辉煌的机遇。

完成这个使命,重要的是培养与储备人才资源,需要的是具有高瞻远瞩的人才战略。新时代要求我们既为国家育才,也要为世界储才。新使命要求有源源不断的新型的国际化人才,直面高新技术发展,适应变化、引领变革;在立足做好自己的事的同时,积极融入国际社会,参与全球治理,贡献中国智慧。为此,培养与储备具有独立思考能力与批判思维、全球化视野及敏于行动的人才迫在眉睫。

在这个宏大的背景下,这10年来,我有幸参与了全球治理与国际胜任力培养的一些活动,关注并参与了推动数字中国建设[如参与组织数字中国峰会、筹建数字中国研究院(福建)]、讨论智慧农业与粮食安全等领域的学术活动、智库研究与科技政策咨询以及相关的实践行动。其中大部分活动有幸与青年联动,包括与青年学子和青年研究人员同台论道,面对面互动、交流切磋,从中学到许多新的东西,也促使自己不断有新的思考。

《全球治理与青年使命》一书收集了我在这些活动中的部分培训讲座、实地活动、学术报告与智库研究等方面的文稿。从某种意义上说,这是我从联合国退休以来"发挥余热"生活的一些心得,也是向在这期间关心、支持与帮助过我的所有人的一次汇报。

本书分为三部分。

第一部分是关于国际胜任力与青年培养。这是基于自己25年在联合国系统不同岗位任职的感悟以及对青年参与国际组织实际工作的观察,对新时期青年到国际组织任职所需的基本知识、素质技能与参与态度等国际胜任力要素的思考与解析。收入本书的主要内容包括在高校授课、各种专题培训班的讲座,报刊约稿以及对全球治理领域相关问题的研究与学术探索文章,共22篇。

第二部分涉及全球粮安与青年担当。这是结合多年国际组织管理与推动可持续发展国际合作的经验以及回国后继续致力于农业与粮食安全领域的活动与实践的思考,剖析当下农业可持续发展与粮食安全全球治理、智慧农业发展以及青年科技工作者的培养等热点问题。收入本书的主要文章包括学术会议的主旨演讲或发言以及政策咨询及研究报告等资料,共14篇。

第三部分是关于数字治理与青年创新。数字技术正在改变世界。"数字中国"已成为中国国家发展战略的重要组成部分。自2018年我开始关注数字中国峰会,参与数字中国研究院(福建)筹建及有关战略研究与数字治理政策咨询等活动。收入本书的主要内容涉及这几年对遥感与数字地球、电子政务、大数据与数字治理以及青年创新等领域的思考、研究报告与政策建言,共12篇。

我的专业背景是理工科。20世纪80年代初留学归国后在中科院从事遥感与地理信息系统应用研究,之后到国家科委从事高科技管理。1988年参加竞聘成功,到联合国担任亚太地区遥感项目经理兼首席技术顾问(L-5/P-5),10年后成功应聘到联合国粮农组织(FAO)带领自然资源与环境团队(D-1)、担任粮农组织亚太地区总代表(D-2/ADG),直到出任粮农组织副总干事(DDG,联合国副秘书长级别)。从空间遥感与数字地球技术应用领域到农业与粮食安全全球治理,数度跨界,变化巨大,挑战重重,压力不小。但我总觉得,人来到这世上,无论做什么都要体现自己存在的价值;无论到哪儿,都要不忘初心,保持中国人谦逊、坚韧、勤奋敬业及持之以恒的心态。这是确保自己始终不落伍,且所到之处都能提交各方满意的结果的"秘笈"。

我想与读者分享的是,参与全球治理或到国际组织任职,综合知识的积累、跨学科能力的培养以及沟通能力的提升非常必要。我从对全球治理知识的认真学习、加深理解与充实到国际组织管理与实操能力的不断提升;从数字地球技术发展应用的跟踪研究,再到农业与粮食安全的实践理解,最重要的是坚持不断提升学习能力,掌握持续学习这把"金钥匙"。借用联合国总部一位中国年轻职员的心得体会:持续学习是对内充电、对外适应的过程。我想,这也是我把这本选集献给读者的最主要的目的。

人贵有自知之明。此书内容跨度较大、覆盖领域较广、跨越时间较长,涉及近十年的活动记录。有些情况已发生了很大变化,但为了尊重认知过程,忠实于原课件原报告中的认知水平,我决定原则上保持"原汁原味",以便读者更好地了解相关议题的历史脉络。需要说明的是,书中一些地方反映的是当时的场景与历史数据,个别文章之间也存在些许内容的重复,但为了保持原文的独立性、完整性,在汇编时原则上不做更新与删减。希望读者在阅读本书时予以理解并欢迎批评指正。

本书得以出版,要感谢的人实在太多了,一一列举,难免挂一漏万。但我还是首先想要感谢北理工的张军院士为本书作序,刘浩与关宏教授的建议与多年来的支持。也感谢一大批专家与同事,他们从不同专业领域、不同层面,在不同时期、以不同方式为我提供了学术交流、头脑风暴与政策讨论的机会。这包括王钦敏博士,徐冠华、童庆禧、郭华东、唐华俊及翟虎渠等院士;教育部国际胜任力专委会张宁理事长与张双鼓,北大张海滨、李琦与陈秀万,清华大学赵可金与曲炜,香港中文大学林珲,国家行政学院王益民,中国科学院刘闯、杨崇俊、吴炳方与左丽君,中国农科院吴文斌,数字中国研究院肖桂荣、陈崇成、宋志刚与吴升等教授研究员;联合国刘克凡、祖良荣、王韧、李轩、王克然等同事;以及国家行政学院电子政务研究中心、数字中国研究院(福建)、中科院空天院等单位的一些青年专家给予不同的帮助和《中国日报》(英文版)、《环球时报》、《神州学人》以及世界知识出版社等单位的多位编辑、记者给予支持。我真诚地向所有帮助过我(包括许多没有提到名字的)的学者、专家、同事、记者以及协助整理录音材料的同学,包括北理工国际组织创新学院罗芳博士在本书出版过程中的协助,表示由衷的谢意。特别感谢法律出版社编辑朱峰与苗婕的编审。没有她们的辛勤工作,我的书稿不可能这么快付梓出版。

借此机会,我要再次感谢我的夫人张佩红。我的退休生活基本上是在继续学习读书、研究写稿、出差参会、备课讲座等,总觉得时间不够用。我感谢妻子一如既往的理解,总是无悔无怨地全力支持。

但愿本书可以为从事全球治理(包括粮食安全与数字治理等)研究、国际胜任力人才培养、全球治理管理以及国际合作活动的工作人员,特别是有志于到国际组织任职、准备参与全球治理工作的青年,提供另一维视角与有益的参考。

作　者

2024 年 1 月 18 日

目　录

第一部分　国际胜任力与青年培养

第二部分 全球粮安与青年担当

第三部分 数字治理与青年创新

第一部分　国际胜任力与青年培养

加强国际胜任力培养　应对全球治理变局*

当前，全面建设社会主义现代化国家新征程的号角已经吹响。习近平总书记在党的二十大报告中总结回顾党的十八大以来的工作时指出，我们全面推进中国特色大国外交，推动构建人类命运共同体，坚定维护国际公平正义，倡导践行真正的多边主义，旗帜鲜明反对一切霸权主义和强权政治，毫不动摇反对任何单边主义、保护主义、霸凌行径。我们完善外交总体布局，积极建设覆盖全球的伙伴关系网络，推动构建新型国际关系。我们展现负责任大国担当，积极参与全球治理体系改革和建设，全面开展抗击新冠肺炎疫情国际合作，赢得广泛国际赞誉，我国国际影响力、感召力、塑造力显著提升。

党的二十大明确了现阶段和未来一段时间中国共产党的中心任务就是团结带领全国各族人民全面建成社会主义现代化强国、实现第二个百年奋斗目标，以中国式现代化全面推进中华民族伟大复兴。为应对人类社会面临前所未有的挑战，党的二十大报告在“促进世界和平与发展，推动构建人类命运共同体”部分明确提出一系列举措，包括践行共商共建共享的全球治理观；坚定维护以联合国为核心的国际体系、以国际法为基础的国际秩序、以联合国宪章宗旨和原则为基础的国际关系基本准则；积极参与全球治理体系改革和建设，坚持真正的多边主义，推进国际关系民主化，推动全球治理朝着更加公正合理的方向发展。党的二十大报告为我们参与全球治理科研、教育和实践提供了遵循，也为国际胜任力提升及人才队伍建设指明了方向，提出了明确目标。我们看到，在党的二十大报告中，“全球治理”“构建人类命运共同体”“爱国”“教育”

* 该文为作者在中国教育发展战略学会国际胜任力培养专业委员会 2022 年会暨国际胜任力培养论坛上的学习体会分享报告，原文载《神州学人》2023 年第 1 期。

"人才"等与全球治理密切相关的词语出现频次增多。这充分说明,党和国家对全球治理与构建人类命运共同体的高度重视以及对国际胜任力培养与人才储备的高度关注。

全球治理之所以备受各国关注,是因为世界正面临第二次世界大战以来从未经历过的动荡与深层次变革。进入21世纪以来,国际社会出现了许多不确定因素,尤其是五大变数交织并存,加速了大变局的演进。

一是新科技的飞速发展。 新一轮技术和产业革命正改变着人类的生产模式和生活方式,改变着人类社会的组织形态、治理模式和管理方式,深刻影响着全球格局。全球发展动能正经历"新旧转换"。

二是新兴经济体的崛起。 世界新兴经济体成长与群体性崛起,发展中国家参与全球治理意愿日益强烈,以中国为代表的新兴力量正在走近全球治理舞台中心。"重心东移",全球政治经济体系出现深度调整。2022年年底在东南亚国家召开的新冠肺炎疫情以来首次三大全球性峰会就是最有说服力的例子之一。无论是西方国家还是一些国际组织,的确需要经历一个从"不舒服"到"适应"的过程。

三是大国对抗与战略博弈。 最近几年,美国与西方一些国家重拾冷战思维,推行单边主义、强权政治,搞军事同盟、集团对抗以及地区冲突,严重挑战了以联合国为核心的全球治理体系,导致以国际法为基础的全球秩序陷入礼崩乐坏的边缘,世界局势变得更加复杂、动荡。

四是非传统安全风险激增。 气候危机、能源危机、生态危机、灾害频发、环境退化、饥饿与贫困、公共卫生等非传统安全风险的频数与烈度激增,影响与损失增大,人类的可持续发展受到空前挑战,联合国2030年可持续发展目标(SDG)[①]已经偏离轨道。

五是全球经济恢复动力不足。 疫情、地区冲突、逆全球化冲击、超级大国霸凌等,使贸易、经济、科技、人才等领域受到遏制、封锁、打压,全球供给链、产业链被破坏,经济复苏乏力,能源危机,贫困与饥饿人数增加,加大了国际政治经

---

① 《变革我们的世界:2030年可持续发展议程》,载联合国网站,https://www.un.org/zh/documents/treaty/A-RES-70-1。

济秩序坍塌的风险。

正如党的二十大报告所指出，当前，全球“和平赤字、发展赤字、安全赤字、治理赤字”加重。我们很不愿意看到，全球治理的核心机制——联合国——正面临空前挑战，步履艰辛。联合国秘书长古特雷斯最近发出警告：“我们陷入了严重的全球功能障碍。”①

毫无疑问，为应对全球治理格局变化，适应新时期的挑战，全球治理的框架、体系、规制规则需要与时俱进，改革势在必行，而且迫在眉睫。这是我们国际胜任力培养工作者必须了解、思考与探索研究的现实问题。下面，我想从三个方面谈谈个人的一些想法与建议。

第一，深刻理解全球治理与构建人类命运共同体的关系内涵。

党的二十大报告指出，中国始终坚持维护世界和平、促进共同发展的外交政策宗旨，致力于推动构建人类命运共同体；积极参与全球治理体系改革和建设。如何在理论上加深认识，在实践中积极推进这一理念？

回顾我国参与全球治理的历程，可以更好地了解我们到底从哪儿来。

新中国成立以来，我国参与全球治理经历了边缘性角色、韬光养晦的有限参与者、有所作为的全面参与者、奋发有为的引领者四个阶段的角色转换。

在70多年艰苦曲折的进程中，中国一直彰显勤奋、坚韧、实干、诚信与敢于担当的民族特质。作为联合国的缔造者之一，中国严格履行了联合国安理会常任理事国的职责，即使处于贫穷落后的年代，中国也坚守承诺，担当起一个负责任大国的职责与义务。特别是在推动和平、发展、安全与人权，执行联合国决议，推动联合国千年发展目标（MDG）的实现以及联合国2030年可持续发展目标的实施中作出了举世瞩目的贡献。今天，中国成为联合国会费与联合国维和行动第二大出资国（15.254%），是南南合作的重要支持者。这是我国全面参与联合国事务与全球治理的信心所依、底气所在。

党的二十大报告指出，必须坚持胸怀天下。要拓展世界眼光，深刻洞察人类发展进步潮流，积极回应各国人民普遍关切，为解决人类面临的共同问题作

① 《联合国在重重危机中开大会，古特雷斯：我们陷入严重的全球功能障碍》，载腾讯网，https://new.qq.com/rain/a/20220921A00TBO00。

出贡献,以海纳百川的宽阔胸襟借鉴吸收人类一切优秀文明成果,推动建设更加美好的世界。

我认为,正是有这种天下胸怀与世界眼光,才使中国进入新时期以来在全球治理中不断拓展创新,提出一系列新的理念与举措,包括推动机制创新,搭建各种国际对话平台与包容开放的多边合作机制;创建新型合作机构,与有关国家共同创建了一批新型的合作组织,有力补充了现有国际组织的不足,促进了全球或区域的经济发展;参与全球治理改革与国际规则制定,提出共商共建共享的全球治理观;引领理念创新,倡议构建人类命运共同体,共建"一带一路"、生态文明建设,提出全球发展倡议与全球安全倡议等。

作为一个升级版的大型国际公共产品,全球发展倡议直面国际社会共同关注,提出六个坚持,涉及八大重点领域以及一份包含32项务实合作的成果清单,助力联合国2030年可持续发展目标的实施,并整合升级了对联合国的合作基金,得到国际社会的广泛关注与支持。目前,已有60多个国家加入"全球发展倡议之友小组"。①

为了同国际社会一道落实上述倡议举措,中国承诺:坚持对话协商,推动建设一个持久和平的世界;坚持共建共享,推动建设一个普遍安全的世界;坚持合作共赢,推动建设一个共同繁荣的世界;坚持交流互鉴,推动建设一个开放包容的世界;坚持绿色低碳,推动建设一个清洁美丽的世界。这五个坚持是中国对国际社会的庄严宣示,充分体现了一个全球治理改革引领者所具有的大国胸怀、大视野与大格局——深刻洞察人类发展进步潮流,积极回应各国人民普遍关切,为人类解决面临的共同问题提供中国方案,为推动建设更加美好的世界作出中国贡献。

第二,认清全方位参与全球治理人才的培养是一项长期任务。

无论是理念创新,还是实践布局,党的二十大报告指出的中国参与全球治理的理念、原则和模式,是全球治理理论与实践相结合的创新,是一场适应"世界之变,时代之变"、争取历史的主动。这是一个充满挑战、不是一代人能够完

---

① 《携手推进全球发展倡议　合力谱写共同发展新篇章——在"全球发展倡议之友小组"部长级会议上的主旨发言》,载外交部网站,https://www.mfa.gov.cn/wjbzhd/202209/t20220921_10769127.shtml。

成的艰巨任务。

我们应该认识到，在严峻复杂的国际环境下，以中国式现代化全面推进中华民族伟大复兴、中国走向全球治理舞台中心的全过程，将始终充满激烈竞争甚至是严酷斗争——科技竞争、资源竞争、市场竞争、人才竞争，等等。归根结底，这是综合国力的长期竞争。对此，我们要让青年人做好长期、足够的思想准备。

应当看到，我国在参与全球治理中还存在诸多短板：在国际事务与全球治理中，能真正真实、立体、全面地讲好中国故事的能力还很弱；能敏锐把握变化、有效驾驭激烈竞争与主动应对挑战、引领变革的青年领军人才还十分短缺；有能力讲清中国式现代化五大特征和本质要求、讲清中国式现代化与世界和平发展的关系、讲清中国式现代化能为全球共同关注的问题提供解决方案与切实好处的关系等能“构建中国话语和中国叙事体系”的本领依然不足。我们在许多国际舞台进行对话有时还很困难，短板明显。在现有的全球 7 万多个国际组织中，特别是联合国系统内，中国职员的数量和质量与我国的大国地位、贡献度还很不相称。随着中国实力与影响力不断增强，在华建立的国际组织也在不断增加（目前在民政部注册的将近 50 个），但能有效运营与管理这些国际组织、不断发挥投入作用与影响的人才资源却严重匮乏。

显而易见，面对人才方面“量和质”的双重挑战，国际胜任力培养的现实任务是要创造更多的平台与机会，加强与提升青年综合素质与国际化水平。这是应对全球治理之需的必由之路，是一个长期爬坡努力的过程。

第三，需要既雄心勃勃又切实可行的国际胜任力培养策略。

党的二十大报告强调，科技是第一生产力，人才是第一资源，创新是第一动力。

我对于全球治理领域“创新是第一动力”的理解是，要在全球治理中发挥引领作用，理念创新非常重要。“治理是公共事务处理之道”，按此定义，中国“治理之道”的形成其实比柏拉图提出“governance”的年代还早些。孔子及其弟子编《论语》、释“六经”、创儒家学派就大量论述了古代中国的“治理之道”；《道德经》中提到“治大国，若烹小鲜”；《史记》记载的大量实例如秦长城、都江堰的修建等都印证了中国古代各领域“治理之道”的智慧与文化精髓；《吕氏春秋》则论述了"竭泽而渔,岂不得鱼,而明年则无鱼;焚薮而田,岂不获得,而明年无兽"。可见,中国人很早就有了朴素的可持续发展观。而到了现代,"global governance"(全球治理)的理念却由西方(德国)人士率先提出;联合国的"可持续发展目标"则是哥伦比亚代表团在2008年联合国会议上首倡的;众所周知的"gender balance"(性别平衡)是印度专家在20世纪80年代提交给联合国的一份咨询报告中提出的;国际上经常提到的"幸福指数"则是由不丹国王提出后被联合国总结采用的。同科技领域一样,在发展学的原创驱动力上,我们还有很大的空间,原创差距也很大。这里面的根本问题,涉及文化、制度与人才等诸多方面,需要深入开展理论探索与系统的研究。

我认为,有效参与全球治理的根本在于人才,关键在于国际胜任力的培养,重点在于探索教育的改革与创新。我们的国际胜任力教育需要面向世界议程,既为国家育才,也为世界储才。应该把全球治理人才纳入国家人才强国战略,包括探讨建立全球治理人才高地、国际培训中心,加强对培训者的培训,编写符合新时期全球治理发展格局的教材体系,推动大数据库的建立与数字技术的应用,开辟有效的国际合作渠道与高端人才引进机制等,为培养大批适应双轮驱动运作、能够担当民族复兴大任、具有国际化视野的人才持续赋能。今后的5~10年将是关键期。

习近平总书记指出:"青年强,则国家强。当代中国青年生逢其时,施展才干的舞台无比广阔,实现梦想的前景无比光明。"并寄语广大青年"要坚定不移听党话、跟党走,怀抱梦想又脚踏实地,敢想敢为又善作善成,立志做有理想、敢担当、能吃苦、肯奋斗的新时代好青年,让青春在全面建设社会主义现代化国家的火热实践中绽放绚丽之花"。①

青年是我国走近全球治理舞台中心的重要力量,肩负着实现中华民族伟大复兴,创造多极化世界格局,支持联合国实现2030年可持续发展目标等责任,使命光荣、任重道远。为此,我们迫切需要一个既雄心勃勃又切实可行的青年人才国际胜任力发展策略,从国家层面进行顶层设计,并跨部门、跨行业统筹规

① 《习近平:高举中国特色社会主义伟大旗帜　为全面建设社会主义现代化国家而团结奋斗——在中国共产党第二十次全国代表大会上的报告》,载人民政府网,https://www.gov.cn/xinwen/2022-10/25/content_5721685.htm。

划，使之成为我国人才强国战略的重要组成部分。

从人才需求的内涵变化来看，需要注重六方面综合能力的培养：

适应大变局：重在独立思考，培养批判性思维，学会用“三只眼睛”看天下——看中国、看世界、看变化；

引领改革创新：在动荡、变革与发展中敢于开拓创新，推动多边主义，发挥引领作用；

传播新思想：构建人类命运共同体是中国对人类历史进程的思想理念贡献，需要理论研究、实践体会和行动推广；

全球新视野：培养大格局、大胸怀，既有战略眼光，又能做实干家、宣传员，讲好中国故事，提供中国方案，贡献中国智慧和力量；

掌握新科技：了解新科技的内涵、发展与伦理道德，自觉适应信息化、数字化对人类发展、生产与生活方式以及社会组织的影响，提升管理的能力与水平；

善内外兼修：在全球治理竞争与国际斗争中，既旗帜鲜明、不忘初心、坚持底线，又懂得在斗争中讲究道术。

从胜任力的特质要求看，需要紧紧围绕党的二十大精神，强调家国情怀，参考联合国新的“4+5”胜任力框架①及上述六方面需求内涵，设计符合国情的国际化人才培养目标、方向与内容。重塑国家“六维要求”的内涵，即熟悉国家的方针政策（新时代新征程的历史使命，特别是全球治理原则）；了解我国国情（全面建设社会主义现代化国家的特色与本质）；具有全球视野（促进世界和平、发展与构建人类命运共同体关系）；熟练运用外语（构建中国话语和中国叙事体系，讲好中国故事）；通晓国际规则（维护以联合国为核心的国际体系）；精通国际谈判（坚持对话协商、交流互鉴，斗智斗勇不斗气，展现可信、可爱、可敬的中国形象）。

对于领军人才，应注重全球战略领导力的提升，直面全球问题与国际组织

① 在执行了20年的“386”胜任力框架之后，联合国于2021年年底开始试行新的“4+5”胜任力框架——又称“联合国价值与行为框架”。“4+5”框架是联合国4500名职员经过3年的磋商研究确定的联合国新的组织文化框架，旨在应对世界变化要求与更好反映下一个10年联合国的目标以及新的全球治理的需要。“4”指四个核心价值观，即包容、正直、谦逊、人性；“5”为五方面的行为规范，分别是：沟通与合作、分析与计划、交付有影响的成果、学习与发展、适应与创新。

特性,培养“四力”——领导力(远见卓识、战略决策、引领方向、凝练政策);执行力(制订规划、组织实施、建立团队、配置资源);创造力(探索未知、担当挑战、开拓进取、引领改革);影响力(文化底蕴、个人魅力、谦逊谨慎、沟通宣传)。

党的二十大报告为未来五年甚至更长时期我国参与全球治理描绘了蓝图,也提供了如何落实的明确指针。当前,摆在我们面前的主要任务是把党的二十大精神融入国际胜任力培养的全方位、各层面、全过程。这要求我们善于思考、敢于创新,从理念到行动、从内容到形式、从模式到方法,踔厉奋发、扎实推进,努力实现造就具有“6C 特质”的全球治理新人才目标,即 confidence(充满自信)、critical thinking(批判思维)、challenge(勇于挑战)、collaboration(善于协作)、creativity(开拓创新)、communication(沟通交流)。

从大国到强国,既需要发展硬实力,也需要提升软实力。面对动荡变革、严峻复杂的国际环境,我们要做的事只会越来越多,也会越来越难。但越是到艰难时刻,越需要我们坚信“空谈误国,实干兴邦”,坚持每个人都做好自己的事,鼓励青年切切实实去感受世界、认认真真思考未来、满怀激情渴望变革、脚踏实地实现人生的真正价值,为参与全球治理、构建人类命运共同体作出我们应有的贡献。

提升与大国相匹配的全球治理软实力*

首先,我十分感谢北京大学国际关系学院聘请我担任兼职教授;感谢国关领导邀请我加盟,更感谢所有老师与同学给我一个向你们学习的难得机会。我是北大的老校友,但从事教育却是外行。从教先从学,今后我一定努力向所有的老师和同学学习,希望所有老师与同学多多包容,给予帮助。

2011 年是我这一生的重要转折点,其间,我经历了三件大事:

第一,我到了联合国粮农组织的法定退休年龄。七月初,我离开工作了 25 年的联合国。凭着"归来归来兮,西山不可以久留"的直觉,落叶归根,回到北京,开始新生活。这确是一大转折点。

第二,今年 6 月 27 日,泰国国王授予我"泰国皇家特级皇冠勋章"及"骑士"封号,表彰我对泰国及亚太地区乃至全球粮食安全、农民福祉和农村发展的贡献。我得到一枚金质勋章和一份证书,这确是一份殊荣。

第三,刚刚,我获得了一份北大的聘书。从大小尺寸看,与特级皇冠勋章证书相当。但对于我来说,这聘书要比皇冠证书更沉、更重。因为,皇冠证书反映的是我过去的成就与荣誉,是给人画句号的。而今天的北大聘书却连接未来,承载着新的寄托和希望。由于职业关系,我很熟悉考察一个农民的指标,那就是等待金秋时节,看看是否丰收。我深感北大教授聘书的分量——为社会培养出更多、更好、更高水平的 21 世纪人才。这个使命任重而道远。

人才需求的内涵往往随形势变化和发展而变化。人才的培养是一个民族的超前事业,是一个国家的战略投资。21 世纪国际关系都有什么样的特征和特殊要求呢? 21 世纪头 10 年虽然总的说来还是"和平与发展"的大趋势,但阿富

* 该文为作者 2011 年 9 月 29 日在北大国际关系学院贵宾楼接受北大兼职教授聘书仪式时的讲演。

汗战争,伊拉克战争,2007/08 年世界粮食危机和金融危机,哥本哈根气候峰会各种力量交锋和实质上的不欢而散,多哈谈判旷日持久无法告结。目前欧洲国家愈演愈烈的主权债务危机,美国债台高筑、美元贬值,世界经济可能面临再度衰退的危险。加之东北非的饥荒与地区战乱;中东及北非的颜色革命、政权突变、乱象险生,所有这些对"和平与发展"的世界政治趋势有何冲击与含义?对正在走向崛起大国的既定的战略思维有何影响?我们的政治决策与国际关系政策及运作又该如何做出相应调整?新兴经济体是否能在经济上长期保持可持续的高增长?政治上是否能合纵连横、协同合力,在国际事务中发挥更大的甚至引领作用?睦邻政策成效如何?是否经得起风吹草动甚至惊涛骇浪?

这一系列的问题都是对国际关系与国际政治从业者的灵魂拷问。中国在非洲秉承长期无私友好的外交政策,但最近经济改革推动企业走出去之后,也有诟病不少,个别负面的故事已使我们半个世纪苦心经营的美好形象备受影响。如此等等都是摆在我们面前的无法回避、需要马上思考的重大国际关系问题的主要部分。

对当下形势的看法,见仁见智,就像看万花筒。你所把玩的与我所目睹的角度各有千秋。由于视角不同,观点不一,立场迥异,解决问题的主张与举措自然大相径庭。就如当前有关气候变化的国际争论、贫困与粮食安全、生物多样化、国际贸易与投资乃至北非与中东突变的诱因和治理,如何观察这纷繁如麻的世界,能否在万象众生中理出头绪,引领真知灼见?是否可以在国际谈判中更积极有为,主动影响格局?能否知己知彼,制定策略,出奇制胜,达到事半功倍的效果?我以为,这些都是国际关系学研究的范畴和实践的内容。我个人粗浅看法:国际关系问题既是理论问题,也是实践问题——实践才出真理。对于一个国家来说,在国际博弈中有效运作有赖于系统的协调各方、统筹布局。当下的中国需要不仅拥有运筹帷幄、统筹布局的战略水平,更具备实际运作、应对突发事件实操能力的强大队伍。

作为一个大国,一个正在崛起的大国,单纯秉承"积极和负责任"的外交政策似乎还不够全面,不够大胆。我个人认为,还应加强并强调在国际关系中具有"主动且有作为"的外交思维。因为光凭积极和负责任而不强调"有为",显得被动不够给力。在实践操作中,则可能"什么都不敢说,不敢做",是"寂然无声，漠然不动，引之不来，推之不往”的消极无为论。20 世纪末，秉承韬光养晦的策略，潜心办好自己的事，虽然是安理会常任理事国却不得不常常做“弃权大使”，那是无可奈何的正确选择，是适合 20 世纪 90 年代前中国国情与实力的。可如今我们的 GDP 总量为世界第二，仅次于美国；而经常展现在外国人面前的北京、上海、广州等一线城市的蓬勃发展，给他们留下太平盛世、富足无比的印象。这种印象谁看了都眼馋，你想躲开人家的要求是不现实的，你不想有所作为人家也不会放过你。事实上，今天的中国，在国际上再继续“韬光养晦”，打“闷声发财”牌已经不灵了，也不现实。所以只能大胆走到阳光下亮相，走上舞台中心较量。在错综复杂、利益纷争的国际博弈中，像中国这样一个大国就得要有“你做也挨骂，不做人家也骂”（damn you do it，damn you don’t）的心态和度量。当然，无论如何，必须记住，要想积极有为，不但要有经济和军事的实力，还必须有真正强大的文化、政治、外交能力特别是有多层面的、底蕴深厚的参与国际治理（global governance）的软实力。软硬兼有之，左右手平衡，才更能体现大国的能力和水平。遗憾的是，无论从理论上还是从能力建设或实践运作上，目前我们在全球治理事务中还缺少真正与大国相匹配的能力，暂时还担当不起一个强国所有角色。从表象来看，我们弱就弱在国际化人才的储备不足和相应的人才培养政策缺失；但究其本质，则是我们国际化的文化和思维习惯的障碍。

我以为，目前我国急需的人才大致可以归纳为如下三大类型：

第一，中国应建立一支有前瞻力的一流智囊队伍。要能够出思想、提概念，善于总结理论，敢于提出超前的、全球性的、大战略的思想和理念。而缺乏系统研究，缺乏全球观点，只做“论证式”的研究，缺乏敢于在国际舞台领军的独立思考的文化，是当前中国研究队伍之短板软肋。我们急需有一流的国际关系学术研究团队，针对战略、前沿和国际热点问题，能够不断为政府提供思想超前的、理念独立的第三方咨询，并敢在国际舞台上提出有批判思维的咨询政策建议与解决国际热点议题的独特提案。

例如，我们的老祖宗两千多年前（公元前约 239 年）就已具有“可持续发展”的萌芽思想。《淮南子 · 本经训》就提到“焚林而田，竭泽而渔”的弊端。《吕氏春秋 · 义赏》则强调“竭泽而渔，岂不获得，而明年无鱼”的思想，今这却统成为西方的“先进”概念。通过 1992 年世界环发大会的一个宣言，“可持续发展”

(sustainable development)还得转内销。中国老祖宗两千多年前都熟谙的概念,如今却成为“畅销的舶来品”。我们这个原产地还不得不紧步西方的后尘,制定政策和实施议程。为何中国人不能在老祖宗的认识基础上率先提出“可持续发展”的理念呢?这不能不归结于缺乏全球视角与系统研究,不敢挑战自我,缺乏理念创新精神的后果。

又如,性别平衡(Gender Balance)问题的重新推出,成为世界社会发展的主流计划与行动之一,据说这是至今性别很不平衡的国度——印度的专家提出的。远的不说,中国早在新中国成立初期(60 年前)就明确提出“男女平等”的口号。毛泽东说,妇女能顶半边天。从实践中看,中国是推动性别平衡最早、最成功也是最好的国家。依我说,中国最有资格在国际舞台上登高一呼,向世界推出“gender balance”的新理念并发出号召。为何中国专家却提不出这个口号呢?我们不乏超前之见,但却鲜有超前之举。再如,2005 年 9 月,胡锦涛在联合国成立 60 周年首脑会议上提出“努力建设持久和平、共同繁荣的和谐世界”的主张[①]。强调国与国的和谐关系,人与自然的和谐关系,发展与环境的和谐关系。其内涵丰厚,蕴意深远,是兼具现实和长远意义的国际关系新概念。若有一个队伍跟踪推动之,系统地研究“和谐社会”的框架和可操作的指标,将思想转换成实践,把中国的主张转换成全球项目,影响将不可估量。我在罗马工作时,有时散步经过一座教堂,门前有一尊比人体大的铜像,是印度的修女玛丽特拉沙;20 世纪,印度还有另一个人在国际上很有影响,他就是甘地。他们的许多想法、主张被当作普世价值观传播。而我们经常跟着别人抛出的新名词炒作概念甚至是外国炒中国的“回锅肉”而已。我常常觉得遗憾乃至无奈。

大家都清楚,国家目前正致力于推动科技创新,我认为不应该只着眼于科技领域。体制的创新、国际关系理念的创新,其深远的影响和划时代的作用有时远胜于任何一项技术成果的社会效益。中国应着眼于从理论层次占领国际高地,提出超前概念并引领全球行动,形成中国主导的全球共识,而非坐等欧美或印度专家提出之后,再邯郸学步,亦步亦趋。现在所谓“绿色经济”“低碳经

① 《胡锦涛:努力建设持久和平、共同繁荣的和谐世界》,载光明网,https://www.gmw.cn/01gmrb/2005-09/16/content_305533.htm。

济”,本质上都是可持续发展问题。最近听了一次张海滨老师关于“气候安全观”的报告,我觉得很有意思。报告说气候安全应是一种国家安全。我们是否可以进一步研究给出这个概念的框架和指标等可操作性的体系呢?国家有关部门应该鼓励更多这样的尝试研究,而且还要吸引更多的外国学者参与我们的研讨、辩论,实现“东学西渐”。对于一个强国来说,敏感地捕捉、研究一些既有现实意义又有长远意义的国际关系概念十分必要。中国应该有从事这一层次的专家来占领这个领域。

第二,中国应致力于培养熟稔联合国系统和其他国际组织运行规律的研究型国际化人才。联合国等国际组织多是第二次世界大战的产物,其理念及运作模式基本遵循西方价值观和行政管理模式。这个体系已不可能完全适应世界新形势、新格局的需求,尤其是新兴力量在国际事务中角色的变化和日趋重要的作用与影响。在联合国系统革新图变的过程中,中国如何在这个外交阵地发挥作用?又如何提升我们的话语权?这就涉及国际化队伍的培养问题。通常来看,联合国等国际组织事务被局限于外交部事务范畴,最多也只是对口部门的事,如农业部①对口联合国粮农组织,教育部对口联合国教科文组织,工信部对口国际电联与工发组织,环保部②对联合国环境署,等等。他们的工作一般与大学的研究机构无直接关系。实际上,国际谈判的多学科性越来越明显,如气候变化、贸易谈判、粮食安全等,议题与多学科研究息息相关,程序与实质问题密不可分。当前,由于各方面条件所限,中国对于联合国等国际谈判缺乏持续跟踪,对于国际谈判议题缺乏系统研究,对于国际谈判走向缺乏前瞻性的预测,对于国际舆情动态掌握脱节或滞后,能承担多边谈判工作及技术支持的相关专业人才严重匮乏。其主要结果包括参与国际谈判时常处于被动局面,有时竟备受围攻而穷于应对,陷入圈套而难以解脱,多边场合主动推动符合中国利益的议程的情形则微乎其微。其原因不外乎或因团队更迭不熟悉谈判背景,或因文件巨量而不及翻阅,或因不熟悉程序谈判而落入实体,或因不知悉实体议题背后动机而错失良机。例如,中国“入世”十年,针对多哈回合谈判议题展开深入

---

① 现为农业农村部。

② 现为生态环境部。

调研从而确立中国谈判立场的项目寥若晨星。另一个例子是国际土地投资指南的制定,国内缺乏预先研究,对国际伙伴底线缺乏判断,谈判时只好孤军作战,举步维艰。

展望未来,中国亟需大批专业人才,既要对国际议题紧密跟踪、对进程发展了如指掌,又能对联合国文件批判性分析,提出符合中国利益的立场。我听说有一段时间,中国某部门有三类各具个性特色的外交人才:一是能知己知彼,善于纵横捭阖(善于游说磨合——有效说服者);二是熟知文件,以夷制夷者(善于引经据典——打掉对方者);三是勇敢率直,善于针锋相对者(敢于拍案而起——据理力争者)。三者交相辉映,相辅相成。这是一个很好的团队模式。但除正式的外交团队外,为了适应更加多元化的国际议题,我们必须与时俱进,随时可动员组织起能捍卫国家利益的非正式外交群体。为此,培养具有多样化、多学科能力的国际关系人才,包括懂国际规制的不同领域的科学家与专业人员尤显重要。他们不但了解我们自己的民族、政治、经济、科技、历史、文化、艺术、地理;更要谙熟多元文化的背景,知己知彼,百战不殆。这是一项具有战略意义的迫切任务。

第三,中国还应着力培养大量直接参与全球治理的国际化人才。自 1972 年中国恢复在联合国合法席位之后,我国已恢复成为联合国系统所有政府间机构的成员,大型组织目前至少不下 30 个。随着我国经济的快速增长,我们向联合国系统交纳的会费也显著增加。然而由于历史和现实的诸多原因,在联合国组织各个秘书处内任职的中国职员人数大多处于低编甚至空白,且级别也偏低。这种状况直接削弱了中国在联合国组织秘书处的影响,也影响了中国在联合国系统发挥应有作用。此外,除了传统的双边及多边国际关系,诸多非联合国系统的新型国际机制也值得我们关注,部署深入的研究。一是如八国集团(G8)与二十国集团(G20)等边机制;地区性组织(特别是新兴的)如非统(OAU),亚太经合组织(APEC),东盟(ASEAN),南盟(SAARC),太平洋岛国论坛(PIF)等,它们的作用正在受到国际社会的不断关注。例如,在粮食安全领域，很多议题是G8试图强加给G20的——G20是明线，G8是暗线。[①] 二是单双边渗透多边机制模式，如日、美曾将原本双边讨论的农业投资议题巧妙转给多边，成为世界粮食安全委员会的主要议题之一。三是非政府组织，它们如雨后春笋，影响日增。中国由于还不完全了解各种国际非政府组织的面目，亦不熟悉它们那五花八门的运作模式，经常视之为斯芬克斯，不敢与之交流合作、打交道。我认为，如何培养相关人才并帮助他们进入这些非传统部门十分重要，非此不能影响许多国际政策走向。

总之，全球治理是一个大舞台，需要庞大的、不同专业背景的人才队伍。这包括既要培养一批国际关系理论功底深厚、从事科研与政策研究、支撑中国参与联合国等多边外交舞台的人才，也要培养一大批熟悉国际组织运作（包括非政府组织工作）、能挑国际重担、信任重要职位的国际组织专业人员。人才是一个国家的软实力。经验告诉我们，没有人才基础，中国提升软实力就可能如水中花，镜中月。为此，国家需要制定实施长远的国际组织人才战略，这就要求有关部门，包括国内教育部门及教育实体如高校的国际组织与国际关系学院，优先考虑并采取必要的举措，致力于国际型人才的培养与储备。

展望未来，我们比任何时候都更加需要大智慧与大战略，对变幻莫测的国际事务有新预警机制和动态决策手段。这也是一种不可多得的黄金机遇，正是青年人可充分展现才智和能力的时代。我真诚希望大批有志于国际关系工作的青年学者明确目标，刻意努力，胸怀鸿鹄之志，打好坚实基础，为积极有效参与各种形式的全球治理使命做好准备，大显身手。最后，我想说，北大国关是一个很好的平台，是培养新型人才的一片沃土。我很高兴作为一名“新兵”加入北大国关团队。我愿向大家学习，与大家共同努力，并尽自己的微薄之力。

---

① 有一段时间，在某些问题上，二十国集团实为八国集团所左右，从二十国集团关于粮价波动报告的起草过程可知，在报告草案提交二十国集团正式讨论之前，八国集团已事前协商并由法国出面小范围召集相关国际组织人员起草，为报告内容、框架及表述定下基调。

可持续发展中青年的赋能与青年行动*

一、联合国可持续发展目标的新挑战

新冠肺炎疫情持续肆虐全球,加速了人类百年未有之大变局的演进。

一方面,新一轮的信息技术浪潮,如互联网、物联网、人工智能、大数据、量子技术,区块链、元宇宙以及新近横空出世的ChatGPT聊天机器人,迅猛地推动新一轮技术革命与产业革命,为人类的社会经济发展带来巨大的动力与新空间,也给新兴经济体的发展与崛起带来了难得的机遇。

另一方面,目前的国际形势日益严峻复杂,世界的和平、发展与安全面临多重挑战:新的冷战思维,俄乌冲突,逆全球化,单边主义,贸易保护主义、科技与人才等极限打压,加上新冠肺炎疫情、气候危机、能源危机、粮食危机以及人道主义危机,全球经济复苏具有很大的不确定性。国际货币基金组织预测:2023年全球经济可能增长2.7%,其中发达经济体仅为1.1%,新兴经济体3.7%,拉美国家甚至可能面临国际收支问题和财政危机。①

人类处在关键时刻,我们距离联合国2030可持续发展目标——"所有国家共同为所有人打造一个更加美好、可持续发展的未来"这一蓝图——时间已经不到一半,联合国今年将要开展可持续发展目标中期评估。实际上,我们已经偏离了可持续发展轨道,就像联合国副秘书长李军华最近指出:国际社会正面临相互关联、层层叠加的危机,对人类和平与安全、社会稳定、公共卫生、气候条件以及我们脆弱的生态系统造成了威胁与不利影响。联合国秘书长古特雷斯

---

* 该文为作者2023年1月14日参加清华大学地平线第二届人类命运共同体青年峰会的主旨报告。

① 《国际货币基金组织下调明年全球经济增长预期至2.7%》,载联合国新闻网,https://news.un.org/zh/story/2022/10/1111332。

则多次发出类似的警告：我们陷入了严重的全球功能障碍。

举几个例子：

俄乌冲突，导致1800万人需要国际人道主义援助。①

粮食危机，俄罗斯和乌克兰曾是世界的粮仓，是欧洲粮食安全的“压舱石”。但俄乌冲突以来，粮食、化肥、种子供给链受损，直接影响全球的粮食生产与供给，世界食品价格居高不下，许多主粮价格接近历史最高水平，全球粮食不安全人数不减反增。国际货币基金组织不得不推出“粮食冲击窗口”贷款机制，帮助受影响国家共渡难关。

一向富庶的欧洲也和世界其他一些地区一样物价飙升，通胀迈进两位数，企业倒闭，民生困顿，面临充满挑战的时期。② 2022年9月，希腊天然气价格同比上涨332%；③在波兰，由于切断与主要能源伙伴的合作，煤炭价格飙升4倍，全年电价上涨24%（与2021年比较）。曾大力呼吁“弃煤”的一些欧洲国家为了过冬，作为“权宜之计”，不得不重开煤电厂。④ 绿色转型受挫，环境污染加剧。一贯过着舒适惬意日子的欧洲，民生出现了巨大问题，瑞典人不得不过一个“没有彩灯的寒夜”的圣诞节；⑤在匈牙利，2022年9月面包价格同比上涨76.9%，圣诞节的传统蛋糕也成了奢侈品。⑥ 最近，德国、英国、法国和意大利等西欧国家的民众不断上街游行，抗议物价飞涨的浪潮此起彼伏。⑦

在发展中国家，贫困饥饿与环境生态危机仍然是可持续发展面临的主要问题。南亚集中了全球最多的贫困人口。非洲与中东一些国家因全球粮食危机、

---

① 《古特雷斯呼吁国际捐助方慷慨解囊，帮助乌克兰民众越冬和重建》，载联合国新闻网，https://news.un.org/zh/story/2022/12/1113342。

② 《英国公布2021年度财政预算　赤字与负债水平为50年来最高点》，载联合国新闻网，https://news.cctv.com/2021/03/04/ARTIdikvLGxQetk7KHgWufNn210304.shtml。

③ 《屋漏偏逢连夜雨　欧洲老年人为疫情能源双重危机所困——聚焦欧洲经济严冬之四》，载人民网，https://world.people.com.cn/n1/2022/1114/c1002-32565693.html。

④ 《成本飙升　污染加剧　波兰家庭过冬困难重重——聚焦欧洲经济严冬之二》，载新华网，http://www.news.cn/2022-11/11/c_1129120802.htm。

⑤ 《没有彩灯的瑞典寒夜——聚焦欧洲经济严冬之五》，载新华网，http://www.news.cn/world/2022-11/15/c_1129130506.htm。

⑥ 《当匈牙利传统糕点成为奢侈品——聚焦欧洲经济严冬之三》，载新华网，http://www.news.cn/world/2022-11/13/c_1129124765.htm。

⑦ 《欧洲搬起石头砸自己的脚，越来越多的人上街抗议，世界格局要变了》，载腾讯网，https://new.qq.com/rain/a/20230328A03SUX00。

气候危机以及局部冲突与自然灾害影响，阻碍了消除贫困与零饥饿的可持续发展目标的实现。埃塞俄比亚、肯尼亚、索马里连续多年遭遇旱灾，北非与中东地区遭遇蝗虫灾害，这些都严重影响了农业生产与粮食安全。根据联合国西亚经社会的报告，阿拉伯国家的贫困人口增加了1.3亿，①占该地区总人口的1/3以上，到2024年则可能上升到36%。实际上，联合国每月为270万名叙利亚人提供人道主义援助；阿富汗境内有大约340万人流离失所，290万人离开阿富汗沦为难民。从北非、中东等向欧洲的移民不断增加，截至2022年6月，仅一年内向英国的移民人数就达到创纪录的50万人。根据《2023年全球人道主义状况概览》数据，2023年预测的全球人道主义援助人口数将比2020年翻番，达到3.39亿规模，其中纳入联合国救援计划的最脆弱的人口数将从1.09亿升到2.3亿！②

生态安全是另一个全球关注的问题。2023年将是“世界人权宣言”通过75周年，联合国最近呼吁全球各国将“世界人权宣言”付诸行动，其中特别强调了对地球展现出善意和谦虚，为所有人创造一个安全的环境，让每个人无所顾忌地行使权利、呼唤正义、享受尊严。

实现这个目标，关键在于推动全球治理模式变革与转型；需要全球各种利益相关方，包括政府、国际组织、科学家、企业家、社会组织特别是青年，团结起来，勠力同心，每个人用自己的实际行动避免可持续发展目标继续偏离轨道。通过创新行动，推动联合国2030可持续发展目标的实现，不让任何一个人掉队。这是摆在青年面前的重大历史使命，也是一个极具挑战意义的现实任务。

二、青年的角色、赋能与青年行动

(1)青年的角色

青年是世界未来的领袖，是推动可持续发展的生力军。联合国一向高度重

---

① 《西亚经社会：阿拉伯区域经济将增长，但三分之一人口处于贫困》，载联合国新闻网，https://news.un.org/zh/story/2022/12/1113822。

② 《全球人道需求空前高涨，行动迅速的联合国中央应急基金需要更多支持》，载联合国新闻网，https://news.un.org/zh/story/2022/12/1113247。

视青年的力量。2018 年发布的“青年 2030：联合国青年战略”（以下简称“战略”）[①]旨在促进全球 18 亿 10 岁至 24 岁的青年在推动全球形成和平、公正和可持续的世界的过程中所发挥的作用。“战略”特别指出：“青年的赋权、发展和参与既是目的本身，也是建设一个更美好世界的手段。”同时，“战略”明确提出五项支持青年参与可持续发展的优先领域包括增强青年参与、增强青年能力和机会以及提高青年在和平与安全、社会正义和人道主义行动中的作用。五年来，“联合国青年战略”成为全球许多国家青年行动的指南，国内许多大学如清华大学的“地平线活动”与浙江大学“精英班”等，是一批非常成功的案例。

习近平总书记在中国共产党第二十次全国代表大会上的报告特别强调：“青年强，则国家强。当代中国青年生逢其时，施展才干的舞台无比广阔，实现梦想的前景无比光明……广大青年要坚定不移听党话、跟党走，怀抱梦想又脚踏实地，敢想敢为又善作善成，立志做有理想、敢担当、能吃苦、肯奋斗的新时代好青年，让青春在全面建设社会主义现代化国家的火热实践中绽放绚丽之花。”[②]

青年代表希望，青年创造明天，青年是推动社会发展的催化剂。在中国迈向全球治理舞台中心的进程中，时代赋予青年特殊使命：实现中华民族伟大复兴；创造多极化的世界格局；支持联合国实现 2030 年可持续发展目标。这三大使命任重道远，需要青年有大格局，大胸怀，大视野；需要团结各国青年，弘扬和平、发展、公平、正义、民主、自由的全人类共同价值观，深刻洞察人类发展进步潮流，积极回应各国人民的共同关切，为人类面临的共同问题提供倡议与智慧，为推动建设人类命运共同体作出贡献。

（2）青年的赋能

实现上述目标，关键是培养、造就和储备大批青年英才，特别是支持青年挑大梁、当主角。要赋能青年，最根本的是鼓励青年哪怕是在风高浪急的未来航

① 《联合国启动“青年 2030”战略　促进 18 亿青年推动全球变革》，载联合国新闻网，https://news. un. org/zh/story/2018/09/1018462。

② 《习近平：高举中国特色社会主义伟大旗帜　为全面建设社会主义现代化国家而团结奋斗——在中国共产党第二十次全国代表大会上的报告》，载人民政府网，http://www. gov. cn/xinwen/2022 - 10/25/content_5721685. htm。

程中，始终胸怀爱国之心，砥砺报国之志，主动担负起时代赋予的使命责任。这需要加强青年综合能力的培养，主要包括以下六个方面赋能①：

适应大变局：面对严峻复杂的国际形势，需要提高独立思考能力，学会用“三只眼睛”看天下——看中国、看世界、看变化。

引领大改革：在动荡变革与迅速发展的历史进程中，学好本领，用专业、知识、技术的实力，开拓创新，推动多边主义，发挥引领作用。

传播新思想：构建人类命运共同体——是中国对人类历史进程的思想理念贡献，是中国贡献给世界的公共产品，需要青年参与理论研究、实践体验和行动推广。

全球新视野：培养大格局、大胸怀，既有战略眼光，又能做实干家、宣传员，讲好中国故事，提供中国倡议，贡献中国智慧和力量。

掌握新科技：了解新科技的内涵、发展与伦理道德，创新推动科技在社会经济发展中的应用。

善内外兼修：在全球治理竞争与国际斗争中，既旗帜鲜明，坚持底线；又懂得和而不同，讲究道术，斗智斗勇不斗气。

具体来说，我们的主要任务是要结合全球治理使命与全球胜任力人才内涵，直面自身短板，培养“6C 特质”，即 confidence（充满自信）、critical thinking（批判思维）、challenge（勇于挑战）、collaboration（善于协作）、creativity（开拓创新）、communication（沟通交流）。在国际舞台展现出有底蕴、有格局，海纳百川、令人信服和尊重的大国风采。

此外，应该意识到信息化时代知识结构要求的深刻变化。纵观当前国际风云，世界议题变幻莫测且日趋复杂与不确定，对参与全球治理的青年来说，要求的专业基础与知识结构必将发生明显的变化。具体来说，将会从传统的以外语、社经类为主的人才过渡到以技术专业为主或者起码是社科与技术专业的复合型的“两栖”人才。比如，从新近国际气候谈判来看，在气候变化议题中，今后的重点将会包括“损失与损害”如何定义，如何量化；赔偿机制如何设计；文化、文明损失如何界定等。生物多样性保护中，山水林田湖草沙海以及生态红线如

① 何昌垂：《加强国际胜任力培养应对全球治理变局》，载《神州学人》2023 年第 1 期。

何划分与监测？如何确保人的安全与生态安全？如何推动粮食安全领域的“农粮体系”转型实施？这些国际组织职员专业要求的方向性的变化趋势是制定国际组织人才培养策略与储备的新的考虑重点。特别是如何动员、培养更多具有科技、信息、生物、环境等理工专业背景人才作为全球治理的后备人才，将是为青年赋能中需要努力突破的问题。

但更重要的是，要从国家的长远战略需求与世界议题的变化角度，立足新格局下全球胜任力人才的素质要求，培养造就具有独立思考，自主创新，敢于开拓、敏于行动的青年才俊。这是当务之急。

(3)青年的行动

知行合一是中华民族千年传承的一种特质。青年学子在接受系统的学术教育与专业教育之后，如何结合世界议题特别是可持续发展中林林总总的问题勤于思、敏于行，创业创新，推动知识转化应用，解决社会发展的实际问题，是青年走向社会，加入经济、社会、环境与科技治理的重要能力，也是全链条人才教育培训不可或缺的重要一环。以下三方面尤为重要：

首先，从我做起。每个人都可以是可持续发展的参与者、贡献者。个人的一言一行可以成为改变环境生态与可持续发展的一种初始动力。例如，大学生可以是杜绝浪费粮食的行动者。2020 年南京财经大学一项研究指出，中国高校食堂大约有 74% 的大学生存在食物浪费行为，平均每人每餐食物浪费大约 67.55 克，食物浪费率为 12.86%，按照最低口径粗略计算，相当于 1000 多万人一年的口粮。[①] 农业大学一份调查估计，全国一年餐饮浪费达 1100 万吨，相当于 2 亿人一年的口粮。绿色出行，离开办公室随手关灯，节约用水用纸，到超市少用一个塑料袋或提倡不用塑料袋等。这些举手之劳、发生在每个人身边的小事，只要青年人登高一呼，亿万人聚沙成塔，形成社会文化，形成 1 × 14 亿(中国人口)、1 × 80 亿(世界人口)的规模效应，足以出现改变地球生态环境的巨大的蝴蝶效应。

其次，乐于创新。人才是民族振兴的战略资源，创新是国际竞争力的核心

---

① 《高校食堂“舌尖上的浪费”亟需引起重视》，载江苏智库网，http://www.jsthinktank.com/peiyuzhiku/xdfwyzk/yjdt/202010/t20201015_6833306.shtml。

能力。青年走进社会,参与社会实践,创新创业意识与能力的培养尤为重要。信息技术与生物技术为青年创新创业提供了巨大的机遇,而中国飞速发展的巨大需求则为青年创新创业提供了无限广阔的技术与知识应用场景。例如,新能源技术推动双碳目标的实现;大数据技术为气候变化的“损失与损害”提供了制定标准;“天—空—地”一体化技术助力生态文明建设,实现绿水青山向金山银山转化;人工智能助推智慧城市的建设;区块链技术用于食品安全的质量检测与保障;以及数字经济平台实现乡村振兴,解决农民“最后一公里”的农产品交易;艺术、唱歌、绘画等培训推动健康文化的传播,成就所谓的“蓝海经济”,创造就业机会,增加农民的经济收入。

高速发展的中国具有丰富多样、潜力无限、适合创新的广阔的场景选择,于“三创”而言,发展的前景巨大。可以说,科技创新应用的限制只取决于我们对实际问题解决方案的想象力。其关键在于是否敢于实践。成功的创新源于实践,始于想象,基于调研。希望青年人主动深入社会,脚踏实地探索问题。认真了解需求,结合实际,提炼场景,做一个创新的实践者,创业的行动者,创造价值的开拓者。

最后,独立思考。全球发展的现实正在不断证明,中国离不开世界,世界更需要中国。在以中国式现代化全面推进中华民族伟大复兴的宏伟事业进程中,青年是生力军、主力军。要深刻领会中国式现代化的五大特色:人口规模巨大的现代化、全体人民共同富裕的现代化、物质文明与精神文明相协调的现代化、人与自然和谐共生的现代化、走和平发展道路的现代化。如此内涵丰富、宏伟壮阔的伟业是不可能靠喊口号、敲锣打鼓放鞭炮实现的。前进的路上还有许多未知,必然会有许多困难险阻、急流险滩,要的是每个人都有独立思考的能力,坚持探索与乐观向上的精神。

所以,我们需要的是,勤于思、敏于行。在参与全球治理、在践行可持续发展的进程中,每一个青年必然会遇到林林总总的挑战:如何理解中国式现代化的内涵与联合国可持续发展目标的关系?如何阐述中国式现代化与各国的发展目标和利益相互包容?如何推进中国式现代化与推进构建人类命运共同体的实践衔接?等等。答案存在于探索,希望在于青年的实践与不懈努力之中。

三、结语

作为大国青年,要站在历史的高度,立足中国,放眼世界,独立思考,踔厉笃行。我们提倡青年人用批判性的思维、客观分析的思想方法、谦逊的襟怀以及尊重多元文化的态度,做一个构建人类命运共同体的自觉推动者、探索世界议题的引领者和推动全球发展的创新贡献者。

全球治理中青年领袖的特质与修养*

感谢 GYLA 邀请我在“全球青年领袖战略领导力”培训班开幕式做主旨发言。

我与共和国同龄，是“70 后”了。能与 80 后、90 后甚至 00 后的青年同台，分享我在联合国近 25 年工作的经历与个人体会，特别是围绕“未来全球治理青年领袖应该具备的素质和修养”主题谈一些个人的思考与建议，是一件很愉快、很有意义的事。

我要首先感谢《联合国培训中心》为我们提供了这个机会，让我们在数字空间(Cyberspace)相聚。通过互联网开会、讲座、培训、学习与讨论，几乎是疫情暴发一年多来普遍采用的手段。我们真的应该感谢信息技术特别是网络技术给人类带来的恩惠——特别是在疫情肆虐的时期，网络技术显得如此离不开而且有效。相信今后我们会有机会与大家在一起面对面地切磋。

我认真看了这次的课程安排，可以说是设计理念超前，课程内容丰富，师资阵容强大。我相信培训的成果可期。我们应该祝贺 GYLA 的创建者——祖良荣博士，他致力于培养全球青年领袖、联合国公务员和国际化专业人才，建立了这么一个独特的、有创意的学习交流平台。

我理解这次培训班的目的是赋能青年成为未来全球领袖和国际组织专业人才，特别是让越来越多的优秀青年更好地了解联合国可持续发展目标，并激励青年积极参与可持续发展目标的实现。

---

* 该文为作者 2021 年 7 月 19 日在“全球青年领袖精英班”(Global Youth Leadership Academy, GYLA)开幕式上的主旨发言。GYLA 是一个旨在培养全球青年领袖、联合国公务员和国际化专业人才学习交流平台。GYLA 的目标是通过提供高质量的培训和交流机会，帮助年轻人在领导力、跨文化沟通、公共管理、国际关系等方面提升自己的能力和知识水平。

“全球青年领袖”听起来很高大上，似乎还有点高不可攀的感觉，其实不然。我认为在日常生活和工作中，每个人都有潜在的领导素质和当领袖（leader）的机会，就看你是否愿意多做奉献，能否把握时机，从现实做起，一步一步准备好自己。有道是：有志者，事竟成（Where there is a will，there is a way）。无论从事何种职业，最主要是明确目标，不忘初心，坚持不懈，追求知行合一。也就是说，从职业规划与实践中脚踏实地，从大处着眼，从小处着手（Think globally，act locally），你就在成功的路上了。

袁隆平院士年轻时有个“禾下乘凉梦”，他一生只做一件事，矢志不渝，最终成为举世公认的“杂交水稻之父”——世界粮食安全领域不二的领袖。科菲·安南 24 岁进入联合国从小干事（P－2）起步，笃实坚持，稳步前行，最终任职两届联合国秘书长，成为全球治理的世界领袖。当然，我还可以列举许许多多不一定都很知名、很起眼的青年领袖与骨干。他们有的就是一名干事，奋斗在维和部队或献身在抗疫前线，忙碌在救灾一线；有的像是一只“老黄牛”，辛勤耕耘在非洲农村山野，执行各种各样的野外项目，指导当地百姓与贫困饥饿和疾病抗争；有的是普通专家、研究人员或外交工作者，在日内瓦、纽约或其他地方的国际组织里，勤勤恳恳，伏案工作，收集人口、粮食、环境、贸易等统计数据，准备气候变化、生物多样性等文件，服务贸易谈判工作，撰写各种会议报告，研究起草国际标准规范文件初稿；等等。他们或参与组织一场会议，或独立组织一个培训班，或牵头执行一个实地合作项目——林林总总，各式各样。其实，所谓“高大上”的联合国系统就是由 7 万多名这样的公务员组成——其中大部分是中青年专家。他们分布在世界各地，辛勤工作，做着各自专业领域的奉献，其中许多人一步一个脚印，慢慢走上各级管理岗位，最终才成为某一领域的带头人——管理者、领导人。

我有幸成为他们中的一员。20 世纪 70 年代末，国家刚刚改革开放，我作为中国第一位享受联合国奖学金的青年学者从科学院出国留学，学的是遥感技术。80 年代末，经政府推荐，我通过了一个有 72 人参加的竞聘，尽管有曲折，但最终成功入选，加入联合国亚太经社会，在曼谷担任亚太地区遥感项目主任/协调员，成为一名国际公务员（L 系列）。没想到一干就是 25 年，先后经过六七次合同，10 次搬家。随着国家的强大，也通过自己的努力，我有幸经历了联合国

P－5 以上的所有级别的职务，包括亚太经社会空间应用处首任处长（P－5）、粮农组织资环处处长（D－1），亚太地区总代表（D－2），助理总干事（ADG，助理秘书长），最后被任命为粮农组织副总干事（DDG，联合国副秘书长级别），成为当时中国在联合国粮农组织任职最高的官员，也是第一个来自发展中国家的副总干事。

我和在座的许多同学一样，是学理工科的。对于一个学习遥感技术应用的理工男来说，在联合国这个看上去很高大上的“庙堂”成功转型成为一个技术型的高级管理人员（technocrat）绝非易事。我有过曲折与彷徨，出现过迷茫，遇到过困境，也经历过无望沮丧。如刚入门时对国际英语的理解、联合国文件的起草、资金筹措的困难以及项目结束、队伍解散、关门走人、合同终结的压力，但那都是成长的阵痛（Growing pains），是每个新人或多或少都要经历、面对的磨炼。我的体会是，只要不忘初心，敢于开拓、乐于创新，把困难当作机遇，坚持爬坡之后，你就会有“山重水复疑无路，柳暗花明又一村”的感受。

对于青年，在联合国工作确实是一份“荣誉”，一种“特权”。联合国的职业为我们“周游世界”提供了一个独特的机会。就拿我个人来说，为了田野调查、组织会议、谈判项目、检查工作等，我访问过近百个国家与地区，会见过一些国家元首或政府首脑，但接触更多的是平民百姓。我观察过“朱门酒肉臭，路有冻死骨”贫富差距的景象，那些饥寒交迫的人们在我心中刻下深深的烙印，有时想起就心痛。

走的地方很多。在南太平洋海岛西萨摩亚，在非洲肯尼亚维克多尼亚湖畔，在喜马拉雅南麓的不丹，在偏僻的多米尼加……由于时差，我经常失眠。夜深人静，我时常情不自禁仰望星空，陷入沉思：在这天上有飞机、卫星、空间站，地面有火箭、高铁、法拉利跑车，海里有核潜艇与豪华游轮的时代，人类怎么还有近 10 亿的贫困人口、7 亿的饥饿人口，特别是老人、妇女与小孩。他们每天饿着肚子上床睡觉。许多人看不起病，上不了学，吃不饱饭……而生长在我们的国家，我相信你们中没有人有过如此切身体会。我常常想，既然“人生来平等”，为什么现实却是如此的不公平？于是我更加相信联合国的使命，看到联合国“和平、发展、安全与人权”宗旨之高尚，想到我们每个国际职员的责任之光荣，想到我们所从事的扶贫、救困与解决饥饿问题等行动之主要且伟大。能在这样的组织工作，应该感到十分自豪。

但我也看到，这个使命的实现，特别是联合国可持续发展目标的实现，消除贫困与饥饿，应对气候变化，应对肆虐的疫情等目标的实现，需要无数的青年人去关注，需要大量的青年加盟拼搏，需要更多的青年领军人物去引领开拓。在这个伟大的事业与使命中，需要的是人人尽一己之力，持之以恒，一张蓝图绘到底，一代接着一代干。

眼下尤其如此。正像联合国秘书长古特雷斯最近所号召，在经历了“充斥着死亡、灾难与绝望的可怕”的2020年之后，需要大家同心协力，需要各方行动起来。我们处在一个重大的历史转折点，特别需要各方面、各领域、各层次、各专业的青年团结一致，带领更多的人，在危机中育先机，于变局中创新局。

这是一个需要人才的时代，也是一个造就人才的时代。每个青年都可以在平凡的岗位上作出不平凡的贡献，成就一番伟大的事业；每个青年都可以成为领袖，引领一个有意义的团队，在保障人民、经济、社会和地球环境的福祉这个伟大的使命中，找到自己的定位，实现自我的价值。

当然，领袖不是靠自封的，战略领导力是在漫长的过程中锻炼培养出来的。这世上从来就不会有轻轻松松的成功，关键之关键是做事先做人，舍得付出、舍得奉献，脚踏实地，抓铁有恒。我建议青年人应该抓住机遇，主动修为，注重培养以下的一些特质与能力：

第一，培养应对大变局、面向未来的战略思维。这世界唯一不变的是变。国际形势变幻莫测，叠加上百年未见的新冠肺炎疫情，感染了全球近2亿人，夺去了400多万人的生命和近5亿个工作岗位，扰乱了全球治理秩序，对社会经济冲击不亚于一次世界级的战争。面对百年未有之大变局，青年人更需要磨炼自己的意志，坚定远大目标，做一个既仰望星空又脚踏实地的人。

第二，厚植家国情怀，做一个舍得奉献的青年。作为一个走向强国的大国的青年，我们既不应该夜郎自大，也没有理由妄自菲薄。五千年厚重的中华历史，无论是在哲学、思想、文化与良治等方面，还是在国与国结缘、人与人交往的深厚历史中，有太多让我们引以为自豪的文化积淀。坚持四个自信，传播中国文化，提供中国方案，推进构建人类命运共同体与助力实现联合国可持续发展目标是义不容辞的职责。这需要我们扎扎实实地学习、修为,用丰富的文化、良好的知识与正确的价值观武装自己,为中华民族的伟大复兴不懈努力、舍得付出、忘我奉献。

第三,坚持底线思维,做一个勇于担当的青年。应对未来的国际竞争,中国需要一代又一代有底线思维的人才。他们应该充满激情、热爱祖国,了解国家的大政方针,体会人民的冷暖需求,永远牢记“江山就是人民,人民就是江山”。青年人需要在新的历史坐标中寻求自己的责任担当和价值使命,在新的历史坐标上与时代对话、与世界互动。

第四,培养大局观,自觉为世界和平与发展赋能。我们既要为民族复兴育才,也要为世界和平与发展赋能。要想驾驭变幻莫测的国际治理环境,就得要求青年人在国际事务中真诚勤奋,尊重多元,用专业、知识、技术与责任担当,不断塑造好中国的国际形象。这点至关重要。把握时代赋予的机会,讲好中国故事,沟通民心民意,这是摆在新一代有志于从事全球治理工作的青年面前的时代责任,也是历史挑战。

第五,勤于持续学习,把自己培养成为复合型的人才。未来主宰全球治理舞台的人,必定是一批复合型的青年才俊。全球治理舞台话语权的竞争,胜负在很大的程度上取决于全球胜任力人才的数量与质量。新时期的复合型人才应该具有一定的战略领导力,了解今后世界发展的格局及国际组织的变化趋势。他们应该具有改革精神、科技能力和互联网思维;具有善于学习、终身学习的能力,争取把自己锻炼成为专一行的“I”型人才、通多行的“π”型人才以及具有广泛知识、强大适应性的“T”型人才。

同学们,习近平总书记在建党100周年大会上要求青年“增强做中国人的志气、骨气、底气”。[①] 世上无难事,只怕有心人。在一年多前出版的《我的联合国之路》一书中,我对自己的成长做了解剖。我说过:事是想出来的,结果是干出来的。身处大变革时代,引领变化是一种能力,适应变化是一种修养。我相信:一个国家、一个人的领导力,不是靠自封的;领导力是在预判、组织与执行完

① 《习近平:在庆祝中国共产党成立100周年大会上的讲话》,载人民政府网,https://www.gov.cn/xinwen/2021-07/15/content_5625254.htm。

成一件一件的具体任务中赢得的支持,是逐步积累形成的尊重——国家如此,个人也如此。在充满竞争的国际组织工作的国际职员的成长过程一定也是如此。

25年，与国际组织同行

——浅谈国际组织任职*

1988年，作为当时国家科委最年轻的局级干部，经外交部和国家科委推荐，我参加联合国职员竞聘成功，到联合国亚太经社会担任亚太地区遥感合作项目主任、首席技术顾问。没想到，这一脚迈出，开启了我随后25年的国际组织公务员的职业生涯，辗转不同机构，经历了从技术官员到处长（P－5）、副司长（D－1）、司长（D－2）、粮农组织助理总干事兼亚太地区代表（助理秘书长）、粮农组织副总干事（联合国副秘书长级），成为第一个担任该组织职务最高的中国人。

改革开放后，特别是近年来，中国在国际组织的职员逐年有所增加，也涌现出一批口碑不错的优秀专业职员和管理干部，赢得同事的尊重。但随着中国走向全球治理舞台中心，我们需要更多优秀人才到国际组织任职，尤其是中高级官员，逐步形成一个有影响力的群体。为此，需要培养一批又一批具有家国情怀、敢于开拓进取、具有全球胜任力的人才，他们必须具有一定特质，包括突出的战略眼光，具备赋权他人、建立信任、绩效管理、判断力与决策能力等方面的领导和管理才能。

一、施展影响的掣肘

在国际组织里，中国人的勤奋、努力、敬业精神，谦虚低调的作风和遵纪守法等素质给人以深刻印象。但是，由于历史原因以及教育的局限和国际经验的

* 该文以题为《25年，与国际组织同行》，载《环球》2020年第13期。

缺乏等因素，国际组织里的中国职员存在一些明显的短板，影响了我们的绩效，甚至成为我们在国际舞台施展影响的阻碍。在多年职业中，我有如下一些观察与结论：

一个缺乏家国情怀，不敢担当风险的人；一个不敢开拓进取、开创新局面的人，终究很难在国际执政被认可。在国际组织里，一些人过于低调，错误地理解了“韬光养晦”的本质含义，事不关己高高挂起，这容易被误认为缺乏领军人物的国际视野、运筹能力和担当勇气。

受习惯思维的影响，面对错综复杂的发展环境，有的人缺乏大局观，往往不是从战略高度或顶层构架考虑，而习惯于按部就班，避难就易，名为求稳，实则不作为。久而久之，失去的是挑战自我、脱颖而出的机会。这是较少的中国职员能通过机构内部竞争升迁提拔至中高管理层的主要原因之一。

像联合国这样的国际组织，是既可以让人把自己的才干发挥得淋漓尽致的奋斗平台，也可以让人享受“早九晚五”的舒适安逸的温床，结果因人而异。依赖政府推力，把进入国际组织担任要职当作一种福利，不图上进，年复一年，业绩平庸，个别不升反降，实在是对国家资源的浪费和得来不易的位置的一种滥用。

不善沟通，吝于推销自己的见解是另一个常见的短板。在中国文化中，推销自己往往被认为是一种缺点，有时甚至会被误解为自傲、狂妄，严重的还会被当作“人品”问题。殊不知，在国际组织里，主动沟通，与人分享思想与观点，推销自己的文化理念，推动自己的政策主张或项目创新建议却是一种价值追求。无数事例证明，一个产出高、绩效好的国际职员，一定是一个优秀的“推销员”。

由于教育的目标不同，中国职员往往对自己的专业专注，但知识面较窄，难以承担综合性的任务。在日益复杂的国际生态中，国际组织面临越来越多的综合性问题，要求具备跨学科乃至交叉学科的知识与综合技能。对此，我们的一些官员不适应新生态，无法应对变化，难以发挥应有的作用。

领导多元文化团队是国际组织高管的基本要求，是一门艺术。我们的一些职员可能出于对国际组织激烈竞争的不适和缺乏安全感，也可能是心理素质的训练不足或语言障碍，他们在工作中喜欢单打独斗，生活中倾向中国人扎堆，往往不敢主动面对、接手处理棘手和复杂问题，如不敢与工会对话互动。类似这样的回避等于主动放弃领导职责，很难得到广泛认可与尊重。

但，我们最大的短板还在于语言——对于外语的驾驭能力，加上对国际组织游戏规则较为陌生，我们的职员一般较难快速融入多元文化平台并在短时间内打开局面，达到游刃有余的境界。我们的一些高官，专业知识还不错，但在公共场合，如主持会议或参加自由讨论的场合，常常出现自由表达、即席发言困难，无法参与深入讨论并充分发表意见，甚至尚未主管却无法履行总结会议的职责。官场“靠秘书”的习惯毁了自己的技能。所以，无论级别高低，克服语言障碍，提高英文的听说读写能力，是有效参与国际组织工作的最基本前提，对高官而言，一样重要。

以上短板的根源在于一方面我国教育国际化程度的不够，另一方面缺乏多元文化环境实际的历练，还存在思想固化与文化自信的问题。中国传统文化源远流长，值得骄傲，但近代历史上发展的落后也烙下了自卑的印记。因此，打造国际化的团队，注重培养中国职员的文化自信至关重要。我们既不应该在全球事务中夜郎自大，也没有理由在国际组织里妄自菲薄。五千年厚重的中华文化，足以让我们引以为自豪，使我们精神奋发。

二、巧用中国传统文化的智慧

长期的经验告诉我，每当我们能够针对场景，结合中国的文化、历史与典故分享智慧时，往往会有意想不到的效果。例如，我有一次主持讨论改革的高官会议，谈到高管层需要认真听取并尊重普通职员的意见时，我借用中国唐朝“水可载舟、亦可覆舟”名言演绎了国际组织需要的民本思想，令在座的官员拍案惊呼：古老中国的文化太生动、太深刻了。另一次，当谈到管理层需要自我批评时，我告诉他们魏征的“以铜为镜，可以正衣冠；以史为镜，可以知兴替”的背景，同样受到大家的赞赏。再如，我在可持续发展研讨会上，提到《吕氏春秋》中的“竭泽而渔，岂不获得，而明年无鱼；焚薮而田，岂不获得，而明年无兽”来说明中国先人早在2000多年前就有朴素的可持续发展的理念。我的同事，一位来自荷兰的助理总干事很认真地说：“昌垂，我们应该共同写一本关于国际组织高层管理的书。你来搜集中国谚语与典故，我负责场景建构与案例分析。”在组织联合国“全球对抗饥饿百万人签名”时，我和同事们讲了“农村包围城市”、打一场

"人民战争"的道理，改变了原本一位来自瑞典高管"注重城市、明星效应"的主张，迅速得到各地区领导的推广执行，在短短数个月，收获了全球三百多万人的签名支持。细想，把一些表面上看来具有东方"意识形态"性质的主张，结合实际需求场景推动，竟然毫无阻力地被西方同事"照单全收"。记得在非洲与亚洲地区组织"电视粮食安全项目"时，我秉持中国"授人以鱼不如授人以渔"的古老哲理，主张以培训与能力建设为主，如帮助泰国北部残疾人组织起来教他们种蘑菇，让他们能够自食其力，得到了广泛支持与良好的反应。看来，与以往的"为宣传而宣传"的刻意形式主义的做法相比，效果可以截然不同。联合国粮农组织总干事在为我举行退休告别会上深情地说："毫无疑问，因您的退休，我们将失去聆听您的睿智——中国的谚语和智慧的机会。"

的确，中国的文化魅力、智慧无限。其实，每个人都可以做传播中国文化的使者。如果我们在联合国组织的官员都能真正树立起文化自信，自觉而自然地加以推动，中国文化在国际组织中必然产生巨大的穿透力和深层的影响力。

三、坚持终身学习

联合国组织为我提供了一个长达 25 年的独一无二的国际化平台；国家的改革开放与发展进步则为我个人的发挥筑起了坚实的后盾。这个机缘使我收获了许多第一：创办了亚洲与太平洋地区空间技术与应用政府间三级合作机制，至今还在良性运行；举办了首届联合国亚太地区空间应用部长会议（中国北京），通过了联合国第一部空间应用发展战略和空间合作的北京宣言；领导制定了联合国粮农组织 60 多年来第一部亚太地区农业与粮食安全的战略框架；中国第一个在联合国粮农组织任职最高的官员，也是该组织第一位来自发展中国家的副总干事；同时，还是 30 多个在泰国的国际组织中第一个也是唯一一个获得泰国国王颁赐"泰国皇家特级皇冠勋章"的国际组织官员。我以为，成功须要靠终身学习、持之以恒。

一路走来，并非总是万里晴空、一帆风顺。收获伴随着播种，经验包含着教训。实践是最好的课堂，错误是难得的教材。我经历过主持国际会议时误把"break up"说成"break down"而引起全场哄堂大笑的尴尬；体验过 CNN 对我关于亚洲禽流感专场采访的全球实况直播时数秒钟的大脑空白而在全世界观众面前丢脸的羞悔；经历过刚入职时为联合国副秘书长起草的讲话稿被多次退回的窘境；也承受过为地区遥感科技合作项目选择中国为示范点的决策而遭受攻击的痛苦，为推荐粮农组织最高粮食安全奖被成员方主管部门官员误解与责难的无奈；还有过为制定地区粮食安全战略而得不到粮农组织总部支持的困惑以及主持海地大地震紧急救援机构之间协调困难的苦恼……

但是，败不能妥。前事不忘，后事之师。问题在于你是否愿意学习和善于学习。成功的要诀在于，面对困境与责难，面对事关政策决策、主要措施与重大行动的重要关头，你需要毫不迟疑地秉承联合国专业、正直、尊重多元的核心价值观；需要树立不畏风险、不计得失、大胆改革和引领创新的精神；坚持服务导向、需求驱动和面向成果的原则；等等，直面一切可以预期或不可预期的问题。国际组织是一个大学校，总会遇到各种危机与挑战，但在参与或领导解决每一个具体问题中，只有抓铁有恒，才能一次又一次地有所收获，不断往自己解决问题的工具箱里增加小妙招、新方案；做到踏地有声，才能不断充实管理多元文化团队的经验；集腋成裘，才能在不知不觉中逐步丰富饱满自己的人生阅历。这应了马克思的那句话——实践出真知；也应了中国的一句老话——学无止境。

四、大变局下破壁前行

改革开放40多年，中国参与全球治理走出了第一步，但走向全球治理舞台中心的历程则刚刚开启。未来的道路注定更加不平坦。今后的一代或数代破壁者的人生，肯定充满不断挑战。当今世界正经历百年未有之大变局，一场全球大流行的新冠肺炎病毒来得措手不及，美国与西方的一些政客借此机会，造谣、“甩锅”、污名，把全球科学家公认的自然病毒硬生生地被“变异”为“政治病毒”。在这些政客的操纵下，这个“政治病毒”正在滋养民粹主义甚至纳粹主义恶魔的萌芽，给外交、经济、贸易、社会以及全球安全带来全方位的冲击；也给中国实现中华民族的伟大复兴，参与全球治理，走向全球治理舞台中心为人类的和平与发展作出应有贡献的进程带来新的风险、前所未有的挑战。

我们将如何应对这场新危机与挑战？如何面对巨大的不确定性与新的国际格局呢？我以为，我们既需要有前瞻性的定力，也需要有清晰的战略，特别是新型的国际化人才战略。毫无疑问，为应对未来的国际竞争较量，中国需要大批具有全球胜任力的人才——一代有底线思维的人才。他们将见证新的国际格局,作为支持者或参与者,亲历这场巨大的变革。他们需要在新的历史坐标中寻求自己的责任担当、价值使命,思考如何使自己的事业灿烂;他们将在新的历史坐标上与时代对话、与世界互动,思考如何彰显自己的家国情怀与民族大义,使自己的人生升华。

我一直相信,人才资源始终是第一资源。中国既要为民族复兴育才,也要为世界和平与发展赋能。但目前中国比任何时候都缺乏国际化人才。如何学会在变幻莫测的国际格局中努力塑造中国的国际形象?如何把握时代赋予的机会,不断讲好中国的故事,沟通民心民意?这些都是摆在新一代有志于从事国际组织工作的仁人志士面前的时代问题。

著名外交官傅莹最近在一次演讲中提到,她在年初德国举行的慕尼黑安全会议上,面对庞大的、高级别的美国代表团(包括议长佩洛西、国务卿蓬佩奥等)的上蹿下跳、四处游说、当场责难等,深感我们国际化队伍的单薄,特别是高层人才的奇缺。这使她感到有点"孤单",也有些担忧。

我对此感同身受。我们虽然站起来,富起来,但离在全球治理各种平台中真正强起来,还有很长的路要走。懂得如何利用好国际平台,既毫不动摇地坚持原则立场,旗帜鲜明;又善于用人家听得明白、听得进去的话语讲清中国的立场,讲好中国的故事,这样的人才太少了。至于在林林总总的国际组织任职,仅从"有限参与"到"积极参与"再到"有意义参与"的转型,我们还需要付出巨大的努力。

以联合国为例,中国是安理会常任理事国,中国会费缴纳比例占12.01%;但在联合国3.7万的职员中,中国只占1.4%左右,而且是长期低编、低职。这与大国地位完全不相符。从更大范围看,全世界有6万多个国际组织,其中活跃的3000个,与中国保持较紧密合作的有300多个,发挥作用的空间巨大。我们在国际组织要有目标,要有更多的人"进得去,做得好,留得下,上得去,有声音,有影响"。这项使命任重道远,唯有恒心难成现实。

此外,其他双边、多边组织以及大量的国际非政府组织,大批的政府部门,国企民企的涉外商务事务等,都需要懂得国际规则、通晓所在国法律与文化的人才。随着中国的快速发展与进一步开放,对人才的要求将是数十万、数百万的数量级;且还应能够保持高质量的供给与可持续性。当下许多部门揠苗助长,赶鸭子上架,影响力有限,问题也不少,应该在政策上予以矫正。当前,高水平国际化人才的短缺,使我们难以在多边外交场合与发达国家代表平起平坐、"华山论剑";难以在国际治理舞台与人家"同台论道",实现优雅的"傅莹怼",展现斗智斗勇但不斗气的风范。这是我们在软实力方面亟须补齐的短板,需要引起有关方面的重视。

毋庸置疑,今后数十年全球治理舞台的话语权的竞争,胜负取决于全球胜任力人才的数量与质量。新的全球治理人才,除爱国情怀、熟悉国家的方针政策外,还必须了解世界格局,了解今后二三十年世界发展以及国际组织的变化。他们应该是具有科技能力和互联网思维的一代新人。如了解数字技术、数字经济和生物技术与生物安全等学科。因为,今后的国际组织,需要的是复合型的人才,他们还应该具有善于学习、终身学习的能力,使自己成为专一行、通多行的人才。

对于中国,全球胜任力人才的培养迫在眉睫、刻不容缓。

新时期国际职员的素质要求与战略领导力的培养*

当今世界正经历百年未有之大变局,这是一个需要大量具有全球胜任力的国际化人才的时代,也是一个磨炼与造就青年人才的时代。

在这个时代,每个青年都可以在平凡的岗位上作出不平凡的贡献,成就一番不平凡的事业;每个青年都有潜力成为自己所从事领域的领袖,参与或引领一个团队开展有意义的活动;在推动可持续发展,保障人民、经济、社会和地球福祉这个伟大的历史使命中,找到自己的定位,实现自我的价值。

这是一个远大而崇高的目标。为实现这个目标,青年人应该学会用"三只眼睛"看天下:看国家、看世界、看变化与发展。通过观察、思考与行动,更好地了解全球格局,传播先进理念,积极参与人类可持续发展目标的实践,担当推动构建人类命运共同体的历史使命。

这是一个长期的实践过程。要求我们付出艰苦的努力,因为世界上从来就不会有"轻轻松松的成功"。成功的关键在于学会做人做事:敬畏时光、勤奋敬业、舍得奉献,脚踏实地,持之以恒;不断修为,提高素养,参与伟大变革的具体行动;勤于学习,抓住机遇,持续增强自身能力,为国家复兴、为世界和平发展与安全作出应有的贡献。

---

* 该文根据作者在多所高校为青年学员全球治理培训班授课、讲座的笔记整理。文中的部分观点与案例已纳入作者主编的北大教材《国际公务员实务概论》,北京大学出版社 2021 年版。

一、百年未有之大变局中青年的使命

(一)人类面临"二战"以来最严峻的挑战和很不确定的未来

21世纪的前20年,世界新兴经济体的成长与崛起,全球化和多极化的快速发展,深刻地改变了全球的政治经济格局。当前,以互联网、物联网、大数据、云计算、区块链、人工智能、量子计算、空间技术以及生物技术为代表的新一轮技术革命正以前所未有的速度改变着人类的生产模式和生活方式,也改变着人类社会的组织形态、治理模式和管理方式,深刻地影响着全球的政治、经济、贸易、外交和军事格局。这一切,有力地催生了新兴经济体的和平崛起。

与此同时,气候变化、灾害频发、环境退化、饥饿与贫困、恐怖主义、族群冲突等也不断威胁人类的可持续生存和发展。尤其是西方超级大国的霸权霸凌行径,使冷战思维、逆全球化和单边主义主张再度浮现,直接导致世界不稳定、充满着不确定性。2020年暴发的新冠肺炎疫情对人类生产生活和社会经济的影响无远弗届,给当前的全球治理格局带来了前所未有的影响。

上述因素的叠加对世界的和平、发展与安全构成了新一轮考验,对传统的全球治理理念、模式与机制也带来了严重冲击,形成严峻的挑战。

(二)联合国可持续发展目标面临一场大考验

面对严峻挑战,联合国可持续发展目标面临着一场大考验。主要表现在如下几个方面:

贫困与饥饿严重:根据世界银行(WB)统计,全球人口不断增加,截至2020年为78亿。其中有7.29亿为极度贫困人群(每天低于1.9美元),8.11亿为饥饿与营养不良人群(比2019年增加1.61亿,主要受新冠肺炎疫情影响)。①

环境与生态破坏:1990年以来,全球因毁林而损失了约4.2亿公顷森林。尽管近年来森林流失的速度已大幅下降。2015~2020年,每年因毁林而损失的

① Poverty and Shared Prosperity 2020: Reversals of Fortune - Frequently Asked Questions, see https://www.worldbank.org/en/research/brief/poverty-and-shared-prosperity-2020-reversals-of-fortune-frequently-asked-questions.

森林面积约为1000万公顷，影响全球74%的贫困人口，平均每小时有1个陆上物种消亡。①

气候变化与全球增温：根据联合国气候变化框架公约（UNFCCC）的数据，海平面在过去一个世纪中已经上升了约20厘米，未来几十年可能上升更快。全球气温的不断升高也导致极端天气事件的增多，如洪水、火灾和热浪。突发疾病增加（如covid－19），农作物病虫害增加如沙漠蝗灾。自然灾害的频发对人类和自然环境造成严重的影响。②

地区冲突与暴恐：截至2020年全球有8240万难民，联合国难民预算达290亿美元（是平均年份的4倍）③。2020年是全球被迫离失所人数连续第九年上升。世界人口的1%处于流离失所状态。逃离国外的所有人中，2/3以上来自五个国家：叙利亚（670万）、委内瑞拉（400万）、阿富汗（260万）、南苏丹（220万）和缅甸（110万）。

新冠肺炎疫情与大变局的叠加影响：在新冠肺炎疫情全球大流行、气候变化、地区矛盾加深等多重影响的叠加冲击下，许多国家与地区的社会经济面临空前困难；以联合国为核心的全球治理机制面临空前压力：一段时期来，美国为主的少数西方国家为自身利益最大化推行霸权主义，大搞单边主义，导致民族主义、逆全球化思潮泛起，危及全人类的共同利益。

必须引起警惕的是，“二战”以来建立的以联合国为核心的全球治理机制正面临前所未有的严重挑战，处在十字路口。全球治理领导赤字凸显，信任赤字加大，冲突危机升级，人类正经历着一场“二战”以来最严峻的考验和最重要的选择——要么任其崩溃，要么寻求突破——事关地球上的所有人，特别是每一个青年。

（三）应对大变局的机遇与挑战的掣肘

中国在国际事务中成为举足轻重的因素。我们需要与发展中国家一道，团

① 《2020年全球森林资源评估》，载联合国粮食及农业组织，https://www.fao.org/forest－resources－assessment/2020/zh。

② https://www.un.org/zh/global－issues/climate－change.

③ https://www.un.org/zh/global－issues/climate－change.

结一致,共同维护以联合国为核心的国际体系、以国际法为基础的国际秩序以及以联合国宪章宗旨和原则为国际关系基本准则。但与此同时,中国必须深入思考,积蓄力量,准备思维突破,积极参与全球治理体系的改革与创新。这既是中国发展的自身需要,也是一个崛起大国的职责所在。

步入新的时期,一方面,我们面临着实现中华民族伟大复兴的中国梦、推动构建人类命运共同体(理论、实践与行动)以及支持联合国 2030 年可持续发展目标实现这一伟大而艰巨的历史使命;另一方面,我国能够适应新格局的全球治理人才的短缺掣肘也进一步凸显。我们需要充分认识到:全球胜任力人才的量与质的提升迫在眉睫。尤其要看到,青年负有特殊的使命和青年人才短缺的矛盾。我们亟须创造机会让大批青年了解全球治理的复杂内涵与特殊需要,组织动员青年积极参与现实中解决各种国内问题与全球问题的实践。特别应该看到,在走向全球治理舞台中心的过程中,我们还明显缺乏全球治理的青年战略领军人才。因此,我们需要制定专门的政策,建立特殊的机制,注重培训提升青年战略领导力。

二、如何适应与应对新时期全球治理的挑战

为了调整人才培养的方向与方法,满足从根本上提升青年的适应能力与有效应对能力的需求,我们必须全面、综合、深度地审视全球治理深刻变化所带来的挑战,制定化挑战为机遇的策略。

一是要重新认识全球治理的内涵变化。要仔细分析近代全球治理的演变,对于青年学者,特别有必要了解 20 世纪 90 年代联合国秘书长支持的、以德国政治家威利·勃兰特为首的全球治理委员会提交的《天涯成比邻》(Our Global Neighborhool)研究报告①,熟悉全球治理的五个维度的基本内涵,包括基本价值、治理主体、治理客体、治理规制以及治理成效评估。这一理念曾得到全球的普遍认可,也成为历次全球治理改革必然考虑的基础框架。

二是要熟悉中国对全球治理的改革主张。要清楚地认识到中国需要世界,世界更需要中国。作为联合国创建者、参与者、支持者,中国有义务有责任明确

① https://www.zhihu.com/topic/20483432/intro.

提出我们对全球治理改革的政治主张。我理解主要内涵如下：

中国一向有坚定的原则与明确的目标，即坚决支持维护以联合国为核心的多边机制；坚持共商共建共享的全球治理观。在越来越复杂的全球治理改革进程中，中国的总体目标是坚定推动各国权利平等、机会平等、规则平等；主张改革必须符合变化的世界政治经济；必须满足应对全球性挑战以及顺应和平发展合作共赢的历史趋势。

习近平总书记指出："随着全球性挑战增多，加强全球治理、推进全球治理体制变革已是大势所趋。这不仅事关应对各种全球性挑战，而且事关给国际秩序和国际体系定规则、定方向；不仅事关对发展制高点的争夺，而且事关各国在国际秩序和国际体系长远制度性安排中的地位和作用。"[①]基于这种思考与主张，中国积极倡导并推动国际关系民主化，坚持国家不分大小、强弱、贫富一律平等，支持扩大发展中国家在国际事务中的代表性和发言权，在全球治理中发挥更大作用。

三是要认识当务之急是做好角色转换的准备。要充分了解新时期的新动向和新要求。应该注意到，后疫情时代全球治理舞台格局的动态变化在一定时期内，将主要体现在治理主体的变化上。毫无疑问，全球治理舞台已成为大国外交的主战场。随着大国在国际组织中的博弈与竞争更加复杂激烈，国际组织的运作将受到深刻的影响。我们需要从人才储备上提前做好准备，从更大范围、在更深层次、以更多形式参与全球治理和维护国际秩序。这是考验包括中国在内的发展中国家能否左右百年大变局，掌握发展机遇的严峻课题。

新格局对青年全球治理胜任力提出了挑战。而充分认识新时期全球治理人才所面临的挑战很有必要。尤其需要看到由于美西方的逼迫"选边站"，治理主体的政治立场将会有所分化；治理客体的不确定性与动态性也会加剧，如气候变化、生物安全、公共卫生、粮食安全以及信息技术标准等。此外，在不断扰乱视听的"以规则为基础的国际秩序"的语言陷阱下，治理规制与机制也将进一步碎片化与复杂化。例如，在全球治理客体变化中，如何站在世界道义的高度，

---

① 《习近平：推动全球治理体制更加公正更加合理》，载新华网，http://www.xinhuanet.com//politics/2015－10/13/c_1116812159.htm。

理直气壮地推动构建人类命运共同体是今后一个历史时期的重要议题，要求我们自身对“构建人类命运共同体”的思想内涵与历史意义有深入的研究与了解，不可与其昏昏、使人昭昭。

人类命运共同体是新时代多边主义的思想创新，是基于西方数百年资本主义发展与帝国主义国家对世界的侵略、掠夺、蹂躏恶果和当前全球共同面临的局部战乱、贫困与粮食不安全、生态与气候危机、恐暴等人类可持续发展问题的解决而作出的对人类命运重大问题的科学分析与系统思考。其理论体系包含了全球共同关注的五大方面，即基本原则——安全格局、经济发展、文明交流、生态建设等；发展理念——创新、协调、绿色、开放、共享；发展策略——共商、共建、共享与伙伴建立；发展目标——持久和平、普遍安全、共同繁荣、开放包容、清洁美丽；以及可参考国际上普遍采纳的，如联合国可持续发展目标指标体系而建立的指标体系。这些新理念的普遍化与在全球社会发展中推广实施，本身就构成了新格局下全球治理胜任力的内涵，是青年人才培养中需要长期坚持与努力的方向。

“一带一路”倡议的成功实践已经为青年指明了方向。从 2013 年至 2020 年，作为“构建人类命运共同体”理念的实践抓手，我们已经取得了举世瞩目的成就：140 多个国家与国际组织签署了 200 多个合作文件。2019 年，各国与中国货物贸易总量达 1.34 万亿。2020 年，中国在 BRI 累计直接投资达 1360 亿美元①，创造 33 万个就业机会。100 多个参与国家已经从 BRI 建设中实际获益，如东非有了第一条高速公路，马尔代夫建了第一座跨岛大桥，哈萨克斯坦改变了陆锁国困境，打通与海相连的通道，东南亚在建高铁等即将运行，南太平洋国家获得菌种生产技术……

当然，既然是全球发展理念，全球公共物品，就必须接受国际舆论的监督与符合联合国提倡的发展规制，特别是环境生态的可持续发展要求。不断地主动组织自评，确定进一步提升的空间：是否与联合国的可持续发展目标保持一致，是否与参与国发展战略有机衔接，是否与当地的民众有机融合等。长期注重项

① 根据《科技日报》北京 2023 年 10 月 10 日电，至 2030 年（“一带一路”十周年），中国与共建国家的累计双向投资已超过 3800 亿美元，其中中国对共建国家的直接投资超过 2400 亿美元。

目评估反馈、不断调整提升，是推动构建人类命运共同体真正成为发展中国家普遍接受支持的全球最大的公共物品的重要手段。从这点意义上来说，构建人类命运共同体是全球发展的长期使命，也是我国青年参与全球治理的长远路线图。

三、未来青年领袖应具备的素质与培养目标

在人类发展历史的关键时期，青年往往是推动变革与历史前进的生力军（fresh force）。当前，国际形势错综复杂，全球治理体系激烈变革，没有人能够置之度外。可以说，这是一个需要人才、锻炼人才和造就人才的伟大时代。

未来属于青年。截至2020年，世界76亿人口中，15～29岁的人口总数为18.66亿，占全球人口的24.6%。其中，发展中国家的年轻人口比重更高，约有50%以上人口是年龄在30岁以下的青年，且90%集中在发展中国家。人类与地球的未来毫无疑问地掌握在青年手中；理所当然，每个青年都应该做出承诺，并且能够为可持续发展贡献一己之力。

青年要志存高远，有伟大的理想；要掌握自己的命运，厚植家国情怀，与国家同呼吸、共命运。就像习近平总书记所指出：“鼓励人才深怀爱国之心、砥砺报国之志，主动担负起时代赋予的使命责任。”[①]这就需要青年脚踏实地，主动把理想化为行动。

1. 重视青年人才是一个国家的战略投资

习近平在中央人才工作会议上指出：“综合国力竞争说到底是人才竞争。人才是衡量一个国家综合国力的重要指标。国家发展靠人才，民族振兴靠人才。”“要造就规模宏大的青年科技人才队伍，把培育国家战略人才力量的政策重心放在青年科技人才上，支持青年人才挑大梁、当主角。”[②]

人才是一个国家发展的战略资源。青年是新格局下全球治理的主力军，是国家人才战略培养的重要对象。我国在联合国及其专门机构以及其他重要国

---

① 《习近平出席中央人才工作会议并发表重要讲话》，载人民政府网，https://www.gov.cn/xinwen/2021－09/28/content_5639868.htm?jump=true。

② 《习近平出席中央人才工作会议并发表重要讲话》，载人民政府网，https://www.gov.cn/xinwen/2021－09/28/content_5639868.htm?jump=true。

际政府间与非政府间组织任职的人数长年处于低编低职状态，且在作用发挥方面存在不足。眼下最重要的目标是去“瓶颈”，最有效的办法是从政策上重视，不拘一格用人才，挑选条件较好的青年干部强化培养，并采取合理合适的做法推送推荐。特别是从长远来看，随着中国全方位走向全球治理舞台中心，我们需要制定明确的青年人才培养目标，统筹规划，系统培养与储备多种类型、各种专业背景、不同层次的全球胜任力人才梯队。应该强调的是，造就规模宏大的青年领军人才队伍无疑是国家人才战略的重要目标之一。

人才需求的量与质都是变量。每一代人有属于自己的担当与职责。我在多个场合反复强调过，新时期全球治理人才应该具备如下共同的综合特质：

适应大变局人才：世界处在大发展、大变革、大调整时期，需要的是具有大情怀、大格局的人才，具有能够用三只眼睛观世界的能力。

传播新思想人才：构建人类命运共同体——是中国对人类历史进程的思想贡献与公共物品，应该首先学会用国际语言阐述与传播新思想、新理念。

掌握新技术人才：适应信息化数字化的发展，用新技术推动社会经济转型发展。比如，如何利用我国在大数据、互联网、云计算、人工智能、区块链以及卫星遥感等科技领域的应用优势，为缩小数字鸿沟、新技术鸿沟提供能力建设模范。

全球新视野人才：坚持多边主义，积极参与并引领全球治理体系改革和建设，提供中国方案，贡献中国智慧和力量。在国际舞台上客观、真实、全面、立体讲好中国故事，目前还是一个挑战。

引领改革的人才：了解国情、熟悉全球事务与世界议题，熟悉国际规制；培养对全球议题的政治敏感，针对全球热点问题，勇于改革、敢于创新的全球青年领袖型人才。

需要注意的是，国际组织所谓的“leader”或“team leader”，中文可能译成“领袖”或“团队领导人”，在一些青年看来似乎有点“高大上”，甚至觉得高不可攀、有与我无关的感觉。其实不然。在国际事务以及日常生活和工作中，我们每个人都有当“团队领导人”的机会和潜在素质，就看你是否愿意多奉献、多担当、敢出头、敢冒泡；是否能够把握时机、准备好自己。中国有一句古话：有志者，事竟成（Where there is a will，there is a way）。不管从事何种职业，只要明确目标,不忘初心,坚持平凡心,追求知行合一,你就已经在路上了。也就是说,青年人只要懂得"从大处着眼,从小处着手"(think globally,act locally),你的路就可以走得更远。

全球治理人才的市场需求也是当今青年学生关心的重要问题之一。毫无疑问,在今后相对长的一段时间内,国际胜任力人才将继续成为稀缺资源,尤其是具有深厚专业背景、全球视野,能够在全球治理各种平台拥抱世界、融入世界;既善于传播中国文化,表达中国主张;又能认真倾听,理解别国意图,善于向世界学习的国际化人才。实际上,目前四大领域尤其需要青年后备军团,包括职业外交官,民间外交人士,国际公务员以及在政府外事部门、教育科研、企业、贸易、经管、体育、艺术、医疗等领域从事国际合作与市场运作的国际化人才。实际上,用人部门一直是捉襟见肘。随着中国进一步扩大改革开放,广泛融入国际社会,全面介入各个领域的全球治理,人才需求与日俱增。

具体来说,全球胜任力青年人才的就业前景是十分广阔的,主要有五大去向,包括:

(1)联合国和各种国际组织:随着中国会费增加、中国籍职员长期低编、维和部队人员的增加、新学术组织的建立、新型国际组织的创建以及联合国的退休潮等因素叠加,为中国青年的任职就业提供了很好的机会。

(2)政府外事部门:中国进一步扩大改革开放,推进国际合作,对外交流不断增加,国家外交或专业、行业部门的外事工作领域与范围不断扩大,特别是贸易、标准、经济、科技、卫生、文化、体育、交通、数字经济等领域以及与大量发展中国家合作等,需要大批青年生力军。

(3)学校与研究部门:目前从事教学科研或各种形式的智库工作的人才十分短缺,特别是能与国际上著名的全球治理与国际关系智库匹配、合作,我们的投入与力量特别是青年研究人员的质数都凸显薄弱。

(4)对外合作与投资:从"一带一路"倡议实施效果看,这几年我国在亚洲、非洲、南美洲以及太平洋岛国援建、投资以及合作的企业大量增加,但是缺少精通国际法律规则,熟悉项目所在国法律规制以及能够与当地社团合作的人才。

(5)非政府组织:全球六七万个非政府组织,与中国有工作关系的3000多个,是中国青年可以考虑跻身参与、大显身手的平台。

为了说明问题，我举几个现实的例子（截至2019年年底的数字）：

——中国：在联合国系统（包括联合国秘书处和联合国各种专门机构）的任职人数为829人，比2015年增加了41%，但远远低于按地域分配给中国的名额。其中，联合国秘书处548人，占总人数的1.5%；D级以上只有19人，是美国的1/5，英国的1/3。

——美国：在秘书处任职美国人的数量是2490人，约是中国人数的5倍。

——英国：缴纳的会费远低于中国，在秘书处任职英国人却有783人，是中国人数的1.43倍。

——日本：各类国际组织中有912个专业或更高级别的职位由日本人担任，与2015年相比增加了23%，比2001年的人数增加了近一倍。

——其他一些发展中国家：由于历史原因，贫困、战乱以及联合国派出机构所在地语言能力、文化背景以及社区参与需要等原因，个别发展中国家职员占比显得较高（有的小国职员的总数甚至高于中国）；但绝大部分发展中国家与中国类似，低编、低职。发展中国家职员的代表性严重不足，特别是女性代表性的欠缺还是当前的主要问题。

2. 培养青年成为合格的国际职员

（1）联合国职员的核心素质要求

联合国职员来自成员方，预算内的名额原则上按联合国会费比例分摊（还有人口基数及成员资格等因素），称地域分配名额。联合国职员中有相当部分是靠预算外的经费支撑的，此类职员一般不列入地域分配。但无论是哪种经费来源支持招聘的联合国职员都有很高的素质要求，一般遵循所谓的“12386”框架原则：

> 一身不事二主：宣誓效忠联合国，每个人入职时都填写一份入职誓言；
>
> 两个基本点：声明自己信仰联合国的宗旨，愿意献身联合国的事业；
>
> 三个核心价值观：诚实正直、尊重多元文化、专业；
>
> 八个核心能力：善于沟通、团队合作、计划和组织、责任担当、客户

导向、创新思维、科技意识、持续学习；

六方面领导才能：对于在关联或领导岗位的职员，要求有战略眼光、领导力、知人善任（赋权他人）、建立信任、业绩管理、判断力与决策能力。[①]

(2)中国政府对国际职员的素质要求

习近平总书记指出："新时代属于每一个人，每一个人都是新时代的见证者、开创者、建设者。"[②]"新时代的中国青年要以实现中华民族伟大复兴为己任，增强做中国人的志气、骨气、底气。"[③]中国政府强调，应该对参与全球治理青年加强六方面核心能力的培养，即熟悉国家的方针政策、了解我国国情、具有全球视野、熟悉运用外语、通晓国际规则、精通国际谈判。

这是很高的标准。其本质是要求青年既是爱国主义者，又是国际主义者。为了实现这个目标，应该从教育抓起，重点是转变教育理念，着眼未来全球治理变化的需求：把青年培养成为以满足国家需要、符合人民利益为根本目的，既适应现实全球治理复杂格局的实战需要，又能应对未来国际组织使命与全球治理机制的变化能力的要求。

(3)注重对青年"四经八维"的培养

观察总结近期的人才培养实践，结合国家与联合国的要求，我认为可以用"四经八维"描述综合能力的培养方向。

"四经"，亦即"四能"的培养。重点突出宏观思考、知行合一，从实处入手的四方面能力（Think globally, act locally），（见图1）即

领导力：远见卓识、战略决策、引领方向、形成政策；

执行力：制订规划、组织实施、建立团队、配置资源；

创造力：探索创新、敢担风险、开拓进取、创建品牌；

影响力：提供方案、沟通宣传、以身作则、人格魅力。

---

① 何昌垂主编：《国际公务员实务概论》，北京大学出版社2021年版。

② 《习近平：在第十三届全国人民代表大会第一次会议上的讲话》，载人民政府网，https://www.gov.cn/xinwen/2020-05/15/content_5511909.htm。

③ 《习近平：在庆祝中国共产党成立100周年大会上的讲话》，载人民政府网，https://www.gov.cn/xinwen/2021-07/15/content_5625254.htm。

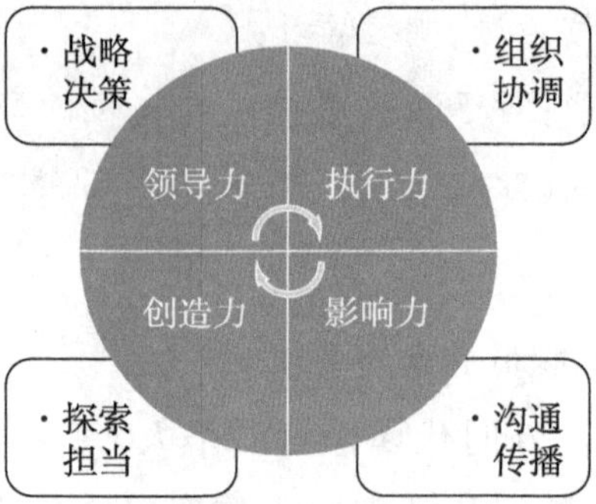

图1　青年"四经"能力

"八纬",亦即八个基本素质的培养。重点强调最基本的素质培养与提升,即

家国情怀:爱国思想是基因,四个自信是根本。文化自信是更基础、更广泛、更深厚的自信。中国先人素有"先天下之忧而忧,后天下之乐而乐"的政治抱负;"苟利国家生死以,岂因祸福避趋之"的报国情怀;"富贵不能淫,贫贱不能移,威武不能屈"的价值观;"人生自古谁无死,留取丹心照汗青"的浩然正气;"鞠躬尽瘁,死而后已"的献身精神,这些都是青年人厚植家国情怀的重要借鉴。

大爱精神:强调的是有悲天悯人的大爱之心与忘我精神。不忘初心,服从调配,随时准备到最艰苦的地方。在恐怖主义肆虐的地方工作,为贫困饥饿人口、艾滋病患者服务。在国际组织中,斤斤计较难成大事,精致的利己主义者无法行稳致远。

一专多能:需要锻炼成为学习型的人才,充满好奇心,始终保持初学者的心态,加强多学科知识的积累。尽可能在坚实专业的基础上,拓宽知识面,逐步成为跨界复合型的人才。如除一门专业外,争取选修一门经济学或国际法、环境、国际发展学,熟悉一些国际组织规则与相关法律,实现从"I"到"π"再到"T"型人才的转型发展。

沟通能力:良好的沟通能力是话语权的基础。在传播新理念、新内容、新模式中,沟通能力与谈判技巧是关键技能。优秀的国际职员必须有很强的跨文化交流与沟通能力。有思想、有主张、善于说服队友，用好国际语言，讲好中国倡议与主张，如"人类命运共同体""一带一路"以及联合国改革方案主张等，是发挥有效作用的一个挑战。

包容并蓄：尊重不同文化，适应多元文化。善于考虑国际组织多元文化的特性，学会换位思考、"己所不欲勿施于人"，通过共情，了解、熟悉、尊重、适应来自不同国家职员的文化特点、处事风格和工作习惯，要主动建立并不断扩大朋友圈，要多和有故事的人交朋友。

团队精神：团结合作精神是国际组织公务员的一个基本素质要求。善于与自己意见和风格不同的人共事是一种修养与能力。国际组织中绝大部分项目都是以团队为基础组织实施的。一个善于出成效的管理者不但是能自己做事的战斗员、善于沟通的推销员，还应该是能有效组织的协调员、带领兵团作战的指挥员。

务实笃行：知行合一是中国人的美德与智慧。理论知识与实践能力"双手都要硬"，因为国际组织十分注重实操能力，这也可以从国际组织一般采取基于"效率、才干、忠诚"综合考核干部以及绩效管理评判指标体系中强调"实效""结果导向"的实践体现。如在年终评估时，往往定量考察职员的政策研究、标准制定、信息采集、能力培训、技术转移与野外项目以及资金筹措与使用（delivery）等实务的效果。

外语能力：外语是进入国际组织的"敲门砖"，是"留得下、提得上"的"垫脚石"。适应国际英语，熟练掌握工作语言以及国际组织公文起草写作能力等，是对所有级别职员的最基本的要求。

3. 提高青年国际职员的战略领导力

通过对中国职员在国际组织低职的现象分析研究，注重提高青年在全球治理中的战略领导力必须摆上我国人才培养的议程。

1945 年，毛泽东在中共七大上说："预见就是预先看到前途趋势，如果没有预见，叫不叫领导？我说不叫领导。""坐在指挥台上，只看见地平线上已经出现的大量普遍的东西，那是平平常常的，就不能算领导。只有当着还没有出现大量的明显的东西的时候，当桅杆顶刚刚露出的时候，就能看出这是要发展成为大量的普通的东西，并能掌握住它，这才叫领导。”①

(1)战略领导力的内涵

在国际组织、跨国公司、科研机构中，我们经常会听到“策划、策略、战略、战略规划、战略领导力”等关键词；自20世纪60年代起，它们逐渐成为企业界与商界的高频词，甚至成为管理决策层必修课中不可或缺的内容。

策划一般在执行层面，策略在策划之上，战略又在策略之上，战略规划可以说是顶级的业务策略。策划、策略与战略以及战略规划形成一套体系化的理论与方法。综合起来，需要远见、思想与行动的有机融合——这就是所谓的战略领导力。

(2)注重战略领导力六方面技能的培养

从实用主义出发，战略领导力包括预见未来、挑战现状、解读信息、决策方案、建立伙伴、学习总结六个维度的技能。战略领导力既需要系统理念与知识培养，更需要从实践中学习、总结与提升。青年全球战略领导力的培养，则需要国家为他们创造实习机会，到国际组织实践中获得锻炼。因为具体项目的组织实施是综合培养六方面技能的最有效途径。无数事实证明，中国的老一辈革命家，改革开放后成长起来的一大批新一代的企业家，他们的战略领导力都是从实践中培养、锻炼与积累起来的。

预见未来：大部分组织及其管理者往往对他们工作领域的潜在威胁与模糊的机遇缺乏认识，预见则成为战略领导力的重要素质之一。提高预见能力的秘籍在于注意发现问题，重视调查研究。具体做法是保持与被服务对象(国际组织的成员方、合作伙伴；商业客户、供给商)以及合作伙伴的密切沟通，了解他们的真正需求。在联合国组织工作，要充分了解成员方的热点问题以及发展意图，这是制订战略规划、设计政策最关键的要求。每个在国际组织工作的职员都有许多个人经历与成功案例。如1994年我负责组织首次联合国亚太地区空间应用部长会议，领导制定《空间应用战略与行动计划》以及后来制定《联

---

① 金冲及：《毛泽东工作方法的几个特点——纪念毛泽东同志诞辰120周年》，载《人民日报》2013年12月27日，第7版。

合国粮农组织亚太地区农业与粮食安全发展战略》等①。

挑战现状：战略思考者常常保持挑战现状的习惯，对自己以及他人的假定总是不满意，并善于鼓励不同的看法与意见，喜欢通过多棱镜观察，经过深入思考后才做出决策。挑战现状是有风险的，要求有耐心、勇气与开放心态。提高挑战现状的能力是学会聚焦问题根源而非表象。常常提出 3～5 个问题，列出不同的假定，询问不同人的意见。作为管理者，鼓励挑战现状的最好办法是设定“安全区”，组织讨论，允许发表不同甚至是反对的意见，就是我们常说的“不扣帽子、不打棍子、不抓辫子”。寻求不受决策影响的人的看法是很有益的。例如，2004 年联合国粮农组织第 27 届亚太地区农业部长会议准备期间，粮农组织的总干事提出要在会上讨论通过三个大会决议的案例。我向三个分地区国家分别征求意见，组织内部讨论，基于实际情况挑战了总干事的决定，迫使总干事最终收回他的不切实际的决定，在粮农组织成为极少见的挑战总干事改变决策的成功案例。

解读信息：互联网时代信息“爆炸”，针对不同甚至是争议性很大的反馈内容，分类、归纳、识别、挖掘、解读不同意见，提炼独到的见解，比对各种可能的方案，是考验领导者解读信息、甄别真伪的智慧与判断能力的重要分水岭。这种能力的提高主要源于从实践中学习积累。我的经验是，在分析模糊数据基础上，对自己的观察或初步结论提出至少三个问题，并请不同的利益攸关方给出看法。然后，自己反复放大看细节，缩小看全景。在这个过程中，先不急于做结论，就像丘吉尔说的，让时间委员会做出决定。例如，在领导制定亚太地区空间应用合作战略时，对于重点领域，我们从 30 多个国家的 1000 多个部门、学术机构、科研单位以及个人收集到近千份反馈资料，经过反复总结，解读磋商，最后才提炼出四大领域作为亚太地区的合作优先（rsgis，satmeo，satcom，satpos），用的就是这种方法。

决策方案：小到项目团队，大至部门、机构，其领导者（决策者）的

① 何昌垂：《我的联合国之路》，中信出版社 2019 年版。

责任是要拍板做出最终决定,哪怕是冒着一定的风险。领导人决策的自信源于准确的信息与科学的判断程序。其实,在最后做出重大决策前,一般会准备包括"底线"在内的几套方案,而不是武断提出"做"或"不做"的简单决定。在国际组织,决策者遵循的原则是:平衡各种利弊、考虑眼前与长远的目标、遵循规则与专业的程序。提高决策能力最重要的途径是用好团队、尊重专业、走入群众、问计于民。试着把倾向性的决定分成几部分,看看每一部分都有哪些可能的不确定结果,预估短期与长期的效果。当然,在重大决策前,认真考量并决定谁可以直接参与决策,谁能影响成功决策,也是非常重要的。

关于决策,美国"挑战者号"灾难是西方管理课程经常引用的一个典型案例。1986 年 1 月 28 日,"挑战者号"航天飞机发射升空后,因其右侧固体火箭助推器的"O"形环密封圈失效,毗邻的外部燃料舱在泄漏出的火焰的高温烧灼下结构失效,使高速飞行中的航天飞机在空气阻力的作用下于发射后的第 73 秒解体,机上 7 名宇航员全部罹难。事故调查报告强烈批评了"挑战者号"发射的决策过程,认为它存在严重的瑕疵。报告明确指出,NASA 的管理层并不知道塞奥科公司最初对"O"形环在低温下功能的忧虑,也不了解罗克韦尔国际公司提出的大量冰雪堆积在发射台上会威胁到发射的意见。报告最终总结出:……在沟通上的失败……导致了 51 – L 的发射决策是建立在不完善与时常误导的信息上的。冲突存在于工程数据与管理层的看法以及一个允许航天飞机管理层忽略掉潜在的飞行安全问题的 NASA 管理结构之间。

联盟结伴:战略领导人应该善于发现共同立场、意见相同的伙伴。这需要主动出击、良好沟通、建立信任、积极互动。改善结盟的途径往往是从提前沟通做起。有两种"抱怨人"需要重点沟通,即"没有人问过我"或"没有人预先告诉过我"。要确定内、外部利益相关方的真实想法与立场,明确异同点后精准施策。必要时要找反对者直接沟通,了解并设法解决他们的关注点。要高调认可或激励那些支持并同意联盟的人。总之,朋友要交得越多越好,措施要越清晰越好。

学习总结：这实质上是中国“以铜为镜，可以正衣冠；以史为镜，可以知兴替”的智慧体现。战略领导人往往要做机构的学习中枢。鼓励独立思考，挑战变化，掌握全面信息。一个成功的战略领导人一般都有谦逊、人性的修养，虚心学习，以开放的、建设性的姿态，认真研究自己或团队的失误原因（平衡、客观、实事求是）。提高这方面能力的主要做法是：组织评估，做好从重大决策或事件中吸取教训的记录；向团队传达洞察到的情况，达到引以为戒的目的。树立正气，表扬有勇于创新精神但却未必收到如期效果的人员。定期开展决策审计，及时发现没有取得预期结果的决定并分析其原因。总之，要鼓励建立一种把重视疑问和评价失败作为学习机会的组织文化。

习近平总书记2017年5月3日在中国政法大学考察时说：“青年处于人生积累阶段，需要像海绵汲水一样汲取知识。广大青年抓学习，既要惜时如金、孜孜不倦，下一番心无旁骛、静谧自怡的功夫，又要突出主干、择其精要，努力做到又博又专、愈博愈专。特别是要克服浮躁之气，静下来多读经典，多知其所以然。”①

基辛格在《世界秩序》一书中也提道：评判每一代人时，要看他们是否正视了人类社会最宏大和最重要问题，而政治家必须在结果难料的情况下作出应对的决策。可见，战略领导力是大变局时期引领全球治理必须具备的能力，是青年国际胜任力培养中的重要内容之一。

① 《习近平在中国政法大学考察》，载新华网，http://www.xinhuanet.com/politics/2017-05/03/c_1120913310.htm。

后疫情时代联合国的困境与成员方的应对*

中国联协组织讨论“后疫情时代联合国的困境与出路”,既有长远的战略意义,更有现实的政治意义。突如其来的全球新冠肺炎疫情打乱了全球的经济与社会秩序,成为原本就剑拔弩张的贸易摩擦进一步恶化的“触发器”。联合国秘书长古特雷斯曾多次表示:新冠肺炎疫情是联合国成立以来的最大危机之一,对全球社会和经济造成了深刻的影响。① 美国著名政治学者、前国务卿基辛格也认为,新冠肺炎疫情将彻底改变世界秩序,加速全球政治、经济和军事力量的重心转移。他指出,这是一次考验人类智慧和团结的时刻,需要各国政府和国际组织共同努力,加强合作,应对这场全球性的挑战。② 的确,疫情让我们所有人都更深刻地体会到什么是“百年不遇之大变局”。

当前国际政治生态的不确定性对全球治理能力、对联合国治理水平带来了史无前例的冲击与考验。如何应对变局,化挑战为机遇成为时代之问。

一、联合国面临的挑战——世界百态

1. 美国对多边机制继续“动手术”

从种种迹象看,特朗普领导的美国正在系统评估其在国际组织的地位、作用与影响,他们明确宣称的原则是:美国至上——美国主导与美国优先;实行的策略是:以西方价值观为幌子的政治化的权术;采取的手段,目前估计有以下五种模式:

---

* 该文是作者为 2020 年 7 月 24 日中国联合国协会讨论会准备的发言稿。

① 《应对 2019 冠状病毒病》,载联合国网站,https://www.un.org/zh/coronavirus。

② Henry Kissinger, *The Coronavirus Pandemic Will Forever Alter the World Order*, the New York Times, April 7, 2020.

“继续退群”:在退出联合国工业发展组织(UNIDO)、联合国教科文组织(UNESCO)、世界卫生组织(WHO)和有关条约之后,可能还会选择那些对美国经济和政治直接影响较小的国际组织做文章,包括拖欠会费、暂停缴费、减少政府开发援助(ODA)与信托基金以及削减减贫气候变化等方面的项目经费。

“贼喊抓贼”:改变“二战”之后建立的国际组织与以联合国为核心的全球治理构架,变本加厉推行强权政治,强推修改国际组织的基本文件(charter,basic text)与规制,偷换概念为以美西方为主的所谓的“基于规则的国际秩序”张目,并“贼喊抓贼”地污蔑中国为“修正主义”。

“另起炉灶”:针对中国强化隔离封锁,搞小院高墙,如“重回亚太”推动印太战略、美加墨贸易协定以及推进 G7 + 等;甚至可能建立以美国为盟主的新的国际或地区的贸易经济与军事联盟,多方位遏制中国发展崛起。

“废除武功”:对于涉及美国重大利益但一时又无法完全操控的、构架复杂的国际组织,采用“废你武功”的办法,干扰、迫使国际组织无法按计划正常推进发展议程与进程。世界贸易组织就是很好的例子。

“见中必反”:为了在多边机制遏制中国,根本不用遮羞布、不顾逻辑,明目张胆地阻挡中国有效参与全球治理。特别表现在中国人参与国际组织主要职务的竞聘时,或明或暗组织“见中必反”的闹剧。

2. 西方发达国家(美国盟国)的心态

长期以来,西方发达国家对国际组织的经费贡献为60% ~70%,尽管他们在许多国际事务中出于国家的利益时有分歧,但对绝大部分的国际议题还能总是抱团取暖的,从而具有举足轻重的影响力。在目前的新格局中,它们的心情是纠结的,表现为:

强调改革:经合组织(OECD)国家对联合国改革的呼声从来没有停止过。如 2006 年以欧盟成员方为首的 OECD 国家在未经联合国粮农组织治理层批准授权的前提下,自筹近 6000 万美元款项,对粮农组织展开了史无前例的“独立外部评估”,宣称要为联合国机构改革搞一个示范。

重点目标:西方国家总是居高临下,利用各种机会指责国际组织特别是联合国组织的官僚、低效。一般是抓住效能与效率(efficiency、effectiveness)问题做文章。估计未来改革则可能更多强调国际组织的“产出与成效”(output &

outcome)、“公平与问责”(fairness & accountability)以及人权(human right)等意识形态方面的价值取向。

合纵连横:在涉及欧美日共同利益的主要和重大的国际议题时,西方国家一般还会继续并加强采取合纵连横、磋商默契的策略。毫无疑问,在意识形态与国家利益的大方向上,西方大多国家将继续追随美国,并与其保持协调一致,特别是针对中国的问题,无疑将给疫情后全球治理主体的重塑带来深刻的影响。

结果趋势:从这场全球暴发的新冠肺炎疫情看,美西方也明显自顾不暇、各自为战、缺乏协调,对全球的共同问题如疫苗药物使用暴露了自私、冷漠的本质。从某种意义上说,西方一贯宣扬的价值观正受到自身挑战,如对于弱势群体、妇女赋权、儿童、贫困、饥饿、疾病及气候变化等问题的态度与支持有所弱化。这必将影响疫情后全球治理客体的优先选择与项目运作资金筹措。

3. 发展中国家的反应

在疫情肆虐并在全球迅速扩散蔓延的当下,发展中国家面临日益严峻的挑战,“集体焦虑”是目前的关键词,主要表现为:

(1)缺少能力。目前,大部分发展中国家处于集体焦虑状态。特别像非洲一些地区,本来已处在贫困、饥饿、灾害与战乱的困扰中,由于资金不足,基础医疗条件差,预警与防控手段有限,疫情蔓延更是加剧了恶化。

(2)资源分散。全球新冠肺炎抗疫缺乏协调,资源分散。与2004年在联合国协调下的全球对抗禽流感及2008年G8和G20共同应对全球金融危机的合作相比,国际社会特别是美西方等主要大国的作为完全是相形见绌。中国等国家即使倾其所有帮助一些发展中国家也难免“力不从心”。

(3)负重而行。由于美国“停供”和政治压力,WHO在重重困难之下尽力履职,开展全球协调、沟通,推动信息交流,实施必要的紧急救援。特别是对于像非洲一些公共卫生能力相对较弱的国家起到了重要的作用。美西方一些政客把疫情政治化,分散了国际组织的精力、削弱了帮助发展中国家应对疫情的能力,许多发展中国家由于缺少必要的外援,不得不负重而行。

(4)思想混乱。美西方一些政客为自身政治利益造谣抹黑、四处放风,造成疑虑与误会不断,影响了发展中国家真诚团结、一致抗疫的努力。一些发展中国家如尼日利亚和印度的一些民间团体，还加入美西方所谓的“赔款”诉求的大合唱。别有用心与愚昧无知可能引起的蝴蝶效应必须引起国际社会的重视。

4. 全球治理格局更加复杂

毫无疑问，疫情的叠加使本来就严重存在的全球治理的赤字进一步加剧，联合国系统的运作、机制、权威与影响力正面临着新一轮的挑战与考验。

（1）美国与欧盟有分有合。历史上，美欧虽然时不时在一些利益分配上出现分歧甚至因此“吵架”，如转基因问题、农业贴补问题以及最近的信息隐私巨额罚款问题等，但它们对所谓的人权、价值观等问题，一般总是能“一致对外”——尤其是针对中国的发展。当然，还有许多人类共同面临的问题，如气候变化、恐怖主义、金融危机、粮食安全、人道主义危机、防止核扩散以及全球公共卫生和流行病防控等，“美国优先”的政策与自私做法导致多边机制应对挑战的合作空间不断缩小，多少也引起西欧一些国家有识人士的不满与反对。

（2）多边运作机制受到威胁。美国先后退出多个国际组织和联合国人权理事会（OHCHR）等。这种傲慢自大的做法给国际组织造成巨大的政治压力，引起领导真空，导致机制被破坏，规则无效。同时，由于运作经费锐减，迫使国际组织缩小编制，改变优先，减少技术援助项目，破坏了能力建设和信息共享等正常性工作。部分国际组织的一些计划不得不停摆或压缩规模，出现了不可持续的现象。

（3）“美国优先”的影响。应该看到，特朗普政府“美国优先”政策主张，本质上是共和党和民主党两党的共同的愿望，符合它们的国家利益；只不过以往的政客还披着一种“遮羞布”与“政治正确”的面纱，有点“羞于启口”而已。预计未来 10 年，美国等西方国家对联合国系统的经费大概率将进一步严加管控；在某些机构或领域，甚至会有进一步被削减的风险，或出现 ODA 和其他自愿捐款减幅的趋势。

（4）西方认同意识形态。在全球治理舞台上，本质是国家利益与意识形态认同。在这一点上，西方对中国防范的目标相似。尽管美欧也并非永远铁板一块，存在许多利益冲突，但他们的大多矛盾总是局部的、临时的。历史证明，在大方向上他们是不好分家的。例如，尽管广场协定、北约交保护费等压力，却并没有把美国与欧洲和日本的盟友关系搞散。在核心利益上，美西方还是保有磋商机制、协调制度及外交上的合纵连横的策略。它们共同借各种机会反对中国在世界贸易组织(WTO)的市场经济地位就是明显例子。

二、国际社会应对策略

1. 全球治理的需求

最近一期的《经济学人》(*The Economist*)以“Goodbye globalization”为封面,《再见吧,全球化》一文中提出:更具民族主义和自足的时代在召唤——尽管这未必更富有或更安全。剖析文章里的信息,结合后疫情时代全球治理的问题与发展需求,我们可以作出如下判断与建议:

第一,国际社会特别是发展中国家,对国际组织提供的全球公共物品与服务的需求绝对不会消失。

第二,多边主义(合作与国际援助)仍然是许多发展中国家提高能力建设的重要途径,是实现联合国2030年可持续发展目标的主要手段,也是人类发展的科学道路。

第三,国际社会需要共同领导、共同治理,才能推进国际关系民主化,共同分享发展成果。

第四,国际社会特别是发展中国家更加需要团结起来,坚持多边主义,坚定支持联合国在全球治理与协调作用,化解治理赤字。

2. 成员方的应对

化解全球治理赤字是一个过程,不可能一蹴而就。国际社会务必认识到,尽管联合国存在一定的短板乃至弊端,它仍然是目前全球治理事务中最重要的核心机制。这点信仰我们不但不能动摇,而且应该有战略思考与行动。

近期各成员方需要加强团结,共克时艰。为了应对疫情后推进经济恢复,在严峻的挑战面前,国际社会比任何时候都更加需要联合国的平台,各成员方唯有团结一致,发展中国家必须理直气壮地维护联合国在全球治理中主流机制的作用。从长远来看,需研究与时俱进的改革预案。联合国必须革新图变,着眼未来,搭上信息化、数字化和智能化的快车。WTO的“武功被废”,原因很多,某些西方强国的霸凌固然是一个重要的因素,但这个机构没有以最快的速度实现转型,赶上现代化数字化潮流,从某种意义上它还维持在“货物贸易”时代的思维、机制、政策与标准以及运作手段等，这是一个不可忽视的问题，也是一个教训。

3. 中国的责任与担当

作为联合国的创建者之一，中国始终是联合国系统的坚定的拥护者、实质上的支持者。在世界前景不确定性的今天，支持联合国在全球治理中发挥核心作用，中国的影响力更显得重要。中国作为全球第二大经济体，应展现负责任大国的担当。在国内，要坚持改革开放，毫不放松做好自己的事，推进中国特色社会主义建设，实现中华民族的复兴梦。在国际上，要进一步团结一切可以团结的力量，借助“统一战线”法宝，必要时，甚至可以用实用主义的思维推进多边主义，但不主张大张旗鼓地挑起意识形态的争议。

(1)坚定支持以联合国为核心的多边机制。中国发起的各种倡议的推进，要善于利用国际上普遍接受的价值观与运作规则，特别是与联合国倡导的原则与发展目标接轨。如“一带一路”倡议应该尽量与“联合国可持续发展目标行动十年”衔接；生态文明建设与环境与可持续发展的总体目标对标等。

(2)培养应对大变局的有战略定力的人才。历史进程的规律唯一不变的是变，而且需要做好准备，直面可能的剧变。中国比任何时候都更需要战略领军人才，参与引领全球治理变革。一方面，需要大批能在国际组织一线工作、有强大执行力的国际化人才；另一方面，特别需要既有前瞻力又有影响力的全球治理人才。应对未来的国际竞争，中国还需要一代代有底线思维的人才。中华民族伟大复兴是不可逆转的潮流；中国人民对美好生活的追求是天经地义的。家国兴亡，全球和平与发展，匹夫有责。青年需要在新的历史坐标上，与时代对话，寻求自己的责任担当；在国际化的空间坐标上，与世界互动，实现自己的人生价值。

(3)为世界和平与发展赋能。中国既要为民族复兴育才，也要为世界和平与发展赋能。在变幻莫测的国际格局中塑造好中国的国际形象；把握时代赋予的机会，讲好中国故事、讲清中国立场、沟通民心民意，这是摆在新一代有志于从事全球治理工作的青年人面前的时代要求。要想在全球治理各种平台上真正起到有效作用，就要研究国际组织，懂得利用好国际平台。在错综复杂的国际事务中，既能旗帜鲜明、毫不动摇地坚持原则立场，又善于与各种文化背景、政治立场的人沟通，扩大朋友圈、团结大多数。这需要我们更多的人特别是青年了解国际规则。青年到国际组织任职，最好从基层做起，就像进少林寺学武功，从站桩练起，循序渐进，学到成套本领，实现从“有限参与”到“积极参与”再到“有意义参与”的转型。

必须看到，多边组织以及大量的国际非政府组织、众多的政府部门、大批国企民企的“走出去”都需要懂得国际规则、通晓所在国法律与文化的人才。随着中国的快速发展与扩大高水平对外开放，急需十万、百万数量级的高质量人才，需要建立可持续的人才供给渠道。为此，我们既要制定正确的人才培养战略，让更多的青年理解全球治理的意义，积极参与全球治理的工作；更要创造各种机会，制定激励机制，使更多的中国青年到国际组织任职，实现“进得去，做得好，留得下，上得去，有声音，有影响”的目标。完成这个使命，国家的意志与青年的恒心不可或缺。

最后想强调一点：今后数十年全球治理舞台话语权的竞争很大程度上取决于全球胜任人才的数量与质量。当前，高水平国际化人才的高度短缺，“两栖”人才集聚气势不足，其结果是常常难以在各种场合展现影响力，难以全方位地与一些发达国家代表平起平坐、“同台论道”、“华山论剑”。无疑，我国需要在强长项、补短板上下功夫，特别是练好斗智斗勇不斗气的内功，提升在国际上“儒雅怼”的智慧、能力与气度风格。这是目前我们在全面、有效参与全球治理工作中最主要的挑战之一。我们需要从多方面投射精力，持之以恒地做好人才培养的工作。

合作推动联合国2030年可持续发展目标的实现*

2015年,联合国193个成员方领导人聚集在纽约,一致通过了联合国2030年可持续发展目标(包括17个目标、169个子目标)①。这是21世纪人类追求可持续发展,为子孙后代留有生存空间的一种共同渴望。

当前,世界正经历百年未有之大变局,世界格局出现了巨大的不确定性。逆全球化、贸易摩擦、美国退群、英国脱欧、北非贫困、中东变局、一些地区持续不断的暴恐进一步加深了“三个赤字”——和平赤字、发展赤字和治理赤字,联合国2030年可持续发展目标的实现受到了严重冲击。

将近5年的时间已经过去,我们看到,许多国家与地区可持续发展目标的执行遇到了不同程度的困难,国际社会特别是发达国家对发展援助资金的承诺迟迟不到位,进展很不理想。看看下面几个例子,就更加一目了然。

SDG1——消除贫穷。根据世界银行预测,到2030年,全球极端贫困人口(低于1.9美元/天)仍然将有6亿,90%集中在撒哈拉以南非洲。世行认为:原定2030年将全球赤贫人口降至3%以下的目标恐难实现。

SDG2——“零饥饿”。全球饥饿人口一直徘徊在8亿~9亿。2007/08年全球金融危机导致的全球粮食危机一度使饥饿人口飙升到10亿,达到人类有史以来的最高值。从全球来看,粮食安全一直是最突出最关注的安全问题

* 该文是作者2019年4月27日在清华大学参加万寿论坛的演讲稿,本届论坛主题为“一带一路:新型全球与全球治理”。

① 《变革我们的世界:2030年可持续发展议程》,载联合国网站,https://www.un.org/zh/documents/treaty/A-RES-70-1。

之一。

SDG13——气候行动。影响 SDG 的三个核心维度:社会、环境和人,几乎涉及社会经济的所有部门。联合国政府间气候变化专门委员会的研究指出,温室气体的主要排放国如果不采取紧急应对行动,把全球增温控制在 2 摄氏度以内的目标是根本不可能实现的。

我们还可以继续列举其他目标进展缓慢的情况,如清洁饮水与卫生实施、陆地生物和水下生物保护、城市与社区、生产与消费等领域,同样任务艰巨,目标实现困难重重,情况很不乐观。

现实说明,检讨联合国 2030 年可持续发展目标的实施,及时改变"一切照旧"的普遍心态很有必要。5 年的经验还告诉我们,没有任何一个国家可以单独应对发展与环境中的所有挑战;唯有按 SDG17 所要求的那样,通过全球合作,团结努力,建立伙伴关系,联合国 SDGs 的实现才有可能。

信仰是行动的源泉,行动是实现目标的起点。今天,在国际国内,开始出现一种令人担忧的思潮:相信和坚持多边主义的价值观被质疑;国际社会长期信奉的"公平、正义"的理念也受到挑战。西方一些国家长期标榜的道德高地轰然倒下,倒退回狭隘自私、唯利是图甚至民族主义和民粹主义的危险境地。其结果也导致了全球信托基金减少。发达国家对发展中国家的发展援助条件变得越来越苛刻。而发展中国家自身能力有限,在减贫、粮食安全、生态环境、气候变化、清洁能源以及教育、卫生等领域的计划实施受阻,全球治理机制受到严重挑战,相关的国际组织面临"难作为、不作为"甚至运作失灵的威胁。

无疑,这些问题催化了国际社会对历史发展新动力的探索,促进人们对新时期新的全球化理念的研究。特别是在新形势下,国际社会如何共同探讨、解决全球治理赤字,修补、整合、改革或创建新全球化机制,通过新机制培育新动能,用新动能驱动全球新发展,实现联合国 2030 年可持续发展目标,是国际社会必须探索的方向。

新机制、新动能、新模式是一个多解的方程,不可能只有一种答案。理由很简单,世界的发展是不平衡的,各国具有的不同的价值观、多元的历史文化背景、不同的政治制度与国家治理模式必然长期共存。

中国提出的"构建人类命运共同体"理念是新全球化背景下全球治理的一

个创新理念。这个理念的合适性和有效性已在“一带一路”倡议的实施中得以验证，也为创新改革全球治理提供了一种非排他的选择。

目前（2019年）“一带一路”倡议已得到130多个国家和40多个国际组织的响应与支持，无论是从其原则、地域覆盖还是合作内涵以及3年来探索的实际效果看，它的确已经为国际社会特别是发展中国家和人民参与全球治理并从中获益提供了一种选择。正如国际货币基金组织总裁拉加德所言：“一带一路”倡议是中国在国际事务中发挥领导力的主要体现。

“一带一路”倡议是“构建人类命运共同体”的重要抓手。倡议之所以能够受到国际社会如此广泛的期待与支持，是由倡议的本质和实际效果所决定的。从倡议的本质看，人类命运共同体和“一带一路”倡议是一个负责任大国在全球治理中忠于守旧又乐于创新，坚定维护、支持和强化多边主义的积极主张与一种可操作性非常强的行动表率，也是中国向国际社会提供的一个划时代的公共产品。

根据中国政府的宣示，构建人类命运共同体和“一带一路”倡议将遵循以下五方面的“坚持”：

发展原则：和平合作、开放包容、互学互鉴、互利共赢；

发展理念：创新、协调、绿色、开放、共享；

发展策略：共商、共建、共享；

发展目标：可持续发展与生态文明建设；

指标体系：以人为中心，坚持公平正义；突出参与国人民的获得感、幸福感、安全感。

可以看出，中国提出的“构建人类命运共同体”理念与联合国的可持续发展目标是一脉相承的。构建人类命运共同体是人类发展长远目标，它与联合国2030年可持续发展的阶段性目标相比具有更加宏大的时空跨度。人类命运共同体的构建需要一代又一代人共同努力推进，需要人类共同发力。

从实际效果看，目前联合国等多边机制不时受到挑战与制约，常常缺乏必要的资金与有效的实施机制，甚至有些多边组织和机制由于“一言不顺”就会被“有效致残”，一些具体行动也经常受到“污名、指责、刁难”，从而妨碍了联合国可持续发展目标的顺利实现。国际社会必须开辟新径。“一带一路”倡议则提供了一种新型的合作平台。该倡议强调通过互联互通——文化沟通和民心相通，基础设施建设和贸易联通等，为世界提供了21世纪以来最大的公共物品，帮助恢复和维护了世界对多边主义全球治理的信心。就像联合国秘书长古特雷斯所说：“一带一路”成为增强实现可持续发展目标的能力和拓展绿色前景的重要机遇，是当今世界在南南合作背景下最具现实意义的项目，有助于实现更加公平的全球化。①

我认为，尽管中国还是发展中国家，自身在社会经济发展中还有不少“赤字”，成为中等发达国家以及实现联合国2030年可持续发展目标的挑战还很多，但这并不像一些批评者所说的，中国在全球治理中不能也不宜有所作为。

据我在联合国工作的经验与观察，作为发展中的大国，中国在改革开放40多年所取得的成就举世瞩目：在消除贫困、粮食安全、气候变化、生态环境以及消除数字鸿沟等方面探索的模式、总结的经验，完全可以为发展中国家提供借鉴。在探索新全球化和改革全球治理体系中，中国完全有义务面对世界共同关注的议题，理直气壮地分享这些年来积累的成功经验与实践案例，包括走过的弯路和改革中不可避免的曲折，让世界更综合、立体、全面地了解中国。

为此，中国应该加大力度，在探索新全球化和全球治理中担当重要角色，这包括：

(1)推动中国政府提出的生态文明建设与联合国SDGs对接

生态文明是人类发展的一个综合的理念。除涉及自然维度包括气、海、山、水、林、田、湖、草等自然生态要素外，更包括社会、经济、文化、治理和人安全(human security)等维度。关于这一点，中国已有比较系统的思考，习近平总书记在不同的场合也有许多系统的论述。从中共十八大提出环境问题是“长远大计”，到十九大表述为“千年大计”，再到全国生态环保大会的“根本大计”，这说明中国提出生态文明的理论、实践是个不断深化的过程，是人与自然和谐共生的认识基础的不断升华。可以说，中国提出的生态文明是人类继信息文明阶段

---

① 《联合国秘书长：“一带一路”是当今世界重要机遇》，载齐鲁网，http://news.iqilu.com/guoji/20190424/4253063.shtml。

的新发展阶段，是人类的一种新的普世价值观。具体来说，中国的生态文明建设与联合国 SDG 有直接的高度契合：17 个目标中就有 10 个直接关联；其他 7 个如健康、教育、性别平等、和平、正义等也都与生态文明建设实施目标和结果高度关联。今后，中国的生态文明建设的实施与实践，应该主动与联合国 SDG 可持续发展目标同步推进。

(2)加大支持南南合作作为推进新全球治理的重要工具

习近平总书记指出：“南南合作是发展中国家联合自强的伟大创举。”[①]事实上，中国是联合国系统中最大的南南合作贡献者。以粮农组织为例，近年来，我们通过南南合作向非洲等地区送出了近 5000 名农业专家和技术员，培养了数千名留学生和进修生。至 2019 年，还两次向粮农组织捐款设立了 8000 万美元的信托基金，支持开展能力建设与示范项目。在向新型全球治理模式转型中，中国应该从侧重南南合作项目数量发展向项目质量提升转型，在可持续和可扩充(scaling up)方面下功夫；也应该考虑从下游的实地项目支持逐渐转向上游的战略规划和政策咨询建议与能力建设方面下力气，特别要注重适合合作国国情与治理模式的综合能力的提升。

在传统的筹资和发达国家的官方援助削弱的现实下，新全球治理应该研究扩大推动南南合作的机制，包括双边、三边和多边合作机制的经验总结与推广。

(3)重点帮助缩小新全球化格局下的信息和数字鸿沟

全球化中的一个重大错觉是数字鸿沟在自动地不断缩小。事实上，在后摩尔时代，信息技术飞速发展，新技术、新产品、新业态与新服务层出不穷，应接不暇。信息核心技术是当今国家竞争的高地，谁掌握了核心技术，谁就掌握了国家发展与安全的“任督二脉”。是故，信息领域的竞争结果毫无疑问地明显扩大了全球的数字鸿沟，使许多发展中国家有更多的人成为新技术的“新贫困户”。解决信息贫困是新全球化和全球治理的重要议程，建议在“一带一路”建设中加大对数字技术的交流与科技合作。例如，首先可以从电子政务的培训和能力建设入手，通过与联合国相关机构开展项目合作，与发展中国家分享利用数字技

---

① 《习近平在南南合作圆桌会上发表讲话阐述新时期南南合作倡议 强调要把南南合作事业推向更高水平》，载人民政府网，https://www.gov.cn/guowuyuan/2015-09/27/content_2939428.htm。

术特别是电子政务提高政府的执政能力与治理水平，创造青年利用互联网开展创业，推动数字经济发展的机会。

(4)推动“构建人类命运共同体”理念融入新全球化和全球治理的体系

构建人类命运共同体是新时期的全球治理的全新理念，是终究要发展成为国际上完全理解和普遍认可的理念。首先，有必要加强“全球命运共同体”的理论体系研究，确立理论系统和实践构架，包括顶层思维与基础构架，指标体系和发展评估方法。其次，要注重提高共识和加强长期教育培训，推动建立与国际公认的可持续发展理念的有机融合，达到深入人心，植于思想，融入灵魂，最后变成人类发展进程的自觉行动。最后，问题导向，需求驱动，研究建立一个完善的中国叙事体系。把“构建人类命运共同体”变为一种对新全球治理的信仰与实践，成为“一带一路”国家与地区发展的内生动力和自觉需求。重要的是通过实践案例加深对各国发展、安全、和平、生态文明战略与行动的阐述，加深相互了解、理解和经验的借鉴。这是一个长期的理论与实践的过程，不要期望吃快熟面。

在多边机制遭受质疑和责难的关键时刻，需要有更多的国家站出来，用真真切切的成就与让人信服的理念和实践，去维护、改造、健全现有的治理机制。我认为，中国要系统地研究与制定如何利用好重大、重要的大型国际活动的攻略，如利用明年(2020 年)6 月的国际自然保护联盟(IUCN)大会和 10 月的联合国生物多样性(UNCBD)第 15 次缔约方大会，通过“一带一路”的抓手，落实生态文明建设理念，用实际行动和效果引领改善多边治理的赤字，提振国际社会对多边治理机制的信心以及对构建人类命运共同体的自觉行动。

应对新冠肺炎疫情后全球治理格局变化的若干思考*

一场突如其来的新冠肺炎疫情搅乱了全球秩序，严重地冲击了本来已经积重难返的全球治理的困局。对于如何应对疫情后的全球治理格局变化，我今天想分三点谈谈自己的思考。纯粹是个人意见，仅供大家参考。

一、注意自然病毒已变异为“政治病毒”

这场新冠肺炎病毒大流行是加剧世界格局变化的催化剂。未来已来，危机实在。对国际组织与全球治理来说，新冠肺炎病毒突发与蔓延也是一场“百年未见”的实实在在的挑战。它对世界的冲击，已从公共卫生领域扩展到国际政治、经济、贸易、社会、教育以及人们生活与工作的方方面面。

有人说，这是人类面临的一个“至暗深刻”。为什么这么认为呢？

近代经历了两场重大危机：1920～1930 年美国爆发的经济危机引起的“大萧条”把世界经济推入黑暗深渊；2007/08 年由美国国内的金融危机引爆了全球的金融危机，紧接着出现了全球的粮食危机，导致 30 多个国家的社会动乱，出现了人类历史上最多的饥饿人口，首次冲破 10 亿人的大关。而这次新冠肺炎疫情大流行导致 214 个国家与地区受到影响。根据约翰·霍普金斯大学统计①，截至 2020 年 5 月 16 日，全球累计确诊人数超过 452 万，其中美国占 143.9 万；全球累计确诊 10 万以上的国家有 10 个，5 万以上 15 个，1 万以上 40 个。目前，全球死亡人数约计 30.6 万；美国一国的死亡人数就超过 8.7 万。

---

* 2020 年 5 月 17 日在清华大学《国际组织与疫情治理视频讨论会》上的特邀发言。

① https://coronavirus.jhu.edu/map.html.

疫情的影响还在扩大,其烈度此刻还无法估计。从目前看,疫情已严重冲击了全球的经济、贸易、金融、生产活动和社会生活。许多国家与地区特别是主要经济体,不得不封城甚至封国,出现了局部或全国性的服务业停摆、工厂停工、学校停课等。据国际劳工组织不完全统计,全球失业人口在 2019 年 1.88 亿的基本水平上,全球将增加 530 万(“低”影响情境)至 2470 万(“高”影响情境)。① 美国劳工部公布的数据显示,受新冠肺炎疫情影响,2020 年 4 月美国临时失业人数环比上涨 10 倍,达到 1810 万人;永久性失业人数环比增加 54.4 万人,达到 200 万人。②

我们新近所经历过的危机:1997 年亚洲金融风暴、2004 全球禽流感、2007/08 年全球金融危机和粮食危机等,以及 20 世纪第二个十年出现的美国流感、非洲埃博拉等,它们对全球经济社会影响的广度与破坏深度与新冠肺炎疫情相比都显得是小巫见大巫,绝对无法同日而言。

正因如此,联合国秘书长最近说:“2019 冠状病毒是自联合国成立以来我们共同面对的最大的考验。这一人类危机需要来自全球主要经济体协调一致,采取果断、包容和创新的政策行动,以及对最脆弱人民和国家提供最大程度的金融和技术支持。”③美国前国务卿基辛格也发出了他的担忧并预言:新冠病毒大流行将永远改变世界秩序。④

形势的确不容乐观,尤其是环环叠扣的影响。应该特别注意的是,这场始料不及的自然病毒,在西方一些政客的政治操纵下,正在“变异”成一场迅速蔓延的“政治病毒”。

在全球治理领域,他们故意混淆视听,拉帮结派,把普通民众对病毒的恐惧心理导向对全球化的抵触情绪,把疫情期间产业链的临时中断归罪于全球化的

---

① https://www.ilo.org/beijing/information – resources/public – information/WCMS_739018/lang – – zh/index.htm.

② 许缘、高攀:《美国 4 月失业率飙升至 14.7%》,载新华网 2020 年 5 月 8 日,http://www.xinhuanet.com/world/202005/08/c_1125959348.htm。

③ 《联合国秘书长:2019 冠状病毒疫情是联合国自成立以来面临的最大考验》,载联合国新闻网,https://news.un.org/zh/story/2020/03/1053832。

④ 《基辛格:新冠病毒大流行将永远改变世界秩序》,载人民网,http://world.people.com.cn/n1/2020/0405/c1002 – 31662365.html。

弊端，鼓动民粹主义的思潮。

在国与国之间的关系，这些政客更是把“说谎、造谣、偷窃”的本领发挥得淋漓尽致。他们通过谩骂、“甩锅”、抹黑中国等手段，鼓动“追债”“赔款”“清算”，煽动种族仇恨，鼓动“完全与中国脱钩”。美国总统特朗普5月14日接受FOX采访时竟扬言：我们可切断与中国的所有关系，就能节省5000亿美元（We can cut the whole relationship with China. We can save 500 billion dollars）。①

结论很明显，世界“至暗时刻”不是源于这场疫情本身，而是来自个别西方政客精心操纵的“政治病毒”。这个原因给外交、经济、贸易与社会带来了全方位的负面影响，给全球治理的世界格局带来了意想不到的冲击。目前的问题是，这场“政治病毒”出现在一个关键的历史时刻：全世界200多个受灾的国家和地区正处在抗疫的紧要关头，需要的是团结一致，共同应对，此时的谣言比病毒更可怕，它只能分散各国的注意力，削弱国际社会的应对能力，破坏联合国特别是世界卫生组织的组织动员与协调能力，其严重后果可想而知！

特别应该看到，中国正在努力实现中华民族的伟大复兴，正处在积极参与全球治理、走向全球治理舞台中心的关键历史阶段。这个“政治病毒”若任其发展终将酿成雪崩效应，对中华民族伟大复兴的影响程度将难以估量。因此，中国需要空前的政治智慧与应对策略，积极利用各种全球治理平台，与全球爱好和平的力量一道，认清方向，鼓励团结共克时艰，用大无畏的精神共同应对这个前所未有的挑战。

二、疫情对世界格局的变化和国际组织的影响

毫无疑问，新冠肺炎疫情将对本来就已经十分不确定的世界格局产生深远的影响，并催化全球治理机制的巨大变化。对此，我们需要保持头脑清晰，作出准确的判断与科学的预期应对。我们不妨从以下几个角度分析：

（1）美国对多边机制的增压。根据对过去一段时间一系列国际事件的判断，美国将利用这次疫情大肆攻击那些它认为不跟随其指挥棒起舞的国际组

① 《疯了？特朗普竟称和中国“彻底绝交”可省5000亿美元》，载观察者网，https://www.guancha.cn/internation/2020_05_14_550415.shtml。

织,采取"特美国"的举措,系统地打压这些多边组织的地位与削弱其影响。他们所遵循的原则是:美国至上——美国主导与美国优先;策略是:政治化与双标的手段。具体有五种可能的模式,包括"继续退群"、"贼喊抓贼"("美国至上"的修正主义与强权政治)、"另起炉灶"(组构以美国为主的新型机构或机制)、"废除武功"(对于一时无法完全操纵的国际组织,采用干扰运行程序,使其无法推进任何进程)以及"见中必反"的策略(竭尽全力阻挡中国有效参与和主动引领)。一些精英阶层与智库也在积极配合,不断在国际社会/组织制造谣言,挑起反对中国的舆论。如去年美国智库发表的《联合国中的共和国》(*Republic in the United Nations*)一篇长文,歪曲事实,大肆攻击中国或中国国际职员的作用,点名指责联合国经社部、人权委、国际电联和工发组织等联合国机构以及中国"一带一路"倡议和中科院"地球大数据科学工程"动机。

(2)西方一些发达国家(美国盟国)的心态复杂

经合组织30多个国家在国际组织有举足轻重的影响力。长期以来,在全球治理的重大事务中,美国的西方盟友原则上是围绕美国的意志,马首是瞻(尽管特朗普时代在某些问题上表现出例外),包括主张激进的改革[长期对联合国的效率持批判态度,估计将主要围绕提高联合国组织的"相关度、效率与有效性"(relevancy,efficience,effectiveness)等议题,以及针对所谓的"公平性"(fairness)问题,提出所谓的"问责"(accountability)的议题]。疫情中西方各国出现了各自为战,一些国家的极端自私、对生命充满冷漠的丑闻四起。国际社会清楚地看到西方一些政客的"伪君子"面目,他们一向自我标榜的价值观与抢占的道德高地,在人权、弱势群体、贫困、疾病、老龄人关注等问题上的不作为已暴露无遗,为世人所不齿。

(3)发展中国家心情焦虑

对于这次疫情,大部分发展中国家特别是南亚、中东与非洲地区,由于经费不足,基础医疗条件差,预警与防控手段有限,疫情继续蔓延、扩散对社会经济的影响与伤害将难以估量,其处于普遍焦虑状态。首先,他们是全球抗疫缺乏协调与资源分散的最大受害者。由于美国对世卫组织的打压以及"美国优先"的自私政策的影响,尽管中国和其他一些国家与国际组织努力对发展中国家提供最大可能帮助,但相对于"井喷式"的突发紧急需求却有点"孤军作战"、力不从心的感受。

而负责全球公共卫生与传染病防控协调的世界卫生组织，本身也在“带伤作战”、负重而行。在美国的“停供”[①]和“莫须有”的政治指控压力下，他们面对如此罕见的全球大流行，克服重重困难，继续认真履行职责，开展全球协调、沟通，推动科学知识以及实施必要的紧急救援，有效地动员全世界的力量进行抗疫，阻力显而易见。美西方一些国家疫情政治化的冲击也进一步分散了他们本来有限的精力，削弱了其应对疫情的能力。发展中国家不无理由担心，WHO 将成为另一个“跛脚鸭”的国际组织。

即便如此，发展中国家很清楚地意识到，即使是疫情之后，国际组织应对全球公共物品的需求与服务也绝对不会消失。因而，发展中国家需要坚定地联合起来，呼吁还有良知理性的西方国家政客一起，大力支持和保护联合国与世卫组织在抗疫中的全球领导与协调作用，团结一道、共同应对。

同时，也必须看到，疫情固然是当前的优先，经济发展仍然是实现联合国 2030 年可持续发展目标的根本手段——提高国民生活水平、消除贫困、提高卫生健康、确保粮食安全等是一个国家的长远的基本要求。还应该看到，疫情后国际合作与国际援助仍然是许多发展中国家提高能力建设的重要途径。

三、中国应如何应对疫情对多边机制的冲击影响

1. 需要密切关注美西方对多边机制的政策改变

疫情给多边机制带来的具体创伤与后遗症的精准判断还有待科学的模型与数据分析。“建设 5 年，拆除一日。”美国推行单边主义与逆全球化政策毫无疑问将是影响全球治理多边机制的主要因素。美国习惯于奉行的“强权政治”和“美国至上”的偏好与傲慢将因疫情的影响进一步放大，它与美国哪个政党执政无关。目前如何防止全球治理机制的失灵需要引起全球社会的共同关注。其原因是：

（1）按现有美国政府的政策，美国对人类共同面临的问题的兴趣与应对挑战的合作空间界面将会不断缩小。这包括在气候变化、反对恐怖主义、金融危

① 写作本文时美国尚没有宣布退出 WHO。

机、粮食安全、人道主义危机、防止核扩散以及全球卫生和流行病防控等需要资源集中的领域的国际合作领域，其都会采取“双标”的政治正确的评判体系及实用主义手段——可以想象，它们的底线只有一条，即只要是对美国绝对有利，就是他们施政的“大道理”。

（2）美国以退群威胁或“废止”多边主义机制的事例估计还会发生（如目前已经退出了 UNIDO、UNESCO、OHCHR 等）。美国的退群、断供等手段给国际组织造成巨大的政治压力，也给这些国际组织的财政与正常运行带去现实的困难，迫使这些组织的计划压缩或停摆，其国际影响力被严重减小。

（3）当前紧急救援共同应对 Covid－19 迫在眉睫，在全球最需要国际合作的时刻，美国却中断给 WHO 的会费（22%）与预算外的资助，危害极大。从当年（2012 年）美国停止对 UNESCO 的捐款看，估计美国对世卫组织的“断粮”不会是短时间的，除非美国的政治发生重大变化。类似的国际组织必须有未雨绸缪的思想准备。

（4）从美国国内看，尽管党争不断，特朗普的“美国优先”的做法本质上是共和党与民主党两相情愿的。可以认为，特朗普的许多主张本质上符合美国两党的共同利益。特朗普既已揭去面纱，再回到过去，恐怕也难。这一点，从发达国家在里约联合国环境与发展大会上作出的 0.7% 的国民总收入用于 ODA 的承诺却始终没有兑现的事实已经得到验证。这就要求国际组织从长计议，考虑替代方案、政策与举措。切不可单纯寄希望于美国哪个政党的理念与某个总统的开明。

（5）美国的西方盟友——欧洲一些国家与日本、澳大利亚等，在全球治理舞台上，本质是靠所谓的意识形态认同，所以，在大多数情况下，他们的关系可以如同孪生兄弟。他们之间即使有利益矛盾也是局部的、一时的。在核心利益上，他们还是有磋商协调机制，必要时的合纵连横、“一致对外”。这一点要看得十分明白。

结论是，美国与一些西方国家企图改变多边机制的决心将随着疫情的发展不断显现甚至进一步加大。疫情后的国际关系将会变得更加复杂。美国及其西方盟友对重要的国际组织的运作只会严加审视与管控，全球治理的格局肯定会出现重大变化，特别是对积极参与全球治理的国家如中国的压力只会增大——尽管这种变化并不可能完全都按美国与西方国家的单方意愿一厢情愿的走势发展。

2. 中国如何应对全球治理格局的变化

令人担忧的是，在疫情面前，发展中国家处在集体的焦虑中。因谣言四起引起思想混乱是必然的，甚至可能导致疑虑与误会。千万不要轻易地认为，一些发展中国家的民间团体加入美国一些政客所谓的“赔款”诉求的大合唱是荒唐之举。小小的涟漪可能引起的蝴蝶效应更可怕，必须引起高度的重视。中国要做的一件要事，应该包括加强在疫情期间的“有效”外宣的能力建设。

中华民族历来有“多难兴邦”的说法。智慧处理这场全球的“危机”将可以转化为我们发展的“机遇”。对此还得有充分的自信：中国将还是中国，我们将更加意志奋发地、坚定不移地把自己的事情做好，推进民族复兴的伟大事业。在这个进程中，要相信全球化并不会因为这场疫情戛然而止，中国将继续得益于全球化。为此，我们需要有所准备，特别是在如下几方面发力：

（1）更加明确地坚持多边主义与继续大力推进全球化。应该继续旗帜鲜明、坚定不移地支持“二战”以来成立的国际组织的正常运作，特别是发挥联合国系统的核心作用。这是维系中国与世界各国，尤其是160多个发展中国家共同应对人类面临挑战的最重要的机制和平台。

（2）世界需要中国，中国也离不开世界。中国走向世界舞台中央是全球治理发展的必然进程，也是历史的必然结果。要让世界真正理解与相信，中国走向全球治理舞台中心不是取代谁，更不是排挤谁。全球治理舞台足够宽大，不但容得下中、美两个大国，而且容得下对全球问题关注的所有发展中国家共同发挥作用。我们需要更多的人，特别是组织动员青年，用更大的胆识与创新力度去推行这个国策。

（3）一段时间来，许多发展中国家的领导人，国际组织中热爱和平的人士，西方一些开明的人士、学者，特别是在这次应对新冠肺炎疫情中，他们表达了一种正面的看法，提出了“美国主动放弃全球治理领导人地位，希望中国能够填补美国在多边机构的空白”的想法。对此，我们要保持大脑清醒，“美国还是美国”，我们不能盲目自信，更不能因此而头脑发胀。

（4）要承认这样一个事实：作为一个发展中国家，中国目前还没有能力取代美西方，更没有必要去取代任何国家。别的不说，实用一点，我们还交不起22%的所有国际组织的会费和其他各种场合更大量的自愿捐款；即使咬咬牙交得起会费，眼下也还派不出大批能够在国际组织叱咤风云、具有全球胜任力的领军人才，去有效引领全球治理事务。这是我们实实在在的短板，目前的重点是补短板。

(5)发展还是硬道理。在大变局的大国博弈中，只有实力算数。人家敢和你掰手腕，是因为看到你的短板。要时刻记住，发展经济是基础，搞好民生是要务。对外，最重要的是做好自己的事、尽天下的责——在提高国民生活水平的同时，需要尽一个负责任的、有担当的大国应尽的国际责任与国际义务。疫情期间，中国克服了自家疫情防控的巨大压力，向欧洲、非洲以及亚洲邻国等几十个国家派出了医疗队并捐赠了大量防疫物资，包括口罩、呼吸机以及药物等。救人于水火之中，在关键时刻作出无私的、力所能及的贡献，自然会赢得有关国家和人民的尊重。

(6)要有战略定力，超前思考并着眼研究部署疫情之后的全球战略。规划好如何利用好以联合国为核心的多边机制；如何在国际舞台宣传中国立场，讲好中国故事，维护中国的核心利益。在核心利益问题上，中国没有退路，绝不能退让。如台湾地区加入世卫组织，这个口子一旦拉开，就可能在国际组织产生一个雪崩效应。我记得，在2004年禽流感防控时，世界粮农组织（FAO）、联合国粮食计划署（WFP）、国际农业发展基金（IFAD）等国际组织的法务部门就达成一个“默契”：台湾问题如何处理，让WHO在前头探路——他们相信WHO的总干事（来自中国香港）会有智慧处理此类问题。

(7)当然，中国不应该自顾自地，在有能力引领的地方，还是要当仁不让的。如covid－19的防控经验和复工经验，还有许多领域，如数字技术、大数据应用、电子政务数据、卫星通信、遥感与GIS、灾害预警、预测和预报以及全球作物检测、荒漠化防治、绿色能源等，这些涉及国计民生、生态环境等可持续发展领域的经验，都可以通过多边机制的平台，争取与发展中国家交流分享。大国的领导力与影响力是在实际中通过实力赢来的，上帝不会主动送给任何人。

最后，我想再次强调，我们需要充分认识我们在全球治理中的明显短板——国际胜任力人才的质与量的双重差距。疫情后的国际组织的变革中，人才将是第一需求。像清华这些高等学府,要继续加大资源,支持国际化人才培养的顶层设计,并规划好落地实施措施,抓出成果,树立样板。我们太需要在全球治理的舞台上培养更多的具有引领处理世界议题能力的高层次的国际化人才。这已是摆在我们面前的刻不容缓的议题。

培养“两栖”人才，推进“双轮”驱动参与全球治理模式*

今天大家就“国际组织人才培养——进展、问题与未来发展思路”作了深入的讨论，发表了许多远见卓识，也提出对未来发展的战略思考。对我来说，这是一次很难得的学习机会，帮助我开阔了眼界。可谓是“听君一席课，胜读十载书”。

自 2015 年关于加强国际组织人才培养与推送的系列政策出台以来，上从有关部委，下至边远学校（如江西、广西的一些大学），都纷纷开展了各种形式的“国际组织人才培训”活动。相比十年前，政府与社会不但对参与全球治理的必要性与重要性的认识度大大提高，而且对人才培养的方向与任务也更加明确，实际行动也是前所未有的热情高涨，并且取得了不少成果：既有教育部留基委与国际组织的综合性的合作备忘录（MOU），也有高校如清华、北大、浙大等与相关国际组织的双边具体合作意向书，以及一些行业部门与对口国际组织签署的合作协议。在不到两年时间，500 多名的青年学子和国家机关的青年干部，已先后被选送到国际组织实习或任职。形势正如《诗·小雅·斯干》所描述：“秩秩斯干，幽幽南山。如竹苞矣，如松茂矣。”一片松茂竹苞，欣欣向荣的景象。

但也有一些深层次的问题值得有关部门认知思考，特别是如何进一步探索适应形势、守正创新、需求驱动、开拓前行的路线图。以下是个人的几点想法：

第一点，如何认识新时代新形势的要求。

中国目前还远离有效参与全球治理的境界，主要是对全球治理文化缺乏深

* 该文为作者 2019 年 11 月 16 日在北京大学国际组织人才培养论坛的发言。

入的了解与理解。我们走向国际舞台中心，发出中国声音，提供中国方案是大势所趋，是历史与现实的要求。它既是我国发展建设成为社会主义强国的自身需要，也是国际社会对中国在国际事务中不断增强的影响力、作用和信任的进一步认可和更高的期盼。

全球治理像是一场大戏，舞台有了，需要有一班好演员，如京剧里的生旦净末丑，各种角儿都要。国际舞台也一样，需要各种层次、不同专业、不同领域的人才队伍。但是，我国具有全球胜任力的人才还是很稀缺，综合队伍还不够强大。如我们目前在联合国任职的人员占比还不到1.5%。

第二点，如何加强国际化人才的培养。

这首先是一个战略问题，要求国家由长期规划持续推进。我在几个场合都主张，发展国际胜任力人才需要在政策和机制上做好顶层设计，系统规划；在培训形式上需要探索短、中、长期各种模式的有机结合，科学开展。这就给主管部门提出了更高的要求——“问题导向，需求驱动”的战略规划与政策制定能力。同时，也给教育培训单位的创新举措提出了具体的挑战。各部门、高校需要根据国际国内用人单位的发展趋势和人才需求的特质内涵，在做必要的深入调研的基础上，制定可持续的人才培养政策与创立相关机制，切不可凭热情一哄而上。

我们到底需要培养哪种类型的人才，我认为，目前我们急需“三种人”，即专家、外交官、国际职员。具体来说，就是满足五个方面的需求与去向，即国际组织、政府多边外交、高校与智库、国际非政府组织和“走出去”与来华投资的企业的国际化人才需求。这包括一个重要的需求，即培养“教育培训国际组织职员的师资和国际问题研究的队伍”（training of trainers）。我们需要既有理论知识同时具备国际组织实践经验的“科班出身”的专家，来充实教育培养国际组织职员的教师队伍。

第三点，如何培养和以什么模式推进人才培养。

我想强调的是，在国际政治与国际关系理论体系教育的同时，必须高度注重国际组织实务培训。目前我们的问题是，既缺乏国际组织实操经验和能力的年轻毕业生，也缺少能在国际组织担当重要职务的管理型人才。我们有许多优秀的技术专家，但他们很难通过考试与面试进入国际组织；有的进入国际组织后也需要较长的适应期。因此,如何缩短到国际组织任职的学习与实践曲线,是我们人才培养单位应该主动去了解、挖掘并设计出合适的解决方案。

回顾我们当年刚入职的情景:当你得到一个新职位,一进门你的上级一般就会直接分配给你一堆任务。国际组织没有像国内所说的“传帮带”过程,也没有人会主动给你指路。他们唯一告诉你的是任务目标与完成时间。比如说,“这个报告必须在周五交差”。对于新手,你会觉得无从入手,“压力山大”。此时,你想的第一个问题一定是:哎呀妈呀,我要是学过如何写国际组织公文,要是提前了解国际合作项目文本的准备,或者学过设计、组织能力建设培训课程,筹资与资金预算以及如何组织、支持谈判会议,沟通磋商头脑风暴等实操技巧,那该多好啊!换一句话,你当时感到的第一需求可能不是你已经很熟悉的国际关系理论,此刻你最需要的一定是涉及具体运作技能、实操本领。

的确如此。上述这些都是到国际组织工作的新职员一进门就会遇到的具体问题,属于实务的具体要求,尤其是对年轻职员。我想强调的是,理论很重要,基础知识也是必要的,但实践和技能更重要。我们的教育培训需要兼顾理论与实操,保持知与行的平衡发展。

现在各个学校设计的长期课程,从国际关系理论的基础开始,讲授大量的专门知识,但对于了解国际组织文化和其运营流程,如发展项目的设计与组织实施、为成员方设计能力建设项目等不够充分。在信息化的今天,从数据到信息再到知识成为国际职员自己的智慧与技能,需要参与大量实践,从具体事务做起、做实。在这个意义上,我相信毛泽东的“实践论”。我想强调的是,在系统培养的课程中,必须安排有相当分量的实务课程,特别是到国际组织实践的内容。强化国际职员“学徒式”的训练,培养工匠精神是值得深入探讨的。

国际化人才的培养重点包括需要了解各种国际组织的使命、愿景和运营机制。国际组织的人才有一定特质要求,而且不断在变化,特别是在互联网时代的当下,国际组织迫切需要“两栖”人才。我对“两栖”人才的理解是:

(1)业务能力是底盘。除有一门扎实的专业知识外,还应该尽量争取选修一门其他专业,如国际关系+法律,财经+环境,计算机+地学等。这种人才称为“π”型专业人员,既深又广。再加上终身学习的能力,就更加容易适应国际组织综合的职业知识需求与频繁变动的职务对业务能力的需求。

(2)在文化素养上，在修好中国文化底蕴的同时(传统+现代文化)，应该了解国际组织的多元文化特质，如中西文化的差异，宗教与习俗，幽默与冒犯的界限等。学会用别人听得懂的语言讲好中国的故事，传播中国的理念，常常会收到事半功倍的效果。

(3)在管理能力上，要了解国际组织规制。国际组织的战略制定，人事、行政与项目管理和运作规则与我国有很大的不同，如政策法规、组织纪律、行为规范、团队建设、沟通宣传以及用人赋权等。特别要求处理好管理层与工会组织的关系，管理者和记者的互动能力等。

我还想谈谈中国国际职员的“身份”问题。1988 年我启程到联合国工作前，时任国家科委主任宋健博士对我说：你现在有两重身份、两顶帽子——一是联合国职员，二是国家干部。首先，要有能力、能信任做好联合国的本职工作；而后才可能为自己的国家做点事。这是一个辩证的思维，其本质就是我们常说的“家国天下情怀”。作为国际职员，了解国情，懂得国家方针政策，是关键的关键。联合国不是空中楼阁，国际职员不能不食人间烟火。在首先做好国际组织本职工作的同时，争取为自己的国家做点事，帮助促进成员方的社会经济发展，既合情合理也合规合法。我认为我们每个国际职员都有“双重身份”，都有“两顶帽子”。不必要动不动就说“我是国际职员，我不能为国家做事”——只要合法合规，在恰当时间，以恰当的方式为自己的国家做点事，是应该的也是可以的。

至于“双轮驱动”(见图 2)，我指的是在两个层次、为两个目标培养人才，最后统一在一个大方向上，即为国家、为世界的和平发展服务。我们培养教育的人，一部分到国际组织担任国际职员，如在联合国秘书处(the secretariat)工作。秘书处职员的属性是国际公务员，说“洋话”、吃“洋响”、办“洋务”，归国际组织行政首长管辖，受国际组织规制约束，这是所谓的“左轮”。但大部分人可能到政府部门工作，包括外交战线，代表政府参与全球治理的各项活动。他们是国际组织的治理层/管理层(governing body)，我把它称为“右轮”。“右轮”肩有重大的使命，对国际组织方向与政策行使领导权与决策权。他们代表政府行使外交职责，对国际组织的章程修改、规则制定、战略方向、工作计划、资金使用以及计划执行等进行监管。他们参与战略政策制定、审议批准计划与经费预算、推动协议条款谈判、审定通过标准规范以及投票选举秘书长或专门机构的首脑等。“左轮”、“右轮”虽然是领导与被领导的关系，但只有充分协调处理好两者之间的关系，即成员方与秘书处的关系，才能确保双轮的平衡运作。为此，我建议政府在制定国际组织人才培养与人才推送等相关政策时，也要注重对“双轮驱动”总体人才协调发展，特别是对政府职能部门的全球治理能力建设加以重点考虑。也即，全球胜任力人才培养必须考虑满足多方面的需求，单单为了培养一批到国际组织任职的人员就走偏了方向。

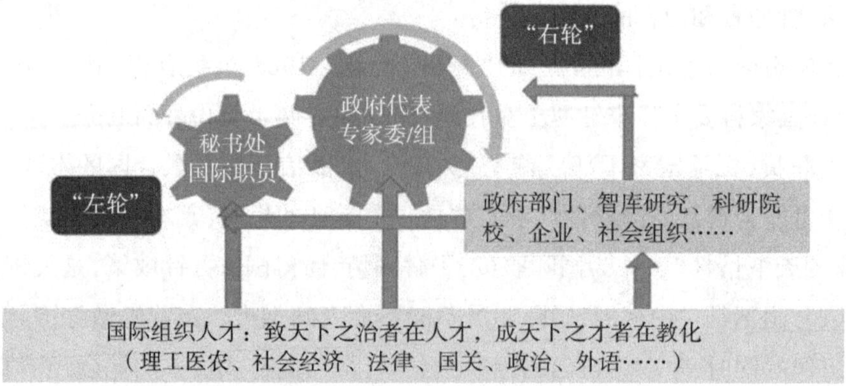

图2　青年参与全球治理的路径——“双轮驱动”

提升用“三只眼睛”看世界的能力*

首先祝贺中国人民大学国际学院成立，也衷心感谢邀请我作为国际学院顾问团队的一员。

我们处在一个全球化的时代。随着我国走向全球治理舞台的中心，我们将在外交、经济、贸易、文化和环境等诸方面的全球治理中发挥越来越重要的作用。对国际化人才，特别是具有全球胜任力人才的需求将与日俱增，对人才质量的要求也会越来越高。作为一个影响力不断增强的大国，全球胜任力人才的培养需要有长期的战略、持续的投入，直到形成一种文化。

中国人民大学是培养中国共产党和国家优秀干部的摇篮。依托长期领导人才培养的经验和社会人文学科的优势，建立国际组织学院，开设国际组织人才的系统教育，恰逢其时。相信国际学院一定会成为我国国际化人才培养的又一个高地。

我想谈五点粗浅的想法与建议。

第一，国际组织学院的目标。我们的目标是为国家培养大批的具有全球胜任力的人才，能够有效参与全球治理，在各种国际舞台上发出中国声音，提出中国方案，为中国和世界的和平、安全与可持续发展贡献中国的智慧。

从这个意义上来说，人才培养的目标不单是冲着有限的几个国际组织，因为这些组织的职员需求终究有限，我们应该有更宽广的眼界与更高远的目标。我们的发展方向除国际组织外，还应包括政府的外交部门和行业部门从事对外合作的国家公务员；国际和国内的非政府组织职员，如体育、科技和民间环保组织以及大量在华外企和中国走出国门的企业。如果按照这个更为广谱的人才

* 该文是作者 2019 年 9 月 18 日在中国人民大学国际学院成立讨论会上的发言。

需求目标,我觉得国际组织学院首先应该探讨的是教材的顶层设计与系统安排,甚至包括学院的英文译法,需要尽量体现"全球治理"(global governanc)的内涵。

第二,全球胜任力人才的特质。国际组织人才需要特殊的素质。对此,国家和国际组织都有明确的要求,而且两者有很高的相似度与互补性。大家对中国政府的要求非常清楚,包括:了解国家的方针政策、通晓国际组织的规制、熟悉国际谈判、熟练掌握外文等。我认为,最重要的还是要培养学生的家国天下情怀。一个连自己的国家都不喜欢都看不上的人,即使进入国际组织,也未必被人看得起。用我们福建老家的土话说,"养这种孩子恐怕连母亲坐月子喝汤面的钱都要亏掉"。而林林总总的国际组织的人才需求虽然有所差别,但原则上基本类似,可以归结为"12386",一身不事二主(只效忠于该组织)、两个基本点(信奉该组织的宗旨,愿意为该组织献身)、三个核心价值观(诚实正直、专业、尊重多元文化)、八个核心能力(善于沟通、团队合作、计划和组织、责任担当、客户导向、创新思维、科技意识和持续学习)与六方面领导才能(战略眼光、领导力、赋权他人、建立信任、业绩管理、判断力与决策能力)。

我们的课程设计应该充分考虑国内国际两个方面的需求,从顶层构架设计入手,具体课程内容做到两头兼顾,有机融合。从目前国内有些学校国际组织专业的课程看,有不少是"机械"地叠加,更像是简单的 N 个不同学科的拼盘。可见,组织创新编写一批高质量的教材,应摆上日程。

第三,重视"双轮驱动"模式与人才培养策略。目前,国内各种培训计划琳琅满目,有长期专门学科,有中期培训课程,也有三五天的短期培训,各种模式如雨后春笋,这本是好事。在我国长期对全球胜任力人才培养重视不够、国际化人才稀缺的大背景下,宣传推动培训的重要性,怎么强调都不过分。但的确也要看到,目前多少出现"完成任务指标"的现象,需要及时评估,作出必要的调整与修正。特别是把目标完全放在培养青年到国际组织去"争位置",这就偏了,值得讨论。强调"双轮驱动"就是既要培养一些青年到国际组织内部(秘书处)去任职工作,也要培养大量的人才从事外交工作,参与政府组织的国家代表团、专家队伍,担当起国家代表的工作。包括各种经济、贸易、体育、教育与科技代表团成员;能够被选拔参与到国际组织的各种专家委员会、理事会、专家组等工作中，特别是担任主席、专家委员等。大家都清楚，在国际组织会议的议程设置、主导辩论方向、起草决议、会议报告等方面，国家代表特别是会议主席、专家工作组组长等往往能起到四两拨千斤、一言九鼎的作用。目前，恰恰是在这些方面，我国的国际化人才奇缺。建议教学大纲中有专门的模块来强补这类短板。

第四，注重“两栖”人才的培养。现在的全球治理客体（问题与议题）和规制制订等往往都是跨学科或交叉学科的问题。不管是学语言专业，还是文科或理工科专业的背景，单科独进都有所局限，甚至成为“跛脚鸭”。应该鼓励青年学生敢于跨界，争取学习双学位。这样的学生“水陆两用”，在国际组织比较受欢迎。我在许多场合都强调培养“一专多能”或具有“π”型知识结构的人才。西方许多学校如美国、英国、荷兰、瑞士都有类似交叉学科安排，可以借鉴他们的一些经验。我在20世纪70年代末留学荷兰时，就有“综合考察”（integrated survey）的课程，培养交叉学科的研究生。

第五，培养青年学会用“三只眼睛”看世界。最后我想强调一点，我们处在新一轮信息革命的时代，世界面临着大变革、大发展、大调整，一切都在急速变化中前进。学校是培养人的地方，未来的人才需要有领导变革的精神，适应变革的素质和推动变革的能力。为此，我们需要改变“印砖块”的教育模式，不要一个模子，千篇一律；要大胆鼓励青年学子改变思维，善于独立思考，创新开拓，赋能改革动力，“日日新，苟日新，又日新”。要鼓励学生长“三只眼睛”，学会用“三只眼睛”看世界：看中国，看世界，看动态变化。借用摄影测量学的一个专业术语概念，学生要有看“立体像对”的能力，通过立体相对的观察比对，客观地看到地形地势。换句话说，长处短处，强势弱势，发展趋势等一目了然。全球治理就像野外作战，必须看到山峰低谷，了解地形地貌，才能陈兵布阵，决胜千里。学会通过“三只眼睛”观察世界，分析对比，看到的将是更客观的、更真实的世界，青年人的格局才能更高，“三观”才会更完整。

担当使事业灿烂，奋斗使人生升华*

各位同学，大家下午好。很高兴和大家在网上见面、聊天。

刚刚国关副院长、国际组织与国际公共政策项目主任张海滨教授系统地介绍了课程的背景、愿景、使命与目标以及为实现这个目标而精心设计的课程构架和人才培养的系统措施。我听了非常振奋，唤起了我的一种第二次青春的躁动与冲动——我真希望自己能年轻50年，重新回北大当一回国关学子。

为什么这么说呢？我是地地道道的"70后"，北大遥感博士，曾在中科院搞遥感与地理信息系统应用研究。20世纪80年代，随着国门打开，我于1988年经外交部和当时的国家科委推荐，参加联合国亚太经社会的一个项目官员竞聘。那时候，出国任职是稀罕事，到联合国工作的更是凤毛麟角。我们那个年代绝对没有你们这代人幸运，关于国际组织和国际公共政策，我一节课都没上过，更谈不上得到国际组织知识的系统教育与培养。

回想当时拿到联合国的申请表格，我连如何填写都不清楚。记得有"工作变动动机"(motivation)一栏，很是为难一阵。为什么呢？写上"为了挑战自我"等内容，这与"服从国家需要"的精神多么格格不入！还有，那时候国家还落后，我作为中央部委的一名局级干部，月薪百把元人民币，还不到联合国一天的出差补助，纠结了半天，不好意思填在表上，怕给国家丢脸啊。相比之下，你们"00后"就大不一样了，国家发展进步了，你们有得天独厚的条件、机会与平台，真是让人羡慕啊。

国家为了系统培养、造就一代新人，为了储备大国参与全球治理的人才，在北京大学这个著名的学府，设立专门的专业，开展系统的国际组织人才教育。

---

* 该文是作者2020年5月7日在北大国关国际组织与国际公共政策专业宣讲会的讲座发言。

在这个平台,你们将得到从全球治理理论到国际组织实务的全链条的系统化培养,你们还将得到直接参与国际组织实习的培训与体验。对比我们那一代真是天壤之别。所以我才说,要是有机会重新年轻一次,我还真想和你们一起参加这个课程,接受系统教育,好好武装一番自己。

习近平总书记在 3 月 15 日给我们北大援鄂医疗队全体“90 后”党员的回信中指出:“青年一代有理想、有本领、有担当,国家就有前途,民族就有希望。”[①]很乐观地说,你们这一代,注定有一番不平凡的事业。你们比以往任何时候都更有可能在世界的大格局中凝练自己的愿景、认识自己的使命、担当自己的职责。

当然,也应该看到,你们这一代,注定面临着充满挑战与不凡机遇的人生。世界正经历百年未有之大变局的历史阶段。一场世界大流行的新冠肺炎疫情来得措手不及。有人说,其影响是 20 世纪 30 年代以来所没有的;联合国秘书长说这是自 1945 年联合国成立以来最大的危机;基辛格老先生也告诫说:新冠肺炎大流行将永远改变世界秩序。形势的确不容乐观。相比之下,我在联合国工作期间所经历的 1997 年亚洲金融风暴及 2007/08 年全球的金融危机对全球经济社会的影响都是小巫见大巫。这场突发的自然病毒给外交、经济、贸易与社会带来全方位的影响,也给全球治理的格局带来意想不到的冲击。重要的是,美西方一些政客导演的这场“政治病毒”也给中国参与全球治理,走向全球治理舞台中心,为人类的和平与发展作出更大贡献的进程带来巨大的阻力和前所未有的挑战。

要应对这种新的挑战,需要从战略角度考虑,包括培养一代新人——一代有全球胜任力的人才,一代有底线思维的人。你们这一代青年人,将见证新的国际格局;将作为参与者,亲历这场巨大的变革。青年需要在新的历史坐标上,寻求自己的责任担当,追求价值使命,思考如何使自己的事业灿烂;青年将在新的空间坐标上,与时代对话、与世界互动,思考如何彰显自己的家国情怀与民族大义,使自己的人生升华。

① 《习近平回信勉励北京大学援鄂医疗队全体“90 后”党员》,载人民政府网,https://www.gov.cn/xinwen/2020-03/16/content_5491830.htm。

人才资源始终是第一资源。国际化人才培养的目的是为国选才,也要为世界赋才,因为北大不但是中国的最高学府,也是具有影响力的国际学府。在林林总总的全球治理事务中,我们已经深感全球胜任力人才的缺乏与短板。最近我听了傅莹在一次演讲中强调要学会把握时代赋予的机会,靠自己塑造国际形象,通过讲好中国的故事,注重沟通民心民意等。她说 2020 年 2 月在德国慕尼黑的世界安全会议上,面对庞大的、高级别的美国代表团(包括议长、国务卿及防长等)的上蹿下跳、四处游说,她深感我们国际化的队伍单薄,再次呼吁加快培养国际化人才的重要性与紧迫性。

傅莹的经历我也感同身受。我们虽然站起来,富起来,但离在全球治理各种平台中真正强大起来,起到一个大国应有的作用,还有很大差距。特别是,真正能利用好国际平台,用人家能够听得懂的语言讲清中国的立场与主张,讲好中国故事的人还太少了。至于在五花八门的国际组织任职,真正能够发挥有效作用的人就更少了。

以联合国为例,联合国有 193 个成员方,中国是安理会常任理事国。中国为第二大会费国,所交会费占比为 12.01%(每年会费约为 167,711,977 美元),但在秘书处工作的 3.7 万名预算内的职员中,中国职员只占 1.4% 左右,与大国地位完全不相符。更别说,全世界 6 万多个国际组织,其中活跃的 3000 多个,与中国保持较紧密合作的就有 300 多个,这些国际组织中情形也基本如此。长期少有中国职员参与这些组织,中国发挥的作用就十分有限了。

当然还有其他许多双多边组织,大批政府部门的外事工作,国企民企的涉外商务事务,都需要大量懂得国际规则、懂得所在国法律与文化的人才——这是数十万、百万的数量级,而且需要确保源源不断、代代更新。由于我们的人才供给跟不上包括量和质的双重要求,现在许多部门出现揠苗助长,“赶鸭子上架”,没少出问题。高水平人才的短缺影响了我们与西方发达国家平起平坐,无法自信满满地与人家“同台论道”。我认为,在外交场合、在国际治理舞台,缺乏“优雅怼”的能力,是我们的一种硬伤。北大国关的这个课程目的就是从战略角度考虑,从系统教育着手,增我们的强项,治存在的硬伤,补现有的短板。

从以上所说的人才需求与短缺的问题可以看出,人才的培养迫在眉睫、刻不容缓。但国际组织的人才都有哪些具体的特质和要求呢?首先,每个国家都会有自己的要求。如中国政府要求除了具备坚实的专业基础和相应的实际工作经验，还必须熟悉国家的方针政策，了解中国国情，具有全球视野，熟练运用一门以上外语，通晓国际组织规则，精通国际谈判等。中国政府的这些要求与联合国对国际职员的要求原则是一脉相承的。毫无疑问，我们需要主动把这些要求纳入课程学习计划。

至于联合国要求的职员素质问题，我曾多次作过系统介绍，今天不妨再给大家简单介绍一下，具体可归纳为“386”框架。其中最重要的是坚持三个核心价值观，具体为：

诚实正直：首先强调的是廉洁、公正、公平以及对影响自己工作和地位的所有事务的真实性；同时强调敢于坚持组织的正确决定，而不是考虑个人的得失；敢于顶住压力作出正确的决定并且坚持对组织有利的决定，即使该决定一时得不到普遍的理解与支持；敢于对不专业、不道德的行为说“不”等。这些都是衡量一个国际公务员正直诚实的最重要尺度。

尊重多元文化：可以有效地与不同文化背景的人一同工作；不应歧视任何个人或团体，尊重、理解不同意见，特别是在作出决策时能充分考虑别人意见；懂得换位思考，经常检点自己的偏好与行为，避免陈规陋习的影响；在工作与生活中，绝不滥用职务给予的权力和权威以势压人等，都是尊重多元文化的基本要求。

专业：这是指在任何时候都要维护国际公务员最高标准的效率与胜任力，有益于国际公务员的身份，不应卷入与联合国身份不相符合的任何活动。包括：有强烈的事业心与职业精神，热爱所从事的工作，按时按质完成交办的任务，并为自己的工作和所取得的成就感到骄傲；一事当前，从事业而不是从个人利益得失出发；遇到困难与突发事件能保持冷静以及具有强大抗压能力等，都是国际职员专业精神的具体表现。

当然，八方面的核心技能也是很重要的基本要求。包括善于沟通、团队合作、计划和组织、责任担当、客户导向、创新思维、科技意识、持续学习。另外，对于有志于将来"当将军的好士兵",还得学习与锻炼六个方面的领导能力,包括战略眼光、领导力、赋权他人、建立信任、绩效管理、判断力与决策能力方面的管理才能。

那么,以上这些人才特质该如何培养呢?

北大的这个项目强调"三性"的培养,即国际性、交叉性、应用性。我想用另一种语言诠释。国际组织需要更多的是综合性的人才,是我前面提到的"两栖型"的人才。这是指你有一个专业,比如理工专业,你学的是物理或生物或气候或环境或农学,你可以考虑学习另一门知识,如经济、国际关系、国际发展学等。你的知识面铺得越宽,格局与视野也必然越大,像水陆两用坦克,你的用处就更大了。当然,我强调的是你一定要"专"一门,再想办法去"通"一门,这就是"π"型人才。你到了岗位上再坚持持续学习,又深又广,就成为"T"型人才,旋转360度,形成一个圆柱体,不但体积大了,立起来也稳固了。国际组织很需要这种人才。

对于青年学子,我还有几点想法跟大家分享。

首先,特别是家国情怀的涵养,值得从小、从年轻时培养。走到哪儿,都别忘了你从哪儿来。你或许可以改变你的国籍,但变不了的是你的出身,你的祖籍国,你血管里流的血和基因。记住它,把你的国家的背景、文化、优良传统等带到你所服务的国际组织,共同组成多元文化环境,相互尊重、相互学习,强强联手,相信"1 + 1 > 2",这就是国际组织的团队精神的源泉。

其次,培养终身学习的能力很重要。这世界唯一不变的是变,知识就有这样的特性。我们今天讲互联网思维、新科技应用能力等。但我们处在后摩尔时代,新事物、新科技日新月异,层出不穷,不知道明天还会有什么新科技又将横空出世。国际组织从来没有像现在这样无时无刻不处在"变化"与"新科技"的挑战中。所以,唯有坚持学习、终身学习才不至于落伍、掉队。从这一点上说,你们在这期间学到的大部分知识、概念、运营模式,都将只是你们未来生涯的基础底座。

最后,强调的是语言。大部分国际组织的工作语言是英文。在有一天中文成为国际组织的工作语言之前,我们还必须努力学好外文,特别是英文。这是走进国际组织、参加全球治理任何一项工作的敲门砖,也是你晋身提拔的垫脚石。

同学们,担当使事业灿烂,奋斗使人生升华。

我们鼓励你们抓住这个难得的机遇,挑战自己,争取到国关来。今天当一名国际组织和国际公共政策的学员,经过若干年的努力奋斗后,相信你们会成为某一国际组织或全球治理平台的一名有国际胜任力的、大有作为的新兵。

从联合国的人才危机看国际组织任职的素质要求*

人才资源是第一生产力、是软实力。

国际组织人才资源是国家软实力的一个重要组成部分。一个国家的全球影响力在一定程度上表现在其在全球治理中的能力、水平和能够发挥的有效作用,包括在世界议题、国际规制制订的话语权和贡献率以及解决重大国际热点、难点问题的实力。

我认为,对国际组织人才的培养是大国的一种战略投资,在大国崛起的进程中,值得国家层面高度重视。大国需要建立国际人才培养、储备与使用的机制体系,坚持年年抓,长期不断抓。

任何一个国际组织都有自己明确的使命。在特定的使命下,国际组织进行战略规划、政策制定、确定优先领域以及组织实施人才与资金资源的调动和计划等。国际组织通过机制和平台来行使权力:机制包括制定战略目标、行业标准、游戏规则;平台即利用该组织机构的知识与权威,通过伙伴合作收集信息、统计数据,开展战略研究和政策分析,推动能力建设等。机制与平台的良性运作影响决策力,实现创造力,提高组织生产力与效益。

近年来,单边主义、逆全球化等趋势令"二战"之后的国际秩序受到严重挑战,迫使我们必须认真思考以联合国为主体的国际治理构架的革新图变、与时俱进等问题。唯有改革,才可适应世界大发展、大变革、大调整的变化趋势,驾驭日新月异的经济、社会、科技的发展,实现联合国系统为成员方提供有效服务

* 该文根据作者 2018 年 5 月 24 日在"国际化人才之路"论坛上演讲的录音整理,《从联合国看国际组织人才任职能力培养》,载《国际人才交流》2018 年第 7 期。感谢王兆峰帮助录音整理。

的建立初衷。可见，不断提高一个国家、一个民族或者一个团体甚至个人参与全球治理的能力和水平，是融入国际社会的重要途径，是推动可持续发展之必须。

当前，国际组织，尤其是“二战”后成立的联合国组织，在人才使用方面面临着三大危机：一是人才制度的机制老化，人才管理基本上是基于老牌西方国家的行政制度设计的；二是人才资源老化，相当部分职员是20世纪70年代以前出生的，而且大部分敏感、重要的岗位主要由西方国家的职员担任；三是职员知识退化，特别是现代科学技术，如信息、生物技术发展迅速，传统的专业受信息化、数字化等新技术严重冲击和挑战，但相当部分国际职员在某种意义上是数字化互联网时代的非“原驻民”，他们的短板凸显。我在联合国工作的25年，其间打字员基本上被机器取代了；一些机构原来的十几个各种语言口译人员，现在也就保留一两个。毫无疑问，为了提升职员适应新时期挑战的能力，国际组织的确煞费苦心，一直思考如何改善人才制度与完善招聘程序。

关于人才的选拔，联合国系统有明确的素质要求，而且在具体执行中也在不断改进。我多次介绍过，但关键在于如何理解、如何纳入培养计划并落实。联合国胜任力的“386”框架，即三个核心价值观：正直、尊重多元文化、专业；八个核心能力：善于沟通、团队合作、计划和组织、责任担当、客户导向、创新思维、科技意识、持续学习；六方面领导才能：战略眼光、领导力、赋权他人、建立信任、业绩管理、判断力与决策能力。“386”框架是联合国用人的基础标准，很多国际组织参考这个框架，根据自己组织的特定使命与任务以及用人的特殊要求，制定了自己的用人标准。

那么，我们该如何培养具有全球胜任力的国际型人才呢？

一是培养有家国情怀和大爱精神。自古以来，我国先人就有“先天下之忧而忧，后天下之乐而乐”“苟利国家生死以，岂因祸福避趋之”的报国情怀；有“鞠躬尽瘁，死而后已”的献身精神。应该让青年知道，到国际组织工作，并非都是去美国、欧洲，坐在纽约、日内瓦的高大舒适的写字楼里，更多的是要到第三世界国家，要随时准备到野外实地的最艰苦的地方工作，去与贫困、疾病打交道。联合国职员还需要到恐怖主义肆虐的地方工作，牺牲生命也是常有的。这需要有情怀，有仁爱之心，有献身精神。

二是一专多能。做学习型的人才,抓住各种机会,坚持各种形式学习,包括在实际工作中锻炼。特别是要不断强化多学科知识的积累。国际组织需要各种专业,如信息技术、统计、资源、环境、社会、经济和法律等。在校期间,在努力打好某个学科、一种专业的坚实基础的同时,要尽量争取在自己能力范围内,有意识、有规划地拓展领域,多修一门学科,具备宽广的知识面,争取成为"两栖"人才,对未来参加国际组织的工作必然有好处,能得心应手。

三是包容、尊重不同文化。了解、熟悉和适应不同国家职员的文化特点、宗教背景、民族习惯、处事风格和工作习惯等至关重要。要学会尊重他人,学会倾听,多与有故事的人相处。许多事例证明,如果看不到不同民族不同文化的长处,不懂得尊重不同的民族文化,就很难在国际组织工作,联合国有来自近170多个国家与地区的人在一起工作,与他们共事,从内心尊重多样性极其重要。

四是团队精神。可以说,当今社会没有任何一个项目是完全由一个人独立做出来的;大部分国际组织项目如消除贫困、粮食安全、气候变化、减排与适应以及基础设施投资建设等,小到几万美元的培训班、大到千万甚至上亿美元数量级的援助、投资等,都是以团队为基础组织实施的,往往需要多种学科的专业人员团结合作。一个善于出成效的管理者,既是能够自己做事的战斗员,又是善于沟通的推销员,还是能动员组织的协调员,更是能带领兵团作战的指挥员。

据粗略判断,80%的国际组织的文化由其创始人决定。"二战"之后的几十个政府间的国际组织基本上是由西方国家或者说按美西方的价值观来构建的,他们长期掌握了规则和规范制定的主动权以及知识和权威的行使权。2015年,我国引领创建的亚洲基础设施投资银行(AIIB)提出了"精简、廉洁、绿色"(Lean,Clean and Green)三原则,是中国提供的方案,是中国贡献给国际治理的公共产品中的一个出色范例。

中国正在走向全球治理舞台中心,引领构建人类命运共同体,需要更好地与联合国的主要计划对接。为有效参与以联合国为核心的全球治理,我们需要"双轮驱动"的人才储备。所谓"双轮",即秘书处内、外两套班子,左右平衡,形成里外配合、相互呼应、良性互动的局面。"左轮"即国际组织秘书处里的工作人员,目前机会很多,我国每年向联合国提供12%的经费,美国为22%,日本为8.5%,①但是中国在秘书处的工作人员很少,约为1.4%,所以发展空间很大。国际组织的治理机构,也就是领导部门,我称它为"右轮",作用特殊,举足轻重,我们目前还没有足够重视,如国际组织大会、理事会、专业委员会和专家委员会,各种机制会议的主席、专家委成员等,都具有一定的职权,是参与治理重要的力量。规则制定、决议生成、协议通过以及报告形成等最后一锤定音的往往不是秘书处,而是这些委员会的成员和会议主席。中国目前能够在国际舞台上起这样作用的人才力量还单薄,需要加强专业领域国际化的人才以及高端领军人才的储备与培养。

最后,我想再次强调,"双轮驱动"要的是国际组织的秘书处与治理机构保持透明、有效沟通,协同目标,共同发力,这样才能够真正在全球治理中发挥作用。作为一个发展中的大国,中国需要培养既能在秘书处任职的青年专家,又能担当得起主持各种会议、提出议题与掌控场面的高级人才。"双轮"的平衡发展,才能更好地发出中国声音,提出中国方案,扩大中国影响。

① 《2021年会员国应缴纳的会费》,载联合国网站,https://www.un.org/zh/ga/contributions/index_2021.shtml。

走向全球治理舞台中心的人才需求与培养*

我很高兴接受在南昌的几所大学的邀请,跟大家分享关于走向全球治理舞台中心的人才需求与培养问题。

开讲之前,我想说,我和你们在座的大多数人一样,也是理工男。

我们这一代人跟你们这些"90 后"与"00 后"的同学有许多不同的境遇。我们在长身体的阶段遇上了三年困难时期,没有粮食吃,普遍身高不达标;在长知识的时候,又遇上了"文化大革命",上山下乡没有书读。1978 年,改革开放让我们彻底改变了命运。我个人则有幸成为我国第一批接受联合国奖学金的青年研究人员到欧洲留学。我学的是遥感专业,是一门新技术。美国 1972 年发射了第一颗地球资源技术卫星,当时我们的科学家很好奇,很想知道个中奥妙,但中国人得不到技术资料,因为他们无意让中国人知道到底这颗卫星能干什么。只能"趴在窗户门边远距离看看他们到底在做什么"——开个玩笑。想想这个大背景,我能成为中科院第一批到国外学习遥感新技术的青年,你们说该有多幸运!我留学回来继续做了几年的研究工作,后来因组织需要,我到国家科委从事高科技管理,也介入了国家"863 计划"的初期工作。1985 年,有几位大科学家给中央写了一封信,说中国如果不发展高技术,将会被历史的车轮抛弃。高科技事关国运,邓小平很快于 1986 年 3 月批准了,这就有了"863 计划"。我当时在"863 计划"办公室做具体工作,主要是为参与"863 计划"的科学家服务,同时分管国家遥感中心,推动国际科技合作。由于时代的需要,历史的机遇,我先后经历了处员、副处长、处长,在 36 岁时当上了国家科委高技术局

* 该文是根据作者 2018 年 4 月 9 日在江西南昌华东交大孔目湖讲坛对青年学生演讲录音整理。文中列举的数字是截至 2018 年的资料。

的副局长。

后来又迎来了一个参与国际组织工作的难得机会。中国要走出国门,参与全球治理,可是对联合国还不太了解。1971 年,联合国大会通过了 2758 号决议,恢复了中华人民共和国在联合国的合法席位,但那时大多数中国籍的职员都来自台湾省。1988 年,在外交部和国家科委的推荐下,我参加竞聘一个技术岗位,而且成功了,成为联合国亚太地区遥感合作项目的经理/协调员,从此和联合国这个最大的政府间组织结下了不解之缘。我用了 25 年的时间,全身心投入联合国工作,从一般的技术人员到处长、副司长、司长、助理秘书长,最后成为联合国副秘书长级的官员,出任联合国粮农组织副总干事职务。时代给了我机遇,让我这个从农村出来的普通的科技人员成为国家机关干部,又转而走上国际舞台,进入国际组织,当上了联合国的高级官员,进入了联合国专门机构——粮农组织的核心领导层。

随着改革开放的深入,中国正在走向国际舞台的中心。一方面是国际社会,特别是发展中国家对中国的期盼,希望中国担起更多的大国责任;另一方面是我们自己也需要不断扩大国际空间,争取更大的发展机遇。但是,由于过去对国际型人才的培养不够重视,更多考虑国内发展的人才需求,我们的顶尖人才主要都留在了国内,能到国际组织工作的可以说是凤毛麟角。

直到前几年,有人给中央领导反映我国国际职员人数少、职务低以及影响力小等短板,提出加强国际职员培养的建议,中央领导作出了明确的批示,强调我国应该培养更多熟悉国家方针政策、熟悉国际规则的国际型人才,能够信任到国际组织去工作,作出中国在国际组织应有的贡献。特别要注重培养推送年轻人去国际组织任职,通过锻炼争取“占领”一些高位。这就是目前强化国际组织人才培养的背景。

我讲这些个人的经历与国家的需求,为今天我要讲的主题——走向全球治理舞台中心的人才需求与培养做些必要的铺垫。

有人说,中国目前已经站在了国际舞台的中心,已经在引领世界了;还有人说,中国的影响力已经超过了美国;等等,我觉得这些看法值得商榷,我个人是不太赞同这些说法的。事实上,我们只是正在走向国际舞台中心,是英文中的现在进行时,是“going to the center”,而不是“already at the center”。中国离国际舞台中心还有距离，还得积蓄更多实力，做更多实事，包括培养大批国际型的人才。

我们的综合国力和30年前相比的确进步很大，而且美国已经把中国当作竞争对手了，从这个意义上说，我们确实应该感到自豪。但是我们也不要太纠结人家怎么说，有力量没力量就看你自己，就看你在国际上怎么表现、怎么引领。靠什么引领呢？我以为，在所有的资源中，资金实力固然很重要，但软实力也很重要，而软实力最核心的因素是人才，是理念思想创新的人才。这就是我今天为什么要侧重讲人才培养问题的原因。

我想从以下三个方面谈谈自己的一些具体想法。

一是当前国际治理中出现了一些新的命题、新的挑战，我们如何去应对？二是作为大国，中国如何重塑影响，体现大国职责？三是青年的使命与青年行动——如何培养国际化人才？

一、全球治理的一些基本概念与国际组织的作用

1. 全球治理的概念内涵与主要机制

“治理”这一词源于古希腊，是哲学家柏拉图提出来的，是“驾驭”的意思，后来被译成多种语言，取“管理”之意。

17世纪初欧洲的30年战争是欧洲史上最残酷的战争，几乎欧洲所有的国家都被卷入战争，单德国就死了600多万人。当战争打到没有赢家的时候，大家只好坐下来开始谈判，最终整出个“威斯特伐利亚协议”，随后又通过了一系列协定。可以说，“国际治理”的理念由此时萌生。

20世纪上半叶的两次世界大战以及战后建立的联合国系统，成为迄今为止最主要的、最有权威的政府间多边机制——全球治理机制。联合国的宗旨是推动和平、安全、发展和人权，是现代全球治理的主流机制和参与最广泛、最有代表性的全球治理平台。

但“全球治理”一词的正式提出还是在20世纪90年代初。1991年，苏联解体，柏林墙轰然倒塌，原来美苏两霸争雄变成了美国一家独大的单极世界。一些有识之士坚信多极世界的重要，并开始积极推动这个理念。德国政治家勃兰特于1992年提出了“全球治理”（global governance）的概念，在联合国秘书长的

加持下，由一批知名人士组成了"全球治理委员会"，经过 3 年的研究，形成了"Our Global Neighborhood"（《天涯成比邻》）的报告。[①] 这个报告系统地提出了"全球治理"的概念、价值以及全球治理同全球安全、经济全球化、改革联合国的关系等设想。由此可见，"全球治理"是顺应世界多极化的需求变化而提出来的。

全球治理包括五个方面：第一，全球治理的核心价值是什么？第二，谁是治理的主体？第三，什么是治理的客体？第四，靠什么规制才能实现全球治理？第五，治理的效果如何，又如何评价？

通俗地说，全球治理其实就是回答：为何而治（why），如何来治（how），由谁来治（who），要治什么（what）以及什么时候及如何衡量治理的效果（when & which）。在全球治理的实践中，最重要的一点就是要制定规则。治理的规章制度反映了价值观与利益关系。所以，谁掌握了制定规制的知识、能力与主导权，谁就有更多的优势。明白了这一点，就会理解中国为什么需要积极坚持改革开放，走向国际社会，参与全球治理。你不到国际社会去发声，你不亲自参与国际规制制订，你就失去话语权，你就只好听从别人来"治理"你了。

应该说，国际组织也在与时俱进，不断变革。但任何一场变革都要强调守正创新，强调符合成员的利益与要求，让其成员有参与感、获得感、安全感。所以，考虑全球治理的机制与治理效果是非常重要的。一般说来，凡是交会费多的成员方都高度重视国际组织的效率和治理效果的评估。不同的评估标准和体系会导致完全不同的结论。因此，成员方很重视对评估标准和体系的建设以及话语权。

举一个例子，当前的贸易摩擦，美国说对中国的贸易逆差是 5000 多亿美元，中国"合算""赢"了。这是按它的标准、它的计算模型来计算的。而按中国的统计口径就没有那么多，只有 3000 多亿美元，比较客观。从这个例子可以看出，评估标准与统计口径很重要。用西方的价值观、世界观去看问题、去评估，还是用东方的价值观、世界观来考量问题、开展评估，或是用利益相关方都能接受的价值观、标准去评判，一向是国际组织话语权的重点，这个问题需要搞懂、

① The Commission on Global Governance, Oxford University Press, ISBN: 9780198279976, 1995.

搞明确。

2. 国际组织的种类与治理机制

国际组织林林总总,有政府间的,也有非政府的组织;有国际性的,也有地区性的;有专业性的,也有综合性的,目前不下6万个。国际社会基本上认可联合国系统是目前全球治理最重要、最有权威的主流机制。中国是联合国的创建者,积极的参与者和坚定的支持者。中国一向支持联合国的工作,维护联合国作为全球治理的核心机制,始终支持联合国发挥作用并不断得到加强。为什么呢?因为联合国的宗旨是要推动世界和平、发展、人权和安全等,这符合绝大多数成员的共同利益,符合发展中国家利益,也符合我们中国的利益。

不同的国际组织有不同的治理模式:第一种是以国家为中心的治理模式。一旦出现不同的意见或者要追求一些新的想法,几个意见相近的国家或由某一国家为主发起,大家坐下来商量,这种模式往往是比较“求实”的。第二种是有限领域的治理模式,这也是国际组织常常采取的模式。联合国或其他一些政府间组织解决问题确实常常很耗时间。有时纯粹只是程序性、宣示性的。比如,关于WTO的问题,美国要跟我们单打独斗,较量一下;中国在提出反制的同时马上也向WTO提出来。这个过程就是一种宣示性,谁都不愿意落后被动。第三种是协调性的治理模式,以协调为主,非政府组织往往采取这样的方法。这三个模式都有不同的作用。

基于以上观点,我想提一个问题:中美关系对全球治理到底将产生什么样的影响?美国挑起的中美贸易摩擦到底是什么性质?其本质是贸易逆差的数字差异之争那么简单吗?绝对不是。它的本质是要重塑“美国优先”、美国主导的、有利于其霸权的全球治理体系。我以为,这才是真正的“修正主义”——修正“二战”以后建立的国际秩序和全球治理体系。现在,美国朝野上下都对中国的发展战略提出了不同的意见,可以说从精英阶层到普罗大众都在辩论这个问题,甚至可以用“大辩论”、“大反思”和对华战略的“大调整”这几个词来形容都不为过。这次对华攻击的特点是在政府引领下,精英带路冲锋陷阵,民众广泛参与。最后他们对中国到底是“接触加遏制”,还是“竞争加合作”,还是把“中国当成主要的战略对手”,最后当作“敌手”(rival or enemy)需要我们认真思考。他们表面上强调国际规制,“拉大旗做虎皮”,用断章取义、实用主义甚至扭曲事实的手法，打压中国，目的是遏制中国实现第二个发展目标进程。美国提出的 1000 多项贸易清单中绝大部分是《中国制造 2025》最核心的技术及产品。他们利用西方媒体的优势和在国际组织规制制订的优势，同时在 WTO 组织和世界范围内大造舆论，混淆视听，污蔑中国偷了美国数千亿美元的专利。他们的目的只有一个，就是遏制中国发展，不让中国掌握自主创新的高技术，阻止中国实现 2035 年成为中等发达国家的目标，自然也最终遏制中国走向全球治理舞台的中心并发挥作用。我觉得对全球治理感兴趣的，不管是从业者、研究者还是青年学生，对这些问题都应该有所认知、加以重视，都要知道国家的底线在哪儿。

我们知道，自改革开放以来，中国作为一个发展中国家，确确实实向西方国家引进、学习不少的东西，包括技术和管理经验等。其间，中国给资源、提供廉价劳动力，让渡优惠政策给市场等，平心而论是双赢的。再说，近代史上哪一个国家不这样做呢，典型的德国、日本，都是这方面的老师啊，怎么轮到中国就是“大逆不道”呢？当然，我们承认，中国人是很聪明的，给我们一些东西，一拆一看，“心有灵犀一点通”，引进、消化、吸收、再创新或集成创新提高，实现弯道超车。的确如有人所说，如果不是拿两三千多万美元从乌克兰换来一艘未完成的、废弃的航母，中国的航母可能要推迟十几二十年。这也许只能怪我们的学习能力太强了。但是这不是中国的“专利”。我早年在欧洲留学的时候在法国巴黎，去一家眼镜店看眼镜，店主出来想把我们赶走。我说：你干嘛呀，不想卖眼镜啦？店主就问：你们是哪来的？我说：我们是中国的。她就让我们进去了，还解释说，她以为我们是日本人。“我们设计了半天，新的花样新的款式出来了，日本人在这照了一通相，第二个月，日本就上市了，只是稍微做了一点修改。”专利、知识产权是当然要保护的，但采取“双重标准”，用所谓的“规制”来打压我们，我看美国的司马昭之心——路人皆知。除美国外，由于意识形态的差异和市场的利益关系，欧洲也有一些国家对中国这些年发展同样是心存芥蒂的。

顺便提一下，曾经有同学提问“修昔底德陷阱”到底是什么？“修昔底德陷阱”源自古希腊著名历史学家修昔底德。当时古雅典和斯巴达出现了新兴国家和守成国家之间的摩擦，导致了战争。一些国际关系研究人员有这么一个结论:一个新兴国家在崛起过程中必然触动守成大国的利益,因此守成大国不会轻易让你得逞。你想当老二,太靠近老大,它的“卧榻之侧,岂容他人酣睡”,所以老大就企图以“实力”甚至以战争打压、解决问题。哈佛大学外交政策教授格雷厄姆·艾利森在《注定一战:中美能避免修昔底德陷阱吗?》一书中提到,从1500年到现在500多年的历史中,有16例新兴国家跟守成国家出现了矛盾,其中有12例发生了战争。当大国一旦发生战略误判,就有可能给自己造成陷阱。[①] 所以,当前的中美关系处于一个非常敏感的阶段,我们更需要有对全球的判断,用全球的战略眼光来应对这样的新命题。

3. 联合国的作用

联合国是目前公认的全球治理的最主要的机制。第二次世界大战后,以美国总统罗斯福为首的政治家抛出了一个概念,要创立一个机制,保持世界长久和平。在这一点上,他站上了道德的高位起到了引领作用。中国在“二战”中做出了巨大牺牲和贡献换来了国际社会的认可,成为联合国创始国之一、安理会的五个常任理事国之一,这是理所当然的,绝不是任何人的恩赐。

但人类在不断发展,社会需要与时俱进。从这个意义上说,联合国作为一个主要的全球治理体系也需要不断革故鼎新,其存在许多问题如确保公平公正、提高运作效率、满足成员方的变化需求等问题,无疑应该不断改革、提质提效。但有些原则不能变。例如,联合国的平等原则不能变,主要是通过平权的制度安排得以保障,无论是大国还是小国,强国还是弱国,富国还是贫国,都有一张投票权。尤其是对于发展中国家而言,他们终于可以在联合国这个平台发出他们的声音。又如,我个人认为,常任理事国制度要谨慎改革。这个权威机制非常重要,联合国安理会常任理事国一票否决后什么也通过不了。从选举联合国秘书长到要不要发动制裁、出兵干预等,常任理事国都可以投弃权票或反对票。这些原则,不能如一些人所主张的轻易被废除。当然,也有些国家提出的改革实际上仅是想增加安理会常任理事国的名额。设想,如果常任理事国名额大面积扩大,决策必然会出平衡的问题。多年来,我们的左邻右舍两个国家

① 《注定一战——中美能避免修昔底德陷阱吗?》,载外唐智库,https://www.waitang.com/report/21420.html。

都想成为常任理事国，但如果这些国家都成了常任理事国，那非洲、南美洲又怎么办？欧洲国家又如何平衡？恣意改变或只求扩大不但有违初衷，决策更无法集中，安理会失去平衡无益于提高效率，还会使联合国失去权威性。当然，自私一点说，中国的影响力也会被削弱。所以常任理事国这个联合国治理的核心制度改革要有明确的底线，谨慎地决策。中国当然要积极支持联合国改革！支持发展中国家发挥更大的作用。首先，我们要坚定地为维护联合国作为当今全球治理的核心机制画出明确的底线，并按这个主张，部署超前研究与战略思考，主动抛出国际议题，掌握话语权，提出更具智慧的预案——我觉得各类智库要在这个问题上下功夫、作贡献。

联合国不是一棵树，它是由众多的大树、小树组成的森林，其机构能确保正常运行需要成员方的支持。中国目前是第三大会费国，我们交了7.92%会费①。我1988年进入联合国工作的时候，中国的会费贡献才占0.7%多一点儿，在20年的时间里，我们已经提高到7.92%，并且，随着我国经济发展，肯定会继续增加交纳会费。但是，我们在秘书处的职员人数太少了，占比不到1.5%，职位也低，有话语权、有影响的人就更少，这与中国的大国地位不相适应。联合国系统的20多个专门机构和特别计划情况也类似。当务之急，需要大批的中国人特别是中国青年到国际组织任职，发挥作用。

4. 非政府组织的作用

近年来，在全球治理中，另一类国际组织的力量正在兴起，其重要性也越来越明显，这就是国际非政府组织，它们如雨后春笋般发展，影响力不断增大。2002年，全世界还只有3万多，现在却已经有了6万多个非政府组织。因为非政府组织在国外是很容易注册建立的。有一个幽默，说在印度，有两个人就可以成立一个非政府组织，三个人则可以成立两个非政府组织。所以全球的非政府组织的数据很难精确统计。目前，已经有3000多个非政府组织得到联合国官方认可，成为联合国的咨商组织。他们作为联合国伙伴可以参加联合国的一些会议与活动。联合国承认咨商组织的主要条件就是他们不能违背联合国宪章，认可联合国的宗旨，为联合国的某个计划作出贡献，愿意为联合国的目标

① 这是2019年前的事。

服务。

2015 年 11 月，我去巴黎参加气候变化大会，非政府组织和企业界的代表比政府的代表还多。中国在很长一段时间对非政府组织采取比较谨慎的态度，现在，在谨慎的基础上也开始推动——你按规定去注册、接受审查就可以了。现在国外在中国注册的非政府组织已经有 150 多个，他们也需要大量的专业人才，这也是全球治理中的一个日显重要的方面军，值得年轻人去关注。

二、中国在全球治理中角色与作用

1. 全球治理面临的新挑战

在变化不定的国际环境中，全球治理遇到了巨大的挑战。但具体有哪些是值得我们青年人特别关注的呢？前面提到在国际关系中，美国作为一个大国、强国，为一己之私，维护霸权地位，不断地打压新兴经济体，特别是对中国遏制，严重干扰全球秩序，这是当前国际关系中值得关注的一个热点问题。

当然，还有许多全球性的经济、社会、发展和环境方面的问题也是全球治理的焦点，如人口增长与城市化问题。到 21 世纪中，全世界将有 92 亿人，其中 70 多亿人将生长在城市地区。也就是说，今天世界上所有的人到时都将可能生活在城市地区。这意味着什么？相信大家也很清楚：衣食住行、教育、医疗，哪一方面都需要足够的资源匹配。根据联合国报告，目前（2018 年）全球有 8.6 亿贫困人口、8.2 亿多饥饿人口。[①] 由于动乱、地区冲突、暴力等引起的难民潮，再加上气候变化、粮食安全、环境生态的破坏以及各种疾病、各种人为或自然灾害的多重影响等，给全球治理提出了很严峻的挑战。

正因为这样，联合国和成员方在 2015 年通过了 2030 年可持续发展目标，提出了 17 个目标、169 项具体目标，每一项都与各国的生存与发展有关。大家考证一下就会发现，这些目标与每个人未来的工作也紧密关联，需要青年们去发挥作用的场合与领域多的是。所以，今天你们的一切学习准备，就是为了明天更好地服务国家发展，服务实现联合国可持续发展目标。希望青年人在“一

① 《联合国报告：全球饥饿人数超过 8.2 亿　经济衰退和不平等加剧粮食不安全》，载联合国新闻网，https://news.un.org/zh/story/2019/07/1038101。

心静读圣贤书”的同时不要“两耳不闻窗外事”，也需要多关注全球问题，世界议题，树立全球观——这也是今天这个讲座的目的之一。

2. 中国的角色与作用

邓小平在20世纪80年代作出了“和平与发展是21世纪世界发展的主流”的判断。这个论断有没有变呢？多数人认为这个主流没有变，因为我们还是希望世界是和平的，能朝着可持续发展的方向前进的。但是，这是不完全以人们的意志为转移的，现在出现的许多问题会不会干扰这个大方向呢？比如地区冲突和局部战争、自然灾害、6000多万的难民、贫困与饥饿以及金融经济危机等，这些因素的影响加上大国关系的变化。中美贸易摩擦绝不是中国与美国两个国家间的买卖问题，而是关系到国际秩序，关系到全球治理的根本问题。我们面临着世界百年未有之大变局，这对中国是一个新的挑战，从中国对全球经济发展贡献和中国在全球治理中的角色来看，对中国的挑战即是对全球和平健康发展的挑战。

中国是一个大国。从普通的认识来看，大国需要担当哪些职责？首先，大国有自己的意志，有能力，也有影响力。最近，美国的民主基金会提出一个新的观念——锐实力——这是针对中国提出的。该基金会的报告认为中国是新的修正主义，是用金钱收买一些发展中国家，中国在全世界成立数百个孔子学院是实现目标和重要工具。推动中华文化传播，是企图逆向影响西方教育领域，搞思想渗透，等等。①

中华文化影响了世界，特别是东亚数千年，是世界上唯一一个五千年一脉相承、不曾毁灭中断的文化，就是因为中华文化植根于人们的思想意识。南美洲的玛雅文明消失了，还有波斯文明、古印度文明、古埃及文明等，这些古老的文明数千年来能被系统完整地延续下来并得到不断发展的已经为数不多；唯一的一个持续不断的就是中华文明。

其次，中国的人口基数大也是软实力的重要成分。人力资源是一种战略资源。比如，中国这些年的快速发展，其中一个核心因素是科技发展，但最重要的

① 《刘国柱：“锐实力”论与美国对华战略环境的转变》，载澎湃网，https://www.thepaper.cn/newsDetail_forward_3595090。

因素还是依靠人才资源。中国铁路运营的12万多公里中,高铁占2.5万公里,为世界第一。[①] 还有天眼、航天飞船、中国的云计算、智能机等。我们在一些领域上已经超过了世界上许多发达国家。想想哪一项不是靠广大民众用辛苦拼搏干出来的。

中国不但是联合国安理会"五常"之一、第三大会费的成员方;中国还是南南合作的主力,为发展中国家作出了重大的贡献,特别是在卫生、农业以及教育等方面,帮助他们解决了不少问题。当然,在场有不少同学关心的可能是人文科学方面的问题。现在国内外都把文化作为一个产业推动。中国的一些电视连续剧在非洲、东南亚非常受欢迎。我跑了近百个国家,有时在一些比较贫困国家的很落后的地方,在酒店里打开电视也能看到中国的文化节目,这说明我们五千年的文化传承和传播又一次成规模地迈出国门了,这是值得我们骄傲的。我是理科出身,对中国的哲学文化,对中国的传统文化缺乏系统研究,这是一个短板。我希望在座的同学能够多学点传统文化知识,多一些国学修养,在全球治理工作中,博大精深的中华文化会助你一臂之力,益处无穷。

中国有以上这些科技、经济、文化等领域的优势和潜力,在国际上如何发挥我们的软实力呢?中国的发展经验可不可以让更多国家,特别是非洲的发展中国家借鉴呢?我曾和国际组织中一些同事,其中不乏颇有名气的经济学家、社会学家、国际组织的领导人讨论过中国的发展模式问题。他们一般都很认可我们的成就与中国自身发展的模式。但他们中的一些人也比较坚持:说我们这个模式虽好,但学不来,因为我们的行政能力很特别,太强大了。就政府的效率而言,三年两年就建成亚运村、奥运村,就是最好的例子;高铁是另一个例子。还有,中国用不到全球9%的可耕地面积,解决了世界近20%人口的粮食问题。别人不得不承认我们的效率,不少国家都愿意学习我们的成功经验,如非洲一些农业部长就对我说过,希望学习我们农业发展的经验与模式。但多年来,我们还没有找到更有效的办法、更有效的叙事模式来分享我们的经验。特别是缺乏深耕并利用联合国平台的中立性和多边机构的广泛性讲好我们的故事,传播

---

① 《中国高铁,跑出"中国速度"》,载人民政府网,https://www.gov.cn/xinwen/2018-11/30/content_5344601.htm。

我们的经验。所以，我们要有长远眼光和必要的机制安排。其中一个具体的办法就是培养大批青年，让更多的人有全球观、全球意识去国际组织工作，参与全球治理，包括专门探索如何提升中国叙事、提供中国方案。

3. 中国参与全球治理的主要阶段

要树立历史观、大局观、全球观，需要了解我国在全球治理中的历程。我个人以为，大致说，我们在全球治理舞台中经历了四个不同的阶段。

第一个阶段基本上是闭关锁国。这是前三十年，从新中国成立一直到70年代末。主要是美西方国家对中国进行封锁；但从一定意义上讲，我们也有点保守，因为我们担心西方侵蚀我们的机体，不知道他们的“黑箱”里装的是什么，顾虑我们的人到国际组织被洗脑，靠不住，起不了作用。

举我个人的例子。1978年年底，中科院决定让我出国留学时，领导就建议让我结完婚再走。因为国家培养你出国，你万一不回来怎么办？我结了婚，还有了孩子，这样出去才让领导放心。

第二个阶段是韬光养晦。改革开放初期，邓小平有一个重要的指导思想——韬光养晦。因为那时我们还非常贫困，发展经济是头等大事。我记忆犹新，那时全国人民吃饭都有问题，我们经历过购买衣物、粮食、鸡蛋等都要凭票的阶段，贫困人口七八亿，那时强调发展绝对大道理，天经地义。先把自己家里的事情搞好是第一要务，的确在国际舞台上还没有太大实力去挑头，管太多事。

第三个阶段是有所作为。到20世纪90年代以后，由于改革开放深入推进，社会经济得到飞速发展。大家开玩笑说这么一句话：就是要闷声发财，把国内事搞好。在全球治理方面，一方面继续韬光养晦；另一方面，也开始考虑有所作为，在一些核心利益问题上，开始有选择地引领。例如，在国内举办大型国际会议，像联合国主办的世界妇女大会，三四万人参加。很自然，此时国际社会也希望中国多发挥作用。

第四个阶段是奋发有为。2012年后，中国已经取得巨大的进步，经济发展总量世界排行第三，大范围消除贫困，城市化进展很快，中国成为世界的工厂，贸易投资充满活力。尤其是经历了2007/08年全球金融危机的考验，中国起了“稳定器”的作用，世界瞩目，我国自然也就被推到国际事务的前台。我们这些国际职员，在国际组织回望中国，看得更清楚：在全球治理舞台，一个大国的作用还能躲吗？你承不承担一个负责任大国的责任，这是价值观与道德的考验。

基辛格博士在《世界秩序》一书中有一句话："评判每一代人时，要看他们是否正视了人类社会最宏大和最重要的问题，而政治家必须在结果难料的情况下做出应对挑战的决策。"历史催生了大国外交战略，中国开始以空前未有的姿态积极参与国际治理，有所作为，奋发有为，在许多领域展示了大国应有的引领作用。

毋庸置疑，作为联合国安理会的五个常任理事国之一，中国在全球治理特别是在联合国发挥着越来越重要的作用。对变化不定的全球治理局势顺应历史潮流，应对不同时代挑战，中国不断提出新思路、新倡议，得到国际社会的高度赞赏与支持。

习近平总书记在十九大提出的"构建人类命运共同体"的思路被写入宪法。这是一个重大的理念创新，具备格局站位很高的战略眼光。我以为，全球治理的最终目标就是实现构建人类命运共同体。结合之前中国提出"一带一路"倡议作为抓手，成为理论与实践相结合的完整的体系。现在有100多个国家、40多个国际组织都表示有兴趣参与；联合国秘书长也明确表示支持中国的"一带一路"倡议，高度认可中国在推动公平公正国际治理中发挥重大的作用。虽然目前西方一些国家总在不断寻声诟病，但是他们说得再多也改变不了大方向。亚洲、非洲、拉丁美洲的许多国家都主动提出要参与"一带一路"倡议。如中非合作计划确定了十大合作计划内容。美国的前国务卿在被特朗普炒鱿鱼的那一天他自己还不知道，却还在非洲的论坛上代表美利坚合众国说：你们别被中国给忽悠了，中国是新的金融帝国主义，你们要付出代价的。非盟的主席当场就回道：对不起，我们非洲人没有那么傻，我们有自己的判断力，你别说了。极带讽刺的是，那位国务卿发表演说之后没几个小时就发现他已经被特朗普给"开"了。

在五个常任理事国中，中国是派出维和部队最多的国家。中国去年在联合国大会上作了新的承诺，中国将组织一个8000人的维和待命部队。① 维和队伍

① 《习近平在第七十届联合国大会一般性辩论时的讲话》，载新华网，http://www.xinhuanet.com/politics/2015-09/29/c_1116703645.htm?from=singlemessage&isappinstalled=0.2020-02-15。

组织的意义是多方面的。顾名思义，一方面是维护世界和平的需要，另一方面是直接帮助受苦受难的国家维稳；另外，把部队拉出去在错综复杂的战乱中锻炼，提升自己的实战能力，也有很现实的意义。

可以看出，中国对全球治理的贡献在不断加大。中国经历了从 20 世纪 50 年代站起来到现在富起来和走向强起来的过程，需要在全球治理中发挥更大作用，也必然影响全球治理格局。

举个例子，我被任命为联合国粮农组织副总干事，是副秘书长级别，是该组织职务最高的中国人，也是发展中国家担任副总干事职务的第一个官员。那时候，除了联合国总部有个中国籍的副秘书长，还有我国香港地区的陈冯富珍在世界卫生组织当总干事，在国际组织里当第一、二把手的确是凤毛麟角。

党的十八大以后，我国对参与全球治理工作有了明确的指导方针和政策举措，中国参与全球治理的积极变化与发展都离不开大国外交的战略思想。中国人现在出任了联合国四个专门机构的第一把手，走上了国际组织的管理岗位，包括：工发组织、电联、国际民航组织以及世卫组织，发挥的作用与影响自然与往日不同。同时，我国到国际组织中去工作的职员人数也开始增加，影响有所扩大。

我们在国外看得很清楚，国家经济崛起和实力增强才有可能在国际组织起更大作用，实在不容易啊。我们是经过了几十年的艰苦奋斗，从闭关锁国到韬光养晦慢慢地到开始有所作为再到现在的奋发有为、主动引领。这反映了我们参与全球治理的务实的路径。

短短几年，我们在全球治理舞台重塑大国职责，取得了巨大的成就。世界开始注意到中国站在全球治理潮流的前沿。特别是“构建人类命运共同体”理念的提出，“和平合作，开放包容，互学互鉴，互利共赢”原则以及“创新、协调、绿色、开放，共享”的新发展理念，整套体系很快引起国际社会的重视。

重塑大国责任和担当是中国提交的参与全球治理的一份重要考卷。2012 年以来，我国陆续推出一系列的举措，如搭建中非论坛、中国—拉美论坛、中国—东盟论坛，这些论坛的本质都是推动南南合作。还有一些专业论坛涉及科技领域、信息领域、地球观测、粮食安全领域等，成为很受国际社会欢迎的专业交流与合作平台。平台建立了，就得有大量的人去经营、去维护、去提高、去发挥作用——这对人才的培养与储备又提出了更新、更高的要求。

例如,气候变化领域是中国大国责任与担当的一个具有全球影响力的典型的例子。在某种意义上,中国影响着国际气候变化谈判的进程,中国为巴黎气候变化协定的成功签订作出了大国的表率与贡献,赢得了国际社会的敬仰。其实,这对中国来说既是挑战也是极大的历史机遇。现在节能减排,实现能源结构转变等都是具有战略性的。坚持改革,创新引领,15~20 年以后,我们肯定能够看到相关成果、溢出效果。这些年关于气候变化,中国做过一些很痛苦的决策,每一项都得靠真金白银支撑,不是到国际舞台上喊几句口号而已。

另一个大动作是,近几年,中国牵头创立了几个国际组织,提出了相应的全球治理新理念。最具影响力的是亚投行,我个人认为,这是中国的“大手笔”。亚投行提出全新的治理理念:Lean,Clean,Green(精简,廉洁,绿色)。一些西方国家包括英国,也在第一时间加入了这个组织。当然,总有一些西方国家除在观望外,也不断提出一些尖锐的意见,比如说要注意可持续,要注意环保生态,不要让一些国家陷入债务危机,不要急功近利只建港口机场、穿山打洞搞基础设施等,实在让人觉得有点“葡萄酸”的感觉。说实话,一年多时间把这种类型的国际组织成立起来并顺利投入运行,使世界认可,谈何容易?25 年的联合国经历告诉我,联合国办不到,但中国做到了,这是引领全球治理、提供中国方案的成功优秀的案例。

以上这些例子彰显了一代中国人的大格局的战略思维,彰显了如何担当起大国职责,在历史大变革阶段挺身而出必须起到的作用。中国能有今天的实力、能力和影响力,是经过 13 多亿人辛辛苦苦、日夜奋战的成果。中国要走向国际治理舞台的中心,一言九鼎。今天要努力,明天还要更努力,还有很大的空间,包括靠在座的青年,靠你们这一代人、下一代以及下下一代的继续努力,不断奋进。

三、国际组织的人才需要与培养

1. 中国青年的职责

我们的前辈在当代全球治理舞台做了许多开拓性的工作。在全面走向全球治理舞台中心的进程中,我们这一代青年应该担任什么角色,应该作出怎样的贡献呢？首先要明确自己的历史使命。世界终究是青年的，中国的前途和命运掌握在青年手上。中国提出的伟大复兴的强国梦分三步走：2020 年全面实现小康；2035 年建成中等发达国家；到 2050 年，实现繁荣富强自由民主的现代化社会主义强国。这只能一代一代地接着干，组织广大的青年去参与、去奋斗、去实现。

习近平说得很清楚，“新时代属于每一个人，每一个人都是新时代的见证者、开创者、建设者”。[①] 面对当前国际形势巨大的变化与转折，全球治理人才需求旺盛，青年人怎样才能准备好自己，有效参与全球治理，贡献自己的智慧呢？这是摆在青年面前的一份重要考卷。

构建人类命运共同体，需要大量各式各样的人才。人类命运共同体不是在国内建，要同全世界人民一起建。让世界理解体会到这一点需要有人去宣传沟通，需要有全球胜任力的国际型人才去推动引领。但我们苦于国际胜任力人才短缺，尤其是青年人才。

近几年我国对外投资不断增加，人才的数量与质量要求也不断提高。新建立的国际组织如亚投行、G20、金砖、上合组织等，都需要大量的有国际视野的人才参与经营。前面提到的非政府组织，也需要大量的人才。目前中国自己注册的社会组织包括非政府组织已有 60 多万个，加上民营企业在国外投资，他们更缺乏人才。我们前几年就派出了对外劳务人员将近 50 万，包括工程技术人员、经营管理人员等，他们需要懂得国际规制和所在国法律、文化与宗教等。未来需求的这些人就可能包括你们在座的各位。

现在，我总结我们需要的国际型人才有四种、有四个去向：第一种是外交官，招聘你到外交部、经贸部、科技部、工信部、教育部等政府部门工作，去管外事，或者到学校里做智库研究或管外事。第二种属民间外交人才，我个人觉得这也非常重要，尤其在非政府组织工作需要得到足够的重视。有些国际议题的争论，政府代表不好说的，或不在场说不上话的，或者说的话没人听没人信的，民间组织或非政府组织就更好说话。我曾经建议过，我们也应该学习一些西方

---

① 《习近平：在第十三届全国人民代表大会第一次会议上的讲话》，载人民政府网，https://www.gov.cn/xinwen/2020－05/15/content_5511909.htm。

国家,支持培育青年人才去非政府组织工作。今天,非政府组织在国际事务、全球治理中有很大的发言权。第三种就是企业,包括跨国企业和中国在国外投资的企业,量大面广,但人才奇缺。第四种是国际组织职员。随着中国对国际组织的贡献增加,人才需求也急速增加。今后10年很关键,我们需要着力解决在国际组织的低编、低职与人才质量的问题。现有在国际组织里工作的人员可以提供一些经验。中国职员的长处是什么?短板又是什么?对于后来人,他们的经验值得学习借鉴。实事求是说,我们的青年普遍缺乏国际经验,从某种意义说可以追溯到教育的国际化的局限。知识的最大敌人不是无知,而是幻觉。对于同样一种现象,不同角度不同视角观察的结果会有迥异。我们的人缺乏独立思考,知识面太窄,思想僵化。还有一种现象,明哲保身,不敢作为,不敢挑战现状,往往会失去许多发展机会。

这几年国家的政策也在变,不断有所改善。可以说,你们青年一代赶上了好时期。政府制定了一些支持政策力度很大,但还有进一步的提升空间。比如,我非常欣赏一些国家的"旋转门"政策,你在国际组织干得好,得到提升,从P-3、P-4成为P-5或处长级别;回国后,可以享受相应的待遇,这符合逻辑。这不但是一种激励,还是一种不歧视的思维,因为联合国这个"大熔炉"培养了你,你受到了锻炼,扩大了视野,提高了能力,眼界也不同了,回国后可以胜任更重要的责任,这样才不浪费人才。

还有一个问题,涉及干部使用的"本位主义"思想。能到国际组织工作的人才本来严重不足,但推送出去的人有时任职资格并不完全合适,有点"赶鸭子上架",发挥不了应有作用,结果本人很苦恼,用人单位也不满意,影响很不好。在相当一段时间内,由于部门所有制,把到国际组织工作等同于国内干部安排。比如,由于某人在国内没有合适岗位提拔,为了安抚人心,就安排出去转两年,解决一些待遇问题。而有的单位则是"舍不得"放人,缺乏大格局,把好用的人留在身边,不愿意把最优秀的人放出去锻炼。

正因为这些问题,国际组织一度对中国职员持"二分法"的看法。一方面认为中国人非常遵纪守法,说一不二,很低调,很努力,专注于自己的专业,能够按时完成任务。比如,国际组织特别注意到给中国籍职员的任务,即使是在中国的春节,他们也不会拖拉,总是会以完成任务为优先,把任务交给中国职员比较

放心。但另一方面,他们也观察到中国职员普遍存在的一些短板限制了中国职员的发挥。这主要表现在如下若干方面:

(1)缺乏战略思维,缺乏雄心壮志。我们的人大多过分低调,过分“韬光养晦”;一事当前,先替自己的“工作安全”想得多,更愿意做队员、跟班,不愿意出头露面做队长。因为,做队长就得担风险,就得多付出,有时不免要牺牲自己的利益,起码要比别人多花时间,甚至搭上自己的休假时间安排。

(2)缺乏创新思维,不敢挑战自我。习惯于做同样的事,重复地工作,循规蹈矩。不敢开拓进取,不敢担当一定的创新风险。

(3)不善于沟通和推销。在我们的传统文化中,推销自己被认为是一个缺点,会被人误解为狂妄,甚至扣上骄傲自大的帽子。在多年前,还影响当学生干部、入党等。有人认为,美国前总统里根就是一个超棒的推销员。政治家需要推销自己的政治理念,联合国项目官员也需要推销自己的项目思路。你有好主意(good concept)不去推销的话,即使是能写出很好的项目建议,却很难得到队友的了解,筹到资金的支持。

(4)知识面偏窄,综合能力有限。我们的人当好专家完成项目任务一般问题不大,对自己负责领域的事也可能完成得较出色。但国际组织很需要通才,需要交叉学科知识,随时会有调动、调换工作岗位的可能,有时也是升迁的潜在机会。适应能力差的人往往很吃亏。比如,我们的学习曲线比别人陡,效率就自然低。

(5)喜欢单打独斗,不善于团队工作。我一直思考这样一个问题。按道理说,中国的集体主义教育是比较好的,但是不知道是因为不适应竞争还是缺乏安全感,或是因为独生子女的心理素质培养不够,这个问题比较突出。西方青年很自信、自我,虽然我们并不欣赏;但是与我们不一样的是,在多元文化环境下,需要团队工作时,他们会比较容易切换、适应,在哪儿都能感到还“舒服”(comfortable)。

(6)最后,也是最重要一点。中文是联合国的六大官方语种之一,称“official language”,但是,它还不是工作语言(working language)。也就是说,通常大家工作上交流都是用英文或者法文,而很少用中文主持开会、聊天甚至会议辩论。这对我们很不利,所以我到处强调一定把英语学好,不管你是哪个专业,语言都是一块敲门砖，是垫脚石，这是你走向社会尤其是进入国际组织的“看家宝”。我年轻的时候，适逢国门刚刚打开，我之所以能够被选派出国留学，其中有一个重要原因就是因为我可能比别的同事多懂一点英语。今天，时代变了，这样的机会比比皆是。所以我觉得在学校，作为学生一定要把外语学好，起码很好掌握一门外语。

前面我提到中国文化，我想多说几句。其实，西方还是有不少人对中国文化很崇拜的。听说哈佛神学院的一个教授就十分崇尚中国文化。他对学生说，西方人相信火种是普罗米修斯偷来的，而中国人则认为那是祖先钻木取火得来的。洪水来了，西方人说快逃吧，赶紧造个诺亚方舟。世界上人口这么多，你得建造多少个诺亚方舟啊，这行得通吗？而中国人的祖先应对洪水的办法不是逃离，而是“治”，大禹治水就是典型一例。我们是从根源上解决这个问题。西方把太阳看作神，顶礼膜拜；而中国先人说，十个太阳太多了，热得受不了，于是就出来个后羿，把多余的太阳统统给射下来，只留一个就够了。还有愚公移山的故事，等等。这些充分说明，我们的祖先是勤劳、勇敢、聪明、敢于挑战天地，也敢于挑战自己的。我们在国际组织工作，必须重新唤起这些潜质，帮助我们克服短板和弱项，为参与全球治理彰显我们的本色。

国际组织的人才培养是一个国家的战略问题，是需要长期关注的命题。当下国际化人才的培养，顾名思义，需要面向全球问题。首先应该看到，我们面临的不单是在国际组织工作的职员人数少、职位低的问题，还有一个人才的质量与如何发挥作用的问题。我在国际组织长期工作，观察到一个明显的弱点：我们的职员不敢在国际治理中担当一定风险。长期的办公室政治生态习惯了让我们一事当前，先替自己的前程考虑，所以，在遇到突发事件时，最好不是由我来挑头，因为担心一旦处理不当，出了问题，领导找我麻烦，成员方也可能找上门来，于是就千方百计回避，这就是缺乏承担风险的勇气和精神。我认为，回避问题就是拒绝进步，可惜啊！

另外还有一个问题，在我们走出国门时，西方的确总是盯着我们的一举一动。我国的一些企业，出国前家庭作业做得不好，对国外的文化缺乏了解。个别人为了眼前利益，不够重视生态环境；有些工作人员也不够注意言行，经常爆出一些粗鲁的语言。这给一些别有用心的人留下话柄，批评我们是新的“殖民主义”,是“民族主义”和“民粹主义”。爱国是根本的、正确的,但不应提倡狭隘的“民族主义”“民粹主义”思想,是会被人利用的。所以,在出国当国际职员或出国参加国际活动或者到涉外企业工作时,一定要提高修养,了解人家的文化、法律和当地的风俗习惯,这点非常重要。

25 年国际组织职业生涯让我得到一个很自信的判断:世界从来没有像今天这样对中国寄予如此的厚望,中国也从来没有像今天这样接近世界舞台的中心;世界从来没有像今天这样对中国的声音那么在意,中国也从来没有像今天这样在国际事务中的声音那么响亮。这个过程与取得的成果包括今后要继续往前走的过程不是一蹴而就的,更不是天上掉下的馅饼,而是经过我们的艰苦努力奋斗而得来的,需要年轻人去珍惜、去发扬光大。这就是青年人的时代责任。

2. 国际型人才的特质要求

首先要明白国际型人才需要什么素质,国际职员需要具备什么样的条件。这可以从两个角度衡量:一个是中国政府的视角,另一个是国际组织的视角。

从中国政府视角来看,国际组织人才必须具备“五方面”素质,即要熟悉国家方针政策,要了解我国的国情,要有全球的观念,要熟悉使用外语,要通晓国际组织的规制。的确,这些要求很高,不是每个人都容易做到;但只要努力,我们还是能够达到这个标准要求的。

从国际组织视角来看,你要进联合国,首先是要求效忠联合国,要信仰它的宗旨,要有献身精神。这一点应该不难理解,到任何企业单位去也是一样,到政府部门更是这样。联合国最根本的要求强调有三个核心价值观,这包括:专业精神(professionalism)、作风正派正直(integrety)以及懂得包容、尊重不同的文化(respect diversity)。这样你才能很好地在那里任职。

作为一名国际职员,还要具备六个方面的素养,这包括:

(1)要有家国天下情怀。这是基本信念问题。我长年在国外工作,通过观察发现很多人在国内会抱怨,但在国际组织或国际环境就变了,绝大部分人不一样了,他们满怀爱国情操,不能容忍外国人无端批评中国这也不好,那也不好。我还真的不相信对自己爹妈不爱的人,对自己国家以及国家文化不喜欢的人能被称得上是一个优秀的人。联合国就有这么一个规定,只要你在异国服务,不管你离家多远,每两年都会让你回国探亲一次,差旅报销,目的就是让你别数典忘祖,别忘了你的国家目前发展的状况,别忘了你有责任回馈你的国家,回馈你的人民。这和联合国要求效忠联合国宗旨并不矛盾。

(2)要有献身精神。太自私的人也不可能在联合国干得好、干的开心。到国际组织工作是要有所牺牲的,不能只想着自己的利益,打自己的小算盘。我有联合国的同事到阿富汗去帮助他们恢复农业生产,其中有人就在一次暴恐事件中牺牲了。这种事情是经常发生的,所以要有献身精神,时刻准备调动轮岗,到艰苦的地方去工作。

(3)一专多能,我把它称为“两栖”人才。我们不要满足于自己所学的专业知识,交叉学科知识很重要。我希望青年人多花些时间,不断扩大自己的知识面,把未来的路铺得宽一些。社会上的要求是多样的,许多人到了联合国工作岗位上可能会用到你大学所学的 30% ~40% 的专业知识就不错了,其他的 60% ~70% 知识是在不断学习中、在实际工作中、在与人沟通中学到的。所以说,终身学习的能力更重要。

(4)沟通能力。这是成功的国际职员所必须具备的基本条件。举个我个人的例子。2003 年禽流感暴发时,我在联合国粮农组织任亚太地区总代表,处在领导对抗禽流感的最前线。禽流感传染性极强,我不是学兽医的,不懂病毒学,也不懂流行病,但还得面对这个严峻的问题,包括面对新闻记者的采访。有一次,美国的 CNN 有三名记者专门从香港飞到泰国曼谷对我采访。采访前半个小时,全世界的 CNN 都播放消息,预告他们将对联合国的高官进行重要采访。那个摄影机的镜头很大,有小碗口那么粗,正对着我,距离拉得也很近,灯光又很强,我非常不适应。我说能不能把摄像机拿远一点,他们说这是实况转播的质量要求,没同意。我心里已有些紧张。此前,我的新闻官与 CNN 记者已经达成“接受采访的条件”:粮农组织是专业机构,只谈技术,不谈政治,特别是涉及泰国政府的领导问题。结果呢,CNN 记者一打开镜头,面对全世界观众直播的第一个问题就是要我谈谈泰国总理应对不力的评价。这可是政治上太敏感的问题啊。我一下子乱了分寸,一时脑子一片空白,影响了整个采访的质量。总部的新闻部门领导在罗马监看着这场实况采访。实况播送结束后,总部领导就打电话过来,说:你今天接受的采访还不错,“not so bad”,我知道有问题了。他接着说，的确，你新闻采访经验不足，需要马上接受培训，并提出总部安排 5000 美元，我的办公室也出 5000 美元，让我参加五天的专门培训。可见，对于国际组织官员来说，沟通能力是如此重要。在座担任学生会干部的同学对这个一定很清楚。怎么去说服和组织更多的同学们一起去干一件事，而不是自己单打独斗或一意孤行，这就需要有一定的沟通能力和谈判水平的训练。

(5)包容并蓄，尊重多元文化。我们走出国门，成了国际职员，会碰上各种各样的人，来自不同国家，有不同肤色，不同的文化背景。在国际组织，文化、种族、肤色、宗教等差异是非常敏感的问题。我们的幽默对别人可能是一种冒犯，所以一定要学会尊重不同文化，学会包容。

(6)团队精神也很重要。前面已经提到过这个问题。要真正成为一个国际组织职员，一定要学会团结各种力量。这是一个大系统、大工程和大协作的时代，比如，消除贫困饥饿，应对气候变化等，几乎没有一件事情、一个项目可以是一个人独立做成的。所以，国际组织往往非常看重一个人团队合作精神和其团队的能力建设。

以上几点，是成为一个合格国际职员的基本功，是年轻人争取"进得去，留得下，做得好，上得去，有影响"的先决条件。但成功的关键在于付之于行动，从基本功练起，树立信心，脚踏实地，善于执行，把政策转化为行动，在实际的项目中锻炼提升领导才干，最后用效果或成果来证明你的能力。

3. 如何培养国际化人才

我主要从个人修养角度谈几点想法。成为一个优秀的国际职员是一个长期的努力过程。在这个过程中要始终记住的是不忘初心，咬定青山不放松。如果你没有坚定的信念，不知道向往哪儿去，浅尝辄止，可能摇摇晃晃进两步，退一步，这就走不远了。既要有雄心壮志，也要脚踏实地，再难的活让你干，你也敢干，坚信自己的能力，相信这地球上没有没顶的山头；而再小再低的活叫你干，你也不会眼高手低。这种修养非常重要。

走向社会，要为人厚道，办事公正，在国内如此，在国际上更是如此。只有这样才能赢得别人的尊重与支持。为人厚道，你的朋友自然会多起来，想帮助你的人就多了，你的路自然就宽了。

不管走到哪儿，到了哪一个部门，做什么事，对你自己所做的业务要精通，也要扩大视野。对待工作就跟吃饭一样,你时时刻刻都应该想的是,这一顿饭我还吃的不饱,吃的不够,还有更多的饭,还有更好的东西等着我。换一句话,要开拓创新,但也要懂得创新意味着风险,徘徊不前,举棋不定很难创新。有人说,在硅谷,一天有数百个初创公司(start-ups)冲上去了,一天也有数百个初创公司沉下来了。所以你要做好思想准备,像苹果的乔布斯在斯坦福的一次演讲中所说的:求知若饥,虚心若愚(stay hungry,stay foolish)。

不管在中国还是国外,朋友圈很重要,我说的是带有正能量的朋友圈。你跟谁交朋友决定了你的命运,有的朋友能带你上天堂,但有的朋友能叫你下地狱。中国在WTO的谈判高手龙永图,他从WTO主谈位置退下来之后,带头搞了个博鳌亚洲论坛,一开始时你在这论坛上提中国思路谁信你呢?别人会说你又在搞意识形态。但当时他就利用了在WTO建立起来的人际关系,他厚道、帮助过人,他去请一些重量级的人过来,人家也答应了。这就是关系,能够用到正道上的一种人际关系。

最后我想再强调一点,活到老,学到老,与时俱进,才能立于不败之地。我前面说过,很多知识不是在学校里学的,而是在社会上、在工作中学的。学校里帮你打下了这样一些基础,只是让你掌握终身学习的能力。

当今的世界是一个凭实力打拼的世界,要想有效参与全球治理,必须提供创新思想,采用人家可以接受的方式,提供你的文化、经验和模式。我觉得我们已经走在正确的路上,就是主动参与、积极引领,提供中国方案。

当然,全球治理涉及的面太广了,需要一大批有国际视野的、有国家情怀的人去参与。一旦有机会参与,一定要注意,我们不仅是为了国家,而且是为世界,为构建人类命运共同体而奋斗。国际组织是一个与国内完全不一样的环境,我们需要不断地去探索、去适应、去贡献。“打铁还需自身硬。”的确,上帝救不了无法自救的人。

同学们,你们很幸运,正处在一个国际化的美好时代,在巨大的机遇面前,希望你们在对未来充满梦想的同时,脚踏实地,一步一个脚印,行稳致远,前程灿烂。

如何适应联合国多元文化工作环境*

我的这场讲座分三部分：第一部分，简单地介绍我对国际组织多元文化背景的理解；第二部分，从个人实践体会谈谈大国的责任与中国对国际组织文化的影响；第三部分，探讨如何培养适应多元文化工作环境的人才。

一、如何理解国际组织的多元文化背景

1. 国际组织的分类

不同国际组织的文化虽有共性，却也常常受其属性与机制的影响而不同。因此，有必要简单了解一下国际组织的分类。

(1)按地域覆盖，有全球性和区域性之分

全球性组织：一般是指基于一定协议而建立的、由全球各地域成员为治理主体的国际性组织。其治理的客体一般聚焦全球性、跨地区的问题。如联合国是世界上最大的全球性组织。联合国系统中的许多专门机构，如教科文组织、国际电联、劳工组织、世界际卫生组织和粮农组织等，都属于全球性的组织。

地区性组织：同样，通过一定协议建立的，聚焦本地区共同关注的问题，治理主体主要来自本地区的成员，这样的组织多称为地区性组织。目前大家比较熟悉的有东盟、南亚联盟、欧洲空间局、欧盟、非盟等。地区性的国际组织成员规模相对有限，主要兴趣聚焦在本地区问题、相关专业领域的合作事务。

不管是全球性组织还是地区性组织，每个组织都有自己明确的使命、目标、

---

* 该文是根据作者2016年8月25日北京大学国际关系学院C座307教室讲座录音整理。感谢国关同学的协助。

章程,按一定的规制和程序办事,也都有自己特定的组织文化。

(2)按成员的属性分类,有政府间组织和非政府组织以及混合型组织

政府间组织:由主权国家组成,以政府派出的正式的国家代表共同负责该组织的管理事务(Governing body)。前面提到的联合国就是最典型的政府间国际组织。

非政府组织:这类组织形式多样,它们的特点是不代表任何主权政府,而是民间力量的自愿组合。非政府组织同样有它的章程、组织机构与运作程序等,其与政府间组织关键的差别是它的成员不代表主权政府。应该看到,随着全球治理的使命变化与机制演变,非政府组织正起着越来越重要的作用。这里有一组数据:15 年前,也就是 2002 年,联合国在南非召开全球可持续发展大会的时候,约有 3500 家的非政府组织被邀请参加会议;而到了 2010 年的时候,据不完全统计,全球有 6 万多个的国际组织,有 7000 多个属于非政府组织,其中有 2000 多个已经被联合国正式承认并和联合国的经济社会理事会建立了咨商关系,成为联合国的正式合作伙伴。不少非政府组织还和联合国专门机构如 UNESCO、ITU、ILO、FAO 与 ICAO 等建立了合作伙伴关系。

混合型组织:既有政府组织参与,也有民间机构参加的国际组织。很多科技组织,如各种国际科技学会、协会,还有一些科技协调组织,如国际宇航联、国际农业研究中心网络(CGIAR)以及国际数字地球协会等,他们的共同点是既有政府机构参与或支持,又有民间科技团体甚至企业参加。混合型组织因其既有民间科技、企业、个人参与,又常有政府的某个主管部门归口认可、参与站台的特性使其构架相对灵活,往往搞得风生水起,有声有色,最近 10 多年来,受到普遍关注。

从组织文化看,与政府间国际组织相比,非政府组织和混合型组织办事机制比较灵活,如议题设置、机构负责人的选择任命、计划的制订与决议的产生以及资金来源多样性等,规矩相对没有那么严苛,在实际运行中往往采用实用主义的模式,近年来发展很快,影响不可小觑。

2. 决定联合国组织文化的重要因素

相比之下,联合国组织文化的形成及演变比较复杂。

(1)联合国成员文化的多样性。联合国是全球最大的政府间组织,目前有 193 个成员方,具有广泛的代变性与公认的国际事务的权威性。联合国是“二

战”之后成立的，它的目的就是要动员所有国家的力量，共同推动世界的和平、发展、安全与人权的崇高使命。它宣称的基本原则是正义、尊严和人民的福祉。按照这样的原则成立的如此庞大复杂的国际组织，其使命的行使与有效运作本身自然具有巨大的挑战。

(2)联合国组织架构的庞大与复杂性。联合国主要由六大板块组成的，其中，最顶层板块是联合国大会，有点像企业集团公司的董事会，是负责审议、监督和审查全面工作的最高决策机制。联合国遵循平权原则，每个国家都有权说话，因而其决策效率也可想而知。第二个板块是联合国秘书处，具体负责大会、安理会和各种委员会和专门会议安排，提供秘书处的服务。联合国不是一个国家，其负责人称为秘书长而不称“联合国主席或总统”或其他什么“长”，这突出了秘书处的“服务”性质。第三个板块是安理会，最重要的机制。安理会讨论决定全球的和平与安全以及其他突发事件的处理，权力很大。第四个板块是经社理事会，顾名思义，主管发展维度的问题，涉及经济、社会、环境等问题。另外还有托管委员会和国际法庭等。所以在联合国总部，“大会不少，小会不断”，几乎天天有会，不是安理会的“紧急会议”，就是经社会的危机应对与政策辩论。秘书处工作人员的主要职责是服务成员，包括各种会议组织、文件起草、组织政策辩论、发展项目协调以及人道主义援助等。工作人员总有忙不完的事，所以有人说联合国工作人员压力大、“联合国的饭并不好吃”，也是有一定道理。

普通人通常很容易把联合国与联合国系统混为一谈。联合国和联合国系统是两个不同的概念。如图 3 所示，联合国系统是一个更加庞大的体系，它包括联合国本身与所有的 20 多个专门机构和特别计划。从严格意义上来说，联合国专门机构的负责人与联合国秘书长并没有领导和被领导的关系。联合国专门机构首脑接受联合国秘书长的协调，但在法理上，其不是联合国秘书长指派的，故也不受秘书长直接的行政领导。原因有三方面：其一，专门机构有自己的治理领导体系，有自己的“大会、理事会/执委会”作为决策机制；其二，专门机构的行政长官——第一把手都是通过公开竞选产生的，不是由联合国秘书长任命的；其三，专门机构的行政长官有自己独立的财权、计划权、人事权和行政权，而联合国秘书长没有直接干预专门机构的人事任命权，也无法决定他们的优先计划、项目和经费使用的去向等。专门机构的这种独立性(不受联合国秘书长的直接领导)，一直是联合国系统机构间职能交叉、重复以及系统协调和效率提高的困难与制约之一。这个问题长期没有什么好的解决办法，一直受到国际社会的诟病。

联合国	联合国专门机构(17 个)	
含六大主要机构，分别是：联合国大会，安全理事会，经济及社会理事会，国际法院，托管理事会及秘书处。 秘书处机构庞大：设 15 个部门；10 个特别事务顾问办；4 个办事处；5 个地区委员会；6 个直属机构(UNEP、WFP、UNICEF 等)。 通过经济及社会理事会和联合国首长协调理事会进行协调联合国的 17 个专门机构 + 8 个协议组织(IAEA、OPCW、CTBTO、WTO、IOM、ISA、ICC、ITLOS)	世界卫生组织 联合国粮农组织 国际民航组织 国际农业发展基金 国际劳工组织 国际货币基金组织 国际海事组织 国际电信联盟 联合国教科文组织 联合国工业发展组织 世界旅游组织 万国邮政联盟 世界知识产权组织 世界气象组织 国际开发协会 世界银行集团(包括国际复兴开发银行) 国际金融公司	有各自的章程，人、财、物、计划均独立

图 3　联合国系统 = 联合国 + 专门机构 + 签署协议组织

(3)联合国的经费来源和计划预算的复杂性。一个是人事经费，另一个是计划与预算经费——这两个问题都是国际组织最关注、最重要、最基础的问题。但也是成员方特别是大国企图影响国际组织秘书处工作的主要杠杆。

维持联合国正常与可持续运行是一项不小的开支。联合国采取双年度的预算体系①，就是每两年做一次预算与计划(budget and planning)，由联合国秘书长(联合国专门机构则由其行政长官)提出来。秘书长根据各部门的优先工作汇总提出预算计划，让成员审议批准。当然，这个预算计划首先需要经过第五委员会艰难地讨价还价后才最终提交联合国大会审查批准。总的预算与计划一般包含两大方面来源：一笔经费来自成员方的会费。缴纳会费是联合国成员的义务，不管国家大小、贫富都要交。目前会费的上限定为 22%，来自美国，

① 2023 年联合国大会决议改为一年预算制。

下限0.001%，那就是几千元了，是对非常贫困落后的小国而言的。顺便指出，联合国系统的正常预算的70%左右用于维持行政开支，主要为职员的工资福利、出差费用、会议预算以及专家顾问的聘用费等。过大的行政开支往往是成员方最经常、最尖锐批评的问题，有时也酿成联合国内部文化的隐性诟病。另一笔经费是预算外的，主要来源一些国家、国家集团及民间组织如基金会等的自愿贡献。还有一笔是为数不菲的维和经费。预算外经费非常大，有些专门机构的运行主要依靠预算外经费维持。联合国最近每两年预算大概是54亿美元，粮农组织大约是25亿美元（均不含预算外资金）。一般是处于动态变化的。有时维和的预算也有几十亿美元，取决于"天下是否太平"。

顺便指出，与一些西方超级大国不同，中国一直是及时缴费的榜样。中国在联合国预算分摊的会费这几年来在飞速增长。根据今后几年中国年6.5%左右的DGP增长速度预测，中国对于联合国以及联合国系统的会费还会在目前的基础上继续大幅度增加。[①] 这里举例2011年中国与主要成员方会费情况对比。5年前，中国会费排名第六，现在已经升到了第三名。具体来说，联合国系统每花100美元，中国就得交将近8美元，美国交22美元，日本交9.86美元。1988年我刚参加联合国工作时，日本交20%左右，仅次于美国。会费基数的增加说明了什么？第一，说明在世人的眼光里，中国的经济发展了，会费的增加就是一个不得不承认的指标。第二，随着会费的增加，话语权自然也就大了，你的声音就响亮了，你的立场与主张就更有影响力了。多交会费体现的是在联合国的责任、国际义务与担当，也是我们在全球治理中实力增长的客观表现。还有一点，会费多交了，中国在联合国的职员人数的比例也将随之增加。

除会费外，维和费用的分摊，量也很大。中国目前处于第二名，仅次于美国。还有其他各种用于发展、环境以及灾害救援等人道主义援助的自愿捐款。这种自愿的贡献有什么好处？说明中国在国际事务中的作用与担当在增强，这是实力与价值观的一种体现。

这里再说说成员方拖欠会费会怎样。联合国以及联合国专门机构设定了一个类似的投票权，如果有国家累计两年度不交会费，就会被取消在重大问题

① 事实证明判断正确，2023年中国的会费是15.254%。

上的投票权。这一招有时还是管用的。如美国是会费大国，分摊 22%。它经常在交钱的问题上为难联合国系统包括专门机构，如以暂缓缴费或拖欠会费来要挟加重其话语权。不交钱，但是又不失去投票权，办法就是等，等快到第二年年底的时候才交纳拖欠的款，达到维持不失投票权的额度。美国多年来欠了十几亿的款项。在经济意义上，这笔款的利息数量本身就相当大的，一举三得，这是一个很"聪明"的算计。

人家听你的，不单因为你是安理会常任理事国，第三大会费缴纳国，也因为你自愿承担了更多的国际义务，帮助推动发展，参与紧急救援等。我相信，随着中国的经济发展，今后在这方面的自愿捐款只会不断增加。

3. 西方文化一直主导联合国建设

联合国拥有最复杂的多元文化环境。联合国和联合国的大多专门机构都是在 1945 年第二次世界大战之后成立的。基于对当时世界变化格局的战略判断，"二战"之后，美国总统罗斯福提出建立一个全球性的国际组织，帮助世界推动发展、维护和平的设想。罗斯福还提出一个具体构想，由几个"二战"的战胜国——大国作为主要的成员，包括美国、英国、苏联、中国，后来又增加了法国，这些国家都在"二战"中作了巨大牺牲与贡献。由这些国家对重大国际问题事先商量，共同决策，这就是后来的安理会的常任理事国的雏形构思。据说当时斯大林、丘吉尔都不同意中国作为核心成员方；但是罗斯福坚持，他认为中国这样的大国，必将在亚洲的事务中起到重大的作用。这样一个国际组织没有中国的参与是不可想象的。所以，他在多种场合中坚持强调，中国应该作为核心成员方加入安理会，因为中国在"二战"中特别是在东方战场上所起到的关键作用是无法抹杀的根本性原因。中国人民浴血奋战，中国军民伤亡了 3500 多万人换取了第二次世界大战在东方战场的胜利。从这个意义上来说，中国成为安理会常任理事国不是任何人的恩赐。当然，不管当时出于什么样的初衷，罗斯福能考虑中国的作用，他作为一个政治家的战略远见和国际视野是值得赞赏的。

60 多年前成立的联合国组织，基本上是按照西方的理念、价值观以及西方的体制机制设计并维持运行的。尤其在国际组织职员的聘用方面，当时发展中国家还比较困难，人才匮乏，在相当长的一段时间内，联合国系统雇佣职员大多是所谓的西方的精英。它的用人理念、政策机制、行政管理以及人才资源评估——一个组织最基本、最重要的四大要素——基本上发端于西方，可以想象它对联合国整个系统长期的文化影响是如何根深蒂固。许多发展中国家和国际上有识之士一直以来想改变这个状况，但确实不易，进展式微。即使是当下，联合国秘书处有来自160多个国家的职员，他们有不同的肤色、文化、历史、宗教、教育背景，但也无法完全改变西方文化对联合国秘书处长期影响的痕迹和主导的实质。

简单总结：目前的联合国文化，由于成立初期许多规章制度基本上是照抄西方发达国家的；它的行政管理机制也基本上拷贝了西方体系，加上长期以来在秘书处的工作人员特别是高层管理官员，基本上还是按照西方世界的用人标准招聘的。这些人的思维定式、习惯立场严重地影响着联合国系统决策的过程和结果。所以，我们不得不看到，那些成立于战后的国际组织，包括联合国系统的各个国际组织，它们的组织文化背景至今还是以西方的文化为主流。发展中国家在联合国中的影响力常常很微妙；而西方国家对联合国的影响往往体现在对国际组织领导人的选举与高层管理的确定、战略的制定、政策的取向、计划与行政的操控能力等多方面施加影响。

尽管这些年，包括中国在内的一些发展中国家一直在推进联合国包括联合国秘书处的组织文化改革，并已经有了一定程度的改善和提高，但离本质上的改变还相去甚远。推进联合国系统的改革，特别是促进秘书处多元文化环境的变革，提高用人的公平与公正，已成为联合国改革的重要方面。换句话说，推动秘书处工作人员在国别代表性方面的均衡是一回事；改变秘书处长久践行的人事规制，如实现性别平衡、语言平衡以及在职员遴选、绩效评估、干部升迁过程中的公平、公正、公开、透明，则是另一项长期的极具挑战性的任务。

世界苦于西方对国际组织的文化影响久矣。作为一个大国，中国需要在全球治理中发挥大国的作用，支持引领国际组织如联合国秘书处的文化变革，缔造一种真正属于广大成员方的多元文化环境。这需要设立国际化议题，开展前瞻性的政策，需要深入的智库研究。

二、重塑联合国多元文化的特质

1. 中国的作用

中国是联合国这个最大的政府间国际组织的缔造者之一，是重要的成员。

我们经历了两个重要的节点：一是“二战”结束时于1945年6月26日，董必武和吴怡芳两个人共同代表中国率先签署了联合国宪章宣言；[①]二是1971年10月25日，联合国第26届大会通过了2758号决议，中华人民共和国恢复了在联合国的合法席位，包括安理会的席位。此后，中国在联合国系统里才发挥了逐步增强的作用，包括中国文化在联合国的影响力也得到一定的提升。自从1972年中国恢复在联合国的合法席位以来，中国在联合国总部一直有一个副秘书长的职位，已有10位中国外交官先后出任联合国副秘书长。而且，从联合国成立起，中文就是联合国六种官方语言之一，虽然目前还不是工作语言。

中国在联合国总部一直有一个副秘书长的职位

自从中国1972年恢复在联合国的合法席位以来，已有10位中国外交官先后出任联合国副秘书长：

唐明照，广东恩平人，第一位担任联合国副秘书长的中国人，负责政治事务、非殖民化等工作（1972～1979年）；

毕季龙，江苏仪征人，负责技术合作与发展事务（1979～1985年）；

谢启美，江苏武进人，负责技术合作与发展事务（1985～1991年）；

冀朝铸，山西汾阳人，负责技术合作与发展事务（1991～1996年）；

金永健，江苏昆山人，负责发展、资助和管理事务部（1996～2001年）；

陈健，江苏苏州人，负责联合国大会和会议事务管理部（2001～2007年）；

沙祖康，江苏宜兴人，负责经济和社会事务部（2007～2012年）；

吴红波，山东泰安人，负责经济和社会事务部（2012～2017年）；

刘振民，山西岚县人，负责经济和社会事务部（2017～2022年）；

李军华，广东五华人，负责经济和社会事务部（2022年至今）。

---

① 《1945年6月26日，联合国制宪会议：中共在国际舞台上的首次正式亮相》，载中青在线，http://news.cyol.com/gb/articles/2021-06/26/content_mZBgKSVL5.html。

中国是联合国安理会的五大常任理事国之一。常任理事国负责重大问题的辩论与决策。但在相当一段时间内，当我们的实力还比较弱的时候，中国在安理会常常采取弃权的方式。面对敏感的国际议题，特别是涉及发展中国家之间的问题，由于考虑平衡，我们有时就只好走中间路线——投弃权票。也因此受到一些人的诟病。

作为安理会常任理事国，权力与责任一样重大。我们可以对那些冲击人类道德底线、违反联合国宪章的事，包括政治、人权、军事、经济贸易等各方面，尤其是牵涉到国家的主权、安全与发展中国家利益的问题上，要既很外交又很智慧地动用我们手中的赞成、反对与弃权票。但不得不承认，“丛林法则”在联合国还是通行的。一般意义上，联合国还是凭实力说话，重大议题的最后解决基本上还是大国起关键性的影响与作用。如美国就常常凭借财大气粗，霸气霸权霸道，你若不支持它的主张，它就避开安理会自己干，或找它的盟国一起干。它有七八十个盟国，这是其软实力的一部分。这就是为什么美西方一些国家能长期在不同层面上左右着联合国与国际组织的文化的主要原因。

中国是联合国会费的第三大缴纳国，约占8%，年会费超过1亿美元。对于发展中国家来说，这就不少了！除此之外，中国还要担负着联合国大约6.6%的维和费用，是第二大贡献国。中国还是南南合作的引领者，通过双边和多边渠道，每年向发展中国家提供很可观的南南合作经费，而且不附加政治条件，得到发展中国家的广泛认可和高度赞赏。近几年来，中国在许多国际组织主动引领，特别是党的十八大以来所发挥的作用比以前任何时候都更加积极、主动，负责任大国的形象越来越受到国际社会的认可与尊重。

要在国际组织充分发挥作用，中华民族五千年的文化传承与发扬是一个重要的元素，但其潜力还远远没有被充分挖掘。著名社会学家费孝通先生总结的“各美其美，美人之美，美美与共，天下大同”这十六字箴言，是国际组织塑造真正的多元文化工作环境的理想标志。许多西方学者都认可，中华文明是人类文明的重要思想源泉，我们有儒、道、佛交融的文化，强调人的社会责任与集体主义，节制理性和人与自然的和谐。我们的传统文化中如“仁爱”“良心”“和为贵”，其实在《世界人权宣言》中都有所体现。特别在今天履行我们国际担当和国际义务时更需要大力传播，加以弘扬。中国人自古有自强不息的奋斗精神，它还被列为清华大学的校训。我们常谈到精忠报国的爱国情怀,革故鼎新的创新精神,我们有“公而忘私,舍生取义”的道德修养以及“和而不同”的包容态度等,这些都是我们中华文明宝藏中值得挖掘的文化内核,一旦赋以新时代内涵并加以推广,完全可以为国际组织的文化改革作出巨大的贡献!

但是,在繁杂的国际组织中,我们有效展现中国的文化影响力的能力还薄弱。我们首先需要在国际事务中树立起文化自信。有人说中国缺乏思想创新,那只是偏见与狂妄。中国历代都不缺引导时代的新思想。当今中国消除贫困、消除饥饿领域的思路与实践,充分体现了我们东方文明的智慧。我在联合国粮农组织担任高管期间,接触过一批又一批来自世界各国的专家、领导人,常常感受到非洲一些国家渴望“向东看”,向中国学习。事实上,他们不少人都在认真研究中国的发展模式,研究中国的政策以及治国理政的思想和相关国际合作倡议。农业和粮食安全领域的许多生动案例无不说明中国关于消除贫困与确保粮食安全领域的思想与模式很受世界尤其是非洲国家的普遍欢迎与真正重视。

世界不可能只有一种放之四海而皆准的发展模式。但是我们缺乏国际性的人才,能用国际叙事话语让不同文化背景的人听得懂、信得过的方式去传播我们的故事。这就是为什么我们需要从领导到普通群众,包括你和我一起行动,要把我们自己的思路搞清楚,建立足够的自信,发展合适的手段和有效的中国叙事方式,传播中国的故事,扩大我们的影响。

习近平总书记强调的四个自信对国际职员非常重要。比如,中国的发展理论与道路,在全球治理实践中可以与国际组织的同行一起讨论。中国改革开放的一些体制机制创新,可以通过总结提升作为全球治理改革的参考。英国著名历史学家汤恩比曾比较研究过世界各主要民族的文化得出结论:只有中华文化具有统一世界的能力。我常常思考:道路自信、理论自信、制度自信,归根结底是文化的自信,是中国文明赓续的自信。但要充分注意到,在全球治理舞台,自信不等于自负,什么事过头了反而使人不信。我们还要谦虚谨慎,既要尊重不同的文化,也要努力学习别人的长处。

我可以举出很多坚持文化自信与尊重多元的例子。我曾在粮农组织高管会上讲到尊重普通职员意见的必要性时提到“水可以载舟,也可以覆舟”。我说,民众就是水,今天可以拥护你做我们的领导,明天也可以把你推下去。在粮农组织改革进程中我常强调"以铜为镜,可以正衣冠;以史为镜,可以知兴替"的格言,强调国际组织改革最根本的是要不忘初心,要时刻牢记国际组织的最高宗旨是为成员方服务,满足成员方的需要。在推动农业可持续发展项目规划时,我用中国古人的话"竭泽而渔,岂不得鱼,而明年无鱼";在帮助发展中国家的能力建设项目时,我强调"授人以鱼,不如授人以渔";等等。这些中国的智慧,经常得到我的国际同行的真心佩服。他们说:中国人太有智慧了。我列举这些例子,是想说明我们中国文化蕴含的很多智慧和经验是可以在国际组织产生影响力的。当然,我们也要虚心学习和理解西方的先进的科技与管理经验。一方面,有些所谓的普世价值并不是西方独有,更不是他们首创的。另一方面,我们在国际组织工作,有许多理念如公平、公正、平等、民主、自由等还是要认可的。

2. 加强中国参与全球治理短板的认知与建议

我们最明显的短板与掣肘是什么呢?如何补强项呢?

第一,当务之急是克服在国际组织中国职员低编低职的瓶颈。特别是在联合国系统的秘书处里,中国职员只占不到1.5%。联合国大概是从20世纪70年代末才开始聘用中国大陆的职员。在初始阶段,由于缺乏对国际组织的了解,国际型人才奇缺,我们没有太大兴趣派人到国际组织工作。30多年之后,我们才发现吃了大亏,有不少教训。1988年我刚刚参加联合国亚太经社会工作之前,秘书处有12个D级(司级)职务,中国好不容易争取到一个D-1,一个P-5,其中一个还是来自台湾地区的。另外还有两个P-4和几个P-3。以联合国粮农组织为例,现在本可以有42个到52个中国职员,中位也有47个,但实际上我们不超过20人,少了一半,不到应有份额的50%。尽管这短短的几年,由于中国政府对国际职员政策的改变,中国籍职员人数在不断地增加,但由于基础太差,基数小,低编低职的现状还不可能一下子根本改变,与西方发达国家甚至与印度及其他一些发展中国家相比处于弱势,直接影响到我们在秘书处内的声音,更别说形成中国文化的整体影响力。这是当前的一个主要瓶颈,需要特殊政策与措施补短板。

我们的国际职员能否在全球治理舞台中彰显影响力和领导力,敢于站在国际道义的制高点振臂一呼,带领大家一起行动,关键在于我们的人敢不敢摒弃风险规避的文化，接受主动担当风险的文化。

参与全球治理需要有大国格局、全球化理念。中国经济的持续发展是必然的趋势。所以，在国家财政允许的情况下，应该为继续增加国际组织经费做准备。在这一个问题上，你不主动提供，国际社会也会逼着你给。当前，日本和其他欧洲国家经济增长缓慢，当我们的经济继续保持6%以上的增速时，未来不出3~5年，中国在联合国会费大概率将急剧增加。此外，国际社会对中国南南合作贡献的呼声也会不断增强。所以，要成为有影响力的强国，就得准备承担更多的国际义务与职责。但在增加对国际合作事务的资金投入时必须建立必要的监管与实效的评估。其实，这是所有发达国家和经济强国都曾经历过的事。毫无疑问，除了政府层面，中国的公民也需要不断提高这种大国格局与国际担当的意识。

第二，要有预期地主动参与的策略。要加强智库研究，把握重大的国际议题；对于重要趋势要有预期与预案，主动从一开始就参与，紧密跟踪不同阶段的进程作出贡献，不要等尘埃落定了你再进去吃“现成饭”。“现成饭”不好吃，别人做的饭未必符合你的口味。所以要主动参与，重视全过程参与，这样才可能发挥更有效的“领头羊”作用。尤其是国际组织机制体制的改革、法律法规的形成、标准规范的制定等，优先领域的确定、职员的招聘管理措施；等等，我们要一改过去观望和等待的作风，争取全过程参与的主动。

第三，要积极争取一些重要国际组织的高层领导人位置。我所说的国际组织领导人的位置不单是联合国机构。我个人的体会，当你在一定层次的位置上时，你对议程设计、优先制定、经费分配以及人事安排与招聘等问题，特别是在那些政治敏感的问题上如台湾问题、新疆问题、人权问题、核扩散问题等，你才可以有优先知情权、第一话语权，起到未雨绸缪的作用。大家都知道，最近台湾一直在折腾，希望作为一个“实体”进入国际组织，这是明明不可为而为之的事。但是在联合国组织内，还真不是所有的职员都有清醒的脑袋，都知道有联合国的2758号决议。比如联合国规定不允许其职员去台湾地区从事官方活动。我就遇到过几个例子，台湾地区的学术单位或学者以个人名义邀请在任的联合国技术官员参加他们的活动并提供所有的差旅费用，企图炮制一点新闻，报道“联合国组织参加会议”等，类似事情偶有发生，影响很不好。只有当你在一定的位置,你才有可能对这些问题及时干预和制止。说实话,我就利用我当亚太地区代表和副总干事的职位,多次及时纠正了粮农组织官员介入台湾地区组织的一些活动的错误安排,也为机构避免了政治上的麻烦。

第四,敢于开拓创新引领。我们有一种天生的维护权威规避风险的文化。即使是在科技和经济领域的国际事务中,也常多一事不如少一事,不主动招惹麻烦。中国科学家是否能够引领世界议题,如全球气候领域的大项目？IPPC的领导人为什么是印度人而不是中国科学家？中国的科学家也很优秀啊。中国是否能够不断提出全球气候变化、全球对地观测系统、全球粮食安全、全球生态安全等热点领域的全球议题？中国是否有专家能够引领世界粮食安全委员会的工作？争取去当一两届粮安委的主席？等等。这些重大的举措,需要既有学术与专业能力又敢于引领善于引领的开拓型人才,更需要国家层面的政策支持。

第五,在有条件的情况下,还可以考虑在中国建立一些具有战略意义的国际组织或地区组织,作为思想的实验室,研究发布相关的国际政策,引领制定国际标准,培养国际化人才,传播中国的案例、理念等。除了亚洲基础设施投资银行、国际竹藤组织,现在农业部也在推动设立一个全球马铃薯组织中国分中心。大家别笑,马铃薯是一个很重要的主粮,这是要帮助中国改变现有的粮食安全的重大举措。在我看来,它的重要性不亚于竹藤组织。但批准起来可费劲了。所以像这样的事情,有关部门的决策者是不是可以胆子再大一点,眼睛看得更远一点,战略规划是不是可以再超前一点,相关政策是不是可以再放宽些？这些都是智库应该研究、政府应该改革的问题。

我们要努力扩大全球战略合作伙伴关系,要拓展多种渠道,多边的、双边的都要推进。目前要适当增加多边战略合作经费,侧重企业不做的、双边做不到的区域性、国际性的公共物品,作出具有我们特色的贡献。国际合作讲究平衡,有进有出,有失有得,不断提升我们对外援助的质量和社会效益。

我想谈的另一个问题关系到NGO的工作。今年上半年国家已经出台了加强NGO管理的文件。怎么看待非政府组织的作用？仁者见仁智者见智。我个人很早就认为中国也需要NGO。记得2004年,国内的一位副部长到泰国考察时,我向他建议要支持建立一个农民组织。我是粮农组织的地区总代表,从专业角度考虑，讲到亚太地区“三农”问题以及韩国、日本和中国台湾地区的经验，让农民自己组织起来，解决一些市场、价格与产品质量管控等问题。他开玩笑说“何先生您就别给我们找麻烦了”。我理解他们主要担心的是农民不好组织，万一失控怎么办？但我们是为人民服务的执政党，我们应该有自信会得到广大农民的支持。

当然，国际上 NGO 林林总总，的确很难从表面上判断他们的政治面目。印度有一个部长与我聊过中国 NGO 的情况，并开玩笑地说印度 2 个人可以成立一个非政府组织，3 个人就可以成立两个非政府组织。我们并不羡慕印度，各有各的国情与招数嘛。国际上有不少的非政府组织，像 IUCN，乐施会（牛津饥荒救济委员会），非洲的安南基金会等，还有比尔－梅琳达·盖茨基金会，确确实实干了许多有益的事，联合国许多机构都与他们有合作，协助做些推动技术转移、环境保护、气候变化和人道主义救援等工作。

为什么我讲 NGO 故事呢？因为 NGO 组织也需要人才，而且需求潜力还不小，可以供大家作为将来的职业选择考虑，不要只瞄准政府间组织如联合国系统。有些 NGO 组织，使命也蛮“高大上”，工资待遇也不错，有的还参照联合国组织运作条例。一些基金会搞气候变化、新能源、环境生态保护、农村扶贫、对抗饥饿等，这些都是可持续发展很重要的领域。在发展和环境问题上，许多政府难办的事或者想办但一时又没有精力财力去办的事，就可以与这些 NGO 和社会组织合作，只要事情对国家、社会、人民有利，都可以为我所用。西方的一些政府就利用 NGO 的能量传播他们的理念、文明、文化，推销他们的技术和市场。这一点我们需要学习，因噎废食不是好办法。

最后，我想强调一下，我们要办的事，要补的短板还很多，但归根结底，一切的问题都落实到人才资源上。中国在国际社会强大影响力的形成与展现要靠许多人去实现。因此，培养国际型的人才和加强国际人才储备，需要提到国家的战略高度来推动、规划和实施。

三、如何培养在多元文化工作环境的国际化人才

随着中国的崛起和参与全球治理角色的转换，我们需要从多维度同时发力，提高综合能力和软实力。我认为，当下国际化人才是最重要的因素。中国

在解决人才瓶颈问题时，首先需要培养与储备大批具有多元文化背景的青年人才。在中国的崛起和角色转换过程中，多边领域已经成为一个国家外交、经济、政治主战场的重要部分。我们要有勇气打破一些传统的思维，改革相应的人才政策，采取大胆的培养储备与用人举措。

1. 我对目前现状的观察

如何才能有效培养高质量的国际化的人才队伍呢？大家知道，联合国与联合国系统大部分机构大多是在“二战”后建立的，有 70 年以上的历史。后来新建立的许多国际组织也都参考了联合国体系的基本原则，包括国际组织职员的基本素质要求和人事管理制度。要想去某个国际组织工作，首要的一点是你必须相信这个组织的宗旨与使命。非诚勿扰，没有兴趣、吃不了苦就不要到国际组织工作。明确这一点对中国今天的年轻人很重要，因为你们大多是独生子女，社会和家庭无意中使你们中的一些人养成一种习气——以我为主，受不了委屈，经不起挫折，很容易消极，还见异思迁。作为一名联合国职员，要求你正直、专业、高效、尊重不同的文化。联合国有来自 160 多个国家的不同种族的职员，他们是黄皮肤、白皮肤、黑皮肤、棕色皮肤的，有各种不同的文化背景，从五湖四海走到一起。所以，尊重文化差异，当好团队成员是最基本的要求。

对于中国职员的现状，基于我在联合国多年工作的观察与体会，分享一些想法和建议。

（1）除了前面提到的中国职员的低编低职现状，中国职员发挥不足同样涉及文化问题。我们的人数本来就少，而大部分职员却明哲保身，不敢作为。我们的人进入国际组织，“两耳不闻窗外事，一心仅干自己活”，认为把派发的工作完成就行了。结果是不敢主动去了解全局，不敢去参与、去沟通、去推销，显得处处被动，发挥得很有限。这跟人才使用政策以及长期以来风险规避的教育体系有关。

（2）支持力度不足。政府若能给年轻新职员一定支持条件，特别是项目资金的支持，对于年轻职员加快成长很有帮助。日本与欧洲国家的做法相似：新人进入组织，他们往往会把对联合国援助的一些预算外经费明确指定拨出一定份额（如 30% 左右）由他们的职员执行。这对人才培养很有效。中国当时没有这样的条件，但现在，我国对亚太经社会，对联合国其他的组织都有一些信托经费，我建议可以适当指定部分经费用以支持年轻中国职员开展项目，获取经验。

(3)综合能力的欠缺。外国人大都欣赏中国人遵纪守法、努力工作、谦虚低调、专注专业以及技术能力强等优点。许多中层管理人员都觉得大部分中国职员很听话，对分配给他们的任务比较放心。但从另一个角度看，我们的不足也带有明显的共性。如欠缺战略思维、常常被动跟随、欠缺创新思考还有不善沟通、不谙推销。

(4)沟通是在国际组织多元文化环境工作一个非常重要的能力。李开复说过，从科学到技术管理的转型是从学会与人沟通做起的。在国际组织里不懂沟通，不懂得推销自己的想法、主张以及新项目的主意，你的路就会走得很辛苦。

(5)缺乏多学科的视野。中国职员一般倾向用单一行业的办法解决问题。国际组织面临的挑战是综合性的，需要社会、经济、环境和科技以及外交等多学科手段；坚持问题导向，综合推进。单枪匹马、单一路径往往解决不了问题。我们的职员还有一个短板就是不善参与团队作业。综合性的问题往往需要多学科团队与采用综合的手段解决。单打独斗，不开展团队磋商，结果是事倍功半。

(6)外语能力的制约。中文是联合国的官方语言之一，这一点从某种意义来说我们占了很大的便宜，和日本、印度等职员相比，我们天生多了一门联合国官方语言。但遗憾的是，中文目前还不是联合国的工作语言。在国际组织工作时，平常开会、交流都用英文或者法文。一般说来，中国职员的英语表达总会有一定的限制，不敢主动游说，或尽量避开必要的社交活动，成为“被自我隔离的一族”。我极力主张，搞好专业工作同时，我们必须尽快提高英文能力，而参与社交活动是一种快速提高外语能力的有效途径。

2. 如何培养适应国际组织多元文化工作环境的素质

(1)国际组织人才的主要素质

中国处在转型期，从参与再到引领国际事务，需要大量新型的国际化人才，包括“指打兔子、打兔子与捡兔子”三种人[①]，即从 G 级、P－1 到 P－4、P－5 以及 D 级以上的各级管理人才。从高标准严要求出发，这些人才特别是管理级别

① 这是我刚进中科院时，我的导师陈述彭院士对我说的中科院高、中、初三级研究人员的职能分工的很生动形象的比喻。

的人才，一般都强调三个方面的能力，即前瞻力或有远见（vision）、战略与政策制定能力（strategy formulation）以及执行能力（execution ability）。

远见是每个项目或团队领导所必须具备的能力。领导者的目标是办好事情——本质是能为该组织设定明确的使命与正确的方向。每一个领导者（或组织）都会有自己的远见。比如，“中国梦”是一个 vision，它为我们分别描绘了中国到 2020 年、2035 年以及 2050 年是什么样的强国蓝图。联合国秘书长潘基文也有一个“零饥饿”的 vision。作为国际组织的一个项目经理、团队负责人或机构的领导人，你必须有一个明确的 vision。其实，作为国际组织的一名普通职员，无论职别高低，也应该拥有自己的 vision，即梦想与理想。

国际组织的管理者往往负责战略规划与政策制定，这是对各级管理者的基本能力要求。管理者与领导者不同，其目标是把事情办好。换句话说，能把领导者的战略思考、使命方向、梦想和远见变成明确的战略计划与可实施的行动方案，就是能够把政策、战略转化为项目行动，通过配置资源、组织实施，提交有意义的成果，这种人才我们目前也很缺乏。

管理者还需要有很强的执行力。把一项任务交给你，你不但能办，而且能创造性地办好，办出成果来，这个非常重要。毛泽东说过，政策和策略制定之后，干部就是决定的因素。国际组织往往鼓励每个职员都能发挥自己的主观能动性，即发扬开拓创新精神。创新不仅是在自然科学与工程技术方面的体现，有时更体现为机制创新。一项提高效率的机制创新有时往往顶得上百万、千万美元的价值。在执行每一个具体任务时，试图用新的想法解决问题，往往催生引人注目的创新结果。

（2）坚持不断学习，做一名合格的国际职员

总而言之，要想在复杂的多元文化环境中成为合格的国际职员，最重要的是要厚植家国天下情怀，需要有过硬的业务本领，打铁还需自身硬。最切实有效的路径是：知行合一，脚踏实地，坚持从大处着想，从实处入手（think globally, act locally）。我把自己 25 年的联合国经验与教训以及主要感悟，总结为国际公务员实务中的“10 要”与“10 不要”，与大家分享。

①“10 要”

一要悟透什么是国际组织的核心价值观。正直、专业与高效、尊重多元文

化是国际职员始终的遵循。

二要谦逊谨慎。相信各种文化都有自己的特色，“各有高招”。放下身段虚心学习，取长补短，有助于你在国际组织开展政策研究、资金动员以及项目执行。

三要熟悉本组织的规章制度。在国际组织任职，就要遵循国际规则。规章制度是该组织的运行基石，不管职务多高，权力多大，都得遵守。一味按照自己习惯的国内的规制与组织文化办事，弄不好会栽跟头。

四要了解所在机构的授权和运作机制。入职后一定要迅速摸清该组织的主要授权（Mandate）。在联合国系统，只要你有授权，师出有名，事情就相对好办。搞清部门分工是新职员的必修课。有的人花了二三年的时间都没有弄明白组织构架与职责，那你就会事倍功半。

五要熟悉所在机构的战略部署、优先计划与经费预算。很多人进入组织都会注意这个问题，但一般的兴趣点只注意自己的领域，横向的信息内容不感兴趣，了解得比较少。这不利于你和别人的合作，至少影响自身的资源筹措和项目执行效率。

六要建立自己的专业网络，尽快适应多元文化的团队工作。在国际组织里团队工作尤其重要。有人认为一些人水平不高，不是自己的“菜”；也有人认为面临的问题太复杂，团队磋商会浪费时间、影响进度。但要知道，不磋商、不合作，付出代价将更高。

七要熟悉自己业务领域的真正内涵，懂得自己在做什么。同时要不断扩大自己的专业技能，要投资学习多学科领域的知识和提升综合技能。

八要加强沟通能力，学会推销好的理念。良好的沟通和推销能力如虎添翼。好的想法需要推销，得不到支持就会白白浪费自己的思想资源与专业造诣。

九要敢于创新、承担风险。创新和风险总是连在一起的。越是有创新的主意，风险可能越大。你规避风险的最好办法是与朋友探讨，与同事磋商，集思广益是一种智慧。

十要与时俱进。今后 10 ~ 15 年进入联合国组织的职员，与现在在职的职员肯定有不同的思想、经历、知识结构和做事风格。例如，新一代信息技术如互联网、大数据、人工智能等会得到广泛应用；再如，伙伴关系的建立与NGO的角色会得到进一步的肯定；还有很多世界性的议题，如气候变化、环境生态、粮食安全等问题的全球治理主客体的变化，我们需要保持敏感、及时适应、与时俱进。

②“10不要”

不要活在过去。忘了你曾经的背景与地位。在国内无论取得什么成就，担任过什么领导，都要放下，虚心学习，一切从零做起。进入国际组织之后还是端着，让人给你写讲话稿，让秘书给你端茶倒水，有的甚至让秘书给办私事，这在国际组织不受欢迎。

不要忘记了你的中国身份。黄皮肤黑头发黑眼睛，这个身份永远改不了。你的一言一行，都无形中代表着中国，代表着中国的文化。做好了，人家觉得本该如此，做差了就会说“他/她是个中国人”，甚至会说“he/she is good for nothing”。所以，自律很需要。

不要忘了自己的梦想与追求。国际组织职员难当也不难当，全看自己是否准备好了。你有梦想，有目标，想多做事，多少时间都不够。有人就像鲁迅所说：连喝咖啡的时间都用在工作上。但你也可以混，朝九晚五，工作马马虎虎，得过且过。其结果可想而知。

不要混淆公私。初来乍到，由于习惯，没太在意，公家电话、信封等办公资源随便用，甚至个人请客吃饭也想报账。要避免犯这种低级错误。公私关系一定要分清，因小失大，得不偿失，影响的是自己的路，还会牵连到国家的路。

不要混淆优先主业与“急事”。国际组织工作的一个特点是急事多，每天来自各个部门的要求，有横向也有纵向。你很容易被带着节奏走，混淆优先重点与紧急事务，结果误了主业。对于新的年轻职员，要学会判断轻重缓急，分配好时间，化被动为主动。

不要自我封闭，避免把自己当鸵鸟。这不完全是性格问题。有的人由于语言障碍、教育背景、工作经历的差异，也有的是出于对同事的不信赖，缺乏安全感等原因，很容易把自己封闭起来，天天躲在自己的办公室，对外界发生的事一概不知，对成员方的优先要求表现淡漠，你怎么能有目的、有效地服务呢？

不要误认为国际组织没有政治麻烦。国际组织不谈政治？错！所有的国际组织，即使是专业性极强的专门机构都有政治背景，都离不开讲政治。一句话，任何组织、任何个人都免不了受到国际政治的影响，从资金、项目、优先确定到人事和行政管理以及职员的福利等方方面面，都逃脱不了政治的干扰。你不是搞政治的，但不可能回避政治的影响。所以，不要太主观、太幼稚，要尽量多参加或关心你所在机构的治理机制活动，如多了解大会、委员会、理事会、财计委会议的辩论和结论。

不要一叶障目忘了全局。很多人在具体的工作过程中很努力、很认真，但是最后升迁提拔轮不到他，因为在跟领导和同事进行战略讨论的过程中，他们常常发现你对自己专业以外的问题了解甚少，对政策层面没有多少见地，对团队管理毫无经验。你对这个专业横向的事毫不了解，往往会被归结为你的能力或水平问题。国际组织中 P－4/5 以上的职务，往往要求你对政策和战略问题有想法，因为 P－4/5 以上就是头(chief)了，就准备让你带兵了(indians)。

不要忘记自己的国际公务员的身份。这对高层管理人员与普通职员的要求都一样。许多国家派出的国际组织高层管理人员都出现过这个问题，刚进入联合国接受国内记者采访时，为了表示忠诚爱国，特别强调我是某国人，要首先为自己的国家服务。你在国家部门服务，就应该首先为国家做事，这没错。但你现在的职务与责任变了，就不好这么说。秘书处里的人听了很反感，也有看法。我想这就是民族性太强了，爱国的情怀暴露得太浓烈了。这本没错，不可指责。但你必须拎得清，做得有理有据有授权，做得越多越好，但要避免给自己贴标签。

不要放弃学习，特别是英语学习。我相信艺多不压身，活到老，学到老，争取在业务上成为“两栖”人才，不断提升跨学科工作能力。

记住我说的“10 要”“10 不要”，对在国际组织任职肯定有好处，起码能让你少走一些弯路。

推进生态文明理念与联合国 SDG 目标对接*

生态文明是人类从农耕文明到工业文明、信息文明时代的崭新发展阶段。推进生态文明建设理念在全球范围的理解、认可与实践,最好的路径是与联合国可持续发展目标主动对接。

一、可持续发展目标与生态文明建设的内在关联

2015 年,联合国在 2000 年通过的“千年发展目标”(MDG)执行的基础上,提出了联合国“2030 年可持续发展目标”(SDGs)。190 多个国家和政府的领导人一致同意,通过了 17 个目标,169 个子目标。从一定意义上来说,这是国际社会对人类实现可持续发展的一种渴望与理想追求。认真研究 SDG,会发现许多目标的要求指标极其苛刻,在今后的 11 年时间,有许多目标实现起来的确不容易,无疑需要国际社会共同努力,特别是与成员方的一些主要战略、政策、倡议和计划对接。

中国政府提出的生态文明建设已然成为国家的战略。首先,需要全面理解生态文明是一个宏大的概念。除涉及气、海、山、水、林、田、湖、草等自然生态要素外,更包括社会、经济、文化和人的维度。关于这一点,习近平总书记的系列讲话体现了系统的思想。他指出:绿水青山就是金山银山,要像保护眼睛一样保护生态环境,像对待生命一样对待生态环境。经济要发展,但不能以破坏生态环境为代价。生态环境保护是一个长期任务,要久久为功。生态文明建设事关实现“两个一百年”奋斗目标,事关中华民族永续发展,是建设美丽中国的必然要求,对于满足人民群众对良好生态环境的期待、形成人与自然和谐发展现

* 该文是作者 2019 年 4 月 16 日在国务院参事室关于生态文明顾问讨论会会议的发言。

代化建设新格局,具有十分重要的意义。

生态文明是一个新理念、新思想,是人类经历农耕文明、工业文明、信息文明(革命)之后进入一个崭新的发展阶段,是今后很长的历史阶段的发展目标。而联合国可持续发展目标则只是全球发展的一个阶段性目标,同联合国的千年发展目标一样,是国际社会通过折中提出的对今后15年世界发展的理想渴望,是国际社会协商同意的一个阶段性共同行动的指南。因此,生态文明和联合国的可持续发展是两个内涵不同、层面不同的概念——前者属新思想范畴,后者为具体行动目标。

深入学习习近平总书记关于生态文明的思想体系,认真考量中国政府在生态文明建设方面的战略部署和行动,我们看到,这个思想体系既有中国特色,更含普世价值。从实践角度来看,中国提出的生态文明建设的阶段目标与联合国SDG目标高度契合:17个目标中有10个直接关联;其他7个如健康、教育、性别平等、和平正义等都与生态文明建设实施目标和效果影响高度关联。因此,争取在国际社会推动中国提出的生态文明理念,分享中国生态文明建设实践经验,既有大国引领的战略意义,也有为发展中国家提供中国参考方案的现实意义。

二、建立全球共识基础的必要

应当看到,近年来,在多个场合,包括联合国各种政治或专业会议,我国试图把“生态文明”与“生态文明建设”理念明确纳入联合国有关会议的决议,都遇到一定的阻力或困难,不是遭反对,就是被淡化。原因有多方面:有来自意识形态的原因(西方对中国的新思想的一贯排斥),有历史文化失落的纠结(南美洲的玛雅文明),也有民族情感与对历史文明的怀念(中东与埃及古文明),但更主要的是我们对“生态文明”的理念和“生态文明建设”的内涵没有系统研究、总结与完整叙事。我们在国内更多的是从思政建设出发,思想理论界有点保守,管理行政层也习惯背书,跟“喊口号”似的,把本来具有深刻历史意义、具有普世价值的、可以占领国际道德高地的新理念,变成政治口号和意识形态宣传,其效果不易被其他文化接受,失去融合于世界大议题的引领机会。由于在执行层面没有把理论体系与概念框架研究清楚,导致在国际上有点“与其昏昏,使人昭昭”，拿不出经得起他人推敲、追问的系统性回答——说明我们的理论研究工作者还需要用全球化的大格局、大胸怀，系统研究跟进新理念。

因此，我们需要做好家庭作业，研究如何学会用国际语言讲好中国的思想与故事。首先要考虑如何建立对生态文明建设的全球共识基础，这是根本性的任务，也是对理论工作者与外事工作从业者的一种挑战。

三、如何建立生态文明建设的叙事

（1）理论研究要有突破，作出系统性的研究贡献。一是要系统研究中国提出的生态文明根源、中国的实践经验以及对人类发展的可能贡献，形成理论体系；二是在思想理论体系的基础上，构建生态文明理念的范式，提出生态文明建设框架，建立生态文明可量化的指标体系以及生态文明建设在不同文化、生态环境的实践途径。无疑，这个研究需要一定的时间与精力以及必要的资金资源投入。

（2）建议设立专项基金支持研究。通过多边机制，如联合国 UNEP 或与非政府组织 IUCN 等平台合作，开展深入理论与实践相结合的研究（包括建立框架和指标体系），瞄准用国际语言诠释中国理念，以便在国际上组织推广实施。研究过程是加深国际社会理解与接受生态文明理念的重要支撑部分。具体建议可以像当年德国勃兰特倡议开展“全球治理”研究一样，以我为主，牵头成立国际知名专家组成工作委员会，指导推动相关系列全球研究工作。

（3）为支持这项工作，需要组织收集、建立中国生态文明制度创新建设大数据库，包括政策、机制、项目和实际效果，如环境生态监测手段，生态建设成就（科技部组织的全球生态环境遥感监测项目就是一个例子）。大数据一方面为理论研究提供科学的基础，另一方面作为向世界展示的窗口，以数字说话，以科学服人，以成就吸引支持参与与合作。

（4）组织国际交流，通过实践案例加深对各国生态建设、中国生态文明战略与行动的相互了解，加深对生态文明概念的理解和经验的借鉴，既乐于宣传我们的理念与实际效果，也要彰显我们开放的姿态，善于学习他人之长的胸怀。可考虑“借船出海”，利用一些有影响的国际组织，邀请一批国际专家来共同研究、诠释、撰写理论体系，构建框架文件，制定指标体系；再通过组织专家会议，推广共识。我认为,沿着这种思路,用3年左右时间,肯定能实现在世界范围内比较广泛接受的,基于中国提出的国际化的生态文明理念。这比完全靠我们自己的专家学者甚至是行政手段在国际上推进生态文明建设理念,性价比将更高、扩散范围将更广、影响力将更大。当然,这是一个系统过程,不可一蹴而就。

四、建立生态文明理念与联合国SDG目标衔接的建议

具体建议是,认真准备,争取通过明年6月IUCN大会平台(法国),提出我国关于生态文明的提案,争取在知名度较高、影响力更广的国际论坛上提出首个关于"生态文明"的专门提案(决议或宣言)。这对于中国对外推动生态文明理念以及和联合国SDG目标对接的倡议具有深远的历史意义和积极务实的现实意义。同时,可考虑利用10月UNCBD第15次缔约方大会在中国召开的东道主主场优势,进一步推进生态文明建设的理念,如在大会宣言中作出"画龙点睛"的表述,实现环环相扣、系统推进,效果与影响力将更大。

要实现这样的效果,需要讲究策略,准备多赢方案。根据我在联合国的多年沟通谈判经验,在具体操作中,关键是要用联合国/国际化的语言,尽量与近年来国际上已经达成的共识挂钩衔接,包括与相关领域的重要决议、宣言、倡议以及行动方案对接。多与一些附议国或国际组织甚至专家,争取达成协商一致,避免"一家独大"的做法,促进我国生态文明理念与联合国SDG在今后的15年内实现互成共进融合发展的阶段性目标。

以联合国改革为契机，鼓励青年积极参与全球治理*

我从1988年进入联合国系统，工作了25年，经历了从P-5到副总干事的各个级别；也经过了四任联合国秘书长、两任粮农组织总干事，目睹并体会了他们的战略领导力、领导风格与管理特色。我们很清楚地看到，不管谁上台，总会提出改革口号，但结果常常不尽如人意，甚至有时虎头蛇尾。这不是因为历任秘书长无能，关键在于成员方的参与配合——联合国其实就像议会政体，大小国家都享有一张选票。最近新上任秘书长安东尼奥·古特雷斯似乎信心满满，要再次推动联合国改革。中国作为联合国安理会常任理事国之一，借助联合国改革契机，有效参与国际治理体系的系统改革是当务之需。我想就自己熟悉的领域，谈几点看法。

一、如何在改革中确认我们的未来方向，有效参与并更好服务全球治理

我认为，与联合国打交道，首先要预期变化才能掌握变化、适应变化、引领变革。严格来说，首先要提高我们主动参与治理的能力，才能提高我们应对变化引领变革的能力，因为变化是国际治理中的常态。所以我主张对待联合国改革的原则是：积极参与，主动而为；要有所为，有所不为。多年来联合国改革无不涉及联合国大会治理体制与安理会的改革、秘书处内部机构设置、战略方向确定、规划与预算、行政管理、人事制度、权力下放以及工作效率提高等方面普遍关注的议题。成员方最好的应对是有自己的预期，提前组织研究，精准选择

* 该文是作者2018年12月19日，在联合国改革和中国会费增加的背景下如何更好地开展联合国外交和发挥中国的大国作用内部讨论会的发言。

议题,关键是不必面面俱到,企图推动太多议程。对于新一轮该改革,我们要持乐观态度,主动支持并提出思路;也要有所为,有所不为。

一是占领战略高地。多年来,我们似乎有点主动放弃一些所谓"意识形态"关联的议题。我们要针对美国的退群、贸易保护主义、逆全球化、公开的"以我为主"的道德自私以及他们对贫困、饥饿和难民等的冷漠,在联合国改革中旗帜鲜明地主动出击,提出倡议。在这些同样属于"普世价值观"具体体现的道德高地,胆子要大一些,创新性地提出一些多数国家都能接受的口号,可以高调支持联合国革故鼎新、与时俱进的改革,高效推动"和平、安全与发展与人权"的使命。比如,可以特别强调支持秘书长对紧急救援、难民和地区冲突问题的各种主动应对方案,并通过一定实力支持来体现我们的角色与作用。

二是合作重心上移。坚持"发展才是硬道理"的理念,加大对经社方面工作的支持力度。这可以结合我国在 40 多年改革开放、经社发展中的最成功的经验与成就,选择亮点名片,如农业与粮食安全、减贫、气变行动中减排与适应,如造林与荒漠化治理等,通过联合国总部经社部和地区经社委员会以及专门机构的双年度工作计划,与各国分享中国经验与模式。建议考虑将南南合作的重心上移,从过去侧重具体实用技术项目的做法,适当调整、转移到包含上游的政策分析与战略研究等,通过提高治理能力与治理水平的合作,影响更高层面的政策决策与规划。如粮食安全、扶贫与乡村振兴以及信息化、数字化,电商等领域的标准制定与能力建设等。最近的生态文明建设理念是另一项需要通过国际合作重点推动的理论与实践体系。

三是扩大合作实效与影响力。新建立的国家国际发展合作署要发挥充分作用。目前需要补短板,强调运行机制的完善与实效评估体系的建立。包括对外发展援助合作统计数据的汇聚与分析,建立大数据库及数据开放共享机制,组织智库研究、发布白皮书与合作的国别政策,推动信息更加透明以及参考联合国的规范制定国际合作的优先重点选择原则,定期公布资金流向以及合作机制的可预测性等。中国国际发展合作局的优先重点之一,应该包含并增强有益于加强我国利用多边合作机制,特别是支持以联合国为核心的全球治理体系。

二、如何发挥联合国会费大国作用

作为联合国的第二大会费缴纳国，中国完全可以发挥更大的作用——这是有先例的。传播学的理论认为，传播就是“分享信息和哲学观点”。发挥联合国会费大国的作用，首先应该注重发挥联合国平台的广泛性影响力，特别在坚持四个自信的基础上积极展现我们的文化自信：侧重中国传统价值观的传播，提高更多的国家、更广泛群体的认知、认可并自愿接受。这一点需要当作一个社会建构过程来抓。比如，可以通过构建人类命运共同体的具体行动，推动构建新型国际关系。我们常说新时代中国特色的大国外交，但我们还缺乏传播的创新，往往被看作一个政治口号。把它作为一种理论，一种思想体系研究阐述，实现系统的传播、推广，是我们需要努力的方向。要欢迎他人去研究，去实践，只有把它当作一种“社会建构过程”，最后才能真正被广泛认可接受。比如，我们完全可以把“一带一路”倡议作为实践构建人类命运共同体的抓手来推进这个“社会构建过程”的实现。

对此，我有一个大胆，也很具体的建议：

国家可以拿出一笔经费，与联合国合作开设一个信托基金，通过联合国的机制，投入研究“构建人类命运共同体”的思想内涵，并系统推广这个理念。目前是，中国说得很清楚，但许多西方人甚至联合国官员并不太了解，也说不清楚，自然很难帮助推广。原因是他们看不到理论与哲学的支撑，只把它看作中国的又一个“意识形态”的宣传需要（propaganda）。通过信托基金，利用联合国平台，由联合国对“构建人类命运共同体”思想组织一系列不同层次的、系统的研究并对结果系列出版（六种官方语言），按此组织推广，效果远比我们自己独立行动要强得多。

国际上曾有不少这样的例子。20 世纪 90 年代，由德国政治家威利·勃兰特发起，在联合国秘书长的加持下开展了“全球治理”研究，提出《天涯成比邻》的报告，奠定了现代“全球治理”的理论基础与框架。2000 年日本向粮农组织提供了 300 万美元的信托资金，在全球范围组织研究“多功能农业”，我们组织了多领域、多层次的研讨活动并撰写了系列报告，影响深远。2016 年 OECD 国家提供了 6000 万美元（后来实际上花了近 1 亿美元），搞了一个独立的外部评估,后被粮农组织成员方"强行接受"成为该组织大会批准的正式行动,最终通过了粮农组织有史以来最有影响的系统改革的报告与系列建议。

我的具体建议是与联合国合作,由联合国有关部门主持,成立一个专门的项目,邀请像 Geffery Sack 这样全球著名的人士组成专家小组,研究"构建人类命运共同体"这个命题的内涵、框架和指标体系。可以结合国内外一些具体的成功案例,在各个地区举办政策讨论会、学术研讨会,不断深入研究,出版系列报告、文集,最后还可能总结出理论性较高的有国际影响的专著。这个项目可以持续 3 ~ 5 年,学界、理论界甚至邀请政界与企业界广泛参与,这本身就是一个理念传播的工程。只有更多的国家、群体了解"构建人类命运共同体",我们的这个思想才能更快更好实现全球升华与国际物化。这种做法,肯定比由我们自己讲,由一个国家推动的效果好很多倍,影响必定更大更广。历史上,许多名人的思想和著作不就是研究人员给它们越诠释越深刻,传播的面也越加广泛,影响的效果也就越深远。

记得 2006 年胡锦涛主席在联合国大会提出"建设和谐世界"时,我就有过类似的想法。因为我们一没有看到联合国文件关于中国提议的文字记录,二没注意到国际上有多大回应。所以,要想办法利用联合国平台发挥作用,让"构建人类命运共同体"的理念得到更迅速、更广泛的传播。

三、完善人才培养战略,可持续地向联合国输送更多高质量的中国职员

人才战略要作为国家的一个长期战略,多边人才应该被看作外交人才的一个重要组成部分,从培养、使用、激励和保护等多方面制定措施,鼓励发展,系统考察和择机推送。系统推送国际组织人才是中国特色的制度优势。关于如何推送,我曾提出过一些建议,包括 2014 ~ 2015 年先后提出的 15 条建议。如高层职员由相关部委统筹协调选送,要打破部门垄断,不拘一格,在全国范围物色人才;设立基金,向联合国派遣实习生和青年专业人员,培养后备人才;采用旋转门政策,缩短晋升路径,消除后顾之忧;等等。还可以仿效外交官培训的做法,利用国际职员的年假,适当组织他们参观、学习,了解国内政策与需求,既培养家国情怀,也更新他们在联合国服务的认知基础,这也是联合国规定职员每两年可享受一次带薪的探祖籍假的主要目的。

另外，对国际合作援助和国际人才输送执行情况，在实施一定时间后要组织第三方评估，提出改进措施。目前各行业部门、各高校的热情很高，这是好事，但也出现一些不必要的低水平重复、效果不够理想的现象，需要及时矫正。

一些国际组织的内部看法值得我们注意：秘书处领导和官员对一些国家“霸王硬上弓”式的推荐加压，很不舒服也有看法。这种做法往往事与愿违。例如，有个组织招聘一名助理秘书长级别的高管，该国主管部门连续推送了 3 名，都在面试时被考官否定了，他们认为实在不符合条件，连英文都有问题。相关部门可能是为了解决干部的安排问题，殊不知这是在给国家闹笑话。

基于我在联合国的经验，我建议：一般级别的官员可参照一些西方国家做法，把我们认为符合条件的专家的简历汇总后一揽子送给秘书处，让他们按规则根据职务需要与资格去挑选使用，把人事任命的权限留给秘书长/机构的行政长官。这样做大家都有面子。当然，对于少数有重要影响与政治敏感的职位，我们一定要大力举荐，并由前方通过外交的方式，重点推进。这并不少见。我在粮农组织担任副总干事并负责高管招聘委员会主席职务期间，就经常遇到一些西方国家的代表上门推荐特别职务的案例。

关于如何增加高级职务，我还想提一点，历届联合国秘书长都任命了一批“副秘书长和助理秘书长级别”的特使。在一些专门事务上，其国际影响力有时不比在职的高官小。中国很少有人被任命为特使，应加强力度培养推送此类外交官。

四、实现从参与联合国事务转为管理联合国事务的角色转变

随着中国在联合国的实力增强，会费增加，我们的作用与影响自然会发生相应的变化，其中很主要的一点是我们会经历从过去一般意义上的“参与”联合国事务到“介入管理”联合国事务的角色的转变。一般意义的“参与”与“介入管理”的确有所不同，可以分两个层面，中国参与国际组织是通过“双轮驱动”实现的：一个轮子是秘书处，需要有更多的中国职员，并且要尽量争取一定的高位（特别是敏感职务如人事、计划与预算、法务等）。这点目前我们有较大的空间，因为我们处于严重的低编状态。解决的办法是制定长远的人才战略（这点前文

多处讨论过)。另一个轮子是治理层,就是参加国际组织的各个领域各种级别的政府代表团。他们的作用特别重要。参与还是管理,效果大不相同。联合国大会的活动我不敢说,许多专门的高规格代表团,花了国家不少钱出国了,团长在会上读了一下预先准备好的发言稿,马上带着一批代表团主要成员离开去参加其他活动(几乎成了普遍现象),留下一两个年轻团员看着"中国席位"。听不懂,也不明白辩论的本质,更谈不上有意义的参与、发声——这不叫介入管理。想想台湾省,花九牛二虎之力,不就是想进去坐一下席位,沾点仙气嘛。占着席位不能很好发挥作用是一种对资源的极大浪费。

我认为,转为"介入管理"不是形式,而是实质。对重大世界议题要有预期预案,要不断出新思路、提新建议、拿新方案、引领新方向,还得确保方案被采纳了,进了纪要,写入决议。你还得紧紧盯着,看是否有后续行动,有结果要求。这是一项系统工程,大多成员方很少做到。从参与到管理本质涉及参与全球治理的综合能力和水平的提高,包括后台的科研基础支撑与求证工作——这需要从思想上提高认识,还得要从专业计划上统筹安排,从人才培养与管理上下功夫。

五、处理好会费大国同时是发展中国家的角色定位

最近几年,随着中国的经济飞速发展,实现了从站起来到富起来到强起来的伟大飞跃,可以提供国际合作与援助的钱也多了些。但要认识到,多交会费只不过是履行一个负责任大国的义务,就像一个党员按工资比例交党费一样。现在有些报道其实是外行人写的,一知半解,在误导我们自己,也忽悠了普通老百姓,搞得老百姓意见很大,觉得我们到处乱撒钱,造成老百姓对政府的外交政策的误会。其实,美国一直是第一大会费国,现在交22%的会费也只是一张选票;日本、德国等也都一样。在国际交往中,我们还是要注意克制,不要多交了些钱就像一些西方国家一样,颐指气使。我们不能忘记,20世纪八九十年代,中国还比较贫穷落后时,我们也接受过国际社会的支持与支援。

多交会费,自然会增加中国的影响力,也将按比例增加中国职员的地域分配名额。但要强调的是,所有从事全球治理与外事工作的人员,要时刻保持谦虚谨慎;应该想到,我们还是发展中国家,在许多重大的国际问题上必须与发展

中国家保持一致的立场。我们的经济发展了,在联合国事务中有能力多交一点钱是公平的;但傲慢无礼不是中国的文化,永远要不得。在国际事务中傲慢,只能失去朋友。随着我们的角色转变,这一点要在人才培训中强调。

推动联合国守正创新，促进人类可持续发展*

一、中国与世界都需要联合国

中华人民共和国恢复联合国合法席位50年来，中国与联合国携手前行，在维护世界和平，促进社会经济发展以及经贸、科技、粮食安全与气候变化等诸多领域，作出了巨大的贡献。中国通过联合国这个中立的平台，逐步而有序地融入国际社会。同时，中国作为联合国的创建者、坚定支持者与拥护者，在维护以联合国为核心的全球治理体系中发挥了越来越重要的作用。

举我个人所经历和熟悉的两个例子。20世纪80年代初期，在联合国科技促进发展基金帮助下，我国与联合国合作，建立了“中国国家遥感中心”。在西方世界于空间技术领域对中国进行严厉封锁的情况下，联合国帮助中国开辟了空间遥感应用领域的国际合作。中国在卫星遥感、对地观测与地理信息系统领域的飞速发展，离不开联合国在中国改革开放初期给予的帮助。中国目前已是全球空间遥感与大数据领域的排头兵。出于“达则兼济天下”的情怀，2020年，习近平主席在第七十五届联合国大会上宣布，将在中国建立“联合国全球地理信息知识与创新中心”与“可持续发展大数据国际研究中心”，①为全球治理与可持续发展提供公共产品的支持。

在农业与粮食安全领域，中国与联合国粮农组织、世界粮食计划署以及国际农发基金一直保持密切合作。粮农组织曾为中国提供了5000多万美元的无偿技术援助，实施了百余个农业项目，对加快我国农业科技进步，促进农业、农

---

* 该文原载《世界知识》总第1812期。

① 《习近平在第七十五届联合国大会一般性辩论上的讲话》，载人民政府网，https://www.gov.cn/gongbao/content/2020/content_5549875.htm。

村可持续发展发挥了良好的积极作用。联合国粮农组织独立外部评估曾得出结论：如果我们的先辈没有成立粮农组织，今天这个世界也还要成立一个同样的组织。

我认为，如果"二战"后没有建立联合国，今天的世界完全是另一个模样：战争与冲突更频繁、世界秩序更混乱、核武器无度扩散、气候变化危机更多、传染性疾病难以防控、环境生态更糟、贫困与饥饿人口就不止10亿……

二、联合国系统面临的严重挑战

虽然历史已经证明，联合国是全球治理不可取代的核心机制，但也应该看到，联合国已经饱经沧桑，机体出现了一些问题。以美国为首的一些西方国家对联合国系统采取实用主义政策，为所欲为，严重削弱了联合国的运作机制，破坏了许多运行规则，从而动摇甚至降低了联合国的号召力、中立性、权威性，影响甚至瘫痪了联合国的运行能力。新冠肺炎疫情全球大流行的影响，进一步暴露了联合国的沉疴。面对许多全球关注的重大热点问题，联合国显得力不从心、不尽如人意。

习近平主席指出："推动构建人类命运共同体，需要一个强有力的联合国。"[①]我认为，我们在支持与维护以联合国为核心的全球治理机制的同时，必须看到联合国体系与时俱进地进行改革的必要性与重要性，以及推动联合国守正创新的迫切性。中国有责任也必须预先做好思想与理论的准备，为推动联合国系统的变革注入新思想、新理念、新方案，使联合国在促进世界和平与人类可持续发展的进程中继续与成员方携手前进。

为此，我认为，应该首先分析、认清世界大变局影响联合国的主要因素。在诸多复杂因素中，以下四个方面值得特别考量：

一是科技的发展。进入21世纪以来，以互联网、物联网、大数据、云计算、区块链、人工智能、量子计算、卫星技术以及生物技术为代表的新一轮科技革命与工业革命，正以前所未有的速度改变着人类的生产模式和生活方式，改变着

---

① 《习近平在中华人民共和国恢复联合国合法席位50周年纪念会议上的讲话》，载人民政府网，https://www.gov.cn/gongbao/content/2021/content_5649721.htm。

人类社会的组织形态、治理模式和管理方式,深刻地影响着全球的政治、经济、贸易、外交和军事格局,成为影响联合国的价值、思想与运作机制的主要因素。联合国系统庞大,惯性也大,对于新技术的大规模影响与社会渗透的理解和适应能力明显力不从心。

二是中国与其他发展中国家的崛起。中国2020年对世界经济增长的贡献率已达约30%,由西方主导世界经济增量的时代正转变为由中国主导的时代。此外,发展中国家对参与全球治理事务日益增强的集体意愿以及对中国在国际事务中的作用、特别是经济发展合作援助的期望也日益增加,进一步把中国推向全球治理舞台中心。中国的发展理念、实践与模式,为世界发展提供了新的公共产品与机遇,也深刻地影响着全球的政治经济与全球治理格局。但从联合国传统的内部运作体系来看,无论是管理理念还是行政机制,联合国总体上还没有适应包括中国在内的发展中国家不断增强的作用与影响。

三是美国等西方国家的影响。美国等少数西方国家为自身利益最大化,推行霸权主义、单边主义、逆全球化。拜登政府推动的所谓“民主联盟”及拉帮结派的做法,必将在联合国各个场合“投射”。选择性的多边主义可能导致会员国在一些重大问题上的立场分化甚至碎片化,严重冲击全球秩序和以联合国为核心的全球治理体系的运作。

四是不确定性风险的增加。从联合国“2030年可持续发展目标”实施六年的成效判断,国际社会在大部分议题上已出现了偏离轨道的风险。新冠肺炎疫情的冲击与全球经济复苏的艰难进一步影响了可持续发展目标的实现。气候变化、灾害频发、生态危机、环境退化、饥饿与贫困、公共卫生、恐怖主义、族群冲突等不断威胁人类的生存和可持续发展,特别是新冠肺炎疫情的叠加,使非传统安全问题进一步凸显,也加大了对联合国组织协调、有效应对能力的压力。

我认为,疫情之后,国际社会必然会对当前全球治理机制的碎片化、复杂化、有效性与低效率等问题,对联合国系统的能力与效率提出新的质疑与挑战。要求联合国系统改革的呼声将再次成为国际社会的热点议题。

正在走向全球治理舞台中心的中国,在坚持自己核心利益、提出中国方案的同时,要善于倾听、了解其他发展中国家的关注点,主动、积极推出改革方案,推动联合国系统的公平、公正、民主化及更多的相关性,为联合国的改革和发展注入更多能量。

三、我的管见与几点建议

未来的全球治理往何处去？联合国体系如何改革？中国需要有什么样的战略预判？这些都是值得认真探索、深入研究、超前思考的问题。

我在联合国系统摸爬滚打近25年，是从事联合国实务工作的实践者，零距离观察和见证了机制内外的一些现象。结合当前面临的问题，我有以下几点思考与建议：

第一，推进从"认可"到"接受"进程提速的现实性。

改革开放以来，中国实力增强、地位提高、影响扩大，国际社会对中国作用的期望值也随之提高。在联合国系统里，我们的确能够明显感受到这个变化。但如何在联合国内部提升中国话语权，推动国际社会从"认可"中国给世界经济带来巨大利益，到在各种决策进程中"适应"中国日益增强的角色，再到"接受"中国尽管与美国还有绝对实力上的差距，但已经可以在许多领域起到引领作用的事实，还是一个长期的过程。建议相关机构、相关人员深入研究和长期跟进这类问题，对"认可—适应—接受"这三步发展进程开展综合分析，提出系统推进的思考路线图。

第二，研究和推动联合国改革与守正创新的紧迫性。

战后70多年来，基本上是发达国家/大国主导着国际组织的议程、运作机制、规制标准与行政管理等。崛起的中国，必然在全球治理中起到更全面、更综合与更关键的作用。这就要求中国在全球治理各种舞台、各个层面做好角色转换的准备。当务之急则是组织研究新格局下联合国改革的理论与方向，就联合国改革创新提出系统思考与可行预案，主要可以涉及治理机制、行政程序、人事制度、规划与计划、总部机构、权力下放与服务成员方等层面。中国的话语权和影响力，应该通过在这些议题上基于科学与数据的分析与主张、预见与创见来实现。建议从"政治复杂"不太强的联合国专门机构的改革思路着手，抓一两个典型研究实例，提出系统构思。绝不能等事到临头再匆促论证，让人家带着节奏走，临时拼凑方案。

第三,推动“构建人类命运共同体”思想的必要性。

“构建人类命运共同体”的思想是中国对人类社会发展的创新思考和思想贡献,是贡献给国际社会的最重要的公共物品。但对这一思想的由来、原则原理、体系框架与人类社会未来发展的趋势联系以及与联合国使命目标的衔接等,还没有在国际上广泛讲深讲透,还需要理论化、系统化以及叙事方式国际化的推动。需要组织智库和专家学者,结合“一带一路”倡议的实践案例,深入开展研究,并进一步通过与联合国等有关国际组织合作,设立一个有国际影响力的大型研究项目,从国际视角探索理论与实践的结合,推进“构建人类命运共同体”思想成为21世纪的普遍价值观。

第四,制定角色转换与人才战略的重要性。

全球治理的基础是人才资源,特别需要加强对具有战略领导力的青年领军人才的培养与储备。我们需更加重视国际关系与全球治理教育体系的改革与推陈创新,以未来全球治理机制的变化与改革要求为方向,制定培养具有国际胜任力、有效实现“双轮驱动”的全球治理模式的人才战略,以培养具有适应未来全球治理复杂格局的知识与能力。我们的目标是培养大批具有领导力、执行力、创造力与影响力的战略领导才能的人才,而不是单纯为国际组织训练一批“打工人”。

国际组织人才培养

——政策、实践与教育的几点建议*

今天会议的主要议题是人才培养问题。优秀国际组织的人才需要哪些特质和要求,具体怎样培养,是我今天发言的重点。

中国有一句话是"十年树木,百年树人"。也就是说,人才的培养与教育不是一朝一夕的事,不可急功近利。人才培养是长期的问题,需要有长远的战略规划,必须对我们存在哪些机遇、哪些限制及现有的长处、弱点进行分析。许多研究都采用SWOT分析——战略规划中一种常用的方法。

现在考虑要设立有关国际组织的一门新学科,这个方向符合中国走向全球治理舞台中心的人才需要。但在具体规划中,似乎应该就长期发挥影响作用的几个维度重点考察。

第一个重要的问题涉及国际政治的动态变化对学科设计的长远影响。大家已经发表了很多想法,许多观点很受启发,我也完全赞同。眼下最大的一个特点是世界出现了大变化、大变革、大发展的大趋势,而且有很大的不确定性与不明朗性。我觉得,多极、多元、多样性的多边机制,其联动复合运作,对现有的联合国运作机制是一个重要补充,但也带来了挑战。中国正在——我强调是"正在"——走向国际治理舞台的中心,而且要引领构建人类命运共同体,这是当前全球治理的一个新的积极的变量。我们在设计未来的学科时,教育部门需要充分考虑,如何将这个引领方向的新变量纳入学科规划,系统考虑、长远

---

* 该文是作者2018年4月18日在北大改革开放40周年中国参与国际多边合作的回顾与展望——国际组织理论与人才论坛上的发言。

安排。

第二个问题是世界进入了后摩尔时代,科技极大地推动社会经济,网络世界变化无穷,大数据、信息技术、人工智能、互联网、云计算以及不知道明天将可能出现什么新的技术等。如何评估它们对社会的各个层面的影响,预测新技术如何驱动社会经济的深层次转型与发展以及评价它们将会如何冲击传统思维和传统文化等问题,包括它们对未来的国际组织运作影响与可能构成的新的挑战。这一切,在新学科设计建设中,必须有一定的科学预见,特别是体现适应这些新变量而可能采取的新的教育模式。

第三个问题是治理模式。国际组织本身就是全球治理的重要主体之一。激烈变化的全球议题以及传统的全球治理主体中各种力量的较量与角色变换,必将倒逼全球治理模式的改变与国际组织的改革。这些也都应该是国际组织学科理论探索与人才培养学科方向的重要部分,必须在学科设计中予以超前考虑。

第四个问题涉及新阶段的发展要素。在土地、资本、劳动力以及知识四大要素中,人才资本以及他们所掌握的知识是关键的要素。谁掌握了人才资本,谁掌握了最优秀的人才,谁也就掌握了创新的动力及核心竞争力。引领全球治理的本质就是人才资源特别是领军人才竞争的问题。当下领军人才的缺乏是包括中国在内的许多发展中国家参与并引领全球治理的巨大短板。

所以,作为大国,国际组织人才培养的总体目标不单是为国育才,还应该为世界储才。人才是引领全球治理的国家战略资源,需要战略储备与长期投资。

谈到战略资源,我想到当今国际组织人才资源存在的危机和挑战。我个人认为目前存在"三化"问题。一是国际组织人才汇聚的"机制固化",如联合国系统的人事制度、行政规范、招聘程序、升迁提拔标准以及监督评估等,基本上都是沿袭"二战"之后国际组织建立时的章法,深受西方影响,亟须革故鼎新。二是由于人才机制的固化所引起的"人才老化",尤其是国际组织许多老职员都是婴儿潮一代以及信息化前期的一代人,他们面临着退休。我初步统计一下,有 38% 的职员将在今后三年退休。由于历史的问题,他们中的大部分都是文科(如语言学科)或者社会学科,具备现代科学技术如信息技术、生物技术的知识以及现代经济、资源生态、贸易领域的专家比较少。三是职员的"知识老化与退化”。由于工作压力大,少有继续学习新技术的机会,多数人埋头工作,许多人凭着过去工作积累的经验,不断重复的是知识付出,往往较少有机会通过系统地新知识输入、充电更新。特别是对新兴科技的跟踪学习的机会很少,赶不上新技术新知识变化的需求。我在联合国工作的25年间明显看到,由于信息化、数字化等新技术的使用,打字员基本上被机器取代了,我们机构原来的十几个各种语言口译人员现在也就留下一两个维持最基本的日常工作需求。

今后我们应如何顺应世界大发展、大变革、大调整的趋势?新时代人才如何驾驭科技发展与进步的机遇,才能有效推动可持续的社会、经济、生态环境的可持续发展?我们应如何培养具有独立思考能力的新生代,才能在体制机制方面作出创新改革的贡献?如何扩大视野,把提高国家治理能力和国际组织的治理能力与治理水平结合起来?这一系列问题,都应构成新时期人才培养的主要内容,而且应该放在十分重要的地位统筹规划。

中国领导人对国际组织人才提出了明确的要求和标准,包括熟悉国家的方针政策,了解我国国情,具有全球视野,熟悉运用外语,通晓国际规则,精通国际谈判等。联合国则要求其职员具有三个核心价值观,即正直、尊重多元文化、专业;八个核心能力:善于沟通、团队合作、计划和组织、责任担当、客户导向、创新思维、科技意识、持续学习。对于领导岗位的职员,还要求具有六方面领导才能:战略眼光、领导力、赋权他人、建立信任、业绩管理、判断力与决策能力。

对照上述的国家要求与联合国的用人标准,我以为,国际组织人才的培养,毫无疑问,必须强调领导力、执行力、创造力、影响力四个方面的能力建设。具体课程设计则要从六个方面考虑:家国情怀、大爱精神、一专多能、沟通能力、包容并蓄、团队精神。上述提到的有些方面内容可以纳入我们的思政教育国际化的范畴考虑,但更多的是要求深化教育改革,做好顶层设计,创立与时俱进的教材体系与教育模式。

我对办学中需要考虑的几个问题的建议:

一是要突出中国特色:面向国家参与全球治理与世界议程的客观需求,特别是基于构建人类命运共同体的战略构思,集中政府与社会多种资源办学,探索设计精品级的课程。

二是专才与通才的培养:统筹北大等高校多学科优势资源,注重多学科交叉,特别是文理工、社经贸以及外交外语知识的融合,培养跨学科的“两栖”人才。

三是知识和技能的平衡:防止偏重传统学院式的理论教育,要加强国际组织实操性工作能力的训练。一方面,要培养具有国际政治与国际组织理论研究的人才;另一方面,也要培养具有多元文化环境工作能力的实用型人才。

四是教学与实习的结合:避免重教学轻实践。要重视提升实操技能,开拓国际国内多渠道实习平台,提前与潜在的用人组织衔接,建立长期合作实习安排,“项目介入式”值得探索,以便提前为学生夯实国际组织就业基础。

五是人才金字塔的建构:注重多层次、多领域人才梯队的培养。通过模块式设计,分类培养管理人才(P-5与D级别以上)和技术人才(P-2至P-4),实现阶梯式人才战略储备的目标。P-5以上级别应主要通过短期培训班推进更为有效。

参与全球治理,需要具有国际胜任力的两种队伍,实现双轮驱动。我们现在想的是到国际组织秘书处去工作,这只是一个车子的左轮,当然非常重要。其实还需要车子的另一个轮子,也就是国际组织的治理与管理层,如理事会、执行委员会、专家小组以及国家代表等以及政府部门、智库研究、跨国企业等。一些资深外交官昨天的观点,我非常赞同,要利用好现有的发言权,加强参与,发挥作用,提供方案,才能扩大影响。我们需要加强配套政策,让更多的人更有效地参与国际组织治理层活动,包括非常政府组织的活动。

2014年前后,我回国后提出加强国际组织人才培养的几点建议,谈到一些政策问题。培养秘书处工作人才后备力量要有明确的方向,应该有系统的机制。我们的目的是让更多的人参与国际组织的双轮队伍,做到进得去、站得住、做得好、升得上;能够发得出声音,提得出方案,展现出影响力。这是长期任务,既是国家问题,也是个人问题。我非常支持国家有关部门把各个部门协调统一起来,“不拘一格降人才”,打破部门界限,在全国选贤。要推荐优秀人才,关键在于个人的条件是不是满足国际组织用人单位的需求。要让国际组织真真切切感觉你培养的人合格,满足他们的质量要求,能用得上并且用得好。从长远看,人才供给方(国家部门)必须与人才需求方建立人才供需的互信,合作起来就更顺利了。

全球胜任力人才的特质*

人才资源也是第一生产力。国际组织人才资源是国家软实力的一个重要组成部分。一个国家的全球胜任力在一定程度上表现在全球治理的能力、水平与影响力,包括其在国际规制制订方面的话语权和贡献率,特别是在国际组织中的影响力。因而,我认为,对国际组织人才的培养是大国的一种战略投资。在大国崛起的过程中,要坚持年年抓,长期不断抓,建立一定机制系统来推进。

任何一个有影响力的国际组织都有自己的明确使命。这个使命引导该机构进行战略规划、政策制定、确定优先领域以及资源调动。国际组织通过机制和平台这两种方式来行使权力:机制包括制定运营模型、行业标准、游戏规则等;平台即通过机构的知识和权威,收集各种信息、统计数据,开展战略研究和政策分析,影响决策,进一步实现创造力。

当前的国际组织,尤其是"二战"后成立的国际组织,在人才方面面临着三大危机:一是人才制度"机制老化";二是人才"资源老化",大部分职员是 20 世纪六七十年代出生的,近期面临退休;三是"知识老化"。目前,国际组织普遍受信息化、数字化、智能化等新技术的严重冲击和挑战。

联合国系统有严格的人才选拔与任命标准,通常称为"386"框架,即三个核心价值观——正直、尊重多元文化、专业;八个核心能力——善于沟通、团队合作、计划和组织、责任担当、客户导向、创新思维、科技意识、持续学习;六个方面领导才能——战略眼光、领导力、赋权他人、建立信任、业绩管理、判断力与决策能力。按照严格的标准,具有全球胜任力、完全胜任联合国人才竞争需求的人

---

* 该文为作者 2017 年 5 月 24 日在"国际化人才之路"论坛上的演讲。感谢王兆峰博士帮助录音整理。

才资源十分短缺,尤其是来自发展中国家的人才更是相对缺乏。

基于上述标准,全球胜任力人才到底应该具有哪些具体特质呢?

(1)善于沟通:成功的国际职员都具有善于沟通的重要能力。能够清楚并有效地表达自己,包括平时说话、演讲与写作;能够倾听别人的意见,正确领会别人的意图并能做出合适的反应;必要时能够提出恰当问题,要求澄清、展示出对双向沟通的兴趣;能够根据不同对象,选择不同方式,使用不同语言语调以及调整不同的对话风格,吸引对方的兴趣与注意。无数事实证明,成功的沟通在于你是否尊重对方,是否展现出分享信息的开放态度和让人知情的诚意。

(2)团队合作:当今,国际组织的重大事务和项目基本上都是靠团队合作完成的。团队合作是指能够与同事友好共事,建立信任,通过共同努力实现预定的目标。其中包括虚心向他人学习,真诚寻求同事的建议,珍惜同事的想法和特长;把团队而不是个人的事放在首位,和所有成员协商确定团队的方向,就目标达成共识;支持并按照团队的决定采取行动;主动与团队成员共享成果和共担责任。团队合作的最高境界是实现成员的"五感"——参与感、归属感、贡献感、成就感和责任感。

(3)计划和组织:主动思考并为部门的发展战略规划献策,积极参与制订与战略目标相吻合的发展计划,确定优先领域和优先活动以及根据需要做出必要的调整;科学安排资源包括合理分配时间,预见风险与不确定性并调整应变措施;组织实施,监督进展;开展自我评估、检查,及时对工作计划作出必要与适当的调整。

(4)责任担当:对一般职员,要对所担负的职务负责、担责与尽责。按照组织的规章制度创造性地开展工作;能够按照预定的时间、经费和质量标准完成任务,提交成果;对于团队负责人,要主动指导支持下属开展工作,提供必要的监管;放手让下属工作并勇于对委托出去的工作担责;积极探寻提高与改善项目执行效率和服务质量。

(5)客户导向:坚持"客户导向、客户至上"的原则。真心实意把成员方与合作伙伴等所有的服务对象当作自己的"客户",换位思考,设身处地倾听其意见;获得客户承认与尊重,与之建立并保持富有成效的伙伴关系;正确判断认知客户需求,及时为之提供合适的解决方案;关注客户内外部环境的发展变化,保持信息畅通并预判可能出现的问题；与客户保持经常性的沟通，使之对项目进展或遇到的问题知情；按照时间与质量标准的要求向客户提交产品或服务。

(6)创新思维：创新是竞争的动能。大胆探索，不断提供解决问题的新思路或不同的方案，以满足成员方客户不断变化的动态需求；善于带领、鼓励和说服他人提出新思路；对新思想、新技术和新办法充满兴趣，谨慎冒险，采纳与众不同的想法；不为现有的条条框框所约束，敢于展现革新精神与自己更具创意的建议。

(7)科技意识：身处科技日新月异发展的时代，唯一的出路是与时俱进，抓住机遇。应能紧密跟踪科技发展，理解不同技术在自己领域的适用性和局限性；勇于学习、采纳新技术在自己工作中的应用，探索前沿技术如计算机、大数据、互联网、云计算、区块链以及人工智能等新科技在传统领域如气候变化、粮食安全的应用，用新技术武装自身、服务客户。

(8)持续学习：学无涯，活到老，学到老。国际职员处于变化世界的敏感前沿，终身学习是一项基本要求。不但要跟踪学习自己工作和专业领域的最新的发展趋势，还要不断扩大知识面，争取做到“一专多能”，成为具有交叉领域的“两栖”人才，或综合知识面的“π”型人才。应能撕下面子，愿意当小学生，虚心向学，向先进学，向同事学，向下级学。

此外，优秀的国际职员，往往都有明显的家国情怀和大爱精神。自古以来，我国就有“先天下之忧而忧，后天下之乐而乐”，“苟利国家生死以，岂因祸福避趋之”的报国情怀，有“鞠躬尽瘁，死而后已”的献身精神。在国际组织工作，很多时候并不是坐在纽约、日内瓦的高大舒适的写字楼里，要随时准备到最艰苦的地方去，与贫困、疾病打交道，在恐怖主义肆虐的地方工作，甚至牺牲生命。这需要有情怀，有仁爱之心。

最后一点，我想谈谈战略领导力培养问题。国际组织的管理层起重要作用。对于中高层管理人才，国际组织有更高的要求，包括需要具有突出的战略眼光、领导力、赋权他人、建立信任、业绩管理、判断力与决策能力等方面的管理才能等。青年职员应该主动观察，争取机会在实际工作中锻炼增强，循序渐进。有个例子很有启示。曾有研究说，80% 的国际组织的文化由其创始人决定。“二战”之后的几十个重要的国际组织，基本上都是由西方或者说按美西方的价值观来构建的。他们长期掌握着国际组织规则和规范制定的主动权以及知识和权威的行使权。2015年年初，由我国牵头创建的亚洲基础设施投资银行(AIIB)提出了“精简、廉洁、绿色”(Lean, Clean and Green)三原则，提供中国方案，这是中国第一次贡献出在建立国际组织组中的战略领导力与思想引领的典范。

中国正在走向全球治理舞台中心，积极引领构建人类命运共同体。2014年以来，我一直倡导宣传，参与国际治理需要“双轮驱动”的人才储备。所谓“双轮”，即秘书处内外两套班子，左右平衡，形成相互配合、遥相呼应的局面。“左轮”即国际组织秘书处里的工作人员，目前机会很多，我国目前每年向联合国提供约7.921%的经费(美国22%，日本9.68%)，但是中国在秘书处的工作人员很少，占不到1.5%，与我们的贡献和大国地位很不相称。此外，平行于秘书处的治理机构，也就是国际组织的管理部门，我称它为“右轮”，作用非常特殊，往往举足轻重。我们目前还没有足够重视，如国际组织大会、理事会、专业委员会和专家委员会等，各种机制会议的主席都具有一定的权力，如规则制定、议题决定、决议生成、协议通过以及最终报告的形成等环节，最后一锤定音往往不是秘书处，而是这些委员会成员特别是会议主席。中国目前能够在国际舞台上起这样作用的人才力量较弱，这里面还有很大的可发出中国声音、提供中国方案的空间，需要突破的是人才特别是领军人才短缺的瓶颈。

新格局下青年之使命担当与能力提升*

五月仲夏，万物繁茂。清华大学地平线计划今天组织在线“国际青行者沙龙”，围绕国际组织的功能与价值构建、国际组织的职业发展以及国际组织人才的核心能力培养等议题展开探讨，相信这将是青年学子的又一场生动活泼、激情四射、思想火花碰撞与充满智慧成果的讨论会。我很高兴接受清华大学地平线计划的邀请，做一个简短的主旨演讲。我想围绕今天的主题，结合自己这段时间的学习体会，与同学们分享一下我对“新格局下全球治理与中国青年使命”的思考。我主要谈三点，希望能为今天的讨论，起到抛砖引玉的作用。

一、百年变局对全球治理格局的影响

当前，百年变局、世纪疫情、大国博弈、乌克兰危机等交织叠加，乱象丛生，并不断加速演进，世界充满复杂性与不确定性，国际秩序受到严重冲击，以联合国为核心的全球治理机制，正经历着“二战”以来前所未有的挑战与考验。毫无疑问，今后 5～10 年十分关键，大变局势必导致全球治理体系的演变重塑与革故鼎新，各种国际组织的使命与价值将出现新的演化。近日，“金砖五国”外长举行了视频会晤，一致认为联合国安理会改革的重要性。① 这是发展中国家的一个很好的提前应对信号。

事实上，关于联合国改革的讨论从来就没有停止过。记得从我 1988 年加入联合国到 2013 年完全退休，经历了 4 任秘书长，每任都讨论过这个问题。联

* 该文是作者 2022 年 6 月 11 日在清华大学地平线计划“国际组织主题沙龙”的主旨演讲。

① 《外交部就金砖国家外长视频会晤成果等答问》，载人民政府网，http://www.gov.cn/xinwen/2022－05/20/content_5691552.htm。

合国粮农组织于2006年就进行了一场长达5年的、涉及六大领域的全面改革进程。但自俄乌冲突爆发以来,一些新的动向值得特别注意:围绕联合国集体安全制度、关于限制“五常”否决权、扩大联合国大会职能的声音增多。以上这些主张,对安理会改革和以《联合国宪章》为基础的全球治理体系将产生重大影响。需要警惕的是,一些国家企图抛开联合国框架,另起炉灶搞集团政治的主张与动作,其主要目的在于维持霸权主义,遏制包括中国在内的新兴国家发展,这给世界和亚太地区的和平发展带来新的不稳定因素,也在影响着联合国的改革动向。

在全球经济贸易与金融治理领域,逆全球化加剧了全球经济下行压力。在单边主义与保护主义的影响下,全球产业链、供应链遭受冲击,许多国家物价飙升,民众生活受到巨大影响。随心所欲地单边制裁,使以WTO为核心的多边贸易体制陷入困境,形同虚设,面临严峻挑战。最近,美国总统在日本宣布启动印太经济框架(IPEF),企图建立美国主导并完全可控的贸易规则,为美国经济和地缘战略服务。2008年全球危机中诞生并为服务全球化作出重要贡献的G20机制,是否还可继续在全球经济金融治理中发挥独特作用,也正面临着巨大压力与新的考验。

传统安全与非传统安全相互反馈,危机叠加。全球公共卫生领域治理能力与治理水平的短板,在疫情中暴露无遗。全球53个国家或地区1.93亿人面临着新的粮食危机,[①]30个国家采取了某种形式的限制粮食出口的政策,凸显全球粮食安全治理的脆弱。地区战乱与冲突,气候危机、生态危机,加上一些国家的治理失败等,引发不断扩大的难民潮。正如联合国秘书长所说,非洲地区正被推向粮食、能源与金融三重危机的边缘。俄乌冲突的升级与能源领域的制裁,气候领域实现预定的减排目标也乏善可陈。此外,在高科技领域,如网络、人工智能、空间卫星、生物安全、深空深海等领域竞争激烈,数字鸿沟正在扩大,进一步凸显了相关高新技术领域规则的空白与全球治理机制的缺失。

以上这些,交织冲击国际关系和国际秩序,必然映射到现有国际组织的正

---

① 《2022年全球粮食危机报告》,载世界粮食计划署网站,https://zh.wfp.org/publications/2022nianquanqiuliangshiweijibaogao。

常运作,为此,相关研究和教育实践需要有长远的战略眼光,未雨绸缪,聚焦百年变局对后疫情时期全球治理的使命、价值、目标与机制的深层影响。当前大国博弈加剧,国与国缺乏信任感,磋商协调的难度加大,摩擦风险正在增加。而通过以联合国为核心的全球治理框架的规则制定与实施,如气候变化协定与环境公约的执行,发达国家 ODA 的承诺等,都面临着更多问题,联合国 2030 年可持续发展目标已明显偏离轨道。一个不争的事实是,联合国的权威与影响力实际上在下降。这的确令人担忧,必须引起国际社会的足够重视。

美国国务卿布林肯于 5 月 26 日在乔治华盛顿大学发表了对华政策演讲。他一方面承认中国是全球经济以及应对从气候变化到新冠肺炎全球流行等挑战的"不可或缺的力量"(integral global economy),承认中美在"可见的未来应该相互打交道"(have to deal with each other for the foreseeable future),以及美国不寻求冲突与冷战;另一方面,却把中国认定为"国际秩序的最严重的长期挑战"(most serious long – term challenge to the international order)。美国已经制定执行综合战略,利用"无与伦比盟友与伙伴网络"(unmatched network of allies and partners),倾力打造亚太版北约、美英三方安全伙伴关系(AUKUS)、美日印澳四边机制、美英加澳"新五眼联盟"以及推行所谓的"印太战略"等,目标在于遏制中国,势必影响亚太地区特别是南海的安全与稳定。

中国有一句老话:"听其言,观其行。"我个人认为,问题不在于美国国务卿说了些什么,而在于他们都在做什么,在于是否表里如一、言行一致。美国总统拜登曾公开表示,世界处在一个转折点上,即将诞生新的世界秩序,美国要主导建立新秩序。他把这 10 年定义为"决定性的"(decisive)。最近许多事情表明,为了达到这个目的,美国美其名曰"改革"(reform),"强化"(strengthen),"现代化"(modernize)国际秩序,大概率是要不惜打破由美国自己带头建立的"二战"之后的联合国体系与相关规则。这才是不折不扣的"修正主义"的做法,才是危害国际秩序稳定的真正根源。具体来说,这些影响可能涉及联合国改革特别是安理会的改革;联合国专门机构的使命与营运机制(批判臆造的 Republic of UN);数字技术标准、网络与生物安全、全球贸易、金融与经济多边主义构架以及联合国可持续发展目标的实施等广泛的议题。

现在的问题是,发展中国家还没有做好应对这些挑战的精神、能力、技术与物质的准备。无疑，国际社会需要立即行动，超前思考一系列问题，如：我们是否在涉及全球治理的思想、理念、立场、方案及科技能力方面，有前瞻的眼光、有全面参与的能力以及有国际化人才资源的储备？国际组织里没有所谓的“鹰派”与“鸽派”之分，但我们是否可以以既能坚持原则的斗争，又能施展斗智、斗勇、不斗气的外交风格，与更多发展中国家一道建立统一战线，和一些主导西方的发达国家在全球治理舞台“同台论道”、“华山论剑”？关键还应该看到，要实现这些仅有自信还不够，还需要有实力的支撑，包括在全球治理领域提升能力建设的长期的战略部署与安排。

二、青年学子面临的使命担当

中国作为一个负责任的大国，我们的原则是坚定不移地支持以联合国为核心的多边机制，做《联合国宪章》与国际法为基础的全球治理体系的坚定的参与者、贡献者和维护者。对于我们，如何在美西方咄咄逼人的新形势下，坚定不移地坚持改革开放，坚持“发展是大道理”，努力做好自己的事，在实现中华民族伟大复兴梦的进程中，稳步走向全球治理舞台中心，为人类作出新的贡献，这是当代青年必须提交的时代问卷。这里涉及的一个重要问题是，培养与储备能够满足新格局新形势要求的全球胜任力人才，特别是青年领军人物，在支持联合国改革中创新引领。这是摆在我们青年面前的新课题、新挑战。

对于广大青年学子来说，使命迫在眉睫，任重道远，需要以更高的站位、更大的格局、更广阔的视角，深入思考研究、认真参与实践。

习近平总书记最近提出了全球发展倡议①和全球安全倡议②。全球发展倡议的主要内容是“六个坚持”，即坚持发展优先、坚持以人民为中心、坚持普惠包容、坚持创新驱动、坚持人与自然和谐共生和坚持行动导向。为了推动倡议落地，外交部根据倡议还提出四点具体建议，包括：重振落实2030年议程的全球合作、营造加快发展的有利环境、构建平等均衡的全球发展伙伴关系、发挥联合

① 2021年9月21日，习近平总书记在第七十六届联合国大会一般性辩论上发表《坚定信心　共克时艰　共建更加美好的世界》为题的重要讲话，提出全球发展倡议。

② 2022年4月21日，习近平总书记在博鳌亚洲论坛2022年年会开幕式上发表《携手迎接挑战，合作开创未来》为题的主旨演讲，提出全球安全倡议。

国系统的核心和引导作用。认真研究发现：全球安全倡议的精髓要义是以新安全观为理念指引，以相互尊重为基本遵循，以安全不可分割为重要原则，以构建安全共同体为长远目标，走出一条对话而不对抗、结伴而不结盟、共赢而非零和的新型安全之路。

全球发展倡议与全球安全倡议，与中国早先提出的"构建人类命运共同体"倡议是一脉相承的。这是中国在新格局下参与全球治理所贡献的新的公共物品，也是我们培养青年全球胜任力的指导思想（见图4）。

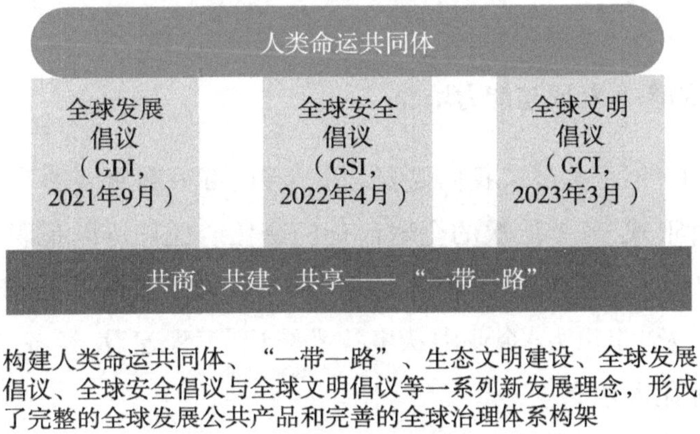

图4　构建人类命运共同体的"四梁八柱"

面对错综复杂的全球变局，身处大变革的宏伟时代，中国青年肩负历史三大使命：一是实现中华民族伟大复兴的中国梦；二是推动全球发展倡议落地、构建人类命运共同体；三是支持联合国实现UN2030可持续发展目标。

实现这个伟大的历史使命，要求青年培养锻炼成为具有"五维特质"的人才：

一是适应大变局人才：培养独立思考能力，在大变局、大发展、大变革中不迷失方向。这就需要学会用"三只眼睛"看世界：看中国、看世界、看变化。

二是引领改革的人才：要了解国情和国际规制，具有批判思维，敢于改革、创新、开拓的新生代。

三是传播新思想人才："构建人类命运共同体"是中国对人类历史进程的思想贡献与全球公共物品，要学会用国际语言与叙事能力传播中国思想与中华文化。

四是掌握新科技人才：了解新科技的内涵、发展与伦理道德，如信息化数字化对人类发展、生产与生活方式以及对社会组织与治理的影响，推动技术平等可及与公平应用。

五是全球新视野人才：了解多元文化，培养大格局、大胸怀；推动多边主义，讲好中国故事，提供中国方案，贡献中国智慧和力量。

这就要求我们把自己培养成为既具有深厚专业知识，又怀有家国天下情怀，能够主动自觉对标国家需求与国际趋势、“双轮驱动”运作的全球治理胜任力人才。

三、青年的职业发展与能力培养

今后5～10年是关键。我们需要培养十万、百万数量级的青年人才，不断充实适应各种形式、各个层次的全球治理的队伍。他们可以是职业外交家，或成为国际组织职员（包括政府、非政府组织职员）、政府外事人员、智库与科技院校研究人员以及“走出去”企业中从事技术转让、工程建设、经济、贸易、金融领域合作的国际化人才。

全球治理人才教育培养的目标是既要考虑数量，更要注重质量——瞄准高水平高质量的人才，而不是单纯为国际组织训练一批“西迁北漂”的“国际打工人”。为此，我们需要从知识转型与明确方向入手。我把它归纳为“五要”，供大家参考。

一要以未来的全球治理机制的变化与改革要求为方向，以识别当代全球敏感的热点问题及解决方案为关键，既要为自己的国家服务，也要为联合国的全球使命与目标——人类的和平、安全与发展赋能。

二要重点把适应未来全球治理复杂格局的知识与能力作为培训发展基础，当作主要任务，引导青年在新的历史坐标上，与时代对话、与世界互动，确定自己的定位，实现人生价值。

三要有创新利用各种平台与渠道的能力，把学到的先进理念与科技知识（如绿色发展、生态文明、数字技术、人工智能、物流网络等）结合国情与需求，在全球治理平台、国际组织中推广应用，特别是为发展中国家的社会进步与经济繁荣，促进人民生活水平的提高作出贡献。

四要敢于挑战现状，敢于承担风险；提倡开拓创新，通过自己的努力工作，创立自己的品牌等。

五要努力成为“两栖”人才，重点针对中国籍职员存在的明显短板，夯实业务基础，增强终身学习与提高沟通以及掌握国际合作的综合能力与实操技能。

顺便提一下，联合国秘书处从 2021 年年底开始试行新的“4 + 5”胜任力框架①（取代 1999 年实行至今的“386”胜任力框架）。新框架反映了应对全球治理格局变化需要的联合国秘书处的新文化，吸收了近 4500 名工作人员的建议，包括四大核心价值与五个行为准则，即“包容、正直、谦逊、人性”和“联系与协作、分析与规划、交付有积极影响的成果、学习与发展、适应与创新”（Values and Behaviours Framework, United Nations, 2021）（见图 5）。

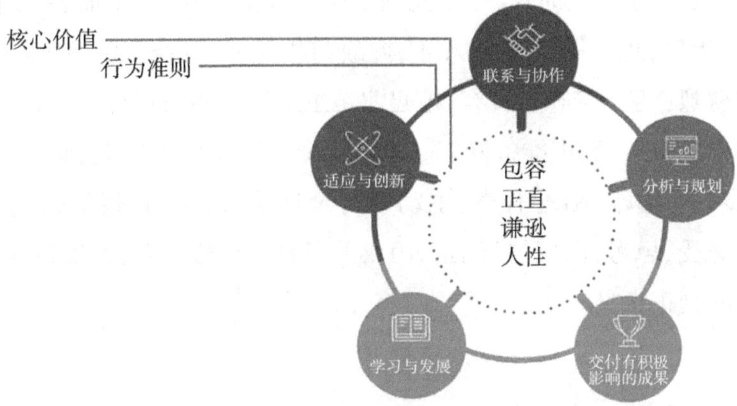

图 5　联合国的新全球胜任力框架（从“386”到“4 + 5”）

通过我在联合国组织工作服务 25 年的经历以及 10 年来参与全球胜任力人才培养的体会，中国人要在全球治理中有效发挥作用，真正实现“进得去，留得下，做得好，提得上，有位置，有声音，有影响”的理想，必须实现从“4S”到“6C”的转变。具体来说，就是要改变长期存在的 4 个短板：shy（腼腆）、smiling（傻笑）、shaking head（摇头）、silence（不表态）；实现“开拓引领”新阶段的“6C”，即充满自信、批判思维、敢于挑战、乐于创新及善于合作（见图 6）。

① https://hr.un.org/page/un-values-and-behaviours-framework-0.

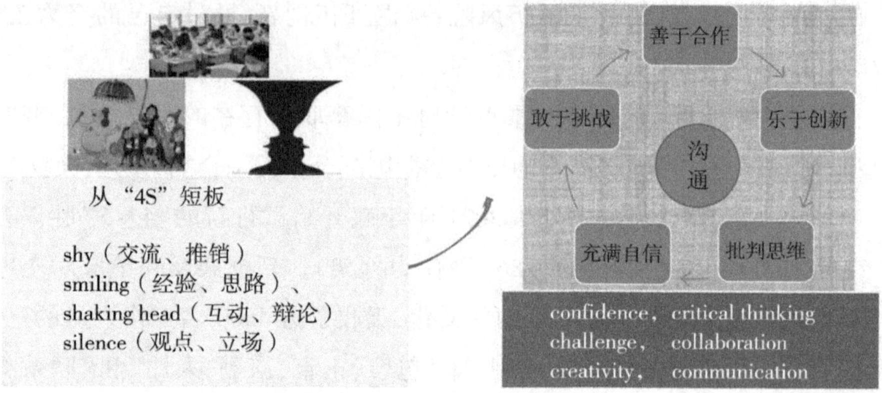

图 6　实现从“4S”到“6C”转变

我们处在一个巨变时代，一个充满不确定性的时代；一个需要人才、需要理想的时代；无疑，也是一个造就人才、挑战与机遇并存的时代。竞争不会少，而且将愈演愈烈；“躺平”等于自弃，雄起才是主旋律。相信行行充满机遇，就看你是否提前准备，是否真正准备好了。希望大家从地平线上腾起，瞄准方向，坚定脚步，一步一个脚印，踏地有声，主动参与全球治理，去与时代对话，与世界互动，通过“感受，思考，渴望与行动”，用双手亲自去创造未来，实现自我价值。这才是人生的真正意义。

重塑国家之责:人的安全保护、冲突与治理*

内容提要:与传统的“国家安全”观相比,“人的安全”观是非传统安全领域中的重要内容。人的安全受多维度影响。其中一个或几个维度出现问题,人的安全就受到威胁;威胁达到一定程度,就可能导致冲突。这些维度构成冲突诱因。冲突诱因呈现多元化。有的诱因与冲突相关度较低,有的对诱发冲突具有乘数效应。就触发状态而言,冲突可能由单一因素诱发,亦可由多种因素叠加引发。如果治理失当,会导致冲突恶化。一个国家要有效地治理冲突,就应当对导致冲突的诱因及相关度有深刻理解,如此方可对症下药。人的安全概念、国家保护责任与新干预主义是相继形成的三个概念。应当说,尽管以人为中心的安全框架日益被全球关注,但应当采取何种治理形式、何种治理形式属于最优方案,在国际社会中并未达成共识。但是,根据《联合国宪章》的精神,保护人的安全的责任首先在于当事国政府。主权原则仍是国际关系的基本原则,是解决人的安全问题必须遵守的根本准则。

一、国家安全、人的安全和国家责任

(一)“人的安全”概念

“人的安全”(human security)概念源于1994年联合国开发计划署(UNDP)发布的《人类发展报告》。① “人的安全”框架是在安全领域的一大创举。该报告将安全重心从传统的以国家为主、国界为分及军事手段为主,转移到以个体

* 该文系作者与玄理博士合作研究成果,原载《国际安全研究》2014年第1期。

① UNDP, *Human Development Report* 1994: *New Dimensions of Human Security*, http://hdr.undp.org/en/reports/global/hdr1994/chapters/.

福利与安全为主,国内和国际两个舞台并重,并延伸到政策等非军事手段。[①] 其时,由于苏联的解体,全球两极对峙态势告一段落,全球战争可能性降低,全球化浪潮趋势显著,各国安全和外交政策重心从单一军事关注转移到更广泛的个人关注层面,国际政治的基本单元——国家面临较大冲击。该报告正是在此背景下,作为关注人道主义、经济、社会问题从而降低人类整体受难程度而提出的。

《人类发展报告》提出,人的安全主要包括两个方面:第一,免于饥荒、疾病和压迫等慢性疾病。第二,免于家庭、工作和社区等日常场所中的危害性和突发性干扰。该报告认为,影响人类安全有七大要素:经济安全(基本收入保障)、粮食安全(确保粮食供应充足)、健康安全(免于疾病和传染)、环境安全、人身安全(免遭人身暴力和威胁)、社区安全(文化身份安全)和政治安全(基本人权和自由得到保护)。[②]

在该报告基础上,加拿大学者查尔斯-菲利普·戴维(Charles-Philippe David)认为,安全就是使国内人民免于饥饿、失业、政治压迫、环境恶化威胁。全球化已弱化国家原有的功能与角色。安全若以国家为主体,则是"国家安全"。[③] 国家功能是保护人民安全,如果国家失去此功能,理论上人民可通过民主或激进手段改革国家。人类越来越进步,也越来越重视"人权",国家由人类组成,应该以人类福祉为出发点,而非国家主权凌驾于人权之上。国家不再只是让国内人民免受别国侵犯,而是帮助人类维护和平与安全。[④]

客观地说,"人的安全"以其全新视角,不仅拓展了传统的安全观,是国际安全概念的新发展,也影响了相关领域安全事务的全球治理理念与格局。人的安全是否等于人权并无共识,但人的安全问题隐含了一个重要命题,它不仅是生存权问题,也是发展权问题。自20世纪90年代至今,正是因为"人的安全"逐

---

① Richard Jolly and Deepayan Basu Ray, *The Human Security Framework and National Human Development Reports*, UNDP, 2006.

② UNDP, *Human Development Report* 1994: *New Dimensions of Human Security*, http://hdr.undp.org/en/reports/global/hdr1994/chapters/.

③ 李函洁:《联合国"保护责任"之研:以2011年利比亚内战为例》,载淡江大学国际事务与战略研究所,http://www.titx.tku.edu.tw/web/files/101-1propasal/101-1proposal-Oral/06.pdf。

④ 蔡育岱、谭伟恩:《从"国家"到"个人":人类概念安全之分析》,载《问题与研究》1998年第1期。

步成为全球关注重点，联合国在粮食安全、健康安全、环境安全等领域的全球治理随之产生了深刻变化。在国家层面，人的安全也进一步成为公共政策的关注重点。[①]

（二）国家安全观与人的安全观

作为一种新的视角，“人的安全”观与“国家安全”观究竟有何异同呢？二者之间有密切关联，而侧重点有所不同。国家安全主要指传统的军事安全，人的安全侧重于经济、环境、健康、粮食等非传统安全。“国家安全”观以国家为中心，保护对象是国家；“人的安全”观以人为中心，保护对象是个体。国家安全保护主体是国家；而人的安全保护主体不仅有政府，还有更广泛的参与者，如国际组织、地区性组织、非政府组织、当地社区。以往的国家安全主要指的是传统安全，人的安全主要指的是非传统安全。根据“国家安全”观，国家安全问题是国内问题；而“人的安全”观认为，人的安全问题是全球性问题，不仅限于国家层面。联合国人类安全委员会（2003 年报告）认为：“人的安全是对国家安全的重要补充。”国家安全与人的安全异同方面见表 1。

表 1　国家安全与人的安全异同方面

类别	国家安全 （传统安全——军事）	人的安全 （非传统安全——非军事）
中心	国家	个人
对象	以国家为中心。保护国家不受外来侵略	以人为中心。保护个人。关注个人福利；关注普通人的需要，旨在消除个人产生威胁感的源头
范围	传统安全，表现为国家抵御外来入侵的能力	非传统安全，扩展到应对包括气候变化、环境污染、流行病、经济动荡在内的广义威胁的能力
角色	国家是唯一角色	不仅有政府，还有更广泛的参与者，国际组织、地区性组织、非政府组织、当地社区
方法	强化国家层面军事力量（武器装备、联盟等）	不仅保护，而且提高人们维护安全的能力

① Richard Jolly and Deepayan Basu Ray, *The Human Security Framework and National Human Development Reports*, UNDP, 2006.

续表

类别	国家安全 （传统安全——军事）	人的安全 （非传统安全——非军事）
决策	集中，自上而下	分散，自下而上
动因	地区战争、国内战争、民族冲突、骚乱等	贫困、饥饿、疾病、污染、自然灾害等
动因变化	从冷战前国与国之间的利益冲突如外国入侵，转变到当今地区动荡、国内战争、民族冲突、宗教冲突、骚乱等	资源动员能力与分配失衡，治理失败；政府贪腐，社会两极分化；矛盾激化，社会不稳
关系	二者相互转化。很多传统安全问题源于非传统安全治理不善。很多暴力、军事冲突的产生是因为对人类安全威胁关注与治理不足（一个或数个并存诱发），如饥饿、环境污染、流行病、经济动荡等，从而出现失衡	

就二者关系来看，国家安全与人的安全可以相互转化，很多传统安全问题源于非传统安全治理不善。国家安全受到挑战会导致人的安全受到全面威胁；而由于要素短缺所导致的人的安全威胁上升或矛盾激化，会导致国家层面的安全失控。例如，伊拉克、阿富汗、埃及、苏丹、利比亚和索马里等国家发生的许多事例表明，暴力、军事冲突的产生除外来因素干涉的影响外，国家对国内人的安全关注与治理不善也有不可推卸的责任。为了防止人的安全威胁程度上升到诱发冲突的程度，国家的职责是尽可能给民众提供更多的安全保障，对威胁到人的安全的问题要认真处理。

（三）构建“人的安全”研究新框架

“人的安全”观本质是以人为本，它是“国家安全”观在人的层面上的延伸。应当认识到，尽管“人的安全”概念问世已经20年，但作为研究框架尚不成熟。主要体现在以下几方面。

第一，定义域。在威胁“人的安全”的各要素中，除了“人的安全”既有概念涉及的七个维度外，至少还有三个安全维度有所缺失：一是军事安全。所有影响国家安全的因素均将导致人的安全受到威胁，正如中国一句古话“城门失火，殃及池鱼”。尽管在21世纪，爆发全球战争和冲突的可能性降低，但区域性冲突及国内冲突却日益增加；各类军事干预也可能导致冲突进一步加剧，使人的安全面临较大威胁。美国发动伊拉克战争十年之后，伊拉克人民的安全每况愈下即是明证。二是能源安全。能源短缺导致的冲突日益增加，构成对人的安全的挑战。三是气候安全。如全球变暖、飓风、海啸与洪水灾害等，也构成人的安全的一大威胁。因此，在"人的安全"研究框架中，至少应当包含十个维度：经济安全、粮食安全、健康安全、环境安全、人身安全、社区安全、政治安全、军事安全、能源安全和气候安全。

第二，保护主体。在"国家安全"观中，国家既是安全保护主体，也是安全保护的客体，这一点无可争议。而在"人的安全"观中，保护客体是人，而保护主体则不明确，学界亦未取得共识。根据"人的安全"观，保护涉及广泛的参与者，不仅包含政府，还有国际组织、地区性组织、非政府组织、当地社区；然而，角色罗列并未厘清主体本身。例如，国际组织是人的安全保护的参与者，通过与主权国家合作实现保障，但并不能替代真正主体——国家——对所辖之人的安全保护的主要责任。

第三，国家治理责任。从目标看，"人的安全"观将"人的安全"作为研究对象，致力于保障人的安全，使其免遭各类威胁。保障问题属于治理范畴。尽管国际合作日益深化，但作为治理主体，国家不能推卸责任或虚位。预防并控制人的安全威胁使之不会上升到诱发冲突的程度，保护人民不受各类安全威胁，这是主权国家的责任。国家责任主要包含两个层次：国内治理与国际治理。从治理范畴上看，强化主权国家的治理责任，应当涵盖人的安全指标体系的各个维度。鉴于人的安全内涵不断拓展，国家对人的安全的治理政策和措施也应相应拓展。

第四，冲突控制。从冲突控制视角看，在传统安全框架下，一国的内部冲突属国家内部问题，包括人道主义在内的各类外来干预备受诟病；而在非传统安全框架下，如果国家内部冲突或其他因素（如水灾、旱灾和其他自然灾害导致的粮荒）使人的安全受到威胁，在某种程度上就构成了包括人道主义在内的各类外来干预的基础。这属于治理范畴，后文将进一步阐述。

第五，人的安全与国家安全的关系。有人认为，人的安全至上，国家安全应当让位于人的安全；人的安全属于人权范畴，国家主权不应凌驾于人权之上，国家安全不应高于人的安全。以此逻辑，如果一国人的安全或人权受到威胁，任何国家都可以加以干预。我们根据多年的国际工作实践和观察认为,人的安全应当是一个主权国家的治理目标,并非国家安全的替代物;人的安全是国家安全的基石。而国家安全是人的安全实现的前提,所谓"覆巢之下,焉有完卵","皮之不存,毛将焉附",亡国奴谈不上人的尊严,哪有人的安全可言?但是,拥有国家军事安全,并不等于人的安全得到完全保障。秦始皇构筑万里长城,国家工事不可谓不坚,但仅存二世即分崩离析,因其焚书坑儒,将人的安全保护置于脑后,所谓"水能载舟,亦能覆舟"。只有对外能抵御军事入侵,对内能尊重人的安全,以人为本,富国强民,才能在内、外两个层次上承担起国家治理责任,实现国家安全。

二、人的安全、保护失当、冲突

(一)当前冲突的特征

20 世纪前半叶,国与国之间的战争构成了全球冲突的主体。20 世纪后半叶,随着 1991 年苏联的解体和冷战结束,国际冲突的形态和性质发生了显著改变,联合国冲突战略从控制转向预防。然而,尽管国家之间的争端或冲突不再构成对国际和平与安全的主要威胁,但世界并不太平。大量地区冲突、国内战争、国内不同派系冲突或恐怖主义暴力事件大幅上升,尤其集中在发展中国家,如索马里、卢旺达、科索沃、东帝汶、苏丹、刚果、海地等。[①] 国内战争被界定为导致至少 1000 人因战争死亡的国内冲突。[②] 回顾 20 世纪,大约有 36 亿人死于国际战争,更有 1.5 亿人死于内战。[③] 在 1990 ~ 2000 年短短十年间,就有 56 起主要的武装冲突,其中只有 3 起发生在不同国家之间,其余均属于国内冲突,尽管

---

① 叶锦娟:《新干预主义——武力使用之合法性与正当性》,载《台湾国际研究季刊》2010 年第 3 期。

② Paul Collier, *Economic Causes of Civil Conflict and their Implications for Policy*, Department of Economics, Oxford University, April, 2006, http://users. ox. ac. uk/ ~ econpco/research/pdfs/Economic Causes of Civil Conflict – Implications for Policy. pdf.

③ Catherine Lu, *Just and Unjust Interventions in World Politics: Public and Private*, Basingstoke: Palgrave Macmillan, 2006;蔡育岱:《人权与主权的对立、共存与规避》,载《东吴政治学报》2010 年第 4 期。

外国军队卷入了其中14起冲突并加入了某一阵营。[①]

(二)人的安全保护与冲突的关系

冲突爆发是一个渐进的过程。如前所述,人的安全受多维度影响。在“人的安全”研究框架中,任何一个维度出现问题都可能导致人的安全受到威胁。威胁达到一定程度,就可能爆发冲突。这些维度构成冲突诱因。要对冲突加以控制,首先要对容易导致冲突的诱因及相关度有深刻理解,方可对症下药。人的安全保护与冲突的关系见图7。

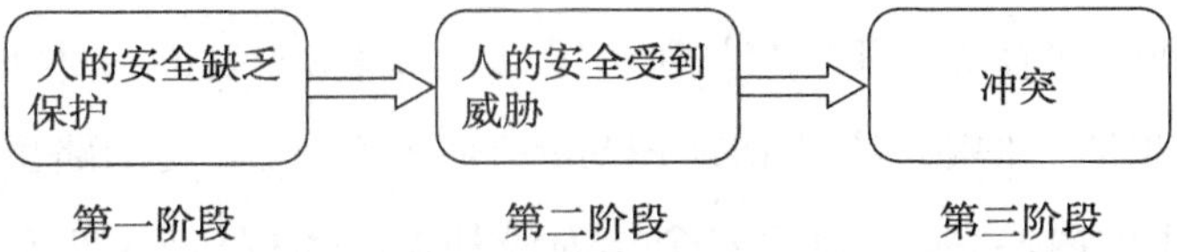

图7　人的安全保护与冲突的关系

冲突诱因呈现多元化。从传统安全到非传统安全因素主要有贫穷、饥饿、疾病、人身、环境、气候、能源、政治、军事等方面。有的诱因与冲突直接相关,有的诱因与冲突间接相关;有的诱因与冲突相关度较低,有的诱因对冲突具有乘数效应;有的冲突由单一因素诱发,有的冲突由多种因素叠加引发。从政治经济学视角看,之所以冲突在收入较低国家发生的可能性较高,一个直接因素是穷人本来一无所有,革命使他们“失去的只是身上的锁链”,这反而可能有助于他们改善境遇。

与冲突关联度高的单一诱因主要包括贫困与疾病等。例如,佩尔·品斯特鲁普-安德森研究发现,营养不良与健康和国内冲突关联度最高。而就冲突触发状态而言,粮食不安全与其他诱因共生度高,叠加效应较强。[②] 再如,一项针对1965~1999年发生在世界各国的73起内乱的实证研究发现,低收入国家和

---

① FAO, *Multi stakeholder Dialogue on Food, Security, Justice and Peace*, World Food Summit: Five Years Later, 2002, http://www.fao.org/worldfoodsummit/msd/y6808e.htm.

② Per Pinstrup-Andersen and Satoru Shimokawa, *Do Poverty and Poor Health and Nutrition Increase the Risk of Armed Conflict Onset?*, Food Policy, Vol. 33, No. 6 (2008), p.513-520.

增长较慢的国家以及依赖初级商品出国的国家,战乱发生的频率较高。[①] 笔者在分析不同诱因的基础上,侧重于探讨粮食安全和公共健康等几个影响人的安全的因素。

1. 单一诱因

(1)粮食危机

在"人的安全"框架中,粮食危机是导致冲突的主要诱因之一。研究显示,冲突与粮食不安全状况相关度很高。[②] 粮食不安全与贫穷往往共生。核算一国粮食安全状况,主要参数是人均每日卡路里摄入量,该参数与人均每日最低卡路里需要之比,往往是一国申请粮食援助的指标。[③]戴维·索贝克(David Sobek)与查尔斯·伯默尔(Charles Böhmer)研究发现,人均卡路里摄入较低的国家更易发生国内冲突。[④] 粮食安全作为最基本的人权,是人的安全的基本需求,一旦受到威胁,将直接诱发冲突。自古以来,如中国古代陈胜、吴广领导的农民起义,17 世纪至 19 世纪法国爆发的粮食骚乱,1713 年波士顿爆发的面包危机,1837 年纽约爆发的面粉危机,1918 年日本爆发的大米危机等,20 世纪 70 年代的全球粮食危机引发了全球性动荡,由粮食危机引发的冲突可谓俯拾皆是。[⑤]

---

① Paul Collier, *Economic Causes of Civil Conflict and their Implications for Policy*, Oxford University, April, 2006, http://users. ox. ac. uk/ ~ econpco/research/pdfs/Economic Causes of Civil Conflict - Implications for Policy. pdf.

② Pierre Wilner Jeanty and Fred Hitzhusen, *Analyzing the Effects of Conflicts on Food Security in Developing Countries: An Instrumental Variable Panel Data Approach*, Selected Paper prepared for presentation at the American Agricultural Economics Association Annual Meeting, Long Beach, California, July 23 - 26, 2006.

③ Pierre Wilner Jeanty and Fred Hitzhusen, *Analyzing the Effects of Conflicts on Food Security in Developing Countries: An Instrumental Variable Panel Data Approach*, Selected Paper prepared for presentation at the American Agricultural Economics Association Annual Meeting, Long Beach, California, July 23 - 26, 2006.

④ David Sobek and Charles Böhmer, *If They Only Had Cake: The Effect of Food Supply on Civil War Onset, 1960 - 1999*, ISAC/ISSS, Monterey, CA, October 2009, http://works. bepress. com/charles_boehmer/4; Henk - Jan Brinkman and Cullen S. Hendrix, *Food Insecurity and Violent Conflict: Causes, Consequences, and Addressing the Challenges*, WFP, Occasional Paper n° 24, July 2011.

⑤ Per Pinstrup - Andersen, *Food Security and Human Conflict*, Summary of presentation on Guiding the Food System for Better Nutrition: What are the Pathways? at the 2012 WISHH & World Soy Foundation Conference, Washington, D. C. , May 15, 2012, http://smkern. com/pinstrup/wordpress/? p = 317.

粮价上涨是粮食危机酿成冲突的主要风向标。根据一项针对120个国家在1970~2007年的粮食价格研究显示,在低收入国家,当全球粮价上涨时,这些国家体制迅速恶化,反政府示威、骚乱、冲突等事件的数量大幅增加。[①] 2007~2008年,全球大米、小麦和玉米等粮价创纪录高涨,引发了48个国家局势动荡或骚乱;[②]至少有三个政府被迫下台。研究显示,在低收入及政府效率较低国家,暴力性抗议比非暴力性抗议比重高。[③] 研究还显示,当小麦、大米和玉米等三种主粮的全球粮价上涨,较易在发展中国家引发大规模抗议与骚乱;当然,若国家对消费者政策干预失当,该因果关系需重新审视。[④] 2011年2月,联合国粮农组织监控显示,粮食价格指数创下新高,而粮价高企则将北非和中东抗议浪潮进一步推向高潮,最终成为迫使突尼斯总统本·阿里与埃及总统穆巴拉克下台的触发点。[⑤]

(2)公共卫生

在"人的安全"框架中,公共卫生是威胁人的安全的一个重要因素,流行病是其主要表征。人类在流行疾病肆虐之际往往十分脆弱,尤其在疫苗诞生之前。但疾病流行本身并不意味着冲突。

在人类历史上有详尽记载的是公元前430年发生在古希腊的那场瘟疫,两年内它摧毁了雅典1/3的人口,著名政治家伯里克利也死于这场大灾难。[⑥] 历史上首次鼠疫大流行发生于6世纪,起源于中东,流行中心在近东地中海沿岸。542年经埃及南部塞得港沿陆海商路传至北非、欧洲,几乎殃及当时所有著名国

① R. Arezki and M. Bruckner, *Food Prices and Political Instability*, IMF Working Paper WP/11/62, International Monetary Fund, 2011.

② Henk - Jan Brinkman and Cullen S. Hendrix, *Food Insecurity and Violent Conflict: Causes, Consequences, and Addressing the Challenges*, WFP, Occasional Paper n° 24, July 2011.

③ Joachim von Braun, *Food and Financial Crises, Implications for Agriculture and the Poor*, Food Policy, International Food Policy Research Institute, Washington, D. C., December 2008.

④ Rabah Arezki and Markus Brückner, *Commodity Windfalls, Polarization, and Net Foreign Aagets: Panel Date Ebidence on the Voracity Effect*, Journal of International Economics, Vol. 86, No. 2 (March 2011), p. 318; Bates; Henk - Jan Brinkman and Cullen S. Hendrix, *Food Insecurity and Violent Conflict: Causes, Consequences, and Addressing the Challenges*, WFP, Occasional Paper n° 24, July 2011.

⑤ Henk - Jan Brinkman and Cullen S. Hendrix, *Food Insecurity and Violent Conflict: Causes, Consequences, and Addressing the Challenges*, WFP, Occasional Paper n° 24, July 2011.

⑥ 《雅典大瘟疫》,载《灾难录》,http://www.zainanlu.com/a/wenyizainan/xiriyibing/430_3.html。

家。这次鼠疫流行持续了五六十年,极流行期每天死亡近万人,死亡总数近一亿人。这次大流行导致了东罗马帝国的衰落。

人类历史上最可怕的大规模流行性传染病莫过于黑死病。黑死病也是鼠疫的一种。14 世纪,黑死病在整个欧洲蔓延,它是中世纪欧洲最恐怖的噩梦。[①] 1348 年的欧洲,有一半人死于黑死病。[②]

黄热病是人类遭遇的另一个可怕威胁。1803 年,拿破仑派遣 3.3 万人前往北美洲的法国领地镇压当地起义,军队登陆后不久,2.9 万人就因感染黄热病而死亡。巨大的损失迫使拿破仑放弃了那块领土。随后,法国把这块领土卖给了美国。这就是史书记载的路易斯安那州事件。

一百多年前暴发的西班牙流感并不遥远。1918 年,第一次世界大战结束,全球有 3700 万人在战争中丧生,数百万士兵开始返回家乡。这时一种新型疾病出现了,有些人称之为西班牙流感,或者世纪大流感、1918 年流感。这场灾难在几个月内夺走了 2000 万人的生命。在一年的时间内,流感继续蔓延,死亡人数十分惊人。估计全球范围内有 5000 万到 1 亿人死于此疫。这场流感被认为是人类有史以来最严重的瘟疫之一。这些流行病以惊人的速度蔓延,而在疫苗诞生之前,人类在它们面前往往束手无策,安全受到严重挑战。

艾滋病则是人类现今面临的一个巨大灾难。1981 年,第一例艾滋病毒确诊后,到 1987 年,国际社会第一次针对艾滋病采取国际行动。1990 年,从第一例艾滋病毒确诊 9 年后,艾滋病感染者已达 2500 万例,联合国专门设立了艾滋病毒/艾滋病联合规划署。2000 年,联合国安全理事会还首次将艾滋病毒/艾滋病作为对国际和平与安全的威胁加以讨论。此时,非洲每年因艾滋病毒/艾滋病死亡的人数已经超过 20 世纪 90 年代所有内战的作战死亡人数的总和。

---

① 这场灾难的症状最早在 1348 年由一位名叫博卡奇奥的佛罗伦萨人记录下来:最初症状是腹股沟或腋下的淋巴肿块,然后,胳膊上和大腿上以及身体其他部分会出现青黑色的疱疹,这也是黑死病得名的缘由。几乎所有的患者都会在 3 天内死去,极少有人幸免。

② 欧洲文学史上最重要的人物之一,意大利文艺复兴时期人文主义的先驱薄伽丘在 1348 ~ 1353 年写成的《十日谈》,其时间背景就是欧洲大瘟疫时期。当时佛罗伦萨十室九空,一派恐怖景象。七位男青年和三位姑娘为避难躲到郊外的一座风景宜人的别墅中。欢乐总与青春相伴,惊悸之情甫定,十位贵族青年便约定以讲故事的方式来度过这段时光,用笑声将死神的阴影远远抛诸脑后。他们每人每天讲一个故事,一共讲了十天,恰好有了一百个故事,这是《十日谈》书名的由来。故事中的人物几乎包括了当时各行各业人士。而这些人物共同的舞台就是这场历史上最为可怕的瘟疫。

(3)环境与气候安全

气候变化对人的安全造成了直接及潜在威胁已成不争的事实,是当今人类社会面临的最大挑战之一。自工业化时代以来,人类活动引起全球温室气体排放增加,大气中二氧化碳(CO_2)、甲烷(CH_4)和氧化亚氮(N_2O)浓度升高,导致全球变暖,冰川、雪盖融化,海平面上升,干旱、洪涝、高温热浪等气象灾害加剧,对自然生态系统和人类社会造成多方面影响。气候变化改变了农业生产体系的一些基本要素,如温度、降水、蒸发、水土资源、生物多样性、动植物生存环境以及病虫害发生形态等;极端气候事件发生频度和强度的增加给各地区农业和人的安全带来不同程度的影响,对贫困人群的影响尤其严重。有研究表明,从自然灾害造成巨大的损失和人的安全的影响来看,在全球范围内,20 世纪 90 年代由于自然灾害造成的总体经济损失估计超过 6000 亿美元,大于过去 40 年的总和。发展中国家尤其是贫困国家,由于治理不善、生态脆弱、政治不稳及地区冲突,应对风险和突发灾害的能力不足,同样强度的灾害,其所遭受人员和经济损失往往是富国的数倍甚至数百倍。如面对一场类似的热带气旋,低收入国家死亡人数的风险是经济发达国家的 225 倍。[①]

世界卫生组织在 2005 年版《关于颗粒物、臭氧、二氧化氮和二氧化硫的空气质量准则》中指出:当 PM2.5 年均浓度达到 35 微克/立方米时,人的死亡风险将比 10 微克/立方米的情形增加约 15%。全球每年约 210 万人死于 PM2.5 等颗粒物浓度上升。联合国环境规划署公布的《全球环境展望 5》指出,每年有 70 万人死于因臭氧导致的呼吸系统疾病,有近 200 万的过早死亡病例与颗粒物污染有关。[②]

中国大城市的区域空气污染,从粉尘污染时代,到粉尘污染 + 硫酸盐污染,再到现在的粉尘污染 + 硫酸盐 + 硝酸盐的有光化学烟雾参与的复合污染时代,是井喷式类型。《中国青年报》社会调查中心对全国 31 个省、自治区、直辖市(港澳台除外)6913 名受访者的调查显示,超九成的受访者感觉空气污染影响了自己的生活。大气污染已成为中国公众最关心的民生问题之一。85.4% 的

---

① 何昌垂:《粮食安全——世纪挑战与应对》,中国社会科学文献出版社 2013 年版,第 12 页。

② 《世界卫生组织关于颗粒物、臭氧、二氧化氮和二氧化硫的空气质量准则》,载 https://iris.who.int/bitstream/handle/10665/69477/WHO_SDE_PHE_OEH_06.02_chi.pdf?sequence=3。

人希望政府尽快启动紧急预案应对严重雾霾。[①] 可以想象,不可持续的发展模式终将对国人的健康造成更大的影响,甚至影响社会的稳定。最近中国政府和有关部门采取了一系列强力举措,加强治理环境污染,就是国家重视人的安全的鲜明例证。

2. 叠加性诱因

当几个导致人的安全受威胁的因素叠加并生时,冲突风险显著增加。在诸多诱因中,粮食不安全是最大的基础性因素。当它与其他因素如民生物资(食品、燃油、公交等)价格上涨、民怨等结合时,冲突风险显著增加。因为粮食是涉及千家万户每一个人的生存问题,若粮价高涨将大大强化脆弱群体的反抗意志。例如,西亚北非动荡正是由食品价格上涨进而引起粮食骚乱为发端,结合一些其他民怨,导致冲突升级,国家发生内乱。[②] 蒂莫西·贝斯利(Timothy Besley)和托尔斯滕·佩尔斯(Torsten Persson)研究显示,当一个国家进口价格上涨,实际收入减少,冲突风险就会增加。[③] 杜贝(Oeindrila Dube)和胡安·H. 巴尔加斯(Juan F. Vargas)也得出了类似结论。[④] 例如,在哥伦比亚,咖啡是劳动密集型产业和农村居民收入来源。当出口价格较高时,咖啡产地的暴力事件将会减少;而石油是资本密集型产业,也是反政府武装和准军事团体的收入来源,当出口价格升高时,石油储量丰富地区的暴力事件将会增加。[⑤]

粮食不安全与初级商品出口大国因素叠加时容易产生冲突。根据索贝克和伯博尔的研究,人均卡路里摄入量较低的国家更容易遭遇国内冲突。[⑥] 这种关系在初级商品占出口比重较大的国家尤为显著。在过去的 20 年,最受冲突

---

① 《超九成人感觉上周空气污染影响了自己的生活》,载《中国青年报》2013 年 1 月 22 日。

② Per Pinstrup – Andersen, *Food Security and Human Conflict*, Summary of presentation on Guiding the Food System for Better Nutrition: What are the Pathways? at the 2012 WISHH & World Soy Foundation Conference, Washington, D. C. , May 15, 2012, http://smkern. com/pinstrup/wordpress/? p = 317.

③ Timothy J. Besley and Torsten Persson, *The Incidence of Civil War: Theory and Evidence*, NBER Working Papers 14585, National Bureau of Economic Research, Inc. , 2008.

④ Oeindrila Dube and Juan F. Vargas, *Commodity Price Shocks and Civil Conflict: Evidence from Colombia CID Graduate Student and Postdoctoral Fellow*, Working Paper No. 14, July 2008.

⑤ Henk – Jan Brinkman and Cullen S. Hendrix, *Food Insecurity and Violent Conflict: Causes, Consequences, and Addressing the Challenges*, WFP, Occasional Paper n° 24, July 2011.

⑥ David Sobek and Charles Böhmer, *If They Only Had Cake: The Effect of Food Supply on Civil War Onset, 1960 – 1999*, ISAC/ISSS, Monterey, CA, October 2009.

困扰的国家,既是存在大范围饥饿现象的国家,又是大宗商品资源丰富的国家,如安哥拉、刚果民主共和国(该国有1.3亿公顷可耕地)、巴布亚新几内亚和塞拉利昂。以自然资源为主的初级商品(如矿产)易于通过贸易变现,从而便于为战争提供物资、补给。[①] 饥饿产生民怨,富饶的初级产品提供动乱资金,二者结合构成动荡成因。[②]

粮食与自然资源管理的不当也容易引发冲突。对土地和水等稀缺资源的竞争,往往会导致种群冲突加剧。[③] 沿河流域国家比其他邻国之间更容易发生冲突。[④] 当这与经济发展水平低并存时,冲突爆发概率增加。设立用水管理监督机制并执行协议可以大大减少战争的风险。[⑤] 1946~1999年,全球爆发了超过500起水域冲突,冲突各方主要居于流域上下游,因农民和百姓争夺地面水与地表水而产生。[⑥]跨国流域如中东的两河流域和南亚的甘地河流域内上下游国家由水资源利用引起的政治争端乃至军事冲突自古以来演绎不绝。笔者记得,在20世纪90年代,联合国亚太经社会的资源委员会年会不得不多次临时休会,要求争议双方代表(孟加拉国与印度)到场外磋商、辩论。此外,塞缪尔·利维(Samuel Levy)等人发现,存在极端气候、降雨量变化大的地区发生冲突的

① FAO, *Multi stakeholder Dialogue on Food, Security, Justice and Peace*, World Food Summit: Five Years Later, 2002, http://www.fao.org/worldfoodsummit/msd/y6808e.htm.

② Henk-Jan Brinkman and Cullen S. Hendrix, *Food Insecurity and Violent Conflict: Causes, Consequences, and Addressing the Challenges*, WFP, Occasional Paper n° 24, July 2011.

③ Thomas Homer-Dixon, *Environment, Scarcity, and Violence*, Princeton: Princeton University Press, 1999; Colin H. Kahl, *States, Scarcity, and Civil Strife in the Developing World*, Princeton University Press and copyrighted, 2006.

④ Hans Petter Wollebæk Toset, Nils Petter Gleditsch, Hårvard Hegre, *Shared rivers and interstate conflict*, Political Geography, 19 (2000), p. 971-996; Gleditsch, Nils Petter; Kathryn Furlong, Håvard Hegre, Bethany Ann Lacina & Taylor Owen, *Conflicts over Shared Rivers: Resource Wars or Fuzzy Boundaries?*, Political Geography, Vol. 25, No. 4, 2006, p. 361-382.

⑤ Sandra L. Postel and Aaron T. Wolf, *Dehydrating Conflict*, Foreign Policy, No. 126 (September/October 2001); Henk-Jan Brinkman and Cullen S. Hendrix, *Food Insecurity and Violent Conflict: Causes, Consequences, and Addressing the Challenges*, WFP, Occasional Paper n° 24, July 2011.

⑥ Per Pinstrup-Andersen, *Food Security and Human Conflict*, Summary of presentation on Guiding the Food System for Better Nutrition: What are the Pathways? at the 2012 WISHH & World Soy Foundation Conference, Washington, D.C., May 15, 2012, http://smkern.com/pinstrup/wordpress/?p=317.

概率很高,因其更容易面临粮食不安全状况,从而引发冲突。①

3. 人的安全、保护失当(所反映的是治理问题)与冲突的关系

冲突之所以产生,既有客观因素,如贫穷、疾病等各类诱因;也有主观因素,如对贫穷、公共卫生问题的应对失当。应对问题属于治理范畴。治理正如免疫机制,诱因是充分条件,而治理失当是必要条件。如果治理能力薄弱,各项诱因一旦出现,就可能触发冲突。一方面,诱因本身可能导致冲突,如前文所及的诸多冲突事件。但诱因存在并不等于冲突必然发生。例如,在全球6个粮食不安全绝对人数最多的国家,过去几十年间,5个国家发生过内乱,但中国没有。历史上,当各类流行病暴发和严重自然灾害如地震、飓风、旱灾等时有发生,人类面临死亡威胁,但并不意味着冲突必然发生。人的安全、保护失当与冲突的关系见表2。

表2 人的安全保护失当与冲突的关系

人的安全保护失当	冲突			关系
诱因性质	分类	举例	频繁度	人的安全受威胁程度与冲突发生的相关度
外来侵略	烧杀掳掠	日本侵华	冷战后减少	高
粮食问题	哄抢	“阿拉伯之春”	频繁	高
健康问题	疾病流行	黑死病	局部频繁	高
经济问题	贫困	非洲撒哈拉以南地区经济贫困	频繁	高
政治问题	国内战争	利比亚、伊拉克	冷战后增加;21世纪后增幅扩大	高
社区问题	骚乱	民族冲突	局部频繁	中
环境问题	大气污染	形成雾都	中等	中
军事问题	地区冲突	两伊战争	局部频繁	高

① Samuel Levy, Granger Sutton, Pauline C. Ng, Lars Feuk, Aaron L. Halpern, et al., *The Diploid Genome Sequence of an Individual Human*, September 4, 2007, http://www.plosbiology.org/article/info:doi/10.1371/journal.pbio.0050254.

续表

人的安全保护失当	冲突			关系
诱因性质	分类	举例	频繁度	人的安全受威胁程度与冲突发生的相关度
能源问题	燃油价格上涨	石油危机	中等	中
气候问题	全球变暖、自然灾害	飓风、洪灾	中等	中

另一方面，如果对各类诱因治理失当，将可能引发国内、地区甚至国际冲突。国际上，由于治理失当导致冲突的事件比比皆是。在粮食安全领域，1977年，埃及爆发的面包危机即政府试图取消粮食补贴而引发暴动的一则实例。在马里北部图阿雷格地区，青年男女之所以拿起武器发动叛乱，是因为在当地在已经备受粮食危机与干旱之苦的情形下，政府贪污抗旱救灾物资和粮食援助。①当民众处于粮食不安全状况时，由于治理失当，反抗比苟活的成本相差无几，反抗变得顺理成章。又如，在苏丹和埃塞俄比亚以及撒哈拉以南的很多非洲国家，发生饥荒的根源并非出现实质性的粮食供给下降，而是由于政府领导在治理上无所顾忌。② 政府对不同阶层的人对资源权益（包括土地、水、林等自然资源）及对公共资源（如信贷、粮食分配和控制）方面的权利关系，折射出社会制度不公平和分配不均等治理问题。治理失当与冲突的相互关系见图8。

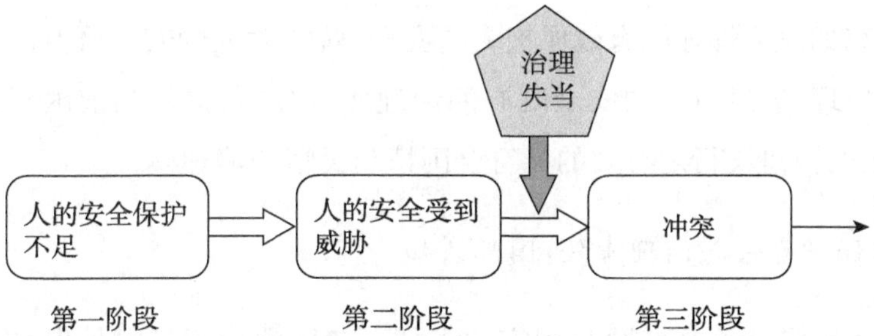

图8　治理失当与冲突

① Henk – Jan Brinkman and Cullen S. Hendrix, *Food Insecurity and Violent Conflict: Causes, Consequences, and Addressing the Challenges*, WFP, Occasional Paper n° 24, July 2011.

② 龚群：《公共健康领域里的几个相关伦理问题》，载《伦理学研究》2008年第2期。

在公共卫生领域,当艾滋病等公共健康危机在非洲暴发之际,由于WHO规则导致各方权利义务严重失衡,全球治理格局失当,冲突升级,WHO不得不重新审议失衡的国际规则,对失衡国际规则加以修正。这是国际治理不善导致的冲突。反之,如果治理得当,当面临相同诱因也会产生不同结果。例如,在水资源冲突方面,在过去50年里,尽管世界各地有37起争端演变成暴力事件,但国际社会各方成功地签署了150项条约,绝大多数争端通过外交途径得到解决。根据联合国粮农组织统计,自805年以来,全世界至少缔结了3600项与水资源相关的条约,成功地把诸多冲突控制在萌芽阶段。[①] 在2007~2008年全球粮价飙升之际,饥饿人口超过10亿,破人类历史之纪录,诸多国家发生骚乱或动乱,但也有许多国家由于采取得当措施,实行紧急救援和推动生产的"双轨措施",避免了冲突和内乱。国际组织,特别是联合国粮农组织在这个国际治理的过程中,也为70多个国家提供了紧急救援和技术援助,帮助它们较快地度过了全球粮食危机。

三、"人的安全"的治理

那么,究竟应当如何治理才能有效保护人的安全呢?治理效率与治理框架设计本身密切相关。"人的安全"治理框架涉及诸多层面,如治理原则、治理目标、治理主体、治理对象、治理层次、治理环节、治理实施及实施监管等。其中,治理主体及治理原则尤为关键。越位与虚位都可能导致无效治理,甚至激化冲突。要研究如何治理才能有效保护人的安全,就需对人的安全既有的国际认知模式进行梳理,通过对人的安全既有的治理实践分析,提炼当前国际认知的成败得失,从而构建既行之有效的又符合国情与民情的治理模式。

(一)保护责任与治理责任:国际认知

保护人民安全不受威胁是国家的责任。各国致力于抵御外侮,内定民生,

① Independent Strategic Analysis of Australia's Global Interests, Workshop Report, International Conflict Triggers and Potential Conflict Points Resulting from Food and Water Insecurity, Global Food and Water Crises Research Programme, May 25, 2012, http://www.futuredirections.org.au/files/Workshop_Report_-_Intl_Conflict_Triggers_-_May_25.pdf.

正是基于此道。从这个意义上看，国家主权不仅代表权力，同时代表责任与义务，即保障人民不受各类威胁——传统与非传统安全威胁——的义务。如果权力被滥用或未能正当行使，国家不能履行其保护责任，政权合法性往往受到挑战。《荀子·哀公》篇中"水能载舟，亦能覆舟"，阐明的也是这个道理。总之，国家既是承担保护责任的主体，也是拥有治理权利的主体。

然而，在联合国框架下，对于保护责任与治理权利主体的理解却有所分离。笔者试从保护责任与干预权利两个原则的提出过程进行分析。"保护责任"概念首次出现于 2001 年。[①] 当时，为应对时任联合国秘书长安南的倡导，加拿大政府建立了"干预和国家主权委员会"（International Commission on Intervention and State Sovereignty，ICISS），并发布了一份《保护责任》（The Responsibility to Protect，R2P）报告。[②] 该报告将保护人的安全的重要性提到了新的高度。在该报告中，人的安全威胁主要包括：生命、健康、生活条件、人身和尊严等威胁，这种威胁既可能来自外部，也可能来自内部。[③] 该报告围绕"人道主义干预权"展开，核心问题是在何种情形下，其他国家应对另一个国家采取行动，尤其是军事行动，从而保护这一国家遭遇危险的民众。该报告提出了两条基本原则：一是国家主权意味着责任而且保护本国人民的主要责任是国家本身的职责；二是当一国人民面临严重灾难，而当事国无意或无法履行职责时，不干预原则需要让位于人道主义原则从而让国际社会来行使保护责任。[④] 即前者重新界定了主权国家的责任，后者引出了国际社会的权利，即干预权（right to intervene）。该报

---

① "保护责任"概念的提出有其特定的时代背景：20 世纪 90 年代，民族宗教纷争导致局部冲突大幅增多，特别是 1994 年发生在卢旺达的种族大屠杀，对人类良知造成极大震撼。1999 年，北约对南斯拉夫联盟共和国进行武装干涉。2003 年，美国发动伊拉克战争。在五角大楼鼓吹战争胜利推进之时，战争却产生了近 500 万伊拉克难民，大批平民遭受死亡、饥饿和疾病威胁，流离失所。这两场战争将"尊重主权与保护人权"的关系这一国际法命题的争论推向了白热化的程度。外部力量要不要干预、由谁来干预、怎样干预等问题，成为国际社会争论的焦点。

② 该概念首见于由加拿大政府建立的"干预和国家主权委员会"发布的《保护责任》报告。

③ ICISS, *The Responsibility to Protect*, *Report of International Commission on Intervention and State Sovereignty*, Ottawa International Development Research Centre, December 2001, p. 2. http://www.r2pasiapacific.org/documents/ICISS%20Report - Chinese.pdf.

④ ICISS, *The Responsibility to Protect*, *Report of International Commission on Intervention and State Sovereignty*, Ottawa International Development Research Centre, December 2001, p. 2. http://www.r2pasiapacific.org/documents/ICISS%20Report - Chinese.pdf.

告一经问世,引起了国际社会强烈反响。各方褒贬不一,因其在界定国家保护责任的同时,也赋予了国际社会以保护人的安全为由的军事干预权。后一原则被认为赋予了其他国家不当的干预权利,与《联合国宪章》精神相违背。[①] 此时的"保护责任"概念更多的是针对传统安全事务而言。

沿着"保护责任"这一概念,2004 年,联合国秘书长高级别专家组发布了一个关于威胁、挑战和变革的新报告:《一个更安全的世界:我们共同的责任》。该报告列明了六大安全威胁,其中,贫穷、疾病和环境退化等社会经济威胁尤其值得关注。该报告的诞生背景在于,由于人类面临的威胁和挑战从传统的军事领域扩展到非传统领域,发展和安全之间的联系变得日益紧密。采取预防措施,探索不同路径,控制包括非传统安全在内的各类安全威胁,成为联合国的重中之重。该报告指出,发展是最佳的"安全阀"。该报告所强调的保护责任概念,主要针对的是非传统安全事务。

《一个更安全的世界:我们共同的责任》报告的积极意义在于,它将联合国和各国执政者的关注中心引导到关注影响人的安全要素层面。它对当前国际形势变化作出了适当判断,即人类面临的威胁和挑战已从传统的军事领域扩展到非传统如粮食安全、公共卫生安全等领域;它强调了发展和安全之间的密切联系,从而有助于推动各国探索如何推动实现人的安全与发展,控制各类不安全因素与威胁。[②]

2005 年,联合国首脑峰会召开,各国在讨论《成果文件草案》时,"保护的责任"成为 7 个最有争议的问题之一。经各方妥协,在峰会成果文件中,150 多个国家首脑对"保护责任"概念表示支持,但明确指出,在一国不能行使"保护责任"时,安理会将依据《联合国宪章》在个案处理基础上对未能尽到保护责任的国家采取集体行动。[③] 换句话说,"干预权"之行使必须经过联合国安理会的授

---

① Richard Jolly and Deepayan Basu Ray, *The Human Security Framework and National Human Development Reports*, UNDP, 2006.

② 王在邦、姚琨:《从北约干预利比亚看"保护的责任"》,载中国人权网,https://www.humanrights.cn/html/2014/4_1126/3181.html。

③ 王在邦、姚琨:《从北约干预利比亚看"保护的责任"》,载中国人权网,https://www.humanrights.cn/html/2014/4_1126/3181.html。

权批准。[①]

从历史视角看,2001 年的"保护责任"概念与 1994 年的"人的安全"概念一脉相承,前者是对"人的安全"概念的推进。[②]《保护责任》报告提出的"干预权",构成了后来兴起的"新干预主义"(New Interventionism)的理论基础,被认为是人的安全理论的重大胜利。[③] 这三个概念由不同利益相关者推动,三者之间存在某种内在逻辑关联。从上述发展路径上看,尽管国家的"保护责任"概念——在传统与非传统领域上——得到了国际社会的广泛共识,但国际社会的"干预权",却是一个颇受争议的问题。

(二)国际认知述评

从逻辑上看,对人的安全治理的国际认知存在三个薄弱环节。

第一,责任和权利不对称,保护责任主体(国家)与治理权利主体(其他国家)相分离。即当国家负有对人的安全保护责任的前提下,治理干预权(特别是军事干预权)却应当让渡给国际社会。根据良治理论,责、权、利三者应当合一。国家负有保护职责,同时承担治理责任(权利)。国家的保护责任与治理责任(权利)是统一的。正如利比亚儿童吃不饱,不能到瑞士寻求救济;若瑞士愿施以援手,那是瑞士人道主义体现,而非瑞士政府的责任。在人的安全领域,既然保护人民安全使之不受威胁是国家的责任,那么,国家也就相应承担相关权利和义务。然而,《保护责任》报告虽然明确提出"国家保护责任"的概念,但既未在报告标题中明确"国家"这一责任主体,也未将国家责任与治理权利主体角色贯穿始终;相反,报告所建议的责任与权利互不对称,即承担保护本国人民的主要责任是国家,而干预权(治理责任)却归属于国际社会。这与良治的基本原则相背离。

---

① Richard Jolly and Deepayan Basu Ray, *The Human Security Framework and National Human Development Reports*, UNDP, 2006.

② Richard Jolly and Deepayan Basu Ray, *The Human Security Framework and National Human Development Reports*, UNDP, 2006.

③ 这个报告是关于所谓"人道主义干涉的权利"的。问题在于,如果真有这样的权利,国家在什么时候可以出于保护其他国家正处于危机中民众的目的,对那些国家采取强制性尤其是军事上的行动而被认为是恰当的。

当然,就保护责任主体而言,国家负有对人的安全的保护责任并不意味着国际社会对于其他国家的安全状况可以置若罔闻。就治理权利主体而言,国家是保护与治理责任主体,也并不意味着在治理过程中,除国家之外,保护人的安全无须其他角色参与。事实上,随着人的安全事务日益跨越国界疆域,全球治理变得不可或缺,各方积极参与构成保障人的安全的重要支撑。以公共卫生为例,H1N1 流感的大暴发对各国以及国际社会提出了极为复杂的挑战,为应对该挑战,在世界卫生组织的主持下,各国之间形成了史无前例的全球合作与协调机制,以求应对发展迅速的威胁。①

第二,当一国政府失灵或自身能力不足且人民处于冲突状态时,按相关认知,即使未经主权国家授权,外来干预被视为理所当然。然而,正如中国历史所示,援助友邦与干政,正如辅政(实现良治)与干预(篡权乱政),是本质不同的两桩事,不容混淆。而《保护责任》报告以"人的安全"这一非传统安全概念为出发点,提出了军事干预这个传统安全范畴的原则。它通过"人的安全"概念这一媒介,将主权国家边界模糊化,将人的地位升格到平行甚至高于国家的高度,从而挑战了《联合国宪章》中有关一国不得对其他国家展开军事行动的限定,实则将以人道主义为名的军事干预置于国家主权之上。

从新干预主义提出者角度,一个国家可不经主权国家政府许可,名正言顺地借其他国家人民遭遇灾难之时,以人道主义之名,不通过联合国而对别国进行军事干预。实际上,之所以设计这种干预理论,一个重要的意图是便于师出有名,而人道主义是个最容易使用的名目,从而在道德上对其干预加以合理化。实际上,欧洲几百年来战争都凸显这一逻辑。例如,德国侵略波兰,19 世纪的欧洲列强对土耳其帝国的侵略以及第一次世界大战等,皆是如此。该理论在"二战"后逐渐式微,由《联合国宪章》的原则替代。然而该理论在 20 世纪末重新兴起,有致力于成为新范式的倾向。如美英 1991 年出兵伊拉克并非基于联合国大会决议,无联合国授权。正如英国前首相布莱尔在北约向南联盟发起进攻时

① 世界卫生组织:《福田敬二博士代表世界卫生组织在欧洲委员会流感大流行听证会上的声明》,载 2010 年 1 月 26 日,http://www. who. int/csr/disease/swineflu/coe_hearing/zh/index. html。

所说的,“国家主权并不及人权和防止种族灭绝重要”。①

《保护责任》在实践上的争议在于是否造成武力干预权的滥用,产生破坏国家主权不容干预原则之疑虑。② 面对新干预主义,大多数发展中国家担心,“保护责任”可能被滥用,成为强权未经联合国授权就进行武力干涉的借口,一国亦可以“保护”为借口,采用“先发制人”,诉诸武力手段。干预将开创一个“大国粗暴地骑在小国头上,操纵人道主义和人权问题讨论的世界”。而美欧等西方国家坚持“干预合理论”,认为“新的干预预示着新世界的来临”,目前国际社会的干预还不够,应确保“强制性干预”以发挥明显效果。③ 然而,从冲突控制角度看,这种干预带来的政权更迭,可能导致该国人民安全面临更大的威胁,如今日伊拉克和埃及。

第三,最大的薄弱环节是,名义上分析的是人的安全等非传统安全问题,落脚却在军事干预等传统安全领域。尽管干预权以保护人的安全为出发点,但似乎只针对传统安全受到威胁的国家(如军事冲突与暴力事件严重的国家)主张国际干预权;而对于非传统安全受到威胁(如存在粮食不安全、公共卫生危机、自然灾害等问题)的国家,却似乎觉得国际干预权可有可无。这令人有所疑惑,权利主张者究竟关注的是人的安全,还是借助人的安全概念来关注国家安全问题;究竟关注的是所在国的人的安全,还是关注的是主张国的战略安全;究竟是表达普遍性关注,还是为选择性干预提供便利与依托。

实践是检验真理的唯一标准。究竟这种干预将导致冲突控制还是加剧,人的安全将得到保障还是受到更大损害,2001 年后发生的一系列冲突提供了实证。例如,2003 年,美国发动伊拉克战争,产生了近 500 万名伊拉克难民,大批平民遭受死亡、饥饿和疾病威胁,流离失所。而在 2011 年利比亚事件中,联合国安理会首次引用“保护责任”(responsibility to protect)原则,于该年 3 月初通过了第 1973 号决议,决定制裁利比亚政权。然而,随着西方对利比亚军事行动

---

① 王在邦、姚琨:《从北约干预利比亚看“保护的责任”》,载中国人权网,https://www.humanrights.cn/html/2014/4_1126/3181.html。

② 李函洁:《联合国“保护责任”之研:以 2011 年利比亚内战为例》,载淡江大学国际事务与战略研究所,http://www.titx.tku.edu.tw/web/files/101-1propasal/101-1proposal-Oral/06.pdf。

③ 王在邦、姚琨:《从北约干预利比亚看“保护的责任”》,载中国人权网,https://www.humanrights.cn/html/2014/4_1126/3181.html。

的持续，利比亚人道主义灾难日益严重，超过70万名难民逃离该国，涌入苏丹、埃及等邻国，200多万人需要得到紧急人道主义援助。这也再次引发国际社会对于“保护责任”原则的又一轮激烈争论。① 从全球治理的研究视角看，假如实践证明，不经主权国家认可的外来干预有助于提升一个主权国家人的整体安全水平，那么，上述“干预”理论应当得到支持；如果实践显示，外来干预导致了一国更大规模的动荡，从而致使人的安全水平持续恶化，那么，上述干预理论就应当被修正，将其纳入有助于真正实现人的安全的正常轨道。成员方可考虑围绕近几十年主要冲突展开实证研究，并在联合国适当平台下审议相关问题，如外来干预与国家政权沟通的必要性、外来干预的理论基础、外来干预的边界等，从而推动塑造一个真正有助于人的安全提升的国际环境。

（三）人的安全治理模式及实践：以粮食安全与公共卫生安全为例

如前所述，国际上对人的安全治理框架的认知尚不成熟，尤其在国际治理权限上争议颇多，我们不妨从人的安全领域中遴选一二，分析其治理模式及其实践，以资借鉴。鉴于粮食安全、公共卫生与冲突关联度较高，本文试分析二者的治理模式及主要治理特征。

1. 粮食安全

第一，粮安治理的主要目标与挑战。1996年，联合国粮农组织在罗马召开了世界粮食首脑会议。② 世界粮食首脑会议提出，粮食安全是指所有人在任何时候都能够在物质上和经济上获得足够、安全和富有营养的粮食来满足其积极和健康生活的食品需求和食物喜好。全球近190个国家政府首脑和高官通过罗马宣言庄严承诺，到2015年，要将全球饥饿人口数量从1992～1993年的8.45亿水平上减半。③2000年，联合国成员方重申了减少饥饿的政治承诺，并把到2015年将全球贫困和饥饿人口比例减半列为联合国“千年发展目标”的

---

① 王在邦、姚琨：《从北约干预利比亚看“保护的责任”》，载中国人权网，https://www.human-rights.cn/html/2014/4_1126/3181.html。

② FAO，1996 *World Food Summit Plan of Action*，http://www.fao.org/wfm/index en.htm.

③ The United Nations，*Millennium Development Goals*，http://www.un.org/millenniiumgoals.

首项。①

当前,全球粮安治理最主要的挑战是如何实现联合国的千年发展目标,消除贫困,减少饥饿人数。迄今为止,仍有8.7亿人长期遭受饥饿困扰。据估计,有1.61亿名五岁以下儿童长期营养不良(发育迟缓),近1.04亿人低体重,约5500万名患有急性营养不良(消瘦)。世界上有20亿以上人口遭受微量元素缺乏症,或“隐性饥饿”。这一现象阻碍了人类和社会经济发展,并导致了营养不良和发展不足的恶性循环。同时,估计有14亿人口超重,5000万人口肥胖。②

第二,粮食安全保护的责任主体及参与者。政府对本国人民的粮食安全负主要责任。以中国为例,农业部是总体负责农业和农村事务的政府主管部门,其他相关部门包括财政部、卫生部、环保部、商务部等。在国际层面,与粮食安全相关的机构主要包括:联合国总部、总部设在罗马的三家与粮食主题相关的机构(联合国粮农组织、国际农业发展基金和世界粮食计划署)、世界卫生组织、世界银行、联合国儿童基金会(UNICEF)、联合国开发计划署(UNDP)、经合组织以及乐施会(OXFAM)等大型国际非政府组织。其中,联合国粮农组织作为联合国系统主管农业和粮食安全的专门机构,其宗旨是消除饥饿、提高农村人口的营养水平。自20世纪90年代以来,联合国粮农组织分别于1996年、2001年和2009年三次召开世界粮食安全首脑会议,协调各国政府对粮食安全的政治承诺,实施粮食安全行动计划。除联合国系统外,一些全球性和地区性的多边机制在国际粮安中扮演着日益重要的角色,如G8与G20。此外,民间社会、私营部门和其他私营企业,都是消除饥饿及一切形式的营养不良现象,实现粮食安全的参与者。

第三,粮食安全治理的责任主体及参与者。与粮食安全的保护责任一样,粮食安全的治理也需在国家和国际两个层面展开。作为一种共识,无论国内还是国际层面,国家均为治理主体。从国家层面,政府强有力的领导是第一位的,国际社会通过与主权国家合作,支持国家主导的粮食安全战略并发挥联动作

① 何昌垂:《粮食安全——世纪挑战与应对》,中国社会科学文献出版社2013年版,第1页。

② 《帮助人们消除饥饿、粮食不安全和营养不良》,载 http://www.fao.org/about/what-we-do/so1/zh/。

用;从国际层面,各成员方需发挥主观能动性,在联合国粮农组织等国际舞台,或对既有的国际法规范和原则应当进行调整与重构,或推动构建新的国际规则,从而共同实现粮食安全的目标。

在国家层面,联合国粮农组织的工作重点之一是协助成员方制定《国家项目框架》(Country Programme Framework,CPF)。CPF 制定联合国粮农组织和政府合作的优先事项及中期合作成果(一般为 4 ~5 年,与国家规划周期吻合),以支持国家发展计划中的国家农业、农村发展和粮食安全目标。CPF 明确为成员方所有,联合国粮农组织只负责协助其制定与实施。以非洲的马拉维、布吉那法索和亚洲的孟加拉国为例,大量事实证明,与依靠外援相比,各国主导制定并拥有的《粮食安全计划》是实现一国粮食安全之本。所幸的是,这种政策为中国政府一贯主张并长期坚持。①

强化国家治理能力十分重要。如前所述,2007 ~2008 年,在全球粮食危机与金融危机的复合作用下,全球饥饿和季节性饥饿人口一度超过 10 亿,引发 48 个国家和地区动乱,很多国家则及时采取措施遏制粮价。根据联合国粮农组织统计,在受调查的 77 个发展中国家中,84% 的国家在联合国粮农组织的支持下采取了政策措施以控制食品价格,大约有一半的国家降低进口税,超过一半的国家采取了价格控制和补贴措施。②

而在国际层面,粮安治理热点覆盖范围广泛:在政治上,重在加大力度,推动“粮食权”,实现人人免受饥饿;在机制上,世界粮食安全委员会(CFS)改革本身是关注焦点之一;在政策上,重点在于各方如何推动落实联合国秘书长提出的“零饥饿挑战”倡议;在规划上,关键在于推动联合国可持续发展大会(又称“里约 +20”峰会)的后续行动,制定协调统一的千年发展目标后的全球发展议程(简称“后 2015”)。2012 年 5 月,经过多轮辩论,CFS 通过了《国家粮食安全范围内土地、渔业及森林权属负责任治理自愿准则》。

G20 积极发挥作用,在 2007/08 年全球经济危机和粮食危机期间,2008 年

① 何昌垂:《粮食安全——世纪挑战与应对》,中国社会科学文献出版社 2013 年版,第 21 页。

② FAO. 2008a. Soaring Food Prices: Facts, Perspectives, Impacts and Actions required. High - Level Conference on World Food Security: The Challenges of Climate Change and Bioenergy. HLC/08/INF/1. Rome, FAO. FAO. 2008b. The State of Food Insecurity in the World. Rome, FAO.

11 月，G20 在华盛顿召开第一次领导人峰会。2011 年，为了应对全球高粮价波动，G20 专门成立了工作小组，研究全球应对政策，并决定建立全球农业市场信息系统（Agricultural Market Information System，AMIS）以及快速响应平台机制。2012 年 6 月，G20 在墨西哥罗斯卡波斯召开的峰会通过宣言，再次把增强粮食安全和应对商品价格波动问题列为重点。①

G8 也颇为积极，尽管成效不显著。2008 年 11 月，在意大利东部拉奎拉召开的峰会上，八国集团首脑将粮食安全列入峰会议程，并通过了全球粮食安全倡议。他们集体承诺，3 年内将提供 220 亿美元的紧急援助，帮助发展中国家发展农业。这就是著名的《拉奎拉峰会宣言》，被视为 G8 推动世界粮安问题的里程碑。然而，如同其他许多国际承诺一样，《拉奎拉峰会宣言》亦是雷声大，雨点小，几年过去，名目不断更迭，但连 1/3 的援款都没到位。

2012 年 6 月，在联合国可持续发展会议上，联合国秘书长潘基文呼吁所有发展伙伴参与“零饥饿挑战”。会后，联合国秘书长宣布了一系列措施，强化包括粮食安全在内的全球协调机制，如成立“全球持续发展解决网络”，以求为当前世界最紧迫的环境、社会和经济问题提供解决思路。② 该网络将与其他利益相关者紧密合作，特别是商业、民间团体和其他国际组织，与联合国专门机构一道，共同确定实现可持续发展的最佳途径。

2. 公共卫生安全

第一，公共卫生的主要目标与挑战。世界上的许多发展中国家正面临着严重的公共卫生问题，每年有上千万人死于艾滋病、肺结核和疟疾等疾病。随着“非典”、禽流感等新类型的传染病不断出现，公共卫生问题已经成为全人类共同面临的严峻挑战。

1978 年，国际社会在哈萨克斯坦举行的国际初级卫生保健大会上通过了著名的《阿尔玛 – 阿塔宣言》（Declaration of Alma – Ata），宣布到 2000 年实现全体人民健康的目标。这是强调初级卫生保健重要性的第一份国际宣言。自此，

---

① 何昌垂：《粮食安全——世纪挑战与应对》，中国社会科学文献出版社 2013 年版，第 8 页。

② UN，Press Release，*United Nations Secretary – General Announces New Sustainable Development Initiative*，issued by the UN Department of Public Information，New York，9 August 2012.

初级卫生保健方针由世界卫生组织成员方采纳，作为实现全民健康目标的关键。①

然而，不幸的是，30 多年过去了，目前仍有大约 20 亿人——相当于全球总人口的 1/3——不能获得必需的药品。广大发展中国家和最不发达国家不仅没有药品的研发能力，而且缺乏药品的制造能力，尤其是制造专利药品的能力。一个重要的结构性制约在于，随着 1995 年世界贸易组织的诞生，首次纳入 WTO 框架的《与贸易有关的知识产权协定》（TRIPs）在强化了专利权的同时，人们获取药品的传统方式受到严重制约。②

第二，公共卫生保护的责任主体及参与者。政府对本国人民的公共卫生负主要责任。以中国为例，卫生部是总体负责卫生事务的政府部门，而卫生工作的不同方面由不同部委分管。就社会医疗保险而言，城镇居民基本医疗保险、城镇职工基本医疗保险由卫生部和人力资源及社会保障部管理，而新型农村合作医疗由卫生部管理。边境卫生检查与检疫由国家质量监督检验检疫总局负责。药品的注册、生产、流通、定价、招标采购、保险报销分别由食品药品监管局、工信部、商务部、国家发改委、卫生部和人力资源及社会保障部负责。③

在国际层面，作为联合国专门机构，世界卫生组织是国际上最大的公共卫生组织，宗旨是使全世界人民获得尽可能高水平的健康。其主要职能包括：促进流行病和地方病的防治；提供和改进公共卫生、疾病医疗和有关事项的教学与训练；推动确定生物制品的国际标准等。此外，很多其他政府间组织和非政府组织也在公共卫生领域发挥积极作用，如南方中心（South Centre）、无国界医生组织（Doctors Without Borders）等。

第三，公共卫生治理的责任主体及参与者。与公共卫生的保护责任一样，公共卫生的治理也需在国家和国际两个层面展开。无论是国家层面还是国际

---

① WHO, *WHO Called to Return to the Declaration of Alma - Ata*, International Conference on Primary Health Care, http://www.who.int/social_determinants/tools/multimedia/alma_ata/en/.

② Suerie Moon, Yuanqiong Hu, Michel Lotrowska and Martina Casenghi:《全球公共健康的研究和进展：向所有人获取所有药品的方向进发》（李昭译校），载百度文库，https://wenku.baidu.com/view/7a49bc0b954bcf84b9d528ea81c758f5f61f2946.html? _wkts_ = 1710396870690。

③ 《中国 - 世界卫生组织国家合作战略 2013 - 2015：继往开来，迈向合作新时代》，载 https://iris.who.int/bitstream/handle/10665/206610/ccs_chn_2013 - 2015_chi.pdf? sequence = 1&isAllowed = y。

层面,作为一种共识,国家都是治理主体。从国家层面,政府的强有力的领导是第一位的,国际社会通过与主权国家合作,支持国家主导的公共健康战略并发挥联动作用;从国际层面,各成员方需发挥主观能动性,在世卫组织等国际舞台,或对既有的国际法规范和原则应当进行调整与重构,或推动构建新的国际规则,从而共同实现全民健康的目标。

在国家层面,以世卫组织与中国合作为例。世卫组织的工作重点之一是定期制定国家合作战略,以支持某成员方的国家卫生政策、战略及规划,并指出与该国合作的中期战略愿景。国家合作战略旨在实现两个主要目标:对各成员方的需求进行评估;为整个秘书处支持该国的工作提供指导。例如,《中国—世界卫生组织国家合作战略 2013 – 2015》是根据世卫组织的政策、国际及面临的国内框架、中国的国家规划及面临的卫生挑战而制定的。它将为世卫组织各级机构的工作提供指导,包括 2014 ~ 2015 年规划预算的制定。第一期《中国—世界卫生组织国家合作战略》涵盖 2004 ~ 2008 年,第二期则涵盖 2008 ~ 2013 年。

而在国际层面,作为全球最大的国际卫生组织,世卫组织围绕其六个核心功能发挥作用:(1)发挥全球卫生领导作用;(2)制定规范和标准;(3)确定政策及研究的重点议题;(4)阐述可用的政策;(5)提供技术支持;(6)监测卫生趋势。[①] 与此相应,世卫组织设立了一些全球性机制。在提供技术支持方面,世卫组织世界流感实验室网络目前包括 101 个国家的 139 个国家实验室,在世卫组织的协调之下共同开展工作。这一网络提供快速预警和经验丰富的科学评估以及使流感疫苗适合最新情况所必需的信息。

在监测卫生趋势方面,为了发现、评估、报告、宣布和应对国际关注的突发公共卫生事件,世卫组织于 2005 年修订了《国际卫生条例》(IHR)并成立突发事件委员会,为世界提供有条理的、以规则为基础的框架。该条例还为世界提供检查和平衡的系统,以确保包括世卫组织总干事在内,没有人在决策方面有不受约束的权力。突发事件委员会召集会议以便就级别的变动向世卫组织总干事提出意见。

① 《中国 – 世界卫生组织国家合作战略 2013 – 2015:继往开来,迈向合作新时代》,载 https://iris.who.int/bitstream/handle/10665/206610/ccs_chn_2013 – 2015_chi.pdf? sequence = 1&isAllowed = y。

在确定政策及研究议题方面，针对专利权导致药品价格过高致使药品可及性不足的问题，应成员方要求，世卫组织于2006年成立了“公共卫生、创新和知识产权政府间工作组”（IGWG），其中的热点和重点议题之一就是如何利用现有国际知识产权保护规则的灵活性规定，主要是利用TRIPs中的例外规定和留给国内法的立法空间，在专利制度下为解决公共健康问题、增强药品的可及性寻求更可行的方案。① 这是在相关成员方继在世界贸易组织后努力的新的国际平台。② 在印度，由于实施强制许可，仿制药加入竞争，有些抗逆转录病毒药物③价格从1万美元降到了99美元。④而世界卫生组织的IGWG正是旨在针对发展中国家缺乏流行疾病研究、上百万人因为不能负担高昂的医药费用而无药可用等一系列问题，制定全球性的策略和计划。

3. 当今人的安全事务全球治理模式共性特征及启示

通过对粮食安全与公共卫生等非传统领域治理模式的对比，可以得出在人的安全领域治理中具有共性并行之有效的治理原则。

第一，国家是保护与治理责任主体。国际社会对国家负有对人的安全保护责任拥有共识。在当前诸多事务日益依赖国际合作的背景下，主权概念在全球治理中不仅未被削弱，反而得到强化。例如，联合国粮农组织的CPF、世界卫生组织的《国家合作战略》，成员方均拥有所有权。以粮食安全为例，国家是粮食安全治理的责任主体，国家也是被国际评估是否实现千年发展目标的责任主体。2013年6月，在离实现千年发展目标还剩两年之际，联合国粮农组织对千

---

① 胡安琪：《在专利制度下增强药品的可及性——以公共健康为视角》，载国家知识产权局条法司编：《专利法研究（2007年）》，知识产权出版社2008年版。

② 针对知识产权制度的限制，2001年世界贸易组织通过《关于TRIPS协定与公共健康的宣言》（《多哈宣言》）明确指出，公共健康危机，包括与艾滋病、结核病、疟疾等流行病有关的危机，属于国家紧急状态或者非常情况。世界贸易组织总理事会2003年8月通过的《关于实施TRIPS协定与公共健康的宣言第6段的决议》（总理事会决议），允许成员为解决缺乏制药能力或者制药能力不足的其他成员面临的公共健康问题而给予强制许可，制造有关专利药品并将其出口到这些成员，从而突破了TRIPS协定第31条关于强制许可实施只能主要供应国内市场需要的限制性规定。

③ 抗逆转录病毒药是一类于治疗逆转录病毒（主要是HIV）感染的药物。联合使用几种（通常是三种或四种）抗逆转录病毒药物被称为高效抗逆转录病毒治疗（Highly Active Anti – Retroviral Therapy，HAART）。

④ James Arkinstallt：《世界卫生组织关注知识产权与公共健康》，载《知识产权报》2007年10月25日。

年发展目标的执行情况作了评估，表彰了 38 个国家实现千年发展目标中首要目标——粮食安全目标的国家，包括其中 18 个国家已满足更严格的“世界粮食首脑会议目标”[①]，就突出了国家的主体作用。[②]

第二，全球合作不可或缺。随着人的安全事务日益跨越国界疆域，全球治理成为治理体系中不可或缺的组成部分，各方积极参与构成实现发展和人的安全的重要支撑。特别是政府、民间、学术界、私有部门以及社会团体等所有利益相关者的合作和伙伴关系已成模式。应该指出，目前国际社会正在探讨开放式的创新合作机制。各国之间形成了史无前例的全球合作与协调，以求在全球化的世界中应对发展迅速的威胁。

第三，国际社会参与治理，但形成的仍是以国家为首的全球合力，而非相反，更非干涉，是为“我们共同的责任”。主权概念首见于法国人琼·博丁（Jean Bodin，1530－1596）。他对主权的定义是：主权是国家独立、绝对以及永久的统治力。在现代的政治主权方面，由于国际事务的解决经常需要国际合作，各国皆无法独善其身，主权绝对的观念在被修正。随着全球化进展，很多事务无法单纯被认定为纯粹国家事务。[③] 应当强调的是，展开合作不等于让渡国家主权。这就是为什么包括世界粮食计划署在内的国际机构实施的人道主义援助，都是通过政府实施。良性的、可持续的合作，是与机制合作，而不是绕开机制行事。

第四，国际社会在协助国家层面人的安全（如粮食安全、公共卫生安全和环境、气候安全等）治理过程中，应侧重于强化国家和地方的能力建设和可持续发展，重在造血，而非输血。输血不利于提高肌体内的免疫力。客观地说，西方某些国家对非洲一些国家的有政治条件的大规模的粮食援助计划，实际上加重了这些国家产生依赖性；从长远来看，破坏了他们的自力更生的能力。

上述特征对当前“人的安全”框架及冲突治理的理论及实践具有重要参考价值。当前，国际上在非传统安全领域某些事务存在绕开国家主体的舆论倾向（见表 3）。然而，对比上述原则与当前国际社会在人的安全及冲突治理上的舆

---

① 该目标是指到 2015 年，饥饿人口数量减少一半。

② FAO，*Special Event*：*Recognizing Outstanding Progress in Fighting Hunger*，Opening Statement of 38th Session of the FAO Conference，Roma，15 June 2013.

③ 高文琦：《论人道干预》，载《中原财经法学》2007 年第 19 期。

论可以看出:在非传统安全领域,以联合国专门机构为首的国际社会对所辖领域的人的安全保护与治理有着明确原则——国家承担保护及治理首要责任。联合国专门机构就人的安全的各项合作,均通过主权国家实施。

表3 人的安全保护与治理态势

威胁人的安全的要素	责任主体	目标	当前全球治理态势
军事问题	国家	保护人民不受安全威胁	主权国家
粮食问题			相关国家、国际机构与主权国家联动
健康问题			相关国家、国际机构与主权国家联动
经济问题			相关国家、国际机构与主权国家联动
政治问题			越过主权国家直接干预
环境问题			相关国家、国际机构与主权国家联动
人身问题			相关国家、国际机构与主权国家联动
社区问题			相关国家、国际机构与主权国家联动
能源问题			相关国家、国际机构与主权国家联动
气候问题			相关国家、国际机构与主权国家联动

综上所述,笔者认为有两点需要强调,第一,主权原则仍是国际关系的基本原则,是解决人的安全问题必须遵守的根本准则。一国出现人的安全冲突起因往往复杂,国际社会和外界可以提供帮助和支持,但要充分尊重当事国的意愿,避免进行强行干涉,更不应动辄加以干预,尤其不能损害当事国主权与领土完整,不能跨过当事国政府强行干涉。第二,人的安全保障重在预防,并应设法解决产生冲突的根源性问题,实现标本兼治。国际社会应积极探讨预防冲突的办法,同时积极应对已发生的冲突,协助各国制定有效的制度,为人民提供安全、可靠的生存环境,最大限度实现良性治理。

四、结论

人的安全受多维度影响。其中一个或几个维度出现问题,人的安全就受到威胁;威胁达到一定程度,就可能导致冲突。这些维度构成冲突诱因。冲突诱因呈现多元化。有的诱因与冲突相关度较低,有的对诱发冲突具有乘数效应。就触发状态而言,冲突可能由单一因素诱发,亦可由多种因素叠加引发。如果治理失当会导致冲突恶化。冲突治理,只有对导致冲突的诱因及相关度有深刻理解,才能对症下药。

从历史视角看,“人的安全”“国家保护责任”“新干预主义”是相继问世的三个概念。应当说,由联合国秘书长推动的人的安全保护原则的诞生,对影响当今国际冲突格局产生了深远影响。它包含两个核心原则:保护个人福利比保护国家安全更重要;如果个人受到来自国内的威胁或来自其他国家的威胁,可以不经主权国家同意请求外来干预,甚至推翻国家政权。尽管以人为中心的安全框架日益成为全球关注,但应当采取何种治理形式、何种治理形式属于最优方案,并未达成共识。

通过对粮食安全与公共卫生等非传统领域治理模式进行对比可以看到:在非传统安全领域,以联合国专门机构为首的国际社会对所辖领域的人的安全保护与治理有着明确原则——国家承担保护及治理首要责任。联合国专门机构的各项合作均通过主权国家实施。治理权与保护责任相一致。若将相关保护与治理责任与权力不经主权国家认可,直接移交给国际社会,将混淆国家为主、国际社会为辅的基本格局,这与《联合国宪章》精神并不一致。

对比上述原则与当前国际社会在非传统安全领域某些事务存在绕开国家主体的舆论倾向,可以得出对“人的安全”框架(含军事安全)及冲突治理的重要启示。

第一,根据《联合国宪章》的精神,保护人的安全的责任首先在于当事国政府。主权原则仍是国际关系的基本原则,是解决人的安全问题必须遵守的根本准则。从国家治理角度看,“权为民所赋,权为民所用”,应强化国家的责任意识与治理意识,它们是重塑国家之责的根本。执政者应充分认识到:国家主权不仅代表着权力,同时代表义务,即保障人民不受威胁的义务。对一国执政者来说,国家应当着力控制导致人的安全水平下降的种种动因。一旦该思路加以确立,很多冲突就可能化解于无形。一方面,通过提高人的粮食、健康、环境、气候、政治等各类安全水平,一国将实现真正意义上的发展;另一方面,国家将在发展中巩固政权,使外来干预没有存在空间与诱发基础。

第二，老子曰："佳兵不祥。"历史和现实充分证明，从安全治理角度，无论是传统安全还是非传统安全领域，诉诸武力均非解决危机的有效途径。军事干预虽然能够迅速改变一个国家的政权，但新的对立和冲突往往随之而来，被干预国难以实现稳定，地区局势也有可能陷入新一轮动荡，而在此过程中，平民的安全总是受到最大威胁。一国内部冲突问题涉及多方面因素，最终只能靠本国政府改善治理并与人民通过对话妥善解决。在必要情况下，国际社会可以进行"建设性介入"。通过与一国执政者的有效沟通，促进冲突各方的对话与合作，本着改善和促进人权的宗旨，联合国等国际组织或者相关国家可向一国提供"建设性帮助"才是根本。正如"金无足赤，人无完人"，不能因为一个人身染沉疴，另一个人就自命有权将其杀害，而应通过治病救人等形式，帮助其提高抗病能力。总的来说，全球治理的目的应是强化主权国家能力，提高人的安全保障水平。如果削弱一个国家行使其权利的能力，只可能缘木求鱼，适得其反。

第二部分　全球粮安与青年担当

青年是促进生物多样性保护与粮食安全的生力军*

北京大学国关学院举办的“青年使命,自然向好”——模拟全球环境谈判青年峰会,是一个很有意义的活动。我想围绕“促进生物多样性保护与粮食安全关系”谈几点想法。

大家知道,联合国最近将先后召开世界粮食系统峰会、《联合国生物多样性公约》第十五次缔约方大会。可以说,这两个全球性的高峰会议,与今天这个模拟全球环境谈判青年峰会的主题都高度关联。

生物多样性涵盖基因、物种与生态系统三个层面,既与粮食安全和营养紧密关系,又与人类生存与可持续发展息息相关。生物基因与物种的多样性,为人类的食物提供了充足的品种资源,而生态系统服务则为人类的生产与生活提供了必要的基础保证。

但是,由于不可持续的生产与生活方式,粮食生产也给生态系统带来了巨大的压力。有关研究表明,目前,农业生产占用了地球上70%的淡水资源,造成了60%的生物多样性丧失;农业系统产生了1/3以上的温室气体(其中畜牧业排放约占2/3)①。这在很大程度上加剧了气候变化。所以说,农业既是气候变化的施加因素,也是气候变化的主要受害者。这也是农业与粮食安全成为环境谈判中不可忽视的重要议题之一的根本原因。

---

* 该文是作者2021年9月3日在世界自然基金会北京代表处与北京大学国际关系学院模拟全球环境谈判青年峰会开幕式发言。

① FAO, *The State of Food and Agriculture* 2020, https://www.fao.org/family-farming/detail/en/c/1333450/.

我们还应该看到,食物不断同质化是影响人类健康的一个重要因素。现代的人们,特别是城市居民,几乎普遍以高能量但缺乏微营养素的食物为主。以作物为例,地球上可作为栽培使用的食物、水果与蔬菜品种成千上万,但目前人类使用种植的品种却不到200种,其中仅9种常见作物(如水稻、小麦、大麦、玉米、高粱等)几乎占所有作物产量的70%。在许多发展中国家,由于食物品种单一,人们无法获得对人体健康至关重要的全部营养素,造成严重的营养不良。世界卫生组织与联合国粮农组织联合研究指出,食物多样性不足事实上已经超过热量摄入不足,成为导致疾病与死亡特别是儿童发育不良的主要因素。

自2020年以来,由于疫情的持续影响,加上气候变化引起的极端天气的冲击,如干旱、风暴、洪涝、山林火灾以及病虫害等,严重地影响了生物多样性与生态系统服务能力,造成了不少地区出现农业减产。据联合国粮农组织统计,目前全球约有8.12亿人口还处在粮食不安全与饥饿状态。除非国际社会采取积极有效的行动,否则联合国可持续发展中的“零饥饿”目标将难以实现。

因此,我一向认为,在国际行动中,生物多样性保护与粮食安全应作为一个综合议题纳入全球治理议程——包括上述提到的今年两个全球性会议——从种源、生产、收获到流通、贸易以及消费的整个农业与食物体系的各个环节,特别是从基因、物种与生态系统的利用与保护的全链条,统筹考虑政策、科技与行动。

遗憾的是,目前可用于科学决策的数据与信息还相对贫乏。据研究,在联合国SDG的17个目标、169个子目标、230多个指标中,目前只有大约45%的指标既有方法又有数据;而39%则处于有方法无数据状态;还有16%既无数据,也无统一的方法。显然,数据与方法的缺失已经成为实现联合国2030年可持续发展目标的巨大“瓶颈”。

克服这个“瓶颈”需要大数据、大算力、模型与大数据的分析手段。这是目前全球最受关注的热点之一,应该达成共识、制定共同原则与实施目标。以下四点值得考虑:

1. 为研究气候变化与生态环境不断恶化对粮食安全与营养安全的影响,需要强化清查、监测,建立专门的主题数据库,提高对准确、动态与现实的数据与信息的持续的获取能力。这是一项重要的基础性工作。青年是数字时代的“原驻民”，是技术赋能的先锋，可以在这个领域作出特殊的贡献。

2. 在确认数据属性与确保数据安全的原则下，要加快推进数据资源要素的开放使用的政策、立法与机制研究；鼓励在不同层次，如全球、区域、国家以及部门与行业之间的合作，推进环境生态数据汇聚，培育共享机制，提高数据的挖掘提炼、开发应用能力。希望在环境谈判进程中能积极开展相关政策的对话；制定基于科学数据的公平、透明的生物多样性利用与保护的公共政策。这是一项迫在眉睫的工作。

3. 要鼓励政府有关部门与相关国际组织加强合作，收集、分发、推广彰显生物多样性与生态文明建设的理念、知识、技术与最佳实践，并培养吸纳能力。比如，在生态文明建设理念指导下，中国在河北塞罕坝和内蒙古库布齐沙漠生态治理模式与长期实践；中科院发起的“优质地理产品生境保护行动”等方面的工作，值得深入系统研究与总结推广。建议探讨如何采取必要的措施，合作建立“一带一路”环境生态主题数据库，推进有韧性的生态系统服务与可持续的农粮体系信息应用基础设施的建设。

4. 要加强对全社会生态文明理念与实践的教育。加强各级政府、发展伙伴、市民社会、私营部门以及地方社团之间伙伴合作，通过各种不同的渠道与场合，加强科普宣传与教育，提高全民特别是青少年对生物多样性与生态服务保护以及良好生态对人们追求高质量生活、可持续发展关系的重要性的认知，包括重视粮食损失与浪费对环境生态的危害。形成全民的生态保护、杜绝浪费的社会意识与良好的生态文化。

随着生物技术、信息技术的发展，包括卫星遥感、无人机、物联网以及地面观察技术的应用，对生物多样性特别是生态系统与生态服务的现状、动态变化以及发展趋势的“天—空—地”立体监测已经成为可能；提供及时的、高精度的数据，结合地理信息系统与智能分析辅助决策等手段业已可行。此外，借助互联网、云计算、5G 等数字技术，通过融媒体服务与各种 App 平台的开发、应用场景的推广，必将从根本上提高对生物多样性与生态环境的保护意识，推动“全民行动”，树立一种新的社会风尚，实现可持续发展。

最后我想强调，我们只有一个地球，自然环境是人类赖以生存的根本基础，保护生态环境、推动粮食安全是当前全球治理的主要议题。在全球行动中,青年应该成为先锋队——这是一个伟大的时代使命与挑战。青年应该是环境生态保护以及粮食安全的自觉的宣传员,是引领相关行动的先锋队。希望青年勤于探索,学好本领,在环境谈判、实现全球粮安进程中秉承科学的思维,学会用数据说话,并带头用自身的实际行动,唤起全民生态意识与粮食安全意识并促进全球有信心的行动。

粮食安全是实现联合国可持续发展目标的基础

新冠肺炎疫情的持续影响、地区冲突以及全球不同地区遭遇的创纪录的高温、干旱、风暴、洪水等全球气候变化引起的自然灾害,导致全球的经济复苏仍然困难重重,许多国家与地区的人民仍在苦苦挣扎,全球的贫困与饥饿人口不减反增。根据联合国粮农组织的最新数据,目前有7.2亿~8.11亿人面临着饥饿,比2019年增加了1.61亿。非常明显,除非全球社会共同努力,联合国2030年可持续发展目标的前两个目标——消除贫困与"零饥饿"将大大偏离轨道。许多国家的历史与现实证明,粮食安全是社会稳定的基石。2007/08年由美国金融危机引发的全球粮食危机的影响记忆犹新:全球的饥饿人口一度超过10亿,达到人类历史的最高峰,成为30多个国家与地区社会动乱的直接原因。粮食一旦出了问题,首当其冲的是农民、城乡弱势群体;经济社会就会出大问题,影响教育、卫生等基本人权,甚至威胁和平与国家安全。

今年9月,联合国将召开全球粮食系统峰会。不久前,在罗马粮农组织总部召开了峰会的准备会议。会议进一步明确指出,粮食安全是解决联合国可持续发展17个目标的基础。中国有一句老话:基础不牢,地动山摇。解决全球粮食安全问题的根本途径在于从"粮食体系"考虑,即从农业技术研发和粮食种植生产、加工、运输、存储和消费所涉及的所有环节中采取系列行动、系统措施。目前,国际社会已建议从五个"行动轨道"平行推进,包括:确保所有人都能获得安全而有营养的食品;转向可持续消费模式;推动对自然环境有积极影响的生产方式;促进公平生计以及加强抵御脆弱性、冲击与压力的韧性。

世界面临着大变局,我们必须从危机中找先机。与1996年与2001年的两次世界粮食安全峰会相比,这次峰会应该很好总结经验,与时俱进办成一场有特色的峰会,要问题导向,面向成果。一是要对受疫情严重影响的整个农业产业链进行深入反思,重点强调并擘画从生产到消费的"粮食系统"全链条的可持续性的思维模式。二是面对全球性的问题,如气候变化、生态危机、生物多样性损失以及新冠肺炎疫情,寻求通过联合国的真正的多边主义机制,推动共同建立政府、企业、科研院校以及社会团体广泛参与的、具有韧性的粮食体系。三是展现远见卓识,充分利用现代科技,特别是生物技术与数字技术,促进多种形式的国际与地区合作,特别要增强南南合作,如在缩小数字鸿沟,提供数字应用能力,为发展中国家、偏远农村和落后群体方面增加帮扶,为他们带去科技的恩惠、合作的红利。

峰会是一个契机。各国政府、商业企业、科研部门、学校以及社会团体应该充分意识到,实现联合国2030年可持续发展目标已经进入倒计时,消除贫困与"零饥饿"的窗口已越来越窄,我们所有人都必须共同努力,改变对粮食的生产、消费和生活方式。只要所有的利益相关方都能从我做起,持之以恒,久久为功,积极而务实地推进"五个行动轨道",认真组织落地实施,改变传统的思维,为各国、给世界创立一种崭新的粮食体系是可以期待的。

"国以民为本,民以食为天。"粮食安全是最基本的人权,关系到社会稳定、国家安全、国际政治与人类发展。中国政府始终坚持"以人民为中心"的执政理念,历来重视农业、农民与农村发展,已提前10年实现了消除贫困与"零饥饿"的目标,这是对联合国2030年可持续发展目标的巨大贡献。中国用不到全球9%的耕地面积、6%的淡水资源,成功地解决了1/5的世界人口的吃饭问题,成为世界粮食安全的"压舱石"。这本身就是人类发展的一个奇迹,许多经验值得推广。

但在建立世界农业粮食体系的转型中,中国也面临着许多挑战,包括土地资源禀赋、气候变化影响,生态环境的压力等。最近在中国河南粮仓基地出现的千年不遇的暴雨灾害就是一个典型的例子,说明建立一个有韧性的农食体系的挑战性与复杂性。此外,解决了温饱问题的人民对美好生活有了新的追求,对更好生活、更好营养与更好质量的诉求更加迫切,这也给农业转型与高质量的发展、建设美丽乡村、实现可持续发展带来更多的压力。毫无疑问,积极参与世界峰会的准备、参加峰会成果与目标制定的讨论。一方面,分享中国在确保

"中国人的饭碗永远端在自己的手里的"的成功经验,贡献中国的智慧与解决问题的方案;另一方面,也可以通过峰会,认真学习、了解与总结国际上建立可持续农食体系的理念与实践,特别是现代农业、智慧农业等方面的科技应用,提前统筹规划峰会的后续行动,包括规划如何把推进世界农食体系的思维融入构建人类命运共同体的思想、纳入"一带一路"建设的行动计划,为世界提供更多具有中国特色的公共物品,增加新时期中国对全球粮食安全作出新的贡献。

农食体系转型是实现粮食安全的重要路径*

一、实现联合国可持续发展目标是一场大考

2015 年联合国通过了 2030 年可持续发展目标，明确了 17 个目标、169 个子目标。其中，消除贫困与“零饥饿”是这 17 个目标中最为优先的两大目标，为全球可持续发展行动的重中之重。但 6 年过去了，尽管许多国家付出了巨大的努力，但国际社会并没有对实现联合国可持续发展目标的这场大考交出一份满意的阶段性答卷。

2020 年人类遇到了百年未遇的新冠肺炎疫情。加之地区冲突，全球不同地区遭受创纪录的极端天气影响，如超高温、山火、干旱、风暴以及洪水等全球气候变化引起的严重的自然灾害，导致全球性的经济衰退，且复苏困难重重。许多国家与地区的人民仍在苦苦挣扎，全球的贫困与饥饿人口不减反增。

根据联合国粮农组织的最新数据，目前有 7.2 亿～8.11 亿人面临着饥饿，比 2019 年增加了 1.61 亿，①非常明显，除非全球社会共同努力，联合国 2030 年可持续发展目标的前两个目标——消除贫困与“零饥饿”将可能进一步偏离轨道。国际社会对过去半个世纪以来的多次全球粮食危机仍耿耿于怀，特别是对 2007/08 年由美国金融危机引发的全球粮食危机的影响，人们仍记忆犹新。在那场本不应该发生的重大危机中，全球的饥饿人口一路飙升超过了 10 亿，创下了人类历史饥饿人数的纪录，成为 30 多个国家与地区社会动乱的直接驱动因

* 该文是作者在中国地理学会地理大数据工作委员会 2021 年年会暨大数据助力优质地理产品生境保护与可持续发展大会的主旨报告。原载《全球变化数据学报》2021 年第 3 期。

① FAO, *The State of Food and Agriculture 2020*, https://www.fao.org/family-farming/detail/en/c/1333450/.

素。世界的历史与现实都证明,粮食一旦出了问题,首当其冲的是贫困的农民、城乡弱势群体以及被边缘化的少数族裔;继而,经济社会就会出大问题,势必影响教育、卫生等基本人权,甚至威胁社会稳定、地区和平与国家安全。目前的判断是,如果国际社会不能加强合作,采取一致的行动,联合国可持续发展的目标就无法实现。这无论是从道义上还是从政治上,都是全球社会关注的、无法接受的热点问题。

二、联合国粮食系统峰会是一次契机

令人欣慰的是,国际社会已经意识到粮食安全是解决联合国可持续发展所有 17 个目标的基础。近年来,联合国与有关国际机构以及会员国政府为实现可持续发展的各项目标做了大量的工作并发起了一系列行动。这包括联合国"营养问题行动十年(2016 – 2025)"①、"可持续发展目标行动十年"②以及"家庭农业十年"③等关键活动,其目的都在于动员国际社会促进粮食生产以及提倡多样性、营养平衡和健康的饮食和生活方式,推动联合国 2030 年可持续发展目标前两个目标的实现。

为了积极应对新冠肺炎疫情与气候变化叠加的综合影响,进一步组织动员国际社会共同面对全球性的农业与粮食安全挑战,联合国与会员国决定今年在纽约召开联合国粮食系统峰会④,旨在动员全球社会从根本上改变观念,从"农业粮食体系"考虑,即在农业技术研发和农业生产、加工、运输、存储和消费所涉及的所有环节采取系统的协调行动。为此,国际社会还达成共识,决定从五个"行动轨道"平行推进农业与粮食体系转型,包括:(1)确保所有人都能获得安全而有营养的食品;(2)转向可持续消费模式;(3)推动对自然环境有积极影响的生产方式;(4)促进公平生计;(5)加强抵御脆弱性、冲击与压力的韧性。

---

① United Nations, *Decade of Action on Nutrition(2016 – 2025)*, https://apps. who. int/gb/ebwha/pdf_files/EB152/B152_24 – ch. pdf.

② United Nations, *Sustainable Development Goals "A Decade of Action"*, https://www. un. org/sustainabledevelopment/zh/decade – of – action/.

③ United Nations, *Decade of Family Farming (2019 – 2028)*, https://undocs. org/zh/A/RES/72/239.

④ United Nations, *Food Systems Summit 2021*, https://www. un. org/zh/food – systems – summit/.

这次峰会还预期取得如下四个成果：(1)制定重大行动和可衡量的进展方案，以推进《2030年可持续发展议程》；(2)提高认识和促进大众讨论粮食体系的改革；(3)制定原则，以引导政府和利益相关方利用其粮食体系支持可持续发展目标；(4)建立后续行动和必要的评估系统。

值得注意的是，这次峰会将在第七十六届联合国大会期间召开(纽约时间9月23日)，这无疑是继2009年世界粮食安全首脑会议之后的又一次专门聚焦粮食与农业问题的最高级别的全球性会议，其意义与影响之重大，不言而喻。国际社会应该借峰会之机相互学习，在总结各国与各地区的成功经验的基础上，切磋并规划峰会后续行动之路线图，共同把峰会的决策变为实际行动，以确保峰会建议得以落实，推动建设更高效、更包容、更有韧性及更可持续的农业粮食体系。

中国对联合国可持续发展目标作出了举世瞩目的贡献，特别是对前两个目标——消除贫困与“零饥饿”，值得国际社会认真研究、总结和借鉴。“国以民为本，民以食为天。”中国政府始终坚持粮食安全是最基本的人权，一向把粮食安全视为关系到社会稳定、国家安全、国际政治与人类发展的根本问题，坚持“以人民为中心”的执政理念，历来重视农业、农民与农村发展。在过去的40年里，中国坚持改革开放，制定了一系列调动农民积极性，推动乡镇企业发展，培育农民企业家、脱贫攻坚、科技兴农、乡村振兴等与时俱进的“三农”政策。同时，依靠制度的优势，借助强大的组织动员与行政协调能力，实现了从战略远见到规划计划，从政策制定到资源调配以及分级负责执行的举措，充分体现了农业、农民与农村发展三位一体的顶层设计与系统工程实施的有机结合，推动了一、二、三产业融合发展，有效提高了农业生产力，实现了农民的持续增收。中国于2020年宣布在现行标准下的完全的消除贫困，实现了人类历史上最大规模的脱贫。中国用不到全球9%的耕地面积、6%的淡水资源，成功地解决了19%的世界人口的吃饭问题，成为世界上第一个提前10年实现了消除贫困与“零饥饿”目标的国家①，引起世界瞩目。

---

① 《人类减贫的中国实践》，载人民政府网，https://www.gov.cn/zhengce/2021-04/06/content_5597952.htm。

中国的粮食安全成为世界粮食安全的“压舱石”，这是对联合国2030年可持续发展目标的巨大贡献，是人类发展的一个奇迹。无疑，中国在可持续发展进程中积累的许多经验，包括政策措施、实践经验以及科技应用等，是中国积极参与全球农业与粮食安全治理的重要资本，是贡献给国际社会的一个重要的公共产品，可供全球消除贫困与实现“零饥饿”行动借鉴。

目前，世界正经历百年未有之大变局。在全球新冠肺炎疫情仍在肆虐，气候变化的叠加影响下，我们也必须看到，中国的粮食安全也面临着严峻的挑战——主要包括土地资源禀赋、气候变化影响、生态环境压力以及人口老龄化等因素的制约。中国每年还要进口超过一亿吨的粮食①，而粮食浪费与损失现象还十分严重，仅餐饮浪费每年就达1700万～1800万吨，包括在学校食堂的浪费。同时，在种植业领域，也存在一定的“卡脖子”风险。此外，推进农业现代化转型、乡村振兴本质上就是一个涉及中国复兴的浩大的系统工程，其实施更涉及各个部门、不同层面、多种行业，统筹协调难度巨大。可以想象，在中国这个生态环境复杂的农业大国，推动农食体系转型的理念，建立具有韧性的粮食系统，促进农业高质量的发展，实现更好生产、更好生活、更好营养与更好环境的目标的可持续农业，必然是一项艰巨性、复杂性与长期性的任务。我们必须充分估计挑战与压力，探寻更科学、有成效的发展途径。那么，未来的出路在哪儿呢？答案只能在于依靠党中央的领导，进一步深化改革，强化科技创新。关键的选项是借助数字技术与现代信息技术，推动农业现代化——信息化、数字化、网络化和智能化。

三、推动数字技术，助力农业粮食体系转型

在全球范围内，加快农业粮食体系转型是实现农业可持续发展和粮食安全的重要路径。随着发展中国家的信息基础设施与人才短板凸显，全球农业领域的数字鸿沟也在不断扩大。许多发展中国家从种植业发展与作物生境到生产、收获、仓储、贸易流通以及可持续消费等整个科技链、产业链和消费链的所有环

① 《我国每年粮食进口超亿吨　大豆对外依存度超80%》，载中国经济网，http://www.ce.cn/cysc/sp/info/201907/15/t20190715_32613778.shtml。

节，可用于精准监测、科学决策的数据和手段还相对贫乏。在联合国2030年可持续发展的17个目标、169个子目标，以及230多个指标中，近40%的指标处于既无数据也无方法状态。显然，数据、模型与方法的缺乏已经成为科学实施、监测与度量SDG进展的巨大"瓶颈"。人类对地球生态至关重要因子的计量和估值、实施"环境经济核算"的手段与政策评价能力的不足或缺失，已成为推动农业粮食体系转型的一个主要障碍。作为数字技术领域较为先进的发展中国家，中国正在加速缩小数字鸿沟。党的十九大对建设网络强国、数字中国、智慧社会提出了明确的战略方向，并对数字政府、数字社会、数字经济、数字文化以及数字生态协调推进的数字中国建设作出了全面部署。①

早在"十三五"期间，中国就制订了卓有远见的计划，系统推进数字技术发展应用。在数字政府建设方面取得了瞩目的进展：全国一体化在线服务平台上线运行，多地实现"最多跑一次""一网通办""异地可办"等便民服务；全国疫情期间健康码累计使用超100亿人次，为包括农业在内的复工复产作出重要的贡献。中国在联合国电子政务综合指数评价中已提升到第一梯队，进入世界前65名；电子政务发展指数(EGDI)从2018年第65位提升到第45位。② 数字社会建设效益不断扩大：社会数字化转型升级加速推进，数字城市发展迅速，社会治理智能化和专业化水平不断提高。数字文化助力智慧出行、数字文旅，"一部手机游中国"等业务；"一带一路"人文交流信息化枢纽，数字文化资源共享，数字教育，线上会议、上课与学生辅导等在疫情期间发挥了重要作用。数字生态文明建设成效显著："天—空—地"一体化监测，为山水林田湖草海，智慧环保、减灾、海岸、河流、企业排污等涉及绿色发展的问题提供了更多的科学手段与更有效的解决方案。近年来，数字经济已经成为主要的增长引擎：产业数字化推动了传统产业的转型升级，开拓了创新、创造与创业机会。2020年中国的数字经济规模达39.2万亿元，占GDP比重约38.6%。

在此基础上，"十四五"规划进一步强调了数字技术的重点发展。将"加快

---

① 《新闻办就数字中国建设峰会有关情况举行发布会》，载人民政府网，http://www.gov.cn/xinwen/2018-03/22/content_5276511.htm#1。

② 《我国电子政务排名大幅提升　在线服务水平进入全球领先梯队》，载中共中央网络安全和信息化委员会办公室，http://www.cac.gov.cn/2020-07/11/c_1596030138020827.htm。

数字化发展　建设数字中国”设为独立篇章，强调以下重点领域：激活数据要素潜能，加快建设数字经济、数字社会、数字政府，以数字化转型整体驱动生产方式、生活方式和治理方式变革。将数字技术广泛应用于政府管理服务，推动政府治理流程再造和模式优化，不断提高决策科学性和服务效率。新的时代背景下，数字政府建设不仅决定了政府自身治理水平，也是影响数字经济、数字社会发展的关键变量。注重核心技术与应用，推动互联网、大数据、人工智能等与各产业深度融合；促进平台经济、共享经济健康发展；推动数据资源开发利用，扩大基础公共信息数据有序开放，建设国家数据统一共享开放平台；保障国家数据安全，加强个人信息保护等。

基于对粮食安全的高度重视，智慧农业成为数字中国建设的主战场之一，农业部协同有关部门制定了相应规划和相应政策。智慧农业是农业信息化和现代化的发展方向，是中国乡村振兴战略的科学手段。智慧农业依托“天—空—地”数据采集手段与大数据、云计算、互联网＋、物联网、人工智能技术，推动一、二、三产业的融合发展。

为了落实联合国农食体系峰会建议，加快农业粮食体系转型，我认为我国的智慧农业建设应紧紧瞄准农业的三大功能部署攻关，即确保粮食安全、提供农民就业、确保生态自然向好。具体来说，要加强农业科研与农民能力建设，推动政府、企业、科研院校以及社会团体广泛的伙伴合作；同时加强对青年农民的科技能力的培训与新技术的推广应用，培养新一代农民，特别是帮助青年农民学习、了解并掌握卫星监测、地理信息系统以及地球大数据技术在如下诸方面的应用：生态红线监测（1/4 国土划为生态红线，需要“天—空—地”一体化监测）；减少农业碳排放，助力推动双碳目标的实现（如减少化肥使用，节能减排）；发展绿色产业（如立体农业，特色产业、地理标志产品、乡村休闲旅游）；构建环境友好型农业（如保护型农业、精准农业，减少水、肥、杀虫剂、抗生素使用等）；建立现代标准化农业，保障食品安全（激光技术，量子技术、区块链应用等）；减少粮食损失与浪费（数字多媒体应用、科学管理，互联网应用，鼓励青年带头改变消费模式等）；强化生物技术与信息技术融合创新应用（种业自主创新，特别是蔬菜、水果、种畜等）和新技术推广应用（“天—空—地”一体化农作物监测，精准农业、无人农业、农业保险等）。

近年来，美国、西欧、澳大利亚、日本以及韩国等发达国家，都在加快制定实施相应的智慧农业发展战略规划，许多国家都取得了明显的实效。显而易见，由于社会经济与科技的发展水平限制，大多数发展中国家与发达国家的数字鸿沟正在进一步拉大。这已引起国际社会的高度重视。

与大多数发展中国家相比，由于政府的支持，科技界的努力以及市场的带动，中国在过去30多年里探索建立了一个较完善的“天—空—地”感测系统，包括卫星遥感系统、卫星定位系统、地理信息系统以及无人机遥感和地面监测系统，实现了多平台、大尺度、多传感器的对地观测与全球覆盖，积累了庞大的多源大数据集。随着互联网、5G、人工智能和云计算技术的发展，中国初步建成了多层次的信息应用基础设施。一方面，大大缩小了国内不同地区间的数字鸿沟，为智慧城市、生态监测，农业保险、空间规划和可持续发展的各项应用提供了科学决策工具；另一方面，也为向世界提供包括卫星数据在内的全球公共物品，缩小全球数字鸿沟打造了重要的基础。

基于中国在大数据领域的能力发展，习近平在第七十五届联合国大会宣布，“中国将设立联合国全球地理信息知识与创新中心和可持续发展大数据国际研究中心，为落实《联合国2030年可持续发展议程》提供新助力”。① 这两个中心的建立，将有利于促进务实的国际合作，推动数据共享，帮助成员方特别是发展中国家加强数字领域能力建设，为推动全球农食体系转型提供科学支撑，为实现联合国2030年可持续发展目标提供中国的方案。

四、几点建议

近年来，由于多种原因，世界上一些地区已面临严重的粮食危机。在新冠肺炎疫情的叠加影响下，不少地区情况仍在恶化。按照联合国粮食系统峰会的精神，推动农业与粮食体系转型迫在眉睫。对于中国来说，这是一个发挥中国超大规模市场优势和扩大内需潜力，构建国内国际“双循环”相互促进的新发展格局的重要契机。关键是要继续做好自己的事、种好自己的地，还要进一步放

① 《习近平在第七十五届联合国大会一般性辩论上的讲话》，载人民政府网，https://www.gov.cn/gongbao/content/2020/content_5549875.htm。

大格局，拓宽眼界，放眼看世界，主动参与全球农业与粮食安全对话，提升全球粮安治理的话语权和增强相关领域的规制与标准的制定权。为此，我想分享以下几点具体建议：

（1）借助联合国粮食系统峰会契机，加大宣传造势，推动全民的思维转变，落实从基础科研、生产到消费的可持续农食体系理念。要联合科研、教育、民间与市场力量，特别是鼓励青年一代，参与推动产学研政商合作，建立有效联盟，坚守生态红线，始终坚持主粮自给，确保14亿人的粮食安全。要充分认识到，把我国自己的农事办好，就是对全球粮食安全的最大贡献。

（2）实施国家"十四五"数字农业发展规划，健全与完善国家农业大数据库，筑牢科学推进智慧农业与乡村振兴战略融合发展的基础。国家地理大数据在智慧农业与可持续发展的科学研究与实地应用中具有不可或缺的重要地位，要积极推动大数据在农业粮食体系转型，特别是在农业资源可持续发展的国土空间规划与智慧农业示范研究以及高标准农田建设布局中的实际应用。如开展大数据支持全国优质地理产品生境的甄别、选择、保护与利用的科学研究与定期进展报告等，特别要设计机制，鼓励青年科学家参与田野调查与实证研究，更好地把论文写在祖国大地上。

（3）充分利用我国在数字化、互联网与5G技术等方面的优势，鼓励科研单位与企业合作，联合在培育优良、高品质、适应当地生态环境的新品种上发力。鼓励电商落地农村，推动"农户＋互联网＋应用"，帮助打通"最后一公里"，拓展产业链、提升价值链，促进特色农产品商贸发展。西部相对落后地区政府要根据本地资源禀赋特色和转型的综合要求，抓住数字化信息化发展机遇，因地制宜制定相应政策，吸引"资金下乡、科技支乡、青年人才回乡"，培育中小农业商贸企业在农业粮食体系转型中的"三创"（创新、创业、创造）的有利生态。

（4）大数据是支持缩小数字鸿沟的基础要素，也是目前中国的比较优势。要推动科技部门与政府和企业合作"走出去"，真正发挥新建立的"联合国全球地理信息知识与创新中心"及"可持续发展大数据国际研究中心"的作用，在推动大数据技术在农业粮食体系全链条、广场景的应用中，开展扎实的工作，如在农业减排适应、全球粮食生产预报、农业生态监测等取得实实在在的成果，并及时总结推广经验，实现我国对国际社会的庄严承诺；同时要争取通过南南合作机制，加强在“一带一路”的国家与地区的农业与粮食安全合作，特别是合作培养新一代数字青年农民，把数字技术带给世界更多国家，让更多国家的人民享受现代科技的恩惠。

在黄泛冲积土壤上打造牛蒡产业中心的建议*

消除贫困与“零饥饿”是联合国2015年提出的联合国2030年可持续发展17个目标中首要的两个目标。对于大多数发展中国家,这两个目标的本质就是我们中国所说的“三农问题”。

五年多来,联合国与有关国际机构以及成员方政府为实现可持续发展目标做了大量的努力,发起了一系列行动,包括联合国大会于2019年作出了2021年为“国际果蔬年”的决定。“国际果蔬年”旨在突出水果和蔬菜在人类营养、食品安全、可持续生产以及减少浪费中的重要作用。联合国秘书长古特雷斯在启动“国际果蔬年”系列活动的致辞中表示,“新冠疫情正在持续影响全球人民的健康和生计,我们必须走到一起,确保让所有人都能吃上包括水果和蔬菜在内的营养食品”。“国际果蔬年”将与联合国“营养问题行动十年(2016-2025)”、“可持续发展目标行动十年”以及“家庭农业十年”等关键活动一道,鼓励食用水果和蔬菜,促进多样、平衡和健康的饮食和生活方式,推动联合国2030年可持续发展目标的实现。几天前①,联合国粮农组织第42届会议通过了《2022-2031年战略框架》,旨在支持实现联合国2030年可持续发展目标,推动转型,建立更可持续的农业粮食体系,最终实现“更好生产,更好营养、更好生态和更好生活”的“四好”目标。早些时候,联合国粮农组织还表示,世界果蔬品种多样,在获取、销售等方面各有不同的地域性做法;推动“国际果蔬年”和“可持续发展行动十年”计划,需要全球共同努力,因地制宜,分享全球最佳实践。

国际社会高度认同,粮食安全、营养与健康以及健康生态密切相关。健康

---

* 该文是作者2021年8月在第二届中国(丰县)牛蒡产业高峰论坛的主旨演讲。

① 2021年6月18日。

的果蔬需要健康的生态地理环境,没有“绿水青山”的生态地理环境保障,果蔬的质量无从谈起,“金山银山”也无法实现。

遵循“绿水青山就是金山银山”的理念,经过科学家的充分酝酿与论证,由中国科学院地理科学与资源研究所和中国科协联合国咨商专委会共同发起的“优质地理产品生态环境保护与可持续发展案例”计划,是响应联合国上述计划的一个实践,也是落实“绿水青山就是金山银山”的具体行动。这个计划提出的优质地理产品包括地理标志产品、地理特色产品、地理传统产品,是基于健全的生态、健康的环境、健康的产品、健康的生活统一的理念提出的。这个计划强调地理环境多样性、物种多样性、人类文明多样性是计划的核心。因地制宜,充分认识大自然赋予的生态财富、祖辈留下来的文明财富,是区域可持续发展的根基。它们是一个成功的案例不可或缺的重要组成部分。当然,这个计划的成功,还有赖于所有利益相关者的共同努力。只有一方面参与是难以实现的,也是难以持续的。该计划的成功,还需要产、学、研、政、学术团体与科学传播拧成一股绳,形成联盟,发挥各自优势。

此外,科学的赋能、新技术的应用是案例成功的重要手段。这个行动计划要强调数字技术在地理信息与人文信息的获取,空间数据与政务数据的融合分析以及充分挖掘互联网技术在减少果蔬浪费、开拓市场、提高农民收入等方面的巨大潜力。可信赖的科学传播——特别是国际化的传播手段与方案——是这个计划的特色,是成功案例核心竞争力的重要组成部分。

我注意到,承担“优质地理产品生态环境保护与可持续发展案例”甄别、收集、出版、认证与传播任务的《全球变化数据学报(中英文)》编辑部是国家新闻出版署批准的、采取中英文双语方式出版和传播载体,是科技部科技基础条件平台批准的中国科技资源标识注册机构,是国际科学理事会世界数据系统正式成员,是中国通向世界最可信赖数据和信息的传播平台。据我了解,它已经先后两次获得联合国世界信息峰会奖。我相信,依靠各利益相关者的共同努力,一定能把该计划打造成为一个具有科学性、可靠性、权威性以及有国际影响力的项目与机制。

作为“优质地理产品生态环境保护与可持续发展案例”计划的一位评审专家,我很高兴看到,我们选择了“丰县牛蒡古黄河泛区生境保护与可持续发展案例”。今天我们实地考察了百亩牛蒡生产基地，刚刚又见证了这个案例的证书颁发、授牌仪式。这是继“宁夏盐池滩羊干旱草原生境保护与可持续发展案例”后，获得批准的第四个案例，值得祝贺。

千古龙飞地，一代帝王乡。丰县是刘邦的故里，是黄河文化的重地。丰县县志记载了自420～1936年20多次的黄河重大泛滥所造成的严重灾难。然而，丰县人民正视黄泛，将灾区转为资源，在深厚的黄泛冲积土壤上发展特色农业，包括具有独特生长条件的牛蒡。丰县各界将牛蒡产品与黄河故道遗产以及中华民族文化融为一体，在国际上树立了一个丰县人民如何脱离苦难、始终不渝地代代相传，最终将灾区转为丰区的鲜活案例。我认为，这个案例的选择，还隐含着中国农民的坚韧与智慧的结晶。我们衷心希望“丰县牛蒡古黄河泛区生境保护与可持续发展案例”不仅能为丰县“争当表率、争做示范、走在前列”，在建设美丽、富强新江苏的征程中充分彰显丰县担当；而且可以为践行“两山”理念，提高农民收入，推动生态文明建设，树立一面江苏旗帜，总结一种中国方案。为此，我提三个建议：

一是加强科学研究，提升牛蒡产业价值链。充分挖掘利用牛蒡的“三品”特质，即食品、营养品和文化产品。要很好利用中科院（如地理科学与资源研究所）、农科院（如江苏农科院）特别是地方院校与科研单位的研究能力，适度加大投资力度，对牛蒡品种与种质资源、种植生产模式以及高品质、高品相的产品增值开发的系统研究，推动一、二、三产业融合，拓展产业链，提升价值链。鉴于牛蒡特殊的生长要求，一定要注意把握并加强研究大规模牛蒡生产与生态保护如土壤、水资源之间的科学关系，这对可持续农业，实现“更好生产、更好营养、更好生态、更好生活”的愿景有重要的现实意义与科学贡献。

二是建立产业联盟，携手打造品牌。联合科研、教育、民生与市场力量，通过“优质地理产品生境案例”平台，实现产、学、研、政、商携手合作，建立有效联盟，形成优势互补。科学传播在产业联盟中可以发挥重要作用。要积极推动牛蒡产品的“双向延伸”：争取一些品牌美食上高端筵宴甚至国宴。比如，昨晚我们吃了一餐丰盛精美别具特色的牛蒡筵席，应该设法今年秋季在昆明召开的生物多样性缔约方大会（COP－15）上，争取上一两道牛蒡美食，这对“牛蒡走出去”的影响力就更大了。但更主要的是，应该争取让牛蒡食品这个“王谢堂前燕”真正走进“寻常百姓家”，成为千家万户普通家庭平常餐桌上喜欢的、吃得起的食品，那对市场的推动和民生的意义就更大了。

三是应用数字技术，推动牛蒡“出省出国”。数字化、网络化、智能化等现代信息技术发展迅猛，丰县已经投资建设了一定的数字基础设施，并且试图应用云上平台，互联网＋带货直播等推广包括牛蒡在内的各种丰县特色产品。从总体来看，外界对牛蒡还是知之甚少。要扩大市场，走出丰县，跨出江苏，冲出国门，数字技术特别是互联网技术将是最有效的手段。一方面，要加大科普宣传，注重内容的构思设计与开发；另一方面，对于地方一级，数字技术的发展应面向实际需求，做好顶层设计，抓好统筹规划，挖掘应用场景。建议把牛蒡产业体系——一、二、三产融合发展作为丰县产业数字化转型的一个重点应用场景，设立课题，给予重点支持。如对企业与跨境电商服务合作给足政策，吸引他们在丰县产业园落地，扩大规模应用效应。

需要注意的是，在数据技术应用上，要避免各立门户、各起炉灶、各建数据库，搞重复投资建设的现象。很多地方的经验表明，凡是部门协调合作好，支持各种数据汇聚共享，推动数据有序开放，认真推动制定数据地方使用政策与机制管理的地方数办，在发挥数据要素的市场作用、数据的安全管理以及提高数据效益等方面都有较好的作为与效果。

当前，世界正经历百年未有之大变局，中国完成了脱贫攻坚，实现了全面小康，正在向建设中等发达国家的第二步目标迈进。粮食安全、农业现代化与乡村振兴同样面临着诸多挑战也伴随着难得的机遇。我相信，以科学为基础，通过技术赋能、社会参与、市场导向，特别是调动与培养新型农民、青年农民企业家的行动，丰县人民将有能力在新时代、新征途中，探索一种新模式，打造世界牛蒡产业中心，创造新的辉煌。

中小商企业在粮食安全与乡村振兴中的角色与作为*

应2021乡村产业振兴与发展(国际)峰会组委会的邀请,我今天将围绕粮食安全全球治理与乡村振兴的主题,谈谈中国中小商企业的角色作为、面临的挑战与机遇。我想从以下几个方面谈谈自己的思考与体会。

一、联合国粮食系统峰会的背景与期待

我最近在多个场合反复提到,国际社会正面临着又一场大考。自2015年联合国通过了2030年可持续发展议程后,6年时间已经过去了,联合国可持续发展目标的进展很不尽如人意,国际社会对此深表担忧。

百年未见的新冠肺炎疫情的持续影响、地区冲突以及全球不同地区遭遇的创纪录的高温、干旱、风暴、洪水等全球气候变化引起的严重的自然灾害,许多国家与地区的经济受到严重冲击,社会动荡不安、人民艰难挣扎,全球的贫困与饥饿人口不减反增。

为了组织动员国际社会共同应对全球性的农业与粮食安全挑战,联合国决定9月召开世界粮食系统峰会。在峰会的筹备过程中,国际社会普遍认为,解决全球粮食安全问题的根本途径在于改变人们的观念,需要从"农食体系"考虑,即从农产品生产、加工、运输、存储和消费所涉及的所有环节,采取系列行动。国际社会还达成共识:实现这一点,应该建议从五个"行动轨道"平行推进并期待取得四个成果①。无疑,这次峰会将成为继1996年与2002年两次全球

* 该文是作者2021年9月12日在2021乡村产业振兴与发展(国际)峰会的主旨报告。

① UN ActionTrachs – OECD, https://www.oecd.org/Food – systems/action – tracks;2023 – 1 – 11.

粮食安全首脑会议之后的又一次专门聚焦粮食与农业问题的最高级别的全球性会议，其关注热点与重大意义不言而喻。

二、利用峰会讲好中国故事并学习借鉴他人经验

“国以民为本，民以食为天。”中国政府始终坚持粮食安全是最基本的人权，是关系到社会稳定、国家安全、国际政治与人类发展的大事。中国政府一向坚持“以人民为中心”的执政理念，历来重视农业、农民与农村发展，已成为世界上第一个提前10年实现了消除贫困与“零饥饿”目标的国家。这是对联合国2030年可持续发展目标的巨大贡献。中国积累的许多经验，包括最佳实践、政策红利等公共物品值得总结，并在合适的场合向世界分享与推广。

联合国粮食系统峰会是一个很好的契机。利用峰会，讲好中国故事，实现参与全球粮食安全治理效果的最大化，需要我们提前思考、超前规划、制定预案。特别是如何以主动的姿态参与峰会的前期准备、峰会成果目标的讨论、峰会召开期间的政策辩论以及峰会后相关建议的内化与后续行动等活动的全过程。事实上，目前国际上许多民间组织都已积极参与峰会预备的一些工作。建议有关部门积极牵头，行动起来，提前作出系统的安排与部署。

一方面，中国要利用峰会，系统总结中国确保“中国人的饭碗永远端在自己的手里”的国家粮食安全模式。提前实现联合国消除贫困的目标，使9亿多人民脱贫，是人类历史上最大规模的脱贫。特别是改革开放以来，中国从调动农民积极性到推动乡镇企业发展、农民企业家的培育壮大、“三农政策”的系列出台、脱贫攻坚战的有效组织，直至今天的乡村振兴战略的稳步推进，涌现出许多优秀的实践案例。应该特别指出，在这30多年的蓬勃发展进程中，中国的中小商企业在推动社会经济发展的进程中起到了历史性的作用，提供了大量教科书式的解决方案。这些真真切切的故事应该借此机会得到系统总结，纳入全球农业与粮食可持续发展的典籍，作为公共物品与世界共享。

另一方面，峰会也将给中国带来又一次学习借鉴的机会。在2020年实现全面建成小康社会之后，中国开启了迈向全面建成社会主义现代化强国和中华民族伟大复兴中国梦的新征程中，正处在继续爬坡上山的阶段。从农业与粮食安全领域来说，我们面临着包括土地资源禀赋、气候变化影响、生态环境压力以

及人口老龄化等因素的制约。最近在中国河南粮仓基地出现的千年不遇的暴雨灾害就是一个典型的例子，说明建立一个具有韧性的粮食系统的重要性、复杂性与挑战性。此外，解决了温饱问题的人民对美好生活有了新的追求，这也给农业转型与高质量的发展、美丽乡村的建设、实现可持续发展带来显而易见的压力与机遇。特别应该看到，中国每年还要进口超过一亿吨左右的粮食。作为全球最大的粮食进口国，一方面给世界粮食供给带去一定的压力，另一方面也明显暴露农业与粮食领域中同样存在"卡脖子"的薄弱环节。其中，农业"芯片"问题主要涉及种业问题，随着国际政治关系的不确定性增多，必须提到议事日程，推动种业自主创新与高质量发展已迫在眉睫。

参与峰会是一次认真回顾、虚心学习的过程。通过了解与总结国际上建立可持续农食体系的新理念与实践，特别是农业现代化与现代化农村建设、生物技术与信息技术应用，数字化城镇与智慧农业发展等方面的科技创新与应用，值得我们系统了解、认真借鉴。此外，最重要的是组织各界提前规划峰会的后续行动，包括如何借助峰会的动量与农食体系转型建设的思维，推动我国国家粮食安全与乡村产业振兴发展。同时，应借此机会，认真考虑如何把推动农食体系理念融入构建人类命运共同体的思想、纳入"一带一路"建设的行动计划，为世界提供更多具有中国特色的公共物品，扩大新时期中国对全球粮食安全的贡献。以上这一切，都离不开中国中小商企业的积极参与、有效作为与继续贡献。

三、中小商企业的作为与机遇

改革开放证明，中小商企业是推动中国国民经济发展，构造市场经济主体，促进社会稳定的重要力量。面对疫情影响与百年不遇之大变局的冲击以及全球经济复苏趋缓的压力和融资的困难，中小商企业也面临空前的挑战。能够化挑战为机遇，从危机中找先机的关键在于思维转变与理念的创新；重要的是克服"急功近利、各自为战"，自觉向"纵观天下、统筹布局"的可持续、有韧性的发展战略思维转型。组织协调各个层次、各种形式以及各类利益相关方的参与，通过信息的交流，发展模式的切磋，政策机制的重塑等，将为中国的中小农商企提供全新性的格局、全球性的视野。

从宏观政策层面应该清醒地看到，面对全球性的问题，如气候变化、生态危机、生物多样性损失以及新冠肺炎疫情肆虐，推动建立政府、企业、科研院校以及社会团体广泛参与的、具有韧性的现代农粮体系是今后农业发展的主流。在这一方面，中小商企业可以在技术发展与生产力提高方面做的事情很多：如减少碳排放量（农业占人为温室气体排放1/3），助力“双碳”目标实现（如节水、减少化肥使用），发展绿色农业（如立体农业），构建环境友好型社会（如精准农业，数字化农机具；减少水、肥、杀虫剂技术以及抗生素使用等），建立现代标准化农业，保障食品安全，减少粮食损失与浪费（全球每年损失与浪费粮食达13亿吨；中国每年单餐饮浪费就达1800万吨），参与科技创新（新品种，特别是蔬菜种苗、种畜等）和新技术推广应用等（无人机、感测系统等）。凭借在40年改革开放中摸爬滚打的经验与教训以及敢打敢拼的创新精神，中国的中小商企业家在相关体制机制改革讨论中以及技术创新发展中是最有发言权的，大有用武之地。

从技术与领域来看，如何开发利用现代科技，促进生物技术与数字技术领域多层次、多模态的伙伴合作是农业现代化的主要方向。这包括如何充分利用我国在数字化、互联网、物联网与5G技术以及卫星遥感技术等方面的优势，打通“最后一公里”，推动互联网+应用（如无人化农业与特色农业），促进农村文旅经济（如数字文旅的开发应用）以及数字贸易与电商（如直播带货）等领域的应用。政府应该与协会建立伙伴关系，通过多措并举，采取特殊激励政策，帮助中小商企业组织起来，推动科技赋能支农、金融援农、青年回农、创业兴农等。同时，为帮助中小商企业整合力量，出台“走出去”政策，参与“一带一路”建设，在发展乡村经济、缩小数字鸿沟方面，为发展中国家和偏远农村以及落后群体带去现代科技的恩惠，探索新的应用场景，共享合作的成果。

四、打造乡村振兴的金色名片

中国能不能复兴，关键在于乡村是否能振兴；中国是否能完全实现现代化，就看农业乡村是否能实现现代化。乡村振兴成为我国农村社会经济改革发展的新的理论体系与“航母级”的实践平台，中国中小商企业应该学会从国家出台的一系列新政策中，寻找产业转型发展与商机。

（1）政策组合拳陆续出台。2017 年党的十九大报告中明确提出了乡村振兴战略。经过几年的推进蓄力，在"十四五"规划和 2035 年远景目标纲要中，"坚持农业农村优先发展　全面推进乡村振兴"已成为重中之重。可以说，乡村振兴战略是后疫情时代的治国良策，是中国实现强国富民、现代化建设的根本使命，也是中国在大变局下参与全球农业与粮食安全治理的新名片。目前，一系列政策"组合拳"也已陆续出台。

2020 年 10 月，十九届五中全会《中共中央关于制定国民经济和社会发展第十四个五年规划和二〇三五年远景目标的建议》中指出，要坚定不移贯彻创新、协调、绿色、开放、共享的新发展理念，加快构建以国内大循环为主体，国内国际双循环相互促进的新发展格局。建议第七章提出"优先发展农业农村，全面推进乡村振兴"，要求提高农业质量效益和竞争力，以保障国家粮食安全为底线，健全农业支持保护制度；深入实施"藏粮于地、藏粮于技"战略，并对加大农业水利设施建设力度，强化农业科技和装备支撑等；推动农村一、二、三产业融合发展，丰富乡村经济业态，拓展农民增收空间等。

根据该建议编制的《"十四五"规划和 2035 年远景目标纲要》中，对"十四五"时期经济社会发展主要指标的"安全保障"项下明确，到 2025 年，粮食综合生产能力要大于 6.5 亿吨，并定为"约束性"指标。规划提出要夯实粮食生产能力基础，保障粮、棉、油、糖、肉、奶等重要农产品供给安全；要坚持最严格的耕地保护制度，实施高标准农田建设工程，建成 10.75 亿亩集中连片高标准农田以及加强农业良种技术攻关等多项举措。① 目前，国家发改委正会同有关部门抓紧编制国家粮食安全中长期规划纲要（2021 ~ 2035 年）。国家粮食和物资储备局在抓紧编制粮食产业发展等专项规划，《粮食安全保障法》的立法工作也在积极推进。

不久前中央政治局会议进一步明确提出：要强化科技创新和产业链供给链，加强基础研究，推动应用研究，开展补链强链行动，加快解决"卡脖子"难题，发展专精特新中小企业。即具备专业化、精细化、特色化、新颖化四大优势。

---

① 《中华人民共和国国民经济和社会发展第十四个五年规划和 2035 年远景目标纲要》，载人民政府网，https://www.gov.cn/xinwen/2021-03/13/content_5592681.htm。

(2)中小企业发展如鱼得水

接二连三发布的中央精神,紧锣密鼓的部门行动,吹响了乡村振兴的进军号,这是一次无论从规模、深度与广度上来说都不亚于1978年农村改革的新一轮变革。对于中小商企业来说,乡村振兴战略犹如刚刚启航的"航母",遍布机会。小米公司创始人雷军曾说过:在风口上猪都会飞起来——关键就看你是否准备好,是否能够抓住机遇、实现企业转型升级的突破。

如何抓住转型契机呢?我以为,乡村振兴的本质是"三农"的现代化、数字化、信息化与生态化。通过"四化"实现可持续发展,涉及人、物、环境等要素。这里的关键在于改变传统观念,就看谁能吃透政策,抓准抓快,大胆稳健,顺势推进。

5月7日,农业农村部、国家乡村振兴局联合农业发展银行、农业银行、建设银行等共同召开全国金融服务"三农"工作视频会议。会议发布了《社会资本投资农业农村指引(2021年)》,要求对标全面推进乡村振兴、加快农业农村现代化目标任务,立足当前农业农村新形势新要求,聚焦农业供给侧结构性改革和乡村建设的重点领域、关键环节,促进农业农村经济转型升级。

我注意到国家鼓励投资的有以下13个重点领域:现代种养业、现代种业、乡村富民产业、农产品加工流通业、乡村新型服务业、生态循环农业、农业科技创新、农业农村人才培养、农业农村基础设施建设、智慧农业建设、农村创业创新、农村人居环境整治、农业对外合作。

仔细研读相关政策文件可以发现:为落实中央提出的专精特新的培育工作,有关部委正在加速推进,积极投入真金白银,明确在未来5年中央财政安排100亿元以上奖补资金,分三批重点支持1000余家国家级专精特新"小巨人"企业,带动1万家左右中小企业成长为国家级专精特新"小巨人"企业。这里蕴含着中小商企业崭新的巨大发展机会。乐观地说,处处有商机。

目前,摆在每个中小企业面前的主要问题是如何找到适合自身的方向或重新确定好自己的定位,乘势而上、转型升级,尽快实现凤凰涅槃,浴火重生。

五、几点思考与建议

国家的粮食安全与乡村振兴战略为中小商企业提供了出海的"航母"平台,

坚实巨大。面对世界百年不遇的大变局,特别是美西方的集体打压,我们应该清楚地认识到:农业与粮食安全领域并非“完全的免疫区”,我们需要加强战略定力练好内功,坚定不移地种好自己的地,确保把饭碗牢牢地端在中国人自己的手里。我们需要聚精会神地搞好自己的事,积极科学地推进农业现代化与乡村产业振兴,坚定不移,艰苦务实,持之以恒,久久为功。当前,最需要的是改变传统思维,坚持改革开放,跟踪联合国世界粮食峰会进展与建议,探索中国企业走出去的新方向与新机遇,团结各种利益相关方,既为2035年建成中等发达的社会主义国家争取更多机会,也为联合国可持续发展目标的实现继续贡献中国力量,实现与国际社会共赢。为此,我提以下四点建议:

(1)坚持改革开放,把乡村振兴战略实施打造成又一张中国新名片

随着中国整体走向全球治理舞台中心,要求中国的企业家树立大视野、大胸怀与全球格局。要彻底改变“一亩三分地”的小农思想,转变思维,既做中国生意,也要做全球生意,抱团取暖,集成发展,不断把企业做大做强。

乡村振兴是实现在中华民族伟大复兴的基石,是中国继续贡献联合国可持续发展目标实现的倍增器,也是参与新格局下农业与粮食安全全球治理体系建设与改革的重要公共物品。企业家应该自觉、自豪地担当起历史的使命,用求实的精神、务实的态度、丰实的成果,把中国的乡村振兴战略打造成中国参与农业和粮食安全全球治理的又一张新名片。

(2)组织工商企业家参与推动联合国SDG目标的实现

随着人口增长与生活质量要求的提高,人民需要获得到、付得起、高品质、有营养、可持续的食品供给。要充分利用世界粮食系统峰会的契机,抓住建立从生产到消费的可持续的农食体系转型的要求,促进农业多功能发展的机遇,特别是推动农业三大功能的转型,即确保粮食安全(提高质与量),提供农民就业(更加体面职业),确保生态无害(更好生态,如助力“双碳”目标,发展立体农业,无土栽培、智慧农业等)。要加强中小商企业对可持续发展理念的认知,宣传并组织动员中小商企业参与落实联合国粮食系统峰会的决定,主动探讨如何把农食体系的理念纳入企业的发展目标,实现绿色转型,助推联合国2030年可持续发展目标的实现。

(3)坚持开拓创新,做推动农食体系转型的中坚力量

中国的农民、农业与企业担负着确保中国14亿人口粮食安全与高质量生活的重要使命。联合国粮农组织最近牵头制定了2021～2025年私有部门合作战略,鼓励通过变革与创新,强调创新性的伙伴合作,组织动员多种利益相关方,特别是中小商企业家的智慧与战略思维,扩大规模效应,参与提供国家指导、市场引领的创新方案,值得借鉴。生物技术、信息技术与数字技术将成为新时期乡村振兴与粮食安全的重要驱动力。发展智慧农业、精准农业,加强卫星灾害监测评估,落实遥感农业保险等,将是助推农业步入现代化高级阶段的重要举措。有条件的中小企业要抓住机遇,及时调整方向,充分参与推动数字乡镇发展与智慧农业建设,分享农食体系转型的红利。

(4)参与国际合作,支持以联合国为核心的全球粮食安全治理体系改革

小企业、大胸怀,要多了解、多研究不同层次、不同领域、不同形式的区域合作与国家间合作政策,探索发展项目机会。企业要走出去,需要了解国际规制(如世行的合规调查和制裁)、当地的法律、合作对象的文化背景以及国际公认的商业行为准则,包括环境生态保护及负责任的土地投资原则等。除增强中小企业的技术能力与在国外的适应能力外,还要加强培养具有全球视野的中国农业企业家,特别是引导他们增强社会责任感,提高环境生态意识,扩大走出去的眼界与格局,为世界提供更多的中小商企业在绿色农业发展与全球粮食安全治理的中国特色的案例与公共产品。

应该意识到,实现联合国2030年可持续发展目标已经进入倒计时,消除贫困与“零饥饿”的窗口已越来越窄。希望企业家们能主动了解全球态势,借助联合国粮食系统峰会的机遇,搭上国家乡村振兴战略实施的“航母”;也希望有关部门与社会组织加强合作,积极引导帮助中小商企业组织起来,制定切实措施实现转型升级,既为自身发展,也为国家与世界发展作出新时期的新贡献。

推动绿色经济与气候智慧型农业发展*

一、气候变化对农业的影响

气候变化是不争事实,已成为人类可持续发展无法绕过的关卡。这几年的全球变化趋势基本上符合联合国政府间气候变化专门委员会(IPCC)2007年报告所预计的:未来20年,若温室气体以当前或高于当前的速率排放,全球地表温度将以每10年大约0.2°C的速度升高。即使所有温室气体和气溶胶的浓度稳定在2000年的水平不变,全球地表温度也会以每10年大约0.1°C的速度持续升高。该委员会2011年报告进一步指出,由于人类活动的影响,包括大气中温室气体浓度增加的确引起了某些极端气候变化,如极热天气、热浪和大降雨频率、热带气旋强度增加;高纬度降雨增加和大部分亚热带地区降雨减少等可能性。20世纪90年代由于自然灾害造成的全球范围包括农业部门在内的总体经济损失估计超过6000亿美元,大于过去40年的总和。

气候变化对农业、林业和渔业的发展影响巨大。联合国政府间气候变化专门委员会第四次评估报告预计,到2080年,全球因气候变化影响而增加的粮食不安全人口可能会在500万~1.7亿,其中40%~50%集中在撒哈拉以南非洲。受影响的程度可能会因区域、国家和社会群体而不同:撒哈拉以南非洲、小岛国地区以及亚洲和非洲人口稠密的大三角洲地区将是受影响较严重的地区;发展中国家因基础设施薄弱、技术水平低、经济实力差、适应能力弱,会比发达国家更容易受影响;居住在生态脆弱地区的小型农户、渔民、山民,特别是那些目前处于饥饿状况的贫困人口、弱势群体和老人、妇女、儿童将是最容易受影响的

---

* 该文是作者在2013年贵阳国际生态论坛——生态农业分论坛的主旨讲演。文章参考引用了《粮食安全——世纪挑战与应对》(何昌垂主编,社会科学文献出版社,2013年6月出版)的内容。

人群。

气候变化改变农业生产体系的一些基本要素，如温度、降水、蒸发、水土资源、生物多样性、动植物生境以及病虫害发生形态等，增加极端气候事件发生的频度和强度，因而给各地区农业带来不同程度的影响。总体来看，全球粮食生产能力当温度升高1°C～3°C时将会增加，超过这一幅度则会降低；中高纬度地区粮食生产能力当温度升高1°C～3°C时会略有提高；低纬度地区，特别是季节性干旱和热带地区，小幅的升温（1°C～2°C）也会引起种植业和畜牧业的生产能力下降。非洲雨养农业区的种植业和干旱、半干旱地区的草原畜牧业受到的负面影响最为明显。灌溉农业区将出现常年或季节性的用水紧张。林业森林火灾的频度和强度会增加，病虫害和物种入侵的风险会上升。对渔业而言，除亚洲等部分地区的水产养殖外，多数热带和亚热带海洋、湖泊的生态生产能力会因鱼类栖息地向高纬度地区转移而降低。

农业在气候变化中具有两面性——农业不仅是气候变化的受害者，也是温室气体的重要排放源。联合国粮农组织估计，农业各相关领域的温室气体排放总量约占全球总量的1/3。其中，种植业和畜牧业的排放量约占13.5%，主要来源是施用肥料的土壤、反刍动物的肠胃发酵、秸秆焚烧、水稻生产以及有机肥和化肥生产过程中释放的甲烷（CH_4）和氧化亚氮（N_2O）；林业和土地利用方式改变的排放量约占17.4%，主要是由森林砍伐造成的；渔业的排放量约占0.1%。全球约3/4的农业温室气体排放来源发展中国家，主要原因之一是在草原和森林地区毁林开荒。据IPCC测算，2030年以前，种植业和畜牧业温室气体减排的技术潜力为每年1.5兆吨～1.6兆吨碳当量（相当于5.5兆吨～6兆吨二氧化碳），约占其温室气体总排放量的83%～91%，主要途径是土壤碳捕获；2050年以前，林业和土地利用改变领域的温室气体减排技术潜力为每年1.5兆吨碳当量（相当于5.4兆吨二氧化碳），约占其温室气体排放总量的64%，主要途径是植树造林。当然，此外还得考虑经济可行性问题。全球约70%的农业温室气体减排的技术潜力集中在发展中国家，这些潜力若不加以充分挖掘，到21世纪中叶全球温室气体排放总量在1990年基础上减半的目标将难以实现。亚洲占全球农业领域甲烷和氧化亚氮总排放量的37%，其中南亚和东南亚占全球水稻甲烷排放总量的82%。全球农业温室气体减排技术潜力的

50% 集中在亚洲,潜力十分可观。

二、绿色经济农业发展是必然选项

面对日益增加的资源环境制约和压力以及气候变化的影响,除了探索可持续发展道路别无捷径。因而,推动绿色经济的战略不是选项,是必然的选择。2012 年 6 月在巴西里约热内卢召开的联合国可持续发展大会(“里约 + 20”)明确提出:要向可持续发展和消除贫困背景下的绿色经济转变。

关于“绿色经济”的概念,之前有多种提法。联合国环境署定义为“能改善人类福祉和社会公平,同时显著减少环境和生态透支的经济”。联合国亚太经社会提出“绿色增长”的概念,定义为“强调环境可持续,经济进步,并鼓励低碳型和社会包容性的发展”。经合组织也提出过类似的概念,但强调把绿色投资作为经济增长引擎。

从经济分析的角度来看,传统的绿色经济概念强调将环境成本纳入经济核算,以矫正价格信息,推动资源的高效利用。扩展的绿色经济概念加入了对资源规模和社会公平性(包容性)的考虑。地球上各种自然资源的利用是有限度的,即所谓“地球的边界”。超出这个总量限制,利用效率再高也不能再发展。在一定的资源利用量和利用效率下,社会福利的最大化取决于对经济增长成果的公平分配。“里约 + 20”没有对绿色经济给出确切的定义,但强调它不能取代可持续发展战略,只是实现可持续发展的一项重要手段,用来保护和加强自然资源基础,提高资源效率,促进可持续的生产和消费模式,引导经济社会向低碳型发展。

农业与绿色经济发展密切相关。农业,包括种植业、畜牧业、林业、渔业和农产品加工等行业,在向绿色经济的转型中扮演着重要的角色。世界耕地、草原和森林面积占陆地总面积的 60% 。农业用水占全球取水量的 70% ,为世界 40% 的人口提供生计。农业生产与自然生态系统紧密相关,既可以对环境造成危害,也可以给环境带来益处。农业领域的温室气体排放占全球总量的 1/3 以上,改进的农业措施可以在保障粮食安全的同时实现几乎零排放,并提供生态服务和可再生能源。农业还可以是经济增长的引擎,提供数以亿计的绿色就业机会,尤其是在最不发达的国家。因此,没有农业的深刻变革,就不可能实现向绿色经济的转型。此外,粮食安全和营养本身就是绿色经济的一个组成部分。气候变化、资源退化和贫困对粮食安全与营养的影响,正是绿色经济要解决的问题。一个能改善人类福祉、促进社会公平,同时能有效减少环境风险和生态透支的经济体系,才能在有限的资源条件下解决2050年世界90亿人口的粮食安全问题。为此,粮农组织于2010年5月启动了以农业促绿色经济发展的活动。一些区域组织和国家政府也采取了相应行动,如欧盟制定了绿色农业发展战略。

以农业促绿色经济发展活动的主要目标是:提高整个食品价值链的效率,抗外部干扰能力和社会公平度,在减少资源消耗的同时保障粮食安全,为全球绿色经济发展作出贡献。总体战略是:运用生态系统的方法加强农、林、牧、渔业管理,使其既满足多样化的社会需求,又不影响子孙后代对陆地、草场、水域、海洋生态系统各类产品与服务的利用。重点领域包括:

(1)为小农户提供绿色工作。农村小农户占世界人口总数的2/5(如非洲),正面临越来越大的就业压力;农村外流人口扩大了城市贫民窟(如菲律宾与印度),使粮食和饮用水的获取成为突出问题。多样化的粮食与副业生产体系,如增加附加值、城乡食品网络、农业生态旅游、小型林业实体等,在就业紧张的情况下,尤其是在最不发达国家能增加就业机会。

(2)加强产后管理、改变饮食习惯。当今世界一方面有8.7亿人口吃不饱饭,另一方面却有约17亿人口因营养不平衡导致超重和肥胖;全球每年还损失浪费约1/3的粮食。通过加强产后管理、调整饮食结构、改变消费习惯,可以大大减少粮食供应链的生态足迹,给环境和公共健康带来好处。

(3)以全成本价格审计粮食的环境和社会影响。发展绿色经济需要在产品价格中反映经济、环境和社会各方面成本,这将促使农业生产各部门采取措施提高资源使用效率,减少对环境的损害,促进社会公平。资源规划和管理,技术创新和对可持续、适应性措施的激励机制,如生态补偿机制是有效的手段。市场和贸易在促进社会公平性方面将发挥重要作用,特别是对发展中国家的贫困人口。完善社会保障系统可以保护弱势群体免受价格波动带来的影响。

(4)多部门合作实现包容性发展。很多粮食和农业生产模式能促进粮食安全、环境保护、经济和社会发展等多个目标的协同发展,而不是取舍,如生态农业体系、公平贸易、资源均享和公平就业等。实现这些转变除了必要的政策、资金和技术支持，还需要多部门合作，协同作战；不仅是农、林、牧、渔业的合作，还包括与能源、水利、环境、健康、教育和贸易等部门的合作。

三、推动气候智慧型农业的发展

推动气候智慧型农业是生态农业发展的重要举措。根据联合国粮农组织的定义，气候智慧型农业是指能够持续地提高生产能力，抵御（适应）气候变化的影响，减少/消除温室气体排放，促进实现国家粮食安全和可持续发展目标的农业。提高对气候变化的适应能力可以稳定和提高粮食安全的保障能力；减少温室气体排放有助于减缓气候变化的进一步发展，降低未来应对气候变化所需的成本。不同的国家、地区和农业生产系统应根据各自不同的情况，将适应气候变化和减少温室气体排放的要求落实到各项政策、计划和投资项目中去，并尽可能选取共赢性措施。当两者之间发生冲突时，在以农业为主要经济基础的发展中国家，保障粮食安全是首要目标，提高生产系统的适应能力是基本需求。

气候智慧型农业的发展应遵循一些基本的原则，包括：按生态系统统一规划，以保证同一生态系统内各区域、各部门采取的措施相互协调，且总体发展规模在自然资源的承载能力之内；加强对弱势群体，特别是发展中国家处于饥饿和营养不良状态的贫困人口的扶持，体现政策、资金、技术等各方面扶持的精准性与针对性；支持以国家为主导的行动，与国家和地方有关气候变化的战略和行动计划，特别是适应气候变化的国家行动计划和减缓气候变化的国家行动方案保持一致；运用参与式的方法设计、实施适合当地具体情况的方案与行动，充分考虑性别平等；建立广泛的合作伙伴关系，增进各部门合作和各方面的参与；支持跨边界合作，有效解决跨边界的气候模拟监测、资源管理、病虫害防治和防灾减灾等问题。

联合国粮农组织专家建议，目前气候智慧型农业发展的优先领域应因地制宜，可包括以下几方面：

一是知识和信息的创建与共享，包括改进气象数据监测、分析与处理系统；开发评估气候变化影响与脆弱性的工具和方法；收集和分析社会经济信息，为决策提供参考。

二是体制机制的创新，包括调整和完善相应的法规政策、技术标准体系与组织机构，加强部门协调；设定相应的决策程序，确保将适应和减缓气候变化的措施主流化到各级农业规划、计划和投资活动中去；创新投入机制，扶持气候智慧型农业的发展，特别关注小农户和贫困人口。

三是可持续的水土资源管理与生物多样性保护。通过全面了解农、林、水各行业与生态系统的相互关联，对现行的自然资源管理战略与方法作出适当调整，在发展生产的同时维护资源与环境的可持续性。

四是加强技术开发与推广，包括更可靠的气候变化模型与预测方案；适应气候变化的动植物新品种；各种减少农业投入、增加农业产出和资源利用效率的新技术；适用于小农户的温室气体减排效益的监测、报告和认证方法；以及不同层次的技术培训与能力建设。

五是防灾减灾，有效应对气候变化可能带来的各种农业和气象灾害。联合国国际减灾计划为这方面的国际合作提供了平台。粮农组织最近编制的减灾框架计划准备从四个方面采取措施支持国际减灾计划在农业领域的实施，即强化机制与管理，建立信息与早期预警系统，编制应急预案与加强灾后修复以及防灾减灾能力建设。

联合国粮农组织2010年提出“气候智慧型农业”概念，对相关政策、实践与投资作了详细介绍。重点介绍了农业领域适应气候变化、减缓气候变化及气候智慧型农业的主要措施，包括保护性耕作、综合海岸带管理、生态渔业和水产养殖业、可持续林业管理、改进的水稻耕作、农用林业、雨水积蓄利用、灌溉现代化以及加强草原管理等。

四、气候智慧型农业发展面临的问题

绿色经济和气候智慧型农业发展目前还面临一些有待解决的技术性问题。绿色经济强调三项基本政策：一是生态规模政策。要对耕地、水资源等重要的自然资源的使用实行总量控制，确保社会经济的发展规模，在地球自然资源的边界之内。二是分配公平政策。每个人都享有均等的发展机会，资源环境总量在地球人口间的分配要体现公平性，充分照顾贫穷人口的生态和发展权利。三是效率提高政策。通过提高技术和管理水平，提高资源环境的生产率，利用市场机制将自然资源向高效率领域配置。三项政策相互配套,形成系统,才有利于推动绿色转型。这需要一套相应的技术手段和方法,加强资源的评价、监测、配置和管理,以实现资源利用的总量控制、定额管理和社会均衡。气候智慧型农业发展需要进一步改进和分解现有气候模型,对气候变化情景作出更可靠的预测分析,开发更多的农业适应气候变化和减缓气候变化的适用技术,可以投入大规模商业化生产的第二代生物燃料技术,对不同农作物和生产系统的温室气体排放特性的更详细的描述以及适用于小规模农户经营体制的农业减排效果的监测、评估方法与激励机制等。

中国作为一个农业大国,目前在农业领域的气候变化研究有较长期的知识积累,在发展中国家中是比较靠前的,应进一步加大在这些领域的攻关力度,在寻求增加粮食生产、能源和自然资源利用的平衡中,要利用生态农业的潜在优势,在增强农业、林业、畜牧业和渔业发展的同时,为农民提供更好的生计,创造更多的就业机会,提高农民特别是千百万小农的整体生活水平,并继续为本国和世界可持续农业发展作出贡献。

走出一条符合中国国情的粮食安全道路*

自古以来，粮食是治国安邦的要务，一米一粟关系着人民生存与国家安全。在当前国际形势复杂多变，粮食、能源与金融危机交互出现，世界饥饿人口快速增加的大背景下，粮食安全已经成为许多国家的重要战略目标。中国作为一个拥有14亿人口的发展中大国，在维护自身的粮食安全的同时，也为保障世界粮食安全作出了巨大贡献。未来的发展，中国需要世界，世界也离不开中国。在这样的大背景下，中国如何走出一条立足本国的粮食安全道路，是中国全社会高度关注的问题，特别是青年行动中经常聚焦的议题之一。

一、放眼全球，中国是世界粮食安全的重要贡献者

中国是一个人口基数巨大的发展中国家。解决众多人口的粮食问题一向是一个巨大的挑战。但中国做得很出色——用9%的可耕地，6%的淡水资源养活了1/5左右的全球人口，这本身就是一个奇迹。中国政府始终把老百姓的吃饭问题当成头等大事。从2000年到现在，中央的一号文件都聚焦"三农"问题，与时俱进地提出了一系列方针政策并安排了政策落地的具体措施，包括不断加大在农业领域的政策扶持和科技投入。目前，科技无疑是这个进程中的"发动机"；科技对农业增产的贡献率已达到60%以上。

中国在粮食安全方面的进步与成就具有世界性的意义和价值。我们在国际组织很清楚，这几年不断有国际组织和一些国家特别是非洲的国家，开始认真研究中国经验并借鉴中国的"三农"发展方案，开拓适合他们国家的粮食安全之路。

---

* 该文是作者2017年11月为《农业经济》记者采访准备的文稿。感谢科技部牛荷的支持。

无论是从国内历史纵向透视，还是从国际发展的横向对比看，中国农业的进步都是值得骄傲的，经验值得总结的。不少领域已处于世界的领先地位，这样的例子很多：比如，袁隆平先生研究出的超级杂交水稻已经在亚洲、非洲和拉美几十个国家推广；又如，中国通过扶贫提前实现联合国制定的千年发展目标（MDG）；等等。从2003年到现在，中国的粮食产量逐年增加，总产量从过去的4亿多吨跨越到现在的6.2亿吨；农民的人均年收入从原来的两三千元提高到现在的13000元，基本上解决了14亿人的吃饭问题。2005年，中国正式从WFP“毕业”，结束了WFP对中国长达1/4世纪的粮食援助。中国的进步之大令国际社会瞩目。

反观全球，人类仍然面临着粮食安全领域的诸多挑战：非洲大面积的贫困与饥饿、全球粮食供应的不平衡性、气候变化影响、生物多样性的破坏以及土地退化等，都给农业生产带来持续的影响。世界上还有100多个国家都是以农业为主的发展中国家。科技水平、能力建设以及经济发展普遍滞后。从这一点说，中国作为一个走向全球治理舞台中心的大国，应不仅满足于解决自己国家的人民的吃饭问题，也应该有更大格局更宽视角，力所能及地帮助一些比我们落后的贫困国家，通过合作共同解决全球粮食安全问题。道理很简单，只有全球的粮食安全，才会有更稳定的中国的粮食安全。

近年来，在国际贸易、经济、科技、文化交流日益频繁的背景下，中国一方面从国际上引进一些先进的技术和管理理念，另一方面也很大方地把国内优秀的发展方案与技术推广到国外，在帮助世界的同时，也帮助中国的企业走出去，帮助中国的科学家们走出去。这些活动本身也是对世界农业与粮食安全的无私贡献。

二、审时度势，接轨国际粮食安全需要实现转型升级

在粮食安全与营养领域，中国取得了一系列巨大成就。但是，我们不能满足于我国农业的成就与科技发展的闪光点，也应该深刻认识到自己的短板与不足。从传统农业到现代农业转型阶段，我们需要不断思考一个时代命题：实现中国的现代化离不开农业的现代化。

首先，我们必须正视我国粮食生产效率较低的现状。一些短板还是令人担

忧的。比如,目前中国大豆基本依赖进口,而且进口量逐年增加,今年估计达8400多万吨;而中国自身产量只有1200多万吨。发达国家大豆亩产可达到400~500公斤,而中国只有250~280公斤。低价的进口大豆,严重地冲击了中国农民的种豆积极性,在无法获得理想收益的情况下,农民不得不转向其他收益更好的行业。这些年来,国内的大豆市场逐渐萎缩。作为大豆的发源地,中国理应引领国际大豆市场,但现在却被活生生地打垮了,这值得深刻反思。痛定思痛,其中很主要的原因是中国缺乏大豆新品种的优势,缺乏规模化生产以及现代化的管理。生产力的差距使我们不战而屈,几乎抹掉世界大豆发源地的整个行业。

另外一个例子。中国是淡水资源和农业灌溉用水相对匮乏的国家,目前农业对于水资源的利用率虽然已提高到60%多,但是与世界先进国家如以色列的95%的水资源利用率相比,中国还有很大差距——主要问题在于缺乏高效的、现代化的灌溉技术。

在世界农业发展的进程中,各国都基于本国的条件形成了独特的农业生产组织形式。发达国家,如美国、加拿大、澳大利亚长期以来已经形成了规模化、现代化的农场管理。其中很重要的一点是,形成了对现代农业重视、具有现代农业知识与现代农业技术的农民企业家群体。相反,中国许多受过教育、年轻的农民,为寻找更好的就业机会,纷纷涌向城市。几千万的农民工为中国城市化作出了历史性贡献;但与此同时抽空了农村有效劳动力市场,加速了农村活力的减缩甚至枯萎,冲击了农村现代化的根基。

农业的高质量发展目前还是中国的一个努力的目标。这里有必要提一下国际上普遍接受的“粮食安全”的定义。1996年联合国首届世界粮食安全峰会明确了“粮食安全”定义的四个维度:其一,粮食生产供给的充足性;其二,粮食产品的可获得性;其三,粮食食用的安全性(包括卫生、营养、清洁的食用水等);其四,粮食供应的稳定性。在过去几年,我们主要的追求目标是吃饱饭,或者说关心的主要问题是粮食增产。这种意识本身并没有什么不对,但现在的情况不同了,我们已经过了只求吃饱饭的阶段,下一个目标是在2035年成为一个中等发达的国家,实现社会主义的现代化,这意味着我们不再满足于吃饱,而是开始更多追求质量、营养与健康的食品。到那个时候,地沟油和三聚氰胺牛奶就不会上报纸头条了，因为大家已经接受并将自觉实践这样一个事实：食品安全和营养是粮食安全的重要组成部分，国家的法规以及大众的监督将会大大加强。

按照现在联合国粮农组织与世界卫生组织对营养问题的要求来看，实际上中国还有相当一部分人接触的食品是不够安全的，这方面与发达国家比差距仍然较大。在中国这样一个大国，实现营养与食品安全目前看来需要强化部际间的协调，因为营养问题和儿童的超重问题并非农业部能够管得住的。随着国际粮食安全的完整概念被政府与老百姓广泛接受与重视，粮食从田间生产到流通、从加工到餐桌、从追求数量到保障质量，需要一个有“牙齿”的、强势的跨部际的协调机制来监管整个粮食产业链与供给链。今后中国粮食安全将从重视量到兼顾质与量的高质量的发展道路，只有这样，才能真正满足从发展中国家到发达国家的转变。

三、放大格局，坚持改革开放既治标又治本

20 世纪 90 年代，美国世界观察研究所所长莱斯特·布朗做了一个“既大胆又傲慢”的断言：中国将无法养活自己。但很遗憾，他这个论断经过了 1997 年的亚洲金融风暴、2007/08 年的全球金融危机与粮食危机以及后来一连串的自然灾害，其间全世界几十个国家因粮食危机发生了动乱，粮食供给短缺，贫困与饥饿成为许多政府执政者挥之不去的噩梦。但在地球的东方，我们中国却呈现出“风景这边独好”的景象——即使在全球粮食危机登峰造极的 2007/08 年，中国国内的粮食供给却基本充足，各种农产品的价格也相对稳定。

随着城市化的迅速发展，按现有的全球生产水平与粮食供给能力，到 2050 年能否满足人口增长的粮食需求，是国际关注的焦点。

目前全球人口约 75 亿，但到 21 世纪中叶，联合国预测全球人口将达 97 亿多，到那时 2/3 的世界人口将成为城市人口。随着社会的进步与城镇化人口的增加，人们的食品结构的改变必然提高对粮食供给的压力。比如，米饭吃少了，蛋白质如肉类就吃得多了。以大部分国人平常较多消费的猪肉为例，每生产 1 公斤猪肉一般需要 3～4 公斤的粮食。联合国粮农组织的研究表明，为了满足人口增加的需求，到 2050 年全球的粮食产量需要增加 70% 左右；有些发展中国家则可能需要增加 100%。显然，任务是艰巨的，农业领域的现代化与创新发展将是唯一的出路。

但总体形势还是乐观的。这需要两方面的配合:一方面,要求有关国家的为政者高度重视,如像中国一样始终把人民的吃饭问题看作头等大事,给以优先的政策、资金与资源支持;另一方面,国际社会要有意愿加大对发展中国家在能力建设方面的帮助,如积极推动联合国可持续发展目标的实施等集体行动。事实上,这些年来农业科技在快速发展,效率也在不断提高,新的高产高质品种不断出现,管理的技术也在提高。这些是希望的基础,我们没有理由持过分悲观的态度。

需要指出,解决眼下粮食短缺的问题有一个可以得到立竿见影效果但却常常被普遍忽略的行动,就是动员起杜绝浪费粮食的文化。目前,全球约有 1/3 的粮食(约 13 亿吨)常常损失与浪费掉:主要原因是由于技术落后使得在田间收割、存储、运输、加工等环节引起的损失以及消费观念的问题引起的食物浪费。例如,中国每年浪费的粮食是 1700 万~1800 万吨,平均每人 30~50 公斤。有研究表明,大学生是一个很主要的粮食浪费群体。如果国际社会能够把浪费和损失这两个问题管理好,全球粮食危机的压力将会得到很大减缓。对于这个问题,我一向主张,如果各国青年能够行动起来,带头杜绝粮食浪费,将会带来巨大的效果。

从政治上看,近年来,全球对脆弱群体的关注度正在提高。许多国家出台了专门聚焦弱势群体的扶持政策,如支持妇女、农村贫困青年以及边远山区民众发展农业相关产业的小微信贷等。我多次访问过孟加拉国,他们在这方面做得的确很好。中国则是在另一个层面解决发展中出现的新问题,扶持新的弱势群体。如中国从理念上强调发展中出现的新的社会矛盾,即发展的不充分与人们日益增长的社会需求和分配的不均匀、不平衡之间的矛盾。实际上,精神需求、民生问题、生态环境、空气质量、东西部差距、城乡贫富差异等问题,都是在人民对美好生活追求的范畴之内。政府以人为本,高瞻远瞩,从政策上去解决发展不平衡、不均匀的问题,既治根又治本,意义重大。毫无疑问,广大的农民尤其是处于弱势的农民将主要受益。帮助了农民这个粮食安全的主体,就是在间接解决中国的粮食安全问题。

四、把握大势:中国需要世界,世界也需要中国

据估计,全世界主要产粮国每年可以在国际市场上提供贸易的粮食总数不过3.5亿~4亿吨。中国每年至少需要生产6.5亿吨的粮食。如果中国不断增加进口粮食,甚至主要依靠进口粮食(尽管这是个伪命题),将会导致整个世界的粮食市场价格紊乱。从这个层面来看,中国主要依靠“口粮自给”的政策具有明显的大国责任意识和担当精神。

中国政府提出:到2020年我国现行标准下农村贫困人口实现脱贫。中国不但有明确的目标和定位,还有强大的行政执行力量。我们的特色是,方针和政策一旦定下来,一系列具体措施也就随之落地,比如如何确保农民的收入、如何进行农业产业结构的调整、如何推动乡村振兴与城镇化建设等。我在联合国粮农组织工作期间,经常感受到许多国家对我们这方面的能力与动员水平是高度欣赏的。

应该特别提到,建立在共商、共建、共享原则下的“一带一路”倡议是中国给世界带来的最大公共物品,得到了国际社会的广泛支持。但“一带一路”大部分沿线国都是农业国,我建议应该把“三农”问题作为“一带一路”的基础性工作,让更多的农村老百姓有直接的参与感与获得感。在执行安排上,应该考虑与更多的多边组织包括信誉良好的非政府组织加强伙伴关系,通过南南合作渠道,支持相关国家把粮食生产、粮食安全、扶贫的工作做好。这实际上也将有益于我们中国农业企业走出去提供经验与机遇。

中国作为一个农业大国,应当进一步重视国内、国际两个资源、两种市场。在积极推动中国农业企业走出去的同时,需要加强对他们的培训,提高企业界全球治理内涵的知识。要充分认识到优先帮助当地人民解决粮食生产与就业等问题的同时,也是帮助我们提高国际化水平,加速自身发展的机会。粮食行业也应该主动适应中国特色社会主义新时代的要求,与国际的需求、所在国的战略对接,按可持续农业与粮食安全的原则推动合作,自觉担当国际责任与大国职责。

应对世界粮食安全风险

——对 WFP 获诺贝尔奖的思考*

2020 年,诺贝尔和平奖颁给了联合国世界粮食计划署。挪威诺贝尔委员会认为,在新冠肺炎疫情大流行的背景下,联合国世界粮食计划署表现出令人印象深刻的能力,正如该组织指出的那样,“在拥有医学上的疫苗前,食物是对抗混乱的最佳‘疫苗’”。挪威诺贝尔委员会希望通过今年的奖项强调为增加粮食安全提供援助不仅可以防止饥饿,还有助于未来的稳定与和平。

眼下,新冠肺炎疫情仍在全球肆虐,许多国家限制了粮食出口,全球粮食供应秩序面临严峻挑战,饥饿人数不断增加。由联合国粮农组织等 5 家机构联手编写的最新版《世界粮食安全和营养状况》报告预测,由新冠肺炎疫情引发的经济衰退可能导致 2020 年全球食物不足人数至少新增约 8300 万,甚至可能新增 1.32 亿人。

一、全球粮食不安全程度加剧

《环球》杂志:你如何看待今年诺贝尔和平奖颁发给了联合国世界粮食计划署?

何:我相信所有从事农业与粮食安全治理工作的人都会为此感到高兴与自豪。我要特别为世界粮食计划署的同事点赞,并向他们表示衷心祝贺。从某种意义上说,这个和平奖反映了国际社会对全球粮食安全前所未有的关注与重

---

* 该文是作者于 2020 年 10 月接受《环球》杂志书面采访准备的文稿。感谢环球杂志记者吴美娜的合作。

视，体现了对那些坚持在全球农业与粮食安全领域长期辛勤付出甚至付出生命代价的国际组织工作人员的认可，也是对那些一贯重视农业与粮食安全的政府领导人及亿万辛苦劳作的农民的一种支持。

我个人认为，这个诺贝尔和平奖应该同时授予总部设在罗马的联合国农业与粮食三机构，即联合国粮农组织、国际农业发展基金以及世界粮食计划署。

我在不久前出版的《我的联合国之路》一书中说，长期以来，这三个机构作为合作伙伴，对全球农业可持续发展及粮食安全共同付出了努力。它们在可持续农业、小农的生计与能力建设、消除贫困与饥饿人口以及帮扶弱势群体等方面，特别是共同应对突发灾害，如当前的新冠肺炎疫情的紧急救援中，一直相互支持、并肩战斗、互相补充。这三个机构分工不同，但使命相同、目标一致，尽管它们的运作的确还需要更好地协调与更有效的协作机制。

《环球》杂志：当前背景下，应如何理解"粮食安全"这一概念？全球粮食问题总体状况如何？

何：如一部好莱坞电影的名字——《钻石是永恒的》，粮食是人类永恒的议题。人活着，就得吃饭；只要人类存在，就有粮食安全问题。地球上人口不断增加，有机构预测到21世纪中叶将达97亿。联合国粮农组织曾做过研究，到2050年，为了养活地球上的人口，全球（各国各地区）粮食平均需要增长60%（42%～70%），而一些发展中国家则需要增长100%。这是何等挑战！

目前世界上许多地方想要继续扩大耕地面积已不可能；靠强化农业生产，继续大量使用化肥、化学杀虫剂势必带来严重的生态环境问题，何况全球范围的资源环境已经不堪重负。所以，出路在于科技的应用，在于强调从系统思维考虑粮食问题，要从品种研发到种植、灌溉、管理、收获、运输、仓储及至餐桌，包括减少损失和杜绝浪费的整个链条出发，统筹规划、精准施策。粮食安全不单指生产足够的粮食，还涉及粮食的可获得性、供给的稳定性以及营养与使用的安全性等多个方面问题。

从全球角度来看，人类目前生产的粮食足够喂饱所有人，但发展的不平衡、分配的不均衡、市场的不透明与信息的不对称甚至贸易的操弄，使弱势群体被边缘化；加上地区冲突、气候变化、洪涝灾害以及新冠肺炎流行等问题，导致粮食生产与供给的不稳定性，加重了当前全球粮食不安全的程度。

二、应对天灾人祸的冲击

《环球》杂志：新冠肺炎疫情、蝗灾等对粮食安全的冲击程度如何？在全球范围内表现有何不同？

何：当前全球还有8.2亿人身处饥饿和营养不良困境，其中1.35亿人处于严重的粮食不安全状态。由于气候变化引起的自然灾害，特别是近几十年来罕见的蝗虫和草地贪夜蛾等生物灾害以及洪涝灾害，与仍在蔓延的新冠肺炎疫情等叠加引发全球性经济衰退，将使今年全球的饥饿人数至少新增约8300万。在疫情严重的国家与地区，危机波及面更广。

疫情中，由于各国出台社会隔离、限制旅行和停工停产等措施，严重影响了千千万万农民的生产与生计。无法务工，影响农民收入，降低了购买力；交通中断，粮食运输链中断，影响正常粮食供给；有些地方农业生产资料供给中断，缺乏种子、化肥以及农药等，也增加了粮食生产的困难。这些都给一些地区的农业和粮食安全带来不确定性和负面因素。据估测，今年全球极端贫困人数可能增加1.5亿，严重饥饿人口可能从现有的1.35亿增至2.7亿。

据联合国数据，目前全球约有7000万名难民，有1.6亿人需要国际救援，仅联合国2020年的援助预算就高达290亿美元。在全球性经济低迷的情况下，诸多传统捐助国自顾不暇，这是摆在国际社会面前的一个严重挑战。

受多重因素影响，撒哈拉以南和东非地区以及中东一些地区粮食不安全状况相对更为严重，一些国家因为外力破坏和内部动荡等问题，长期处于无政府状态，民不聊生，持续成为国际热点和难点地区。在南亚地区，由于饥饿人口基数本来就大，特别是印度疫情严重、经济严重衰退，毫无疑问，这一地区的饥饿人口还将进一步增加。

《环球》杂志：如何看待粮食问题上的民族主义倾向？如何应对相关威胁？

何：世界正经历百年未有之大变局，这个大变局对一个国家的粮食安全领域的具体影响尚有待评估。突如其来的新冠肺炎疫情激化了大变局下的一些固有矛盾，包括粮食问题上的民族主义倾向。疫情下，已有多个粮食出口国采取了保护性出口禁令，给全球粮食供应链造成冲击。

“粮食安全过去、现在乃至今后都是国际政治博弈的重点领域之一。”这是我数年前在《粮食安全——二十一世纪的挑战与机遇》一书中提出的观点。西方一些国家常常把粮食视为“冷兵器”——这是它们的国策，与谁是执政党无关。美国国际问题专家、前国务卿基辛格，曾于 1974 年在第 200 号国家安全研究备忘录中向美国总统建言：如果控制了石油，就控制了所有国家；如果控制了粮食，就控制了所有人；如果控制了货币，就控制了整个世界。

20 世纪 60 年代，美国就曾企图用购买古巴储备蔗糖为诱饵，推翻卡斯特罗政权；用威胁断绝粮食援助逼迫印度与苏联“脱钩”。所以我坚持认为，粮食作为国际政治斗争的“有效武器”，其实质作用和影响若被低估甚至被忽略，恐将大祸临头。此类历史教训在不断涌现，每隔一段时期，就有一些国家为粮食安全战略的失误而付出沉痛代价。时刻不忘粮食安全的战略意义，方为治国之上上策。

与此同时，重视粮食安全国际规则的制定与改革尤为重要。从我在联合国的多年观察与亲身经历来看，信息、知识与能力问题是许多发展中国家参与全球治理，特别是国际规则制定谈判的主要“瓶颈”。另一个挑战是如何加强自身的基本素质、历练和能力建设，谙熟国际规则与相关程序；如何基于科技数据了解熟悉各方信息，在谈判中掌握主动，趋利避害；如何换位思考，既展示自身胸怀，又坚持国家主权利益，本着公平公正的原则、互利共赢的精神，引领、推进规则制定。

三、科技发展与交流是关键

《环球》杂志：你怎样看科技发展、产业融合与粮食安全问题的关系？

何：科技是第一生产力。20 世纪 60 年代末的“绿色革命”，本质就是农业领域的一场技术革命，这场“革命”助力人类解决了数以亿计人的吃饭问题。数十年来，科技进步始终是世界农业发展的主要动力。如根据中国农业科学院的研究，科技创新对中国农业发展的贡献率高达 60%，成为保障中国粮食安全的重要因素。

当前，数字技术与信息技术的飞速发展，特别是互联网 +、物联网、云计算、大数据、5G 和人工智能、定位卫星与遥感卫星以及无人机等新技术在农业领域的应用，开启了智慧农业的新时代，为农业转型、提质、增效、“种养加”（种植业、养殖业、农产品加工业)服务以及一、二、三产业融合发展插上了翅膀。我在东北、浙江、福建等地调研时看到,农民开始用手机种地。他们通过物联网用手机按键管理大片的农场、温室花卉水果的浇水施肥、畜牧场的动物喂食,甚至牲畜发情配种管理等。

以数字化为核心的精准农业,如精准施肥、施药、灌溉、调温等,既减轻了农民的劳动强度,节约了农业成本,又减少了对生态的污染等负面影响。四川、云南和甘肃一些乡村的农民,通过互联网直播售货,推销当地的土特产或应季农产品,既帮助农民解决产品滞销问题,也开始成为一种时尚的营销方式。

根据联合国粮农组织的研究,未来10年,由于农业科技的进步,95%的新增农作物产量可以通过提高生产效率来实现。农业的根本出路在于现代化,而数字化、网络化和智能化是农业现代化的基本途径,是实现联合国2030年可持续发展目标,特别是消除贫困和"零饥饿"目标的关键手段。

当然,我们必须用"三只眼睛"看世界。南北国家发展的不平衡及科技水平的差异,可能带来并进一步扩大数字鸿沟。这是当前国际社会特别是联合国高度关注的问题。由于现代科技包括生物技术与数字技术的应用,西方发达国家农业生产效率远远高于发展中国家。

《环球》杂志:你曾提到,在世界农业的发展进程中,各国都依据本国的资源禀赋和经济条件,形成了独特的农业生产组织形式。它们之间能相互借鉴吗?

何:在一个全球化的社会,信息流如江河奔腾,相互学习和取长补短是推动可持续农业与粮食安全的主要动力。如中国的"三农"发展经验,可以通过国际合作,与一些"一带一路"沿线国家实现共享与相互借鉴。

我注意到,最近联合国粮农组织在加强南南合作方面推出了一系列创新性举措,如"手拉手计划"倡议,旨在推动不同类型的发展中国家在农业发展中的合作,相互借鉴成功经验。目前已有18个国家参与,结果值得期待。

四、世界粮食安全的稳定器和"压舱石"

《环球》杂志:如何看待在粮食安全问题上中国与世界的关系?中国经验在全球范围的实际影响如何?

何:中国的粮食安全是全球粮食安全的稳定器和"压舱石"。可以说没有中国的粮食安全就没有世界的粮食安全。中国用不到全球9%的耕地面积和6%的淡水资源，解决了全球19%的人口的吃饭问题，这本身就是一个奇迹。

我的两个联合国前同事、主管世界农业与粮食安全的最高官员——联合国粮农组织前任总干事迪乌夫和现任达席尔瓦先后都提到，中国为世界解决了1/5人口的吃饭问题，是对世界粮食安全的最大贡献。这绝不是对中国的表面溢美之词。有目共睹，中国是最早（2015年）实现联合国千年发展目标的国家；2020年又致力于实现全面脱贫，有望提前10年实现联合国2030年可持续发展目标的前两个目标——消除贫困与"零饥饿"。

中国在确保粮食安全方面总是信心十足，这背后，把粮食安全纳入国家安全的战略维度是最重要的经验。中国历代领导人都反复强调粮食安全问题，并且有明确的政策导航。进入21世纪以来，连续十几年中央政府每年第一个红头文件都与农业、农村和农民有关。我走过近100个国家并做了比较，发现这是全世界绝无仅有的。

中国有长计划、短安排，有可靠的制度与可行的方案，这是中国的一大特色。还有一点，就是国家有数个月到一年以上的储备粮食，这是防止自然灾害与突发事件的定海神针。当然，我们还可以进一步改进，如在当前复杂的国际形势下，适当地存粮于民，以增强抗击粮食安全风险的韧性，一定程度上减轻政府负担，还帮助降低大量粮食仓储的损失。

中国的农业与粮食安全是一张名片，要用好这张名片，继续强调国际合作，特别是通过联合国这个全球治理的主要平台，开展务实的合作，包括人员培训、科技交流、专家互访和示范项目等。中国有几十年的南南合作的经验，有实地体验，还有可圈可点的成果。但近年来的一些教训也需好好总结，特别是要更多地从当地需求出发，基于当地的社会、生态、能力等具体实际，分析设计项目、组织实施。比如，要注重提高民众知情度与参与度，还应考虑适当增加与有资信的非政府组织或者第三方开展合作，这有助于赢得当地基层社区和底层群众更广泛的支持与认可。

《环球》杂志：中国粮食安全面临哪些挑战？如何迎难而上？

何：确保14亿人吃得饱、吃得好（粮食质量），还要吃得有营养，对于像中国这样人均土地和水资源相对匮乏的国家，本身就是一个长期性、结构性的挑战。

中国城镇化率已从1978年的17.9%提高到目前的59.6%，等到城镇化率目标实现时(目前预计为2025年)，城镇人口将达全国人口的70%。当下我们已经遇到了问题：现在谁在种地？将来谁来养活城市里约10亿的庞大人口？

世界上许多国家在城镇化过程中都出现过农村“白头化”、“妇女化”以及“留守儿童”等现象，在中国也不例外。农村有文化的劳动力流失严重，我们亟须探索出一种新的农村就业生态，使在农村务农成为一种媲美在城里打工的事情，使年轻人认为务农也是一个有尊严的职业，可以享受与城里年轻人类似的文化生活条件。这是中国建设美丽乡村、实现农村现代化的一个具体目标。

当然，要造就一代又一代新型农民，保证城镇化后还生活在农村的四五亿人的生活和生产组织方式良性发展，不可能一蹴而就，关键是抓好农村教育和培养新型农民，这需要国家长期的战略投资。教育资源应该向农村有更明确的倾斜了，是要求各级政府制定明确的、有力度的、可持续的配套政策的时候了。

当然，还需要其他举措，如继续严格执行耕地“红线”和杜绝粮食浪费；完善土地资源生态保护政策与立法；加大农业科技投入和创新管理模式等已被实践证明行之有效的政策与机制；等等。可以展望，推动数字农业与智慧农业将是中国实现农业现代化、数字化、绿色化、生态化和可持续发展，确保国家粮食安全的不可或缺的系统工程。

优秀地理产品生境保护典型案例国际化建议*

自2020年开始，中科院地理与资源研究所团队提出了“优质地理产品生境保护与可持续发展案例”研究，这是一个具有一定创新理念的倡议。一些优秀案例值得进一步提炼推广，与国际同行共享。

优质地理产品生境保护与可持续发展研究是从科技特别是地理科学角度切入，从全国各地不同的地理生态地区挑选出一批具有典型生态特质的地理标志产品。到目前为止，已经甄选出14个典型的优质地理产品，从生态科学与可持续发展的角度对产品生境做了认真案例研究与评估。我很荣幸参加了其中部分案例的评审。可以说，这是科技助力农业高质量转型的一种创新，也是把“论文写在大地上”的生动的具体实践。

去年，习近平总书记在第七十六届联合国大会上提出了全球发展倡议，旨在与国际伙伴合作，助力联合国可持续发展目标的实施。倡议明确了7个坚持、8大领域、32项务实合作清单。我们今天讨论的优秀案例国际化议题与倡议的内涵密切相关，特别是与其中的减贫、粮食安全、气候变化与绿色发展等领域紧密关联。换一个角度看，全球发展倡议为我们开展“优质地理产品生境保护与可持续发展”的研究成果国际化搭建了一个很好的平台，为推动案例的国际化与国际合作提供了一个难得的窗口机会。但如何衔接值得相关部门认真磋商探讨。

当然，我们应该看到，当前的形势错综复杂，乱局丛生，推动国际化与国际科技合作需要有新格局、新思路、新模式、新手段。关键的关键在于如何深刻理

* 该文是作者在2022年9月3日北京服贸会“优质地理产品与绿色发展”论坛和“优质地理产品生境保护与可持续发展”案例成果展上的发言。

解科技在可持续发展中的根本性；在于探索新形势下如何创新国际合作模式，提高国际合作的质量。

上个月全国农业科技创新工作会议在南京市召开。李克强总理强调：实现农业现代化，要把农业科技摆在突出重要位置，抓实抓好农业关键核心技术攻关、人才培养和成果转化等重点任务。胡春华副总理也特别指出，加快农业科技现代化，要推动国际合作，为保障粮食安全和全面推进乡村振兴作出新的贡献。①

综合考虑这个大背景，对于优秀案例的国际化思考，我提出“8 字建议”：投资、建标、合作、共赢。

1. 投资

优质地理产品生境保护与可持续发展是一个科技问题，还有许多问题需要进一步研究、需要持续的资金与人才方面的投入。

不同于传统的“地理标志”保护产品，西方一些国家及联合国组织（如 FAO），早在 20 世纪八九十年代就系统地组织推动“地理标志”保护产品，其初衷是认可特定产品的地域独特性与知识产权与商标保护。例如，欧盟在中国享受地理标志保护的 10 种农产品：洛克福奶酪、阿让李子干、帕加诺奶酪、帕尔玛火腿、科多瓦橄榄油、马吉娜橄榄油、孔蒂奶酪、斯提尔顿奶酪、苏格兰农家三文鱼和农舍奶酪。我国也有一批地理标志保护产品，如安溪铁观音、金华火腿、福州茉莉花茶、绍兴老酒等。

从一定意义上来说，“地理标志”保护产品“只认物不讲理”，而“优质地理产品生境保护与可持续发展”则有根本的区别，即“就地讲理”：强调的是从科学特别是地理科学角度出发，研究、探索特定地区、特定产品的特殊生境与自然演变规律。用老百姓的土话说，主要靠“二老”——老天爷与老祖宗②。用科学家的语言，所谓的“老天爷”，本质上是“地理生态环境与气候条件等”等生境问题以及其中演变奥妙与规律；所谓的“老祖宗”，则涉及种质资源保护与利用、可持续生产管理与加工（know - how）等当地农民千百年来总结的最佳实践与经验

① 《李克强对全国农业科技创新工作会议作出重要批示》，载人民政府网，http：//www. gov. cn/xinwen/2022 - 08/25/content_5706817. htm。

② 中科院刘闯教授与我谈到她在贵州田野考察时一位老农提到此话——我叹服这种智慧。

传承等，是人与自然和谐发展的过程。其实，“二老”富含科学、技术与哲学原理，是“道与术”问题，涉及科研、企业、本地农民以及政府等多个利益相关者等各方的职责与贡献，核心在于各方联动平衡发展与生态保护的关系——所有的利益攸关方都不能缺。所以，要实现可持续保护、利用与发展，无疑需要各方对资金与人才的持续投入，才能做深做精做大做强，作出影响，得到经济上的倍增效益。从这个意义上来说，政府对专、精、特、新的政策支持与资金支持，特别是地方政府加强对研究发展项目的适当支持是必要的。

2. 建标

推动国际化首先要搞好自己的基础工作，科学地种好地，保护利用好优质地理产品生境，确保可持续发展。特别是在科学研究的基础上探索规律，建立规范。前面谈到“把论文写在大地上”，就是要通过案例的实地研究，寻找共性，总结道术，科学完整地诠释“优质、地理、生态与可持续”等各个维度的要素。通过大数据手段，分析研制可定量衡量的评价优质地理产品生境保护与可持续发展的一整套指标体系以及客观公正的科学评选程序。这是实现“科学性”与“权威性”，建立地方标准的基础性工作；也是为推动国际合作，参与引领国际标准制定提供必要的基础准备与方案论证，是贡献中国方案的主要前提。我国在信息领域如5G技术的标准制定，食品安全与营养以及测绘行业等参与国际标准的制定，已经积累了许多的优秀案例，值得优质地理产品生境保护与可持续发展研究团队借鉴参考。

3. 合作

全球发展倡议平台为国际合作特别是双多边合作提供了一个良好的机会。比如，联合国粮农组织有一个“一国一品”的计划，目前正在全球征集“特色产品”，研究如何实现可持续发展，特别是小农、边远落后地区的农民参与，提高他们的收入，贡献扶贫。他们今年9月还计划组织一次全球展示。我们可以争取把现有的案例研究纳入全球发展倡议的务实合作清单；同时积极争取与粮农组织和有关国家合作，吸收优秀的国际案例，适当时候，可以与国际组织如联合国粮农组织共同开展国际培训、专家磋商等能力建设活动，交流传播中国的经验，也了解学习国际标准制定的程序与经验。还可以通过与联合国工发组织等合作，开展优质产品的跨境电商培训服务，这对于进一步开展科技合作、服务贸易，提高优质产品的国际知名度与增加案例区农民收入等，将是一个有效的推动。

4. 共赢

通过投资研发、标准制定以及能力建设的国际合作，可期一方面促进我国夯实我们优秀地理产品生境保护与可持续发展的科研基础，包括如地理大数据的积累与数字技术的应用与开发使用，扩大科技人员的格局与视野，培养青年科学家更好地与地方（产地）结合，推动国际化并更好地实现与国际接轨。特别是通过带动案例实地群众参与，在年轻农民中培养领军企业家，提升新一代农民的科技素质。这是实现基于科学的高质量发展转型的重要途径。通过国际合作，强调科技合作先行，培养参与国科技人员和案例区农民提升能力，帮助参与国通过项目扶贫，使他们特别是地方民众有实实在在的获得感。这是在目前特殊复杂的国际形势下，扩大朋友圈，广交朋友，把朋友搞得越多越好的重要手段，也是实现合作共赢的有效举措，相信必定会受到参与国家特别是地方民众的有力支持。

科技创新变不利生境为高质量的发展财富*

很高兴能再度到丰县调研，并参加古黄河泛区优质地理产品生境保护与可持续发展大会。

这次会议是践行习近平总书记关于“生态文明建设”“绿水青山就是金山银山”的系列指示，是落实党的二十大关于“要坚持以推动高质量发展为主题”的具体行动；更是“广大科技工作者把论文写在祖国的大地上，把科技成果应用在实现现代化的伟大事业”的实证展示。

黄河是中华民族的母亲河。她为中华民族带来无尽的自然财富。但两千多年来数百次黄河的重大泛滥与频繁改道也带来了巨大的损失与灾难，客观上也造就了沿岸独特的生态环境，形成了一个内涵丰富的、复杂特殊的地理单元，纵贯河南、山东、江苏、安徽多个省域40多个县市。今天上午，我们到丰县田野实地调研，考察了梨、苹果与牛蒡等案例，印象极其深刻。我在联合国工作了25年，访问过近百个国家，还从来没有见到过规模尺度如此之广大、环境生态如此之复杂、综合治理方法如此之丰富、变害为利成果如此之成功的流域。我们不得不为此赞叹。

当前，举国上下正在认真学习贯彻党的二十大精神，迈上建设中国特色的社会主义强国的新征途。这次确定“科技助力古黄河泛区优质地理产品生境保护与可持续发展”为大会的主题，恰逢其时。

优质地理产品生境保护与可持续发展具有多方面的贡献：一是直接助力粮食安全与营养，特别是满足广大人民群众对高品质的农产品与营养健康食品的

* 该文是作者2023年6月3日在中科院组织的“2023年优质地理产品生境保护与可持续发展古黄河泛区大会”开幕式的致辞。

要求。二是推动绿色发展,优质地理产品往往来自特殊的生态环境,有的是经过千百年的自然淘汰与发展演变才得以保存,大浪淘沙、硕果仅存。在紧紧围绕生境的研究与保护中,推进优质地理产品的绿色发展意义重大。三是推动乡村经济发展。借助新科技如生物技术与数字技术,研究可持续的资源开发与利用,开展优质地理产品的寻根溯源,扩大产业规模,延伸产业链,提升价值链,增加农民就业机会,提高农民经济收入,实现高质量转型与绿色发展,具有独特的意义。

这是一个与联合国可持续发展目标紧密衔接的科技行动,是一个科技促进农业高质量转型的巨大发展机遇。联合国粮农组织推出"绿色发展"与"一国一品"计划,旨在发展特色农产品。截至目前已有 82 个国家参与,52 类产品获批纳入"一国一品"。中国申报获批的是综合的茶叶产品。中科院中国地理学会、地理科学与资源研究所等单位联合启动的"优质地理产品生境保护与可持续发展 2021 - 2030 十年行动计划",也被联合国粮农组织亚太地区评选为"一国一品"计划的"好实践"案例。

"优质地理产品生境保护与可持续发展"计划的创新点在于:强调了"生境科学"与"科技赋能可持续发展"理念相结合的实证研究。短短两年来,大数据技术"场景应用"与"基层参与"相结合的模式,极大地丰富了"科学研究—基层参与—绿色产业"融合发展的内涵,具有独特的前瞻性与巨大的发展潜力。

我很高兴看到,目前这个项目集中探索一个命题:如何在黄泛区把不利生境变成资源要素,把资源要素变成高质量的发展财富。这是一个崭新的命题,是时代交给科技人员如何"把论文写在祖国大地上"的又一张巨幅考卷。

今日之黄泛区可以说是"得天时、坐地利、享人和"。从农业与粮食安全角度看,"十四五"规划以高质量发展为主题,以深化农业供给侧结构性改革为主线,以构建绿色低碳循环发展的农业产业体系为重点,对今后 5 年农业绿色发展做出了系统安排,规划提出强化科技动能和制度动能,即一方面健全绿色技术创新体系,强化农业绿色发展科技动能;另一方面健全体制机制,增强农业绿色发展制度动能。

黄泛区是科学技术创新发展潜力巨大的、独特的应用场景,科学家大有用武之地。我建议围绕以下三方面,加强调研与合作:

一是信息技术与传统的地理学科结合。通过实地调研，利用遥感、地理信息系统、地球大数据技术及人工智能技术，提供研究黄泛区历史变迁机理、绘制古河道历史沿革地图，建立气候、土壤与水等地理要素数据库，探索智能分析模型，并开展动态分析研究等，可为黄泛区精准农业、土地适宜性研究、优质地理产品生境保护利用提供坚实的科学依据。

二是参与式的伙伴合作。科学家与当地的民众团体，包括科研、生产、企业以及市场主体的合作，推进生物技术与信息技术融合发展，探索适应黄泛区土、水、气候资源生境的优质地理品种的保护及种子再造与绿色发展。通过参与式的伙伴合作，真正调动地方主体、社会力量以及私营企业家的积极性，是实现变资源为资本，变资本为资产，助力农业与乡村建设的主要模式。这是一个需要在转型中深入探索的体制机制创新发展的路径。

三是推动数字技术应用。智慧农业是农业现代化的高级发展阶段。利用互联网＋、物联网、卫星地位系统、数字农机、智能手机、直播带货以及区块链技术推进农粮体系转型，提质增效、质量溯源等，各地已经有一定基础。当下的重点开始向技术集成发展，尤其是在智能技术应用与大数据的共享方面，不断开发新的农业应用场景，拓展“种养加”，一、二、三产业融合的应用领域是推动农业信息化、数字化与智能化的必然趋势。在这一方面，我们有望为实现联合国的 2030 年可持续发展目标作出另一个有中国特色的贡献。

这是一个难得的机遇，相信与会科学家、各路专家、企业家能充分交流、集思未来！

合作推动地方特色的农业转型发展*

冬月时节,我们相聚网络,守望云端,从中国北京、德阳到蒙古国乌兰巴托,乃至"一带一路"沿线相关国家和地区,专家们克服疫情带来的诸多不便,通过共同的努力,终于迎来"第八届科创中国(成德)智慧农商创新论坛"的顺利召开。

作为研讨智慧农业发展的重要交流平台,智慧农商创新论坛已经举办了七届。我很荣幸参与了由北大数字中国研究院倡议发起的论坛的早期一些学术指导工作和相关活动,也从中从各位专家那里学到了不少新信息与新知识。我很高兴看到,在各方的积极支持与参与下,论坛紧密结合地方需求,不断探索与时俱进,办的有声有色,取得累累硕果。

今年,论坛将借党的二十大东风,在"加快构建新发展格局,着力推动高质量发展"的精神指引下,落实推动数字中国建设,加快发展数字经济与全面推进乡村振兴,特别是针对地方急迫需求,围绕数字乡村、智能农机、智慧灌溉等领域最新发展趋势与前沿方向,交流国内外的最新研究、地方的特色创新与实践进展,分享应用案例与创新经验,探讨面临的机遇与应对挑战的对策。我相信这将是一次充满特色的盛会,也相信本次论坛会为从事智慧农商领域工作的管理人员、技术人员,特别是企业家和青年创业者带来满满的收获。

当前,我国已进入传统农业向现代农业加速转变发展的关键阶段,迈向以互联网、物联网、大数据、区块链、人工智能与生物技术融合发展等新技术为新动能的智慧农业时代。在此过程中,我们科技人员如何能够面向需求、引领先

---

* 该文是作者2022年2月10日在第八届科创中国(成德)智慧农商创新论坛的致辞。作者曾任科创中国智慧农商创新论坛专家委主任。

行,运用数字化、信息化与智能化技术,因地制宜解决实际问题,助力农业提质转型升级,助推乡村振兴发展?如何通过科技创新,帮助解决农业领域的"卡脖子"问题如种苗等关键核心技术的突破?如何长期确保中国人的饭碗牢牢端在自己手里?如何提质增效,实现成本"地板"和农产品价格"天花板"双重挤压制约的突破,增加农民的经济收入?这些各地农业管理者、政策制定者共同面临的热点问题,也是需要各路专家与农民企业家集思广益、共同回答的问题。

农业兴则国家兴。提高农业机械化、现代化、数字化、信息化与智能化水平,提升土地产出率、资源利用率和劳动生产率,增强农业效益和竞争力是当前和今后一个时期农业发展的重要方向。用可持续发展理念指导农食系统转型,用现代科学技术改造农业,用现代产业体系提升农业,用现代经营模式推进农业,用数字技术与互联网思维武装新一代农民,是粮食安全与可持续农业发展的重要途径路,也是当前及今后一段时期科技人员与管理人员共同面对的挑战与努力方向。

德阳有很好的基础与条件先行先试。德阳所在的成都平原自古有"天府之国"的美称,在推动智慧农业与数字乡村建设中,坚持以粮为主、粮经统筹、农牧并重、种养结合、三产融合,加快高标准良田建设,做大做强农产品加工业和"川字号"农产品品牌,擦亮农业大省的金字招牌,加快实现农业大省向农业强省跨越,为中国的粮食安全与绿色可持续农业提供具有德阳特色的方案、四川农业大省的智慧,应该是大家共同努力的方向。这的确任重道远,但成果可期。

三年来,我们饱受新冠肺炎疫情影响,今天相聚难得,希望大家能够利用好智慧农商创新论坛搭建的平台,集思广益,探讨具有地方特色的农业转型路径;推动智慧农粮体系转型合作,为建设更高水平的"天府粮仓"贡献力量,为中国与世界的粮食安全作出我们的新贡献。

建立有中国特色的“国际农业智库”*

“国际农业智库”借这个院士专家云集的国际种业科学家大会在美丽的三亚宣布成立了,智库能够借蓬勃发展的南繁硅谷扬帆出海,真是兼得“天时、地利、人和”之福。

今天在中国农业与粮食安全的历史上,应该是一个很有意义、值得记住的日子,因为我们在“十四五”规划开局的重要节点,在参加国际种业科学家大会的院士专家们的见证下,正式宣布“国际农业智库”的成立并开始运作。这是一个既有远见格局又有现实意义的重要举措。

“国际农业智库”的成立,是农科院前院长翟虎渠教授与谢华安等数位院士专家的智慧结晶。面对国际国内农业与粮食安全的多重挑战,院士专家们审时度势,坚定地认为,新时期的“中国农人”应该有更大格局、更广视野,在中国进一步深化改革开放、迈向全球治理舞台中心的进程中,必须有担当新使命的气魄。专家们经过反复“脑暴”与论证,一致认为:为确保国家粮食安全、助力推动构建人类命运共同体,需要加强国际农业与粮食安全领域的民间合作,需要不断探索创新的政策与机制,为政府有关部门,为地方农业发展,为中国的农业企业走出去,参与粮食安全全球治理与国际合作出谋献策。“国际农业智库”因此顺势而生。

世界正经历百年未有之大变局中,在百年未有的全球新冠肺炎疫情的叠加冲击下,联合国 2030 年可持续发展目标正面临着偏离轨道的风险。全球目前贫困人口达 7.36 亿,有 8.11 亿的饥饿人口,25 亿人处在某种程度的营养不良

---

* 该文是作者 2021 年 12 月 16 日代表新成立的国际农业智库在海南三亚国际种业科学家大会/国际农业智库成立大会开幕式的致辞。

状态。除非国际社会采取特别行动,可持续发展目标中首要的两大目标——消除贫困与“零饥饿”将难以实现。

面对严重的挑战,国际社会已达成共识,即消除贫困与“零饥饿”是联合国2030年可持续发展17个目标的重中之重;粮食安全是实现联合国可持续发展目标的基础。正如联合国秘书长最近所指出的:解决饥饿问题是世界稳定与和平发展的基础。

中国的粮食安全是世界粮食安全的稳定器与“压舱石”。进一步深化改革开放,中国需要世界,世界更需要中国。中国在全球农业与粮食安全中有举足轻重的作用。我们用占全球9%的可耕地面积、6%的淡水资源,解决了世界约19%人口的吃饭问题;2020年,我国还彻底消除了贫困,成为联合国第一个实现了SDG消除贫困目标的国家。中国在农业领域的成就成为中国参与粮食安全全球治理的一张闪亮的名片,得到国际社会的广泛认可,特别是中国科技对农业的贡献率已经超过了63%。中国的科学家,包括今天在座的院士、专家,对世界粮食安全的重大贡献也受到全球瞩目与赞赏。

习近平总书记反复强调:“中国人的饭碗任何时候都要牢牢端在自己手上。”[①]他在12月8日的中央经济工作会议上曾问道:那么粮食怎么办?[②]

这是摆在我们科学家面前的一个重大问题。我们应该看到,我国正面临的巨大甚至是长期的挑战,包括气候变化、生态环境、自然资源禀赋、人口与饮食结构变化以及国际地缘政治等不确定因素的影响。中国是最大的产粮国,但也是最大的粮食进口国。2020年进口的粮食总量已超过1.4亿吨。为了防范类似电子信息领域的“缺芯少魂”问题,避免有一天在粮食安全领域也被人家“卡脖子”,我们别无他路,必须未雨绸缪,警钟长鸣。

防患未然,重在行动。科学家有义不容辞的责任。应该看到,我们对于全球粮食安全的智库研究与政策咨询还是一个短板。这场新冠肺炎疫情充分暴露了全球农业粮食体系的问题。为了能在2030年之前实现为85亿人源源不

---

① 《中国人的饭碗要牢牢端在自己手中》,载求是网,http://www.qstheory.cn/dukan/hqwg/2022-08/25/c_1128944973.htm。

② 《习近平总书记在中央经济工作会议上》,载人民网,http://www.politics.people.com.cn/n1/2021/1212/c1001-32305606.html。

断地提供有营养的食物，我们需要一个更公平、更具可持续性和更有韧性的农业粮食体系。换一句话说，要帮助实现联合国可持续发展目标，要把中国人的饭碗永远端在自己手里，我们的农业粮食体系必须彻底转型，实现提质增效、环境友好、高质量的发展，建设现代化的农业。

为此，我们对“国际农业智库”寄予厚望。

我们的目标是，建设一个有中国特色的国际农业智库。通过大家的共同努力，把智库建设成为一支有超前思维、有作为、有影响的民间力量，为政府和合作伙伴提供关于农业粮食体系转型、农业现代化、数字化、信息化与智能化和乡村振兴等方面高质量的智库研究；提供务实的政策建议与技术咨询服务，特别是为地方政府与中小企业的发展提供能力培训、知识更新与技术转移以及可落地的解决方案的有效支撑。

我们的使命是，汇聚院士与专家的智力，与企业界密切合作，以“一带一路”粮食安全与农业可持续发展为抓手，助力推动构建农业与粮食安全领域的人类命运共同体。一方面，要研究如何加快构建以国内大循环为主体，国内国际双循环相互促进的新发展格局，充分利用国内国际的两种资源与两个市场，为保障国家粮食安全、农业现代化与乡村振兴的目标建言献策；另一方面，探索推动产学研政企传（媒）民间合作伙伴，为“一带一路”沿线国家与地区的绿色农业与粮食安全、智慧农业与低碳发展，为联合国可持续发展目标的实现发出中国声音，分享中国智慧，提出中国方案。

我们的运作模式是，充分利用互联网等现代数字化、信息化技术，积极联络国内外农业领域的高端人才，广泛联系粮食安全领域的各种利益相关方，以面向国家重要需求、解决实际问题为导向，充分发挥企业与市场的作用，推进构建一支扁平型的、网络式的、高水平却又接地气的智库队伍。

“好风凭借力，送我上青云。”当下国际风云变幻莫测，全球粮食安全与农业可持续发展正处在系统转型的关键时刻。需求就是动力，挑战即为机遇，“国际农业智库”的成立适得其时。我们相信，在智库主席的领导下，在各位院士、专家的支持下，联系国内外更多的专家结成合作伙伴，团结一致，齐心戮力，定能把“国际农业智库”建设成为一个做实事、重实效、有贡献、有影响的中国品牌。

推动“大食物观”与青年科技创新人才培养*

一、全球视野下的粮食安全与营养

粮食安全与营养,乃“国之大也”。2022 年 3 月 6 日,习近平总书记在看望参加全国政协十三届五次会议的农业界、社会福利和社会保障界委员并参加联组会时指出:“要树立大食物观,从更好满足人民美好生活需要出发,掌握人民群众食物结构变化趋势,在确保粮食供给的同时,保障肉类、蔬菜、水果、水产品等各类食物有效供给,缺了哪样也不行。”①

“大食物观”的提出,不仅为保障国家粮食安全与营养明确了目标;为农食体系转型、农业与乡村振兴的政策制定提供了遵循;也为我国参与全球农业与粮食安全治理的国际化人才培养指明了方向(见图 9)。

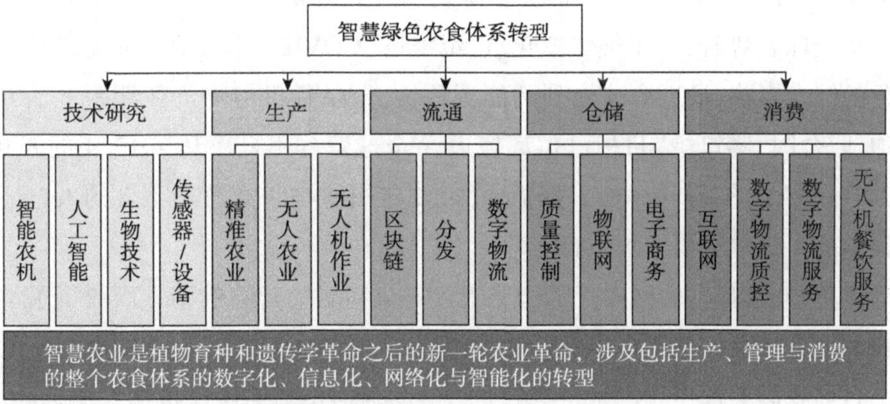

图 9 “大食物观”与农食体系转型

---

* 该文是作者 2022 年 8 月 13 日在中关村论坛的主旨报告。

① 《习近平看望参加政协会议的农业界社会福利和社会保障界委员》,载人民政府网,https://www.gov.cn/xinwen/2022-03/06/content_5677564.htm? eqid=b677ae22000009d500000003645df366。

联合国粮农组织于1996年在罗马召开世界粮食首脑峰会，对“粮食安全”作出了明确的定义（见图10），即所有人在任何时候都能够在物质上和经济上获得足够、安全和富营养的食品来满足其积极和健康生活的食品需求和食物喜好。

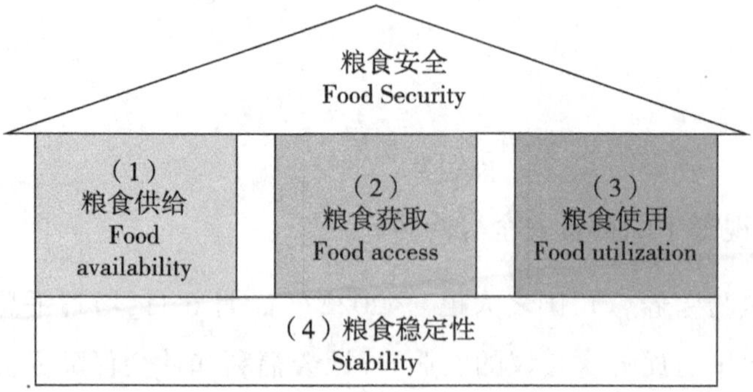

图10　世界粮食首脑峰会粮食安全的定义

注：强调四个维度：粮食生产与供给（availability）（生产、库存、进口），粮食获取（Accessibility）（购买力、价格、市场、交通、基础设施），供给稳定性（stability）（气候条件、灾害、政策、政治）以及粮食利用与食品安全（food utilization and safety）（食品加工、卫生条件、清洁水、公共卫生标准、营养平衡等）。

足见，粮食安全不仅关乎数量，还关乎质量和营养问题，而且始终是国际社会的关注重点。联合国2000年通过的“千年发展目标”及2015年通过的联合国2030年可持续发展目标，都把“消除贫困”与“零饥饿”作为优先的目标。

从全球态势看，由于气候变化、世纪疫情（COVID－9）、地区冲突以及逆全球化的综合影响，最近愈演愈烈的能源危机、金融危机与物价狂涨等多重因素叠加，联合国“零饥饿”目标已偏离轨道，①全球营养不良率从2019年的8.0%已上升到2021年的10.4%。据估计，2023年饥饿与长期营养不良的人口还会在目前的8亿左右再增加1900多万。

改革开放以来，中国在保障国家粮食安全和居民营养健康方面取得了举世瞩目的成就。我们仅用世界9%的耕地和6%的淡水养活了全世界约19%的人口。目前我国粮食年总产量持续超过6.5亿吨，2022年预计将达6.9亿吨，人均粮食占有量持续超过400公斤的国际粮食安全线，为消除贫困奠定了良好基

---

① 《联合国报告：2021年全球饥饿人口增至8.28亿》，载联合国新闻网，https://news.un.org/zh/story/2022/07/1105662。

础。中国于2020年实现了全面脱贫,是人类历史上最大规模的减贫纪录,也是全球第一个实现联合国2030年可持续发展目标SDG1(消除贫困)与SDG2("零饥饿")的国家。与此同时,我国营养不良率也降到2.5%以下,这主要得益于稳定、充足的主粮供给以及蔬菜、水果、肉类和其他蛋白质生产与消费量的迅速增长,居民膳食结构总体向高能量、高蛋白转变,向既保数量又求质量过渡。

但我们应该充分认识到,实现"大食物观",确保中国粮食安全与营养健康的需求是一个长期的挑战。我们一刻也不能松懈,需要下大力气在农业科技创新、基础设施建设、农业现代化和现代化管理以及培养大批满足新时期要求的农业科技与管理人才方面下苦功。我们尤其需要对农食系统转型作出科学布局:从科技投入、种业到种养、收获、存储、运输、加工、贸易及餐桌消费,全面提升国民的认知,全链条系统推动农食体系转型。其中,高质高效、气候智慧型、环境友好型的农食体系将是转型发展的主要方向。这是目前既可能实现联合国"零饥饿"目标,又能保证农业排放量达到《巴黎协定》目标,实现绿色发展的路径的共识。

二、"大食物观"下农食体系转型的科技创新

未来已来。信息技术与生物技术的发展,特别是数字化、网络化与智能化的发展,包括大数据、人工智能、区块链、物联网等,为农粮体系的转型提供了新的机遇。今后10~15年,从粮食安全与营养角度看,创新将不断带来新产品、新业态、新模式,成为市场有效需求的驱动器。

以下三大领域将进入创新发展的爆发期和人才需求的高峰期:

(1)生物育种4.0时代的博弈。国际上普遍认为,在经历了原始驯化选育(1.0版)、杂交育种(2.0版)、分子育种(3.0版)后,世界已进入一场以基因编辑、合成生物学、大数据、人工智能等技术深度融合、创新发展为标志的现代生物育种科技革命——智能育种"4.0时代"。种业是农业之母,更被誉为是现代农业的"芯片"。它是粮食安全的根基,也是提高生产力的钥匙,所以一直是世界各国争相抢占的战略高地。

FAO与OECD研究表明,到2035年,农业生产力需要提高28%;OECD预

计到 2030 年全球作物产量的增长中,87% 将来自单产的增长,6% 来自扩大土地利用,7% 来自种植强度的增加①。可见,未来农产品产量的提高与质量的提升将主要依靠种业革命。

从全球看,2018 年,全球农业生物技术市值就已达 33 亿美元;据预测,到 2030 年将达 1150 亿美元。国际农业巨头在技术研发方面具有投入规模大、强度高的特点(如拜尔、正达、科迪华三大种业巨头 2021 年的科研投入超过 50 亿美元,平均强度超过 8.5%)。据农业部《2021 年中国农作物种业发展报告》,中国 2020 年进口的蔬菜种子约 15 亿元,高品质与高产值的高端种子基本依赖进口,如从以色列进口的樱桃番茄的夏日阳光种子每粒种子高达 8 元,每克 4000 元!可见种业的利润惊人的可观。

中国科技对农业的贡献率已达 63%,在确保国家粮食安全与营养方面作出了重大的贡献。但是,一些动植物核心种源特别是高端高质果蔬与畜种与发达农业国相比还有较大差距,对外依赖度还较高,存在随时被“卡脖子”的风险。种业安全已涉及国家安全,实现种业领域的完全自主势在必行。国家已将“种子保卫战”提上日程。2022 年中央一号文件进一步对种业发展做了全面的战略部署,包括:深入实施种业振兴行动,加强种质资源保护,加快推进育种创新等。

随着“十四五”规划的实施,种业科技队伍的增强和企业市场化的参与,对关键高端种业研发的投入增加,以及科技市场机制的完善优化,可期有更多的成果转化,为提高综合产力,确保“大食物观”全面落地,为国家粮食安全与国民健康作出新的贡献。

(2)智慧农业是农业现代化的竞争高地。智慧农业是农业从数字化、网络化到智能化发展的高级阶段。智慧农业是基于“天(遥感卫星)—空(包括无人机等航空器)—地(地面观察网站)”等一体化数据采集系统,通过互联网、物联网、大数据、区块链、人工智能和智能装备等现代信息技术与农业领域在广度与深度的融合创新,实现农业生产、流通、贸易、消费全过程的信息感知、定量决策、智能控制、精准投入、个性化服务以及品质溯源等全新的产业模式。

---

① 《经合组织—粮农组织 2021 - 2030 年农业展望》,载 https://www.fao.org/3/cb5332en/cb5332en.pdf。

从技术上说,智慧农业整合生物技术、信息技术、智能装备三大现代科技要素,形成以大数据为要素、信息分析和知识产生、智能决策为核心技术的大数据挖掘、分析与应用的现代科技。

从国际上看,美、澳、法、德、日、韩以及以色列等国家,近年来均围绕智慧农业分别出台了相关的战略规划、政策机制,进行了系统的布局,开展了广泛的实践。有研究报告提到,到2025年全球智慧农业市值将达到683.89亿美元。①

例如,作为现代农业大国,美国有80%大农场实现大田生产全程数字化,平均每个农场约拥有50台连接物联网的设备。一些国家出台鼓励建立集科研、咨询、互联网应用生态体系的机制与政策,致力于打造国家/地区级的一体化的农业数据系统。

中国在农业数字化与农业数据产业化方面起步相对较晚。如从"十三五"时期开始,中国农科院开展了"天—空—地"一体化智慧农业系统实验。一些农企也投入研制智能传感器与装备、自动农机装备(如自动驾驶拖拉机)、智能化植保无人机(如大疆、极飞等)等;对土壤盐碱、病虫害、营养成分、土壤墒情、水质等应用场景开展动态量化监测,在花卉产业、大棚蔬菜、水产养殖、牧场管理等得到应用;在数字化物流、智慧化审查、专业化服务以及农产品智能检测体系与农业灾害监测与应对等都做了探索。

但作为一个农业大国,我国对智慧农业总体投入不足,科技队伍分散,技术基础储备薄弱,而且在科研布局上还存在散、小、杂、乱等问题,有影响力的原创核心能力、技术、模型、系统并不多。一些高端农机装备的核心部件、农业传感器核心感知元器件及农业人工智能核心技术还不得不长期依赖国外进口。总之,我们还缺乏一批像大疆无人机这样的核心技术与科创团队。

可以预见,今后10年,智慧农业将带动规模宏大的数字农业产品、装备与服务市场。农食体系产业链的延伸将为数字技术提供广泛的应用场景。由于中国农业生态的复杂性、多样性,农业的转型升级必将催生新需求、新模式的涌现。可以预测,中国的智慧农业科技将进入一个应用驱动的爆发期、市场导向

---

① 《发展智慧农业　建设数字乡村》,载农业农村部网站,http://www.ghs.moa.gov.cn/zlyj/202004/t20200430_6342836.htm。

的创新期，成为科技创新的又一个竞技高地。

(3)大数据挖掘与开发利用前景可期。数据已与土地、资本、劳动力和科技一并列为生产要素。根据国家网信办《数字中国发展报告(2020年)》[①]，2017~2021年，我国数据产量从2.3ZB增长至6.6ZB，全球占比9.9%，位居世界第二。大数据产业规模快速增长，从2017年的4700亿元增长至2021年的1.3万亿元，全国省级公共数据开放平台已有24个，开放的有效数据集也由8398个(2017年)增至近25万个。各地积极探索数据治理规则，培育数据要素市场，促进数据流通交易和开发利用。

农业和粮食领域也积累了包括山、水、林、田、湖、草、沙、自然资源数据以及农村人口与社会经济等大量数据，是一种潜力巨大的可再生资源。但由于早期缺乏统筹规划，造成规范不统一、标准不一致，属主分布分散，农业数据开放使用困难，数据资源要素严重浪费。

与此同时，随着我国各种资源卫星特别是高分卫星的发射，自然资源与生态数据海量增加。卫星数据具有覆盖范围大、空间分辨率好、重复采集频率高等特点，但在“数据—信息—知识”产生过程中，同样存在一系列核心技术不足等问题，包括数据标准化、规范化，大模型、融合分析及智能分析(大数据库、大模型、大算力等)能力与方法等，出现了应用滞后于软件、软件滞后于硬件系统的现象。

开发利用农业大数据最大的“瓶颈”是缺少统一标准、统一规范的农业大数据管理体系，包括相应的数据汇聚、分享政策、协议不完善，数据交易市场难以形成等问题。大部分数据长期待在“数据冷池”，造成巨大的浪费。要激活农业大数据应用，重点在于农业大数据应用基础设施的建设，实现按统一标准汇聚国家/地区的农业数据库，建设信息服务平台，建构应用场景，开展示范研究，聚焦开发市场转化率潜力高的模型、软件、装备与应用系统。这既需要政策层面统筹规划、系统构建的顶层设计，也需要持续的资金投入，更需要高质量的人才支撑。

“大食物观”系统理念为数据具体应用场景提供了广泛的选择。如中国的

① http://www.gov.cn/xinwen/2021-07/03/content_5622668.htm.

特色农业、红色乡村文旅、地理标志营养食品、气候智慧型农业产业基地、"双碳"智能型生态产品基地建设等,数据分析与决策服务具有极其丰富内涵与独特的应用场景,构成中国发展数字经济与智慧农业的独特优势。

毫无疑问,未来10年将是数据市场蓬勃发展的黄金时期。探索数据挖掘,分析与应用的方法、模型、软件以及集成系统和分析服务平台等,将是前景良好、潜力巨大的创新高地。青年专家是创新的力量源泉,以上这些领域值得他们认真考察,也值得风险投资家重点考虑。

三、农业国际化创新人才的培养

归根结底,贯彻"大食物观"需要大格局、大视野,大胸怀。我们需要把中国的粮食安全放到全球粮食安全与营养的大框架内思考。一方面,这是因为中国的粮食安全是全球粮食安全的"压舱石";但同时,中国也是全球最大的粮食进口国。中国14亿多人口,每天一张嘴要吃掉70万吨粮、9.8万吨油、192万吨蔬菜和23万吨肉。[①] 另一方面,我们也要看到还有存在的制约,如土地与水资源禀赋、生态退化、气候变化以及贸易保护主义等不确定因素。

从长远看,发展开放型的现代大农业是必然趋势。但现阶段,我们必须首先做好自己的事、种好自己的田,这包括在全国大力推动农业粮食体系转型,抓好实现农业现代化,加强组织农业"芯片"的攻关,推动智慧农业发展以及实践证明富有成效的农业政策与举措,如保护耕地、建设高标准农田以及杜绝浪费等,确保"把饭碗牢牢端在自己手上"的目标不动摇。

但是,我们应该看到,农业科技人才尤其以上提到的三个核心领域的战略型领军人才的短缺已构成"瓶颈"与掣肘。中国从农业大国向农业强国的转变,从确保中国人"吃饱饭"到满足中国人"吃好饭"的要求,需要大量农业科技人才的辛勤工作补短板。与此同时,在农食体系转型中,中国需要进一步扩大改革开放,必然有更多的科技人员、企业家走出国门,与世界互动;有更多的人走向全球治理舞台中心,积极参与全球粮食安全与营养治理。比如,参与国际标

① 《抓好粮食安全这个"国之大者"》,载人民政府网,http://www.gov.cn/xinwen/2022-03/07/content_5677614.htm。

准与规范制定、公平共享协议与机制的制定以及贸易政策、数据与网络安全等方面的谈判等，解决人才的“瓶颈”迫在眉睫。

我们尤其需要强化国际化人才的培养与储备。目前，既有坚实的农业科技知识，又了解中国国情与世情的“三农”人才还十分短缺。具体来说，一方面，我们亟须培养能带领年轻科技人员开展生物技术与信息技术跨学科领域的科技攻关，引领种业领域的创新研究，化解可能被“卡脖子”风险的人才；另一方面，还得储备一批具有国际胜任力的人才，参与农业与粮食安全全球治理，捍卫中国的利益。为此，需要把现代化农业人才发展上升到国家战略层面，制订培养大批具有全球视野的农业科技人才与粮食安全治理人才的计划，特别是青年农业领军人才的培养计划。

习近平总书记指出：综合国力竞争说到底是人才竞争。人才是衡量一个国家综合国力的重要指标。国家发展靠人才，民族振兴靠人才。实现从农业大国到农业强国过的发展，重要的是培养造就规模宏大的青年科技人才队伍，把培育国家战略人才力量的政策重心放在青年科技人才上。“支持青年人才挑大梁、当主角。”①

成功推动发展“大食物观”，迫切需要懂农食专业，了解国内外粮食安全情况，乐于创新的青年科学家与管理人才。这是在国际视野下确保中国粮食安全与营养，并在国际农业与粮食安全全球治理中，贡献中国智慧的战略组成部分。

---

① 《习近平出席中央人才工作会议并发表重要讲话》，载人民政府网，https://www.gov.cn/xinwen/2021-09/28/content_5639868.htm?jump=true。

合作推进全球发展倡议，助力可持续发展目标实现*

一、联合国2030年可持续发展目标面临大考

2015年联合国大会通过了《2030年可持续发展议程》，涉及可持续发展的三个层面：社会、经济和环境，明确了17个可持续发展目标及169个具体目标。

经过国际社会的数年努力，联合国2030年可持续发展目标取得了一定进展。但由于气候变化、世纪疫情（COVID－9）、地区冲突以及逆全球化等综合影响，特别是俄乌冲突、能源危机、金融危机与物价狂涨等多重因素叠加，联合国2030年可持续发展目标的实现受到极大挑战。

据世界银行报告，目前约有7.36亿极端贫困人口。联合国粮农组织报告，8.2亿人面临饥饿，2023年还可能增加1900多万人，2021年全球营养不良率已上升到10.4%。[①] 世界气象组织报告，气候变化正引发全球陆地、海洋和大气难以预知的反应，全球极端天气，如高温热浪、暴雨洪涝、病虫害、人畜疾病等灾害频率增加，造成巨大经济损失。联合国环境署报告，陆地物种数量已经减少了三成左右，目前地球平均每天都有50～150种生物物种灭绝；[②]全球森林面积继续减少（全球每年5万～7万平方公里）；75%的土地仍在退化，损失耕地600万公顷；影响人口超过13亿。联合国水—机制报告，全球20亿人没有安全饮

---

* 该文是作者2022年8月18日在鄂尔多斯国际农业智库大会的主旨报告。

① 《2022〈世界粮食安全和营养状况〉报告|全球8.28亿人面临饥饿》，载世界粮食计划署网站，https://zh.wfp.org/news/2022shijieliangshianquanheyingyangzhuangkuangbaogao－quanqiu828yirenmianlinjie。

② 《世界气象组织：气候在持续变化》，载联合国新闻网，https://news.un.org/zh/story/2023/04/1117267。

用水,36 亿人没有安全管理的卫生设施。联合国能源—机制报告,全球仍有 7.33 亿人用不上电,24 亿人仍在使用有害健康和环境的燃料做饭。① 一句话,SDG 的进展不尽如人意,情况令人担忧。

OECD 研究指出,联合国 SDG 17 个目标、169 个具体目标中约有 105 个将难以实现。目前有 40% 的具体目标缺乏有效的监测数据、模型或方法。面对这种形势,多个联合国机构都在不同场合反复强调成员方政府的政治意愿、国际社会的积极参与、发达国家兑现发展援助承诺、伙伴合作推动 SDG、缩小数字鸿沟、加强信息技术及发展中国家的能力建设的重要性。

现任联合国秘书长古特雷斯指出:贫富悬殊造成了一系列全球性问题,包括经济不稳定、腐败、金融危机和犯罪率提高,而这一切都使人的身心健康日益恶化……食物、健康、水、适当的社会和卫生条件、教育、体面的工作和社会保障是“每个人的固有权利,而不是特权”。他还特别强调:除非全球社会共同努力,联合国 2030 年可持续发展目标将大大偏离轨道。

二、中国为落实联合国可持续发展目标作出重大贡献

中国一直用实际行动支持联合国,并愿与全球社会共同努力推动联合国可持续发展目标的实现。中国的贡献举世瞩目。2020 年,中国宣布在现行标准下全面脱贫,实现了人类历史上最大规模减贫。在保障国家粮食安全和居民营养健康方面,中国仅用世界 9% 的耕地和 6% 的淡水资源养活了全世界约 1/5 的人口,成为全球粮食安全的“压舱石”;营养不良率下降到 2.5% 以下。中国成为全球第一个实现联合国 2030 年可持续发展目标 SDG1(消除贫困)与 SDG2(“零饥饿”)的国家。在气候变化方面,中国作出了巨大的努力,制定了《国家适应气候变化战略 2035》——提出了极具挑战性的“双碳”目标并采取了一系列的行动;制定执行了适应气候变化在减贫、城乡建设、生态环境保护、健康保障等多领域的政策与科技项目。同时,中国还积极推进生态文明建设,把生态

① 《IRENA:追踪可持续发展目标 7:能源进展报告(2022 年版)》,载 https://neec.no/irena%ef%bc%9a%e8%bf%bd%e8%b8%aa%e5%8f%af%e6%8c%81%e7%bb%ad%e5%8f%91%e5%b1%95%e7%9b%ae%e6%a0%87-7%ef%bc%9a%e8%83%bd%e6%ba%90%e8%bf%9b%e5%b1%95%e6%8a%a5%e5%91%8a%ef%bc%882022-%e5%b9%b4%e7%89%88/?lang=zh-hans。

保护、绿色发展、美丽中国建设、人与自然和谐共生等纳入乡村振兴发展目标。

中国取得显著成就的主要原因包括：政府始终坚持"以人民为中心"的执政理念；坚持改革开放，高度重视农业、农民与农村发展；调动农民积极性，推动乡镇企业发展，培育农民企业家；制定并有效实施了脱贫攻坚、科技兴农、乡村振兴等系列的与时俱进的"三农"政策；拥有强大的行政动员能力和勤劳的民众配合；从战略远见、战略规划、政策制定到资源调配以及分级负责执行，充分体现了制度的优越；重视农业科技、鼓励创新发展，使科技对农业增长贡献率持续提升（目前达63%）。尤其值得一提的是，中国高度强调面向未来，稳步推进农业现代化信息化、数字化、网络化与智能化。

应该着重指出的是，中国消除贫困与实现"零饥饿"、达到全面小康靠的是稳定的与时俱进的政策、实实在在的行动与广大人民艰苦努力的工作。中国为全球粮食安全治理提供了一个良好的公共物品，为联合国可持续发展目标的实现作出了重要贡献。

三、企业应该抓住中国对国际公共物品的贡献的机遇

进入新时期以来，在全面参与全球治理与推动国际合作中，中国先后提出了一系列的先进的理念与倡议，包括"构建人类命运共同体"与"一带一路"倡议。

大家知道，"构建人类命运共同体"的理念已得到全球的关注与重视。它是中国对新时代多边主义的思想创新，是基于西方数百年资本主义发展与帝国主义国家对世界的侵略、掠夺蹂躏恶果和当前全球共同面临的战争、贫困与粮食不安全、生态、气候、恐暴等人类可持续发展问题的解决，作出的人类命运重大问题的系统思考与理论创新。

"一带一路"倡议则是构建人类命运共同体的重要"抓手"。按照共商、共建、共享的原则，遵循创新、协调、绿色、开放、共享的新发展理念，9年来"一带一路"倡议取得了举世瞩目的成就：149个国家与32个国际组织签署了200多个合作协议；20多个国家建立了近60个经贸合作区，累计投资超过1000亿美元；130多个国家已经从"一带一路"建设中获益，如通过能源领域合作增加了80多个国家人均用电量，提高了44个国家可再生能源占比和49个发展中国家

的人均可再生能源装机。[1] 此外,还成功建立了多种合作平台,开展了大批能力建设与人才培训活动等,使众多的参与国特别是发展中国家获益,并得到他们的高度认可与赞赏。

值得特别指出,政府与民间的积极合作是“一带一路”成功的重要因素之一。根据《“一带一路”沿线中国民营企业现状调查研究报告》[2],民营企业已经成为促进“一带一路”建设的生力军,作出了积极贡献。当前的国际形势变得更加复杂,往后需要民营企业进一步发挥自身机制灵活、形式多样、市场敏锐度高的特点,进一步推动“一带一路”建设高质量发展。企业家要更加紧密地抱团出海,形成合力并实现规模效应。当然,企业走出国门也需要学习许多东西,如所在国的法律、当地的文化、老百姓的风俗习惯以及他们的发展诉求等。企业家要有大视野,恪守诚信、遵纪守法、合规经营;还要有大胸怀,多点担当,主动履行社会责任,注意弱小群体的利益以及生态环境保护等社会热点问题。特别要重视与联合国 SDG 紧密对接,与参与国家发展战略有机衔接,并注重评估反馈,不断调整提升。企业家需要结合自己的发展目标、市场发展的趋势、国家对外合作战略的部署,研究并利用新的机遇窗口。

2021 年 9 月,习近平总书记在第七十六届联合国大会上提出全球发展倡议。今年 6 月召开的全球发展高层对话围绕构建新时代全球发展伙伴关系,携手落实 2030 年可持续发展议程,明确了落实这个全球性倡议的 7 个原则(坚持)与 8 个领域以及一份 32 项务实合作的清单。这是中国在总结“一带一路”倡议实施 9 年来的成功经验与评估建议提出的助力联合国 2030 年可持续发展目标实施的一个升级版的大型国际公共物品,引起了国际社会的广泛重视。对于国内的企业家来说,全球发展倡议是可以帮助企业家走出去的又一个跳板,是与国际伙伴携手合作的又一个桥梁,是一个重大的新机遇,值得大家深入了解与关注。

四、抓住时机,利用好政策组合拳以实力引领国际合作

建设美丽中国,实施乡村振兴离不开科技的发展与企业家的参与。

---

① 中国“一带一路”网(https://www.yidaiyilu.gov.cn/ydyljzn.htm)。

② https://www.yidaiyilu.gov.cn/wcm.files/upload/CMSydylgw/201912/201912060530002.pdf.

2017年，党的十九大报告提出乡村振兴的战略。《关于制定国民经济和社会发展第十四个五年规划和二〇三五年远景目标的建议》指出，要坚定不移贯彻创新、协调、绿色、开放、共享的新发展理念，加快构建以国内大循环为主体，国内国际双循环相互促进的新发展格局。建议第七章提出“优先发展农业农村，全面推进乡村振兴”，要求提高农业质量效益和竞争力，以保障国家粮食安全为底线，健全农业支持保护制度。同时，深入实施藏粮于地、藏粮于技战略，加大农业水利设施建设力度，强化农业科技和装备支撑；推动农村一、二、三产业融合发展，丰富乡村经济业态，拓展农民增收空间等。根据建议编制的“十四五”规划和2035年远景目标纲要明确提到：到2025年，粮食综合生产能力要保持在6.5亿吨以上，并定为“约束性”指标；要坚持最严格的耕地保护制度，实施高标准农田建设工程，建成10.75亿亩集中连片高标准农田；加强农业良种技术攻关等多项举措。中央领导人在多种场合都反复强调，要强化科技创新和产业链供给链，加强基础研究，推动应用研究，开展补链强链专项行动，加快解决“卡脖子”难题，发展专精特新中小企业。

仔细研读分析这一系列的决定，可以看出这些政策充分互补、相互增强，形成一个系统的支持“三农”发展、推动乡村振兴的政策组合拳，特别是为推动“三农”的现代化、数字化、生态化注入了动力。我们应该看到，通过强化科技创新和产业链供给链，发展专精特新中小企业的建议，为企业家提供了一个巨大的商机与发展潜力，机会难得。

乡村振兴是主轴，首先需要搞好自己的事，加速推进中国从传统农业向现代化农业转型；在实现粮食安全与农业现代化的进程中，不断夯实我国可持续农业的基础，提高我们的国际竞争实力，也为我们农业走出去创造必要的条件。基于自己的实力，结合全球发展倡议的实施，既是探讨高质量国际合作的本钱与扩展企业商机的基础，更是我国有效参与全球治理的必要条件。试问，一个缺粮少穿的民族，何谈参与全球农业与粮食安全治理？又何谈在国际农业合作中开拓引领？

事实上，目前国际上已经有许多机会等待我们去发挥实力、施展影响力。例如，联合国粮农组织“一国一品”行动、“手拉手”行动计划、一站式农业数据服务平台、“数字千村”行动计划、数字组合服务等，都与中国“十四五”规划和

2035 年远景目标纲要的内涵十分吻合,中国可以参与到联合国的多边合作并作出有特色的贡献。

此外,全球发展倡议的目标是助力联合国 2030 年可持续发展目标实施,也可以借助它提升我们实施乡村振兴战略的能力。以内蒙古自治区为例,它是我国北部的生态屏障,具有重要的地缘战略地位,在消除贫困、生态保护、发展特色农业畜牧产品以及实现绿色可持续发展中积累了独特经验。对接全球发展倡议,推动"一带一路"倡议,与相关国家紧密合作,推动产业转型升级,潜力与机遇都很大。

全球发展倡议的 32 项举措需要同合作伙伴一道推进,特别是在全球减贫联盟、数字技术、跨境电商、生态保护、绿色能源等领域,都是既有国际需求,又有我国独特优势的领域。据我初步观察,32 项举措中至少有 18 项可以与内蒙古自治区发展战略直接有关。所以,作为地方部门,积极争取参与全球发展倡议实施,既可提升自身的国际视野与全球格局,又可探讨经济发展的商机。为了实现这个目标,我根据内蒙古的情况,提出以下几点建议,供大会讨论时参考:

(1)成立跨部门的小型工作组和跨学科的专家组

深入研究全球发展倡议的 7 个原则、8 个领域、32 个项目,对标内蒙古自治区的资源禀赋、经验与短板以及比较优势,工作组/专家组负责编写关于内蒙古自治区(鄂尔多斯市政府)对接全球发展倡议的可能性与项目建议意向书。

(2)产业扶贫与乡村振兴

消除贫困与粮食安全与营养是联合国可持续发展目标的重中之重,也是全球发展倡议 8 大领域的重点之一,两者具有高度的关联性。考虑"一带一路"沿线大部分国家主要是农业国(农业对 GDP 的贡献约为 24%,农业劳动力占比高达 45% 以上),可侧重选择具有内蒙古独、特、优的农业产业,带动乡村振兴、帮助农牧民创收的合作领域。如:

选择以畜牧业为主的大农业产业链(如绒毛)带动乡村发展合作,争取纳入全球发展倡议项目意向、强调带路国家包容参与的设计思路。

选择若干个地方特色农产品,探讨与联合国粮农组织合作,争取纳入"一国一品"计划;在分享知识的同时,扩大内蒙古特色产品的全球知名度,借国际组织平台创优品牌。

与"一带一路"相关国家和国际组织合作，共同研究制定高质、特色农产品遴选标准与规范。

争取获得联合国专门组织（如ITU，WTO）支持以及国内知名电商建立合作网络，开展知名农产品的跨境电商专营贸易服务等。

（3）打造畜牧产业集群

建立产业集群，推动国际绒毛科研、产业与贸易联盟。利用大数据技术，加强优良种源甄别、保护、培育科研。开展高增值的高端产品（如服装）的智能设计（并购、合资等）。利用"互联网+"促进国际跨境电商（带货直播）。瞄准国际市场的能力建设与培训。

（4）推动生态治沙国际合作

内蒙古/鄂尔多斯的治沙模式——俗称"库布其模式"，已得到联合国高度认可。抓住"一带一路"与全球发展倡议机遇，推动库布其论坛机制化，建成支持联合国2030年可持续发展目标的一个有力的国际合作实体，主要建议如下：

尽快落实酝酿多年的"全球荒漠化生态治理联盟"的建议，由中央有关部门联合指导，加大地方政府支持力度，鼓励现有的企业主导的模式。具体建议利用互联网召开一次线上国际会议，讨论如何整合资源，探讨论坛机制建设，设置务实创新议题等；吸引更多的国际组织、国际科学家、国内外企业家、金融投资家以及青年参与。

考虑与国内相关智库及联合国有关组织（UNCCD和UNEP）等合作，每届论坛出版一份主题报告，如荒漠化治理与气候变化、荒漠化防治与生态文明建设、粮食安全、生态扶贫、新能源及"双碳"目标实现等专题；力争通过3～5年，形成全球荒漠化治理的理论与实践的旗舰品牌出版物。

（5）缩小数字鸿沟

数字技术的推广应用是全球发展倡议和联合国可持续发展目标实现的重要手段。以促进数据共享与人才培训为主，选择一批（如10～15个北亚、中亚和中东国家，以自愿参与为原则），建立"一带一路"民间企业联盟，做大做强做实数字经济，如：

合作建立农业与畜牧业大数据库，侧重数据汇聚、标准制定，数据共享与应用培训，为智慧农业打好基础；

共同建立农业大数据应用基础设施——智慧农业服务平台时空底座；

共同选择应用场景，在草场资源与牧场管理以及特色农牧产品跨境电商发展及花卉产业、大棚蔬菜生产与市场营销等领域合作，推动数字经济发展。

根据全球发展倡议强调，中国将与联合国发展机构合作，在发展中国家推进实施，助力实现《2030 年可持续发展议程》。无疑，这将是中国与“一带一路”国家企业参与发展科技、振兴产业、促进贸易与提升能力建设国际合作的一个新平台、新机遇、新窗口。倡议还建立了必要的资金机制包括：正式启动总额 5000 万美元的中国—FAO 第三期南南合作信托基金；将南南合作援助基金整合升级为“全球发展和南南合作基金”，并在 30 亿美元基础上增资 10 亿美元；也将加大对中国—联合国和平与发展基金的投入，支持开展全球发展倡议合作。

这是一个难得的机遇。我建议有关方面抓住时机，认真研究落实对策，整合优势资源，借助“一带一路”平台与全球发展倡议的新动力，在推动乡村振兴战略实施的同时，实现与国际伙伴的合作共赢，助力联合国 2030 年可持续发展目标的实现。

第三部分　数字治理与青年创新

荣誉、责任与挑战*

被聘请为国家电子政务专家委员会委员，首先是一种责任，也是一种荣誉，更是一种挑战。

从20世纪90年代开始，国际上在电子政务领域发展迅速，国际组织、各国政府、企业界起了很大的推动作用。差不多在同一时段，中国政府就致力于推进电子政务的发展和应用，在国家信息基础设施建设、数据生产、人力资本积累以及部门线上服务体系建立和应用推广等方面，均取得了长足的进步。某些方面通过弯道超车，如政府专项引导、出台激励政策与营造服务环境等有了明显的超前发展。根据联合国的全球电子政务发展调查报告，2016年，我国电子政务发展指数（EGDI）已跻身全球前50名，但还远在英国、澳大利亚、新加坡、韩国和美国等发达国家之后。作为一个全球第二大经济体和拥有最多手机和互联网用户的国家，我们在电子政务的总体建设、应用、发展和民众参与等方面的差距还是明显的。

对照国际发展经验，这些差距主要表现在：电子政务的发展理念创新（以人为中心、高效、透明、问责和参与）；缺乏操作性强的国家总体战略规划；机制体制和法律制度薄弱，尤其是信息安全和保护的立法，数据所有权和使用权的明确制度以及数据标准与数据共享政策与相关法律缺失等。手边有一个例子：我最近参观了福州马尾的新大陆科技集团，看到"数字公民"的项目进展，发现技术大大超前于应用，"瓶颈"明显在于现有的体制机制——部门分隔和协调的困境。

---

* 该文是作者2018年3月16日在国家电子政务专家委员会第一届成立大会暨第一次会议的讨论发言。

为解决上述问题建言献策是我们这个新建立的专家委的颇具挑战性的使命,是每个专家的职责担当。

我们处在地球村和贸易全球化时代。随着大国外交的展开,我们正在走向国际治理舞台的中心,肩负着推动构建人类命运共同体的历史使命。秉承与各国共商共建共享的原则,推动电子政务的良性发展与广泛应用,需要加强对电子政务国际最新发展科技研究、机制体制的创新的国际合作。为此,我想分享三点个人的具体建议,供各位领导与专家参考:

(1)加强智库研究。设立国际电子政务发展新理念、新体系和核心技术发展以及推广普及机制的研究课题。可以考虑与联合国经社部合作,借助他们的平台、网络和多语言能力(据报告他们用了63种地方语言),包括联合国庞大的志愿者和实习生资源,侧重研究新型的调查方法、数据采集以及分析模型与手段;借石攻玉,探索在全球治理的视角下,发展具有中国特色的电子政务建设的理念、体系、机制和核心技术;探讨提高政府的治理能力与治理水平的"瓶颈",提升电子政务为中国参与并引领全球治理服务能力与水平的路径。

(2)选择"一带一路"作为切入点。探讨与相关国家和地区开展电子政务发展合作并争取列为新建立的国家国际发展合作署的第一批示范项目。在发展建设电子政务体系的过程中,聚焦理念、机制,信息安全和保护的规制立法,数据标准、数据共享和相关制度的研究;利用电子政务建设(如网络电商、远程医疗与教育等)的溢出效益,增进沿线人民更多的幸福感、安全感和获得感。我们还可考虑在每年的"数字中国"峰会期间设立专场或分论坛,交流"一带一路"电子政务能力建设合作经验成果,扩大中国的影响力。

(3)扩大电子政务业务内涵。目前国内电子政务主要侧重收集社会与经济(包括健康等)数据。应该考虑在适当的时候增加资源生态环境等空间数据的融合应用与管理维度,推动电子政务转型服务。空间信息、地理信息系统和智慧地球的数据与电子政务信息融合,是对生态文明建设空间规划决策和民众参与监督生态资源审计的重要手段。联合国关于电子政务的旗舰报告显示:英国、澳大利亚以及那些EGDI名列前茅的国家都非常重视空间信息融合技术与手段的应用,尽管它们也还只是处在初步的探索应用阶段。

让电子政务为生态文明建设插上翅膀

——关于数字福建创新发展的几点建议*

从20世纪70年代起,中国空间信息技术开始步上了发展轨道。我有幸成为一名早期参与者,亲历了一些重大的发展节点和挑战。特别是于1988年进入联合国之后,长期致力于通过联合国平台,推动亚太地区乃至全球的空间信息技术发展与国际合作,特别是遥感技术在联合国可持续发展的三个维度①的应用合作。这些年来,走南闯北,我有一个深切的感受:中国的改革开放,推动了科技发展与应用,改变了中国,改变了中国人的命运,也深刻地影响了世界。

我们今天讨论的数字中国和卫星应用领域就是一个生动的例子。我想从国际的视角,就今后发展谈谈自己的几点看法和建议:

一、未来数字中国的定位问题

首先要从中国对全球治理的贡献看。40年的改革开放,特别是党的十八大以来,中国的社会经济与环境生态发生了翻天覆地的变化,中国从来没有像今天这样接近全球治理舞台的中心,世界也从来没有像今天这样需要中国;中国从来没有像今天这样重视参与全球治理,世界也从来没有像今天这样重视中国的声音,在乎中国的理念、立场和方案。党的十八大以来,中国的新思想、新倡议和新行动不断涌现,引起国际社会的广泛注意。中国是联合国的创始者、建设者、参与者、维护者和受益者;中国一贯支持联合国作为全球治理的主要体

---

* 该文是作者2018年4月23日在首届数字中国建设峰会数字福建平行论坛——卫星应用助力数字福建创新发展分论坛的报告。

① 联合国可持续发展的三个维度指:社会、经济与环境。

系。中国持续的经济高速增长对世界经济增长的贡献率超过30%，成为联合国千年发展目标的实现的最大贡献者，对全球的脱贫贡献率超过70%。中国将于2020年成为全球唯一一个提前10年实现联合国可持续发展目标中消除贫困目标的发展中国家。无疑，中国在推动全球化、应对气候变化、消除贫困及维护世界和平和安全等方面，担当着负责任的大国的作用。

但也应该看到，最近国际政治、经济和科技等领域都出现了巨大变化。这些变化的影响，在我们讨论数字中国建设和数字福建未来发展的战略定位中，需要深入了解并给予足够的重视。

一是在国际政治层面，世界进入大变革大发展大调整时期，过程充满不确定性、不明朗性。多边机制受到重大挑战，经济全球化受到重挫；逆全球化和贸易保护主义抬头，美国挑起的贸易摩擦将影响全球的产业链，自由主义经济模式受到挑战；西方的“人权干预主义”导致了一些国家和地区的动乱加剧，人的安全更加悲催。

二是在科技方面，世界已进入后摩尔时代，信息革命浪潮日新月异、瞬息万变。超算、大数据、量子计算、云计算、互联网、物联网、人工智能等发展目不暇接，驱动社会经济深层次的变化与发展，在惠及人类的同时，极大地冲击着传统思维、传统文化和人类的工作环境和工作机制。

三是在经济层面，土地、资本、技术和知识这些生产要素中，知识成为最重要的资本，创新成为最主要的驱动力。数字经济是知识经济中最活跃的领域。2017年，中国数字经济规模已达27.2万亿元，占GDP比重达32.9%。[①] 福建省也超过1万亿元。有研究估计，2018年全球卫星产业将达2774亿美元。[②] 在2017~2020年，数字地球上游产业产值将以15.2%的复合年增长率快速增长，从2017年的154亿美元产值增加至2020年的236亿美元。[③] 大数据、云计算、人工智能将是数字地球空间信息应用最主要的增长驱动力。

---

① 《中国数字经济发展与就业白皮书》，载中国信通院，http://www.caict.ac.cn/kxyj/qwfb/bps/201904/t20190417_197905.htm。

② 《SIA发布2019年卫星产业状况报告》，载搜狐网，https://www.sohu.com/a/313732779_335896。

③ 欧阳春香：《世纪空间聚焦商用遥感卫星运营》，载中国证券报，https://www.cs.com.cn/ssgs/gsxw/201904/t20190425_5943509.html。

四是人才已成为战略资源与重要的竞争要素。在新一轮的信息技术发展浪潮中，谁掌握人才资本，谁就能掌握创新资源和核心技术。可见，驾驭数字经济和知识经济的未来，并主导和主宰世界走向，关键的是掌握丰厚的人才资源。我以为，数字中国的未来发展与建设的关键是要狠抓人才集聚并与世界发展衔接互动。

鉴于上述趋势，数字中国建设的总体战略思路是要提倡创新开拓精神，强调"四放"，即放大格局、放宽视野、放高眼界、放远目标。数字福建 18 年来建设的成功案例，可以是数字中国建设顶层设计的主要依据，并加以统筹考虑——基于中国的国情，既要符合实现社会主义现代化强国、中华民族伟大复兴的强国梦的目标的国家需求导向；又要按中国走向世界舞台中心，担当负责任大国的国际格局与国际视野，顺应世界议题导向，国内国际统筹兼顾、综合规划、有序推进。这样做的逻辑很清楚，中国已融入全球，你中有我，我中有你。不管世界发生什么事，好事坏事，中国都将被卷入其中，有时是身不由己、无法规避的。

二、认真总结数字福建建设模式

数字中国源头在福建。数字福建模式的成功建设，不但对中国而且对发展中国家都有启示作用，需要加以认真、全面地总结。电子政务是数字中国的一个重要领域，体现了一个国家的治理能力和治理水平。根据联合国的电子政务评估指标，2017 年中国电子政务发展指数已上升到世界前 50 名。英国经验表明，政府主要引领建设基础设施和平台，部门负责组件、数据，院校帮助推动人力资源建设。通过电子政务转型服务，英国政府每年节省了 18 亿英镑的行政开支。① 数字福建 18 年来的建设侧重电子政务，抓铁有恒，踏地有声，成果显著。福建的这套经验有普遍意义，其成功模式是可复制、可转移的，应该像西方一些发达国家一样，认真总结，向国内和国际推广，让世界也通过了解中国福建的方案，分享中国的成功经验。

三、要聚焦重点突破核心技术

网络信息技术进一步发展，需要突破核心技术，确保数字经济的基础安全。

---

① 《英国电子政务的发展转型及经验启示》，载搜狐网，https://www.sohu.com/a/228013519_99983415。

最近中兴被美国“绞杀”，中国社会舆论哗然。我以为，处罚中兴是表象，挑起贸易摩擦是手段，遏制中国的崛起才是真实意图，是他们的真正目标。人家就是要瞄准你的《中国制造2025》。但从长远看，中兴问题和贸易摩擦或许是中国的机遇。因为你的一剑封喉，倒逼我绝地反击，奋发图强发展核心技术，处于死地而后生。核心技术如芯片大量进口，除真金白银的流出，更麻痹了我们自立自强的神经。我们需要做一次深刻的评估、系统的反思。我想起20世纪80年代初，中国想搭乘美国的航天飞机，白宫科技顾问基沃斯带了20多人的NASA代表团，在钓鱼台国宾馆谈了几天，我帮做了几场技术翻译，记忆尤深。当时中国有多重视！看看出场的阵容就知道：我记得有陈芳云、孙家栋、屠善澄、杨家墀、戚发轫等一批老一辈的科学家，他们悉数出场。结果还是让我们大失所望。人家那个航天飞机，可以让日本人、俄罗斯人上，中国人就不行。这就逼着我们自己干，结果呢，活生生地把中国的神舟飞船给逼出来，飞上天了。90年代欧洲伽利略卫星定位系统讲好了与中国合作，结果人家一转身翻脸不认人，不让中国参加，我们只得背水一战，靠自己的科技人员，独立建成了北斗卫星定位系统。感谢欧洲的这个“损招”，活生生地逼出了中国独立的卫星定位系统，形成该领域美国、俄罗斯和中国三足鼎立的局面。还是90年代晚些时候，西方的空间俱乐部16个国家，齐刷刷把中国拒之门外，不让我们参加“国际空间站”计划（而同是发展中国家的巴西就可以进门）。生气没用！你中国即使想多给钱也不行。这次的逼迫，倒使我们的科技人员咬紧牙关自己搞，预计2022年可建成中国空间站，而且很有可能在2024年前后成为唯一一个在宇宙空间运行的空间站。

所以说，中兴的事件固然令人痛心；但痛定思痛，却也令人高兴，因为要发生的事总是要发生的，可庆幸的是提早爆发了，让我们还有时间思考并付之行动。一段时间，由于我们在科研上的浮躁和经济上的急功近利，过分依赖美国和其他国家与地区供应芯片等核心技术，从而拖延了自己的研发计划，这就等同于在粮食领域把中国人的饭碗端在别人手中。芯片等核心技术绝对是数字经济的主粮，主粮断了，何谈信息领域的“粮食安全”？何谈网络安全与国家安全？其实，习近平总书记早就告诫我们：“互联网核心技术是我们最大的‘命门’，核心技术受制于人是我们最大的隐患。”①核心技术靠化缘是要不来的，只有自力更生。

在规划未来的数字福建创新发展中，要通过科学的分析手段（如 SWOT 分析是常用的战略规划工具）深入分析，重点要考虑福建的基础和比较优势，参与全国竞争合作，压缩“广谱”式、“撒胡椒面”般的投资，集中资源扶植优势信息产品和行业；要研究出台配套的必要政策，鼓励高校科研与企业强强联手，联合攻关核心技术；要制定长效的激励政策，包括在投融资方面支持非公企业，特别是中小企业参与创新，鼓励青年科技人员发挥“敢拼才会赢”的福建人精神，争取在“基础技术、通用技术；非对称技术、‘撒手锏’技术以及前沿技术、颠覆性技术”三方面有所突破。同时，要重点抓数字福建数据的推广应用，打磨精品，打造福建品牌，作出福建在数字经济领域特有贡献。

四、打造数字中国峰会为常设性平台

第一次数字中国峰会在福州举办，是福建难得的历史机遇，也是对福建的一种能力/压力测试。抓住这个机遇顺势而为，是进一步统筹提升数字经济在福建发展的天赐良机。作为数字中国的源头、海上丝绸之路的主要节点，福建有基础、有条件争取数字中国峰会在福州永久落地：一来可持续地向全国乃至全球分享福建的经验和方案；二来向国内外学习，借他山之石，攻福建之玉，推动实现福建数字经济人才资源的快速积聚、数字知识的深度交流，推动高校、科技与企业结合，加速创新促进数字经济发展。

要实现这一点，建议考虑逐步扩大峰会规模，适当增加邀请国外主要国家、相关企业和著名专家参会，打造并扩大数字福建伙伴关系的朋友圈。同时建议通过后续一两届峰会的摸索，在积累成熟经验之后，积极探讨实现峰会的机制化、常态化和国际化的办会模式，即改完全由政府负责办会为政府部门指导、专门机构主导承办，企业参与、社会支持的市场化办会，形成商业化、长期可持续的办会模式和早期收获会展经济的机制。在议题方面，峰会要积极与“一带一

① 《习近平：在网络安全和信息化工作座谈会上的讲话》，载人民政府网，https://www.gov.cn/xinwen/2016-04/25/content_5067705.htm? cid=303。

路”衔接，围绕国内优先原则，结合“一带一路”的重点领域需要，选择每届峰会的议题和分论坛的设计与设置安排。

五、趁热打铁成立数字中国研究院

尽早成立数字中国研究院，汇智榕城，引领全国开展数字中国智库研究、核心技术研发、规范标准制定、数据挖掘应用示范及人才培训等要务。同时，建议依托福州大学基地建立国际数字经济发展培训中心，争取与联合国和相关国家组织结成伙伴合作，并争取政府相关部门的支持以及南南合作基金和新成立的中国国家国际发展合作署的项目支持。培训中心要想方设法吸纳全国的智力，探索创新模式开展工作；中心要面向国际，主要是为“一带一路”国家和地区培养数字化人才，培育数字经济潜在市场，在帮助有关国家和地区提高能力建设的同时，为中国数字技术走出去提供战略人才，储备当地人才支撑基石。具体建议是：国家和省政府共同设立一个专项，每年为 30～40 个国家和地区培养 100 人左右，并建立适当规模的示范基地，用推高铁建设那样的力度推出中国数字经济技术、服务，包括提供电子政务系统建设的“交钥匙”工程。

福建有众多的爱国华人华侨，也有改革开放后培育的一批有情怀的成功的民营企业家，他们有奉献捐赠的传统，可考虑出台适当的政策，如设立基金等，鼓励和争取他们对国际数字经济发展培训中心的资金支持。

最后一点建议，目前福建在电子政务方面已走在全国的前列，基础相对完整，协调机制也比较完善。但和其他地方发展趋势类似，目前中国的电子政务还主要侧重社会和政府服务方面的平台、数据汇聚和网络建设等要素。我以为，是时候为电子政务增加资源与环境维度，插上生态翅膀。具体办法是提高空间信息、地理信息系统和智慧地球的多源、多维度、多尺度、多分辨率数据的采集汇集能力，与电子政务中的社会经济信息的融合分析和深度挖掘，利用电子政务平台信息共享机制，提高数据挖掘使用效率，使电子政务平台成为生态文明建设规划决策、自然资源和生态环境审计与各级干部的问责以及民众参与监督的重要手段。联合国关于电子政务的旗舰报告中，英国、澳大利亚、美国以及那些电子政务发展指数（EGDI）名列前茅的国家和地区都非常重视这些手段的推广和应用，值得研究借鉴。

鼓励青年参与创新,赋能数字经济发展*

我很高兴代表数字中国研究院参加 2018 中国软件大会暨数字中国创新大赛启动仪式及新闻发布会。

第二届数字中国峰会将于 2019 年春暖花开时节在美丽的福州举办。作为第二届峰会的主要组成部分之一的数字中国创新大赛今天正式启动,对于从事数字中国建设的科技工作者、企业家,特别是青年科学家和工程技术人员,这的确是一件令人振奋的大喜事。

创新驱动人类社会发展。2013 年 5 月 4 日,习近平总书记在同各界优秀青年代表座谈时的讲话中指出:"创新是民族进步的灵魂,是一个国家兴旺发达的不竭源泉,也是中华民族最深沉的民族禀赋,正所谓'苟日新,日日新,又日新'。"①

大家知道,加快建设网络强国、数字中国和智慧社会已作为国家发展的重要战略,被写进党的十九大报告。

"数字中国"是以中国为对象的国家信息化体系。"数字中国建设"是以全面实现中国现代化为目标,以新一代数字技术和产业创新发展为引领,以信息资源为核心要素的国家信息化建设系统工程。数字中国建设的具体任务是为我国经济、政治、文化、社会、生态文明"五位一体"建设提供信息化技术和信息资源支撑。

不难理解,数字中国建设是全方位的、多层次的、多维度的宏伟事业和动态

* 该文是作者在 2019(首届)数字中国创新大赛启动仪式及新闻发布会上的发言。

① 《习近平:在同各界优秀青年代表座谈时的讲话》,载人民政府网,https://www.gov.cn/ldhd/2013-05/05/content_2395892.htm。

进程,必须遵循“创新是民族进步的灵魂”的思想,依靠科技创新和体制机制创新,驱动数字中国建设可持续发展,造福于中国人民和世界人民。

当下,人类已进入信息化社会,并最终朝向生态文明社会发展。数字化浪潮迎面扑来,电子政务、数字地球、数字城市、数字社区、数字电视、数字手机、数字家居、数字书刊等接踵而至,数字技术产品与服务无所不在,如影随形。所有人几乎都已深刻感受到信息社会正改变人类,改变人们的社会生活与生产方式与组织形态。

信息化浪潮的一个重要特征是软件赋能数字经济。我们正处在一个软件定义、数据驱动的时代,软件无处不在、无所不为,已经渗透到人类社会的方方面面,与我们的生活和工作息息相关,人工智能、大数据、物联网、云计算发展迅猛、应用广泛;各种 App 如雨后春笋,几乎已经成为每一个人每天都离不开的应用,如办公、生活和娱乐工具。“一卡通”、“刷脸取款”、农民开始使用手机种地,北斗导航卫星 + 软件实现无人拖拉机耕作,减少了 2/3 的成本……

软件创新与数据应用的范围似乎只受限于人们的想象力。首届数字中国创新大赛侧重软件创新,促进数据在国民经济建设与各个科技研究领域的创新应用。希望青年发挥想象力,结合当前经济社会发展亟须解决的热点问题和未来国际竞争的战略性问题,开拓大数据挖掘应用示范场景,如智慧城市、智能交通、数字医疗、灾害预警、智慧农业等。这既符合现实的需求,又顺应时代的发展趋势,是一个既务实又有远见的赛道选择。

今天,在国际上寒气逼人的时节,举办首届数字中国创新大赛有着特殊的意义。它将激励中国青年积极参与,勇当创新改变社会洪流的弄潮儿,展现我们中华民族无穷智慧,排除万难,坚持走自主创新道路的决心、勇气和能力。

青年是未来的领袖。青年学生是社会上最富活力、最具创造性的群体,是软件创新事业的主力军。我们满怀信心地相信,青年学生一定能够在这个软件创新大赛的擂台上大展身手,尽显才华。

大家或许知道,数字中国研究院是拜首届数字中国建设峰会所赐,于 2018 年 4 月应运而生,这本身是为了加快推动建设数字中国的创新之举。研究院的重要任务之一就是负责研究创新驱动数字中国发展战略问题。研究院将全力支持首届数字中国创新大赛各项活动,全力支持广大青年学生参与创新大赛。

我们热切地期待,在各界关心支持下,在广大朝气蓬勃、才华横溢的中华青年俊才的热情参与下,在2019年春暖花开的时节,首届数字中国创新大赛将获得丰硕成果,取得完满成功!我们也期待与欢迎在参赛中脱颖而出的优秀青年俊才加入数字中国研究院,与这个新生的研究院共成长。

数字中国建设与数字治理人才培养*

我很荣幸受到邀请,在清华—岭南大学全球数字经济与治理工商管理博士项目的开幕式上,代表数字中国研究院(福建)做主旨报告。数字中国研究院(以下简称数研院)于去年与香港岭南大学签署了战略合作协议。

一、数研院的背景

数研院是在中央网信办、国家发改委、工信部等部门以及福建省的共同推动下,于 2018 年 4 月在福州举办的第一届数字中国峰会期间宣布成立的。

数研院是一个集智库研究、数字技术研发、产业化推广应用、教育与培训以及国际合作于一体的、产学研用融合发展的创新型机构,其中心任务是为数字中国建设提供综合的战略支撑与技术服务以及开展数字人才的教育与培养。

数研院的前身是福建省空间信息工程中心。该中心是为支撑数字福建建设于 2000 年专门建立的。经有关部门批准,中心通过更名、改制及提升,进一步优化、扩大、完善其使命与功能,以便更好适应数字中国发展的需要。

数研院依托福州大学,秉承产学研用紧密结合、创新链与产业链深度融合的发展理念,全方位支撑信息化工程,助力"数字中国、智慧社会、网络强国"的国家发展战略。数研院也是福州大学"双一流"建设新兴交叉学科的主要科研平台,目前汇聚了地理空间信息技术、大数据科学与工程领域的 12 个不同定位和服务功能的国家及省部级科研机构;还有一个国家示范性国际科技合作基地、一个教育部重点实验室(空间数据挖掘与信息共享)和三个产业发展公司、

---

* 该文是作者 2021 年 9 月 10 日在清华—岭南大学全球数字经济与治理工商管理博士项目开幕式上的主旨报告。

学科型企业。

20年来,数研院已成为面向电子政务工程与资源环境生态信息化、地理空间信息技术与新一代信息技术交叉集成的,集理论探索、技术创新、人才培养、服务社会、产业孵化等功能于一体的区域地理空间信息与大数据产业技术基地,孵化培育和对接带动了一批国有骨干企业、小微科技型企业和事业单位,成为区域地理空间信息与大数据产业发展的重要创新驱动力量。

值得一提的是,数研院长期负责建设并运行数字福建的数据汇聚与数据共享平台,建立了数据一级开发团队,积累了约60TB数据量的地理空间、行业专题数据,形成遥感动态监测、政务信息共建共享、网络地理信息系统与移动位置服务、空间数据挖掘与地理决策服务、大数据智能处理与分析、卫星导航终端整机产品等单元研发、集成、工程化和试验验证条件平台。拥有涉密计算机信息系统、超算中心,测绘资质(乙级)、国家军工保密资质(二级)等行业资质或准入资格。

基于20多年数字领域所积累的坚实的工程基础与丰富的面向经济建设的经验,数研院具有独特的优势与资源。我们很高兴能与清华、岭南两所大学结成合作伙伴,实现强强联手,形成优势互补。我们很愿意与大家共享数字领域的经验与成果,非常欢迎并期待学员们有机会到数研院参观、考察、实习以及联合开展数字技术、数字经济与数字治理方面的研究。

二、数字中国建设需要领军人才

大家知道,党的十九大把"网络强国、数字中国、智慧社会"写进报告,并对如何加快数字中国建设作出了战略部署。

我理解,加快数字中国建设就是要适应我国发展新的历史方位,全面贯彻新发展理念,"以信息化培育新动能,用新动能推动新发展,以新发展创造新辉煌"。[①] 具体来说,数字中国就是以新时代中国式现代化建设为对象,以新一代信息技术和产业创新发展为引领,以数据与信息资源为核心要素的国家信息化

① 《习近平致信祝贺首届数字中国建设峰会开幕》,载人民政府网,www.gov.cn/xinwen/2018-04/22/content_5284935.htm。

建设系统工程。其具体目标是为我国经济、政治、文化、社会及生态文明建设“五位一体”融合发展提供信息化技术和信息资源支撑，提升我国综合国力、产业发展实力、政府服务质量、文化传播效益、社会治理能力、生态文明建设，助力中国经济从高速增长转向高质量发展，更好满足人民日益增长的需求和对美好生活的向往。

经过“十三五”规划的组织实施，我国在数字领域已经取得了让世人羡慕的进展与成就。2019 年，中国的数字经济规模已达 36 万亿元，约占 GDP 的 36.2%①。

今年是“十四五”规划的开局之年。“十四五”规划和 2035 年远景目标纲要将“加快数字化发展，建设数字中国”设为独立篇章，提出了明确的发展目标。

对于数字领域的从业者来说，这无疑是令人振奋的。今天的中国，数字服务已不再是选项，而是我国社会经济可持续发展的必需。互联网、物联网、5G 技术、云计算、区块链、人工智能等不断催生新业态，迅速改变着生产模式、社会组织与人们的生活方式。这既给我们带来巨大挑战，也为我们提供了难得的机遇。

往更大的格局看，世界正处在大变局的关键节点。这对每个人来说，都是一个不寻常的挑战与历史性的考验。但是，正是因为是空前的挑战，这个时代才注定是一个需要人才、锻炼人才和造就人才的伟大时代。

所以说，清华—岭南的这个项目的成功启动，得天时，坐地利，享人和。

这个项目的目标是为国家培养数字化领域的高级人才，特别是领军人才。这既符合数字中国未来发展的战略要求，也顺应当前数字经济发展的现实需要。

人才资源是国家的战略资源，是一个国家软实力的重要组成部分。习近平总书记最近在 2021 年秋季学期中央党校（国家行政学院）中青年干部培训班开班式上的讲话指出：“年轻干部生逢伟大时代，是党和国家事业发展的生力军，必须练好内功、提高修养，做到信念坚定、对党忠诚，注重实际、实事求是，勇于

① 《2019 年我国数字经济占 GDP 比重达到 36.2%》，载中国经济网，www.ce.cn/culture/gd/202007/03/t20200703_35249304.shtml。

担当、善于作为，坚持原则、敢于斗争，严守规矩、不逾底线，勤学苦练、增强本领，努力成为可堪大用、能担重任的栋梁之材，不辜负党和人民期望和重托。”① 在国际形势急剧动荡的时期，青年迫切需要加强对全球胜任力的培养，需要树立大局观、全球观，学会用“三只眼睛”看世界，需要掌握能有效参与构建人类命运共同体的真本领，推动联合国可持续发展目标的实现。这是摆在当代青年面前的重大的历史使命。

我相信在座的每个人都有机会和潜力成为某个领域的领军人才。但取得成功，还看你是否能够脚踏实地、苦练本领、知行合一；是否愿意作出奉献、敢于担当；是否能够把握机遇，敢于作为、善于作为。

国内最近有一个高频词叫作“起跑线”。通过自己的努力，进了清华—岭南大学的这个项目，你们已经赢在起跑线上了。但，博士学位的获得，尤其是对这个学位所承载的知识与能力的真正掌握是一次新的拼搏与冲击，是人生的又一次长跑。就像邱勇校长前几天说的：一个人的人生追求只有同国家的需要和人民的利益相一致才有意义。可见，对于青年来说，最重要的是要厚植家国情怀，不忘初心不负时代。

后摩尔时代，数字领域可谓是瞬息万变。新技术、新产品、新业态、新服务、新模式层出不穷。想要抓住机遇、引导领先，关键是培养独立思考能力，发扬敢于挑战精神，保持开拓创新意识。“苟日新，日日新，又日新”，这句话，既可形容数字技术与经济发展的趋势，也是一个人在数字领域中不懈追求的写照。

在座的学员大部分已经是事业有成的青年企业家，我很羡慕你们带着创业、创造、创新过程中的许多实际经历与经验，抱着探索新理论、寻找新方案的希望，在人生的重要时刻迈出了新的一步，并很幸运地成为这个项目的首批学员。我相信，你们中的许多人一定能成为引领未来数字科技、数字经济与数据治理领域的领军人才，带领更大更新更强的团队，为提升企业的质量、保障人民福祉与经济、社会和环境的可持续发展，为中华民族的伟大复兴的历史使命作出新的贡献。

---

① 《习近平在中央党校(国家行政学院)中青年干部培训班开班式上发表重要讲话》，载人民政府网，https://www.gov.cn/xinwen/2021-09/01/content_5634746.htm。

三、关于未来人才培养的几点建议

除了对数字化信息化专业技术领域的不断探索追求，作为领军人才，同时应该注重在以下几方面提升自身素质，加强自身的综合能力。

(1)要有大视野大格局，培养应对大变革的战略领导力。前瞻力、领导力、执行力、影响力是面向未来需要的战略领导力。在世界发展进程中，唯一不变的就是变。当前国际形势极其复杂，百年未有的新冠肺炎疫情，西方一些国家对疫情的政治操弄以及逆全球化的影响等叠加，进一步扰乱了全球治理秩序，对全球社会经济的冲击不亚于一次世界级的战争。如何成功应对变局取决于每一个人，特别是青年一代。青年人既要志存高远、仰望星空，又脚踏实地、抓铁有痕，积极提升全球胜任力，自觉锻炼参与全球治理的战略领导力。这是时代的重托。

(2)坚持四个自信，做分享中国智慧的积极推动者。一代人有一代人的责任与贡献。中国正迈向国际舞台中心，需要树立清新的国际形象。我们既不应该夜郎自大，也没有理由妄自菲薄。五千年的中华文明，无论是在哲学、思想、文化与治国理政方面都有深厚的底蕴和引以为自豪的历史积淀与现代实践。青年人肩负着历史传承的使命与创新的重担，只有用丰富的文化、坚实的科学知识与正确的价值观武装自己，才有资格、有能力去国际上传播中国文化，提供中国方案，分享中国智慧；才有实力为中华民族的伟大复兴，为推进构建人类命运共同体作出贡献。

(3)厚植家国情怀，成为有底线思维的栋梁之材。激烈的国际竞争将是新常态，需要我们直面正视。未来的国际竞争只能更加激烈，中国需要大批有坚实专业基础、有底线思维的专门人才。青年人应该积极向上、充满激情、热爱祖国；了解国家的大政方针；体会人民的冷暖需求，牢记“江山就是人民，人民就是江山”。古希腊的哲学家苏格拉底有一句名言：“未经审视的人生，是不值得过的”。所谓审视人生，就是在新的历史坐标上，寻求自己的责任担当，实现自己的价值使命；在新的空间坐标上，与时代对话、与世界互动。

(4)挑战自己，下苦功把自己培养成为复合型的人才。我们既要为民族复兴育才，也要为世界和平与发展储才。未来主宰全球治理舞台的人必定是具有复合型知识与综合能力的人才。未来全球治理的话语权的竞争，胜负在很大的程度上取决于人才的数量与质量。所以，关键之关键是培养与储备具有改革精神、科技能力与开拓创新思维的人才。未来的人才，应该具有善于学习与终身学习的能力，应该是专一行、通多行、具有广泛知识的复合型人才。

习近平总书记在建党 100 周年大会上要求青年“增强做中国人的志气、骨气、底气”。身处大变革时代，引领变化是一种能力，适应变化是一种修养。一个人的领导力不是靠自封的，而是在预判、组织与出色完成一个又一个的具体任务中，通过实力赢得的支持。领导力是逐步积累形成的尊重——国家如此，个人也如此。

我相信清华—岭南这个项目能够最终做成培养青年数字领域领导力的一个闪亮品牌，为时代、为国家、为社会培养一批又一批具有创新精神与推动信息化发展的新型企业家。预祝大家学有所成。

数据共享

——生物多样性保护与粮食安全的重要基础*

今秋(2021 年)9 月、10 月,联合国将先后召开世界粮食系统峰会及《联合国生物多样性公约》第十五次缔约方大会。这两个大型高层国际会议与世界服贸会和今天的“优质地理产品生境保护与可持续发展”论坛的主题高度关联,值得我们高度重视。

大家知道,生物多样性涵盖基因、物种与生态系统三个层面,既与粮食安全和营养紧密关系,也是优质地理产品生境的重要基础保障。

生物基因与物种的多样性为人类的食物提供了充足的品种资源;而生态系统服务则为人类的生产与生活提供了必要的基础保证。

但是,由于不可持续的生产与生活方式及不断强化的农业生产,给生态系统造成了巨大的压力,也加大了优质地理产品生境的脆弱性。农业生产占用了地球上 70% 的水资源,造成了 60% 的生物多样性丧失;农业系统产生了 1/3 以上的温室气体,①加剧了气候变化,是世界上许多地方宝贵的优质地理产品生境濒临崩溃的重要因素之一。

我们还注意到,现代社会盛行的快食文化与食物不断同质化对人类健康的严重影响。以作物为例,地球上可作为栽培使用的食物、水果与蔬菜品种成千上万,但目前人类使用种植的品种却不到 200 种,其中仅 9 种常见作物,几乎占所有作物产量的 70% 。由于食物品种单一,人们无法获得对人体健康至关重要

---

* 此文英文版载 China Daily Global Sept. 9 ,2021。

① FAO, The State of Food and Agriculture 2020 , https://www. fao. org/family – farming/detail/en/c/1333450/.

的全部营养素,造成严重的营养不良,成为导致疾病与死亡特别是儿童发育不良的主要因素。

优质地理产品存在于特殊的生态系统,大多是经历数百年甚至近千年的自然淘汰后的仅存硕果,其保护理应作为一个综合议题,纳入上述两会的议程,从种源、生产、收获到流通、贸易以及消费的各个环节,从生态系统保护的整个链条统筹考虑。

但是,目前可用于优质地理产品生境保护与可持续利用的科学研究与决策的数据还相对贫乏。在联合国 SDG 的 17 个目标、169 个子目标以及 200 多个指标中,近 40% 处于既无数据也无方法状态。显然,数据与方法已经成为实现 2030 年可持续发展议程的巨大"瓶颈"。这是目前最受关注的热点问题之一,应该达成共识,制定共同原则。

以下 4 点值得有关方面领导与专家认真考虑:

(1)为研究气候变化与生态环境恶化对优质地理产品生境的胁迫与保护,需要对重点地区开展全面清查、加强监测,建立专门的主题数据库,提高对准确、动态与现势的数据与信息的持续的获取能力与研判分析能力。这是一项基础性的工作。

(2)为推进数据资源要素的开放共享,需要加快相关政策、立法与机制的研究。要鼓励在不同层次,如全球、区域、国家以及部门与行业之间的合作,推进科学数据自愿汇聚,培育共享机制,提供公共产品,提高数据的挖掘、开发应用能力。这是一项迫在眉睫的工作,相关研究单位应该考虑设立示范项目,先行先试,探出一种地理资源数据开放共享的模式。

(3)要鼓励科研部门与相关国际组织加强合作,收集、分发、推广那些彰显生物多样性与优质地理产品生境保护的理念、技术与最佳实践,并培养知识吸纳能力与建立成果转化机制。例如,中国科学院发起的"优质地理产品生态地理环境保护与可持续发展行动计划",可率先通过国际科技合作项目,推动建立"一带一路"优质地理产品生境专题示范数据库并逐步优化提升扩容。在此基础上,进一步建立有韧性的生态系统服务和可持续农业与粮农安全信息应用系统基础设施,在更大范围内与参与国实现合作共赢。这是一项值得优先支持的国际合作项目。

（4）要加强对全社会的生态意识的教育。通过各种不同的渠道与场合，加强科普宣传与教育，提高全民特别是青少年对生物多样性与生态服务保护以及优质地理产品与高质量生活和良好营养关系的重要性的认知，形成全民的生态保护的社会意识。推动建立良好的生态文化是对国民环境生态素质提升的一个有长远意义的战略投资。

随着生物技术与信息技术的发展，对生物多样性特别是生态系统与生态服务的现状、动态变化以及发展趋势的“天—空—地”立体监测已经成为可能；提供及时的、高精度的数据，结合地理信息系统与智能分析辅助决策，也已成为可行。借助互联网、融媒体与各种 App 平台（如抖音）的宣传推广，通过较长时期的持续努力，相信会从根本上提高全民对生物多样性与优质地理产品生境的保护意识，推动全民行动，树立新的社会风尚，为实现可持续发展作出贡献。

数字技术助推可持续发展目标实现

——谈《地球大数据支撑可持续发展目标报告(2020)》*

在联合国成立75周年、联合国2030年可持续发展目标实施5周年之际,中国科学院“地球大数据科学工程”先导专项撰写的《地球大数据支撑可持续发展目标报告(2020)》于9月6日在第七十五届联合国大会正式发布。该报告已连续两年作为中国政府的正式文件在联合国大会发布并受到国际社会的广泛关注。这表明国际社会对前沿的科技创新手段,特别是数字技术(如大数据、人工智能、云计算等)对实现联合国2030年可持续发展目标的科技支撑的高度认可,以及落实2030年可持续发展目标、缩小数字鸿沟的有效服务的充分肯定。

2015年9月,联合国成立70周年之际通过了《变革我们的世界:2030年可持续发展议程》,确定了17个目标、169个具体目标,旨在以全面和综合的方式解决人类社会面临的社会、经济和环境三个维度的发展问题。这是以联合国为核心的全球治理机制从主要关注减贫与消除饥饿等阶段性目标的千年发展目标(MDG),到可持续发展综合性目标(SDGs)的结构性转变。如此宏大的目标,自然面临着更多的挑战。尤其是2020年伊始,全球新冠肺炎疫情的大流行严重危害国际公共卫生安全,全面冲击世界经济运行,深刻地影响了联合国2030年可持续发展目标的实现。

为支撑可持续发展目标实现,联合国提出了SDGs技术促进机制,旨在通过科技创新推动《2030年可持续发展议程》的全球落实。科学技术在推动实现

* 该文是作者2020年9月受邀分享对《地球大数据支撑可持续发展目标报告(2020)》的看法。感谢中科院空天院青年专家协助收集提供相关背景资料。

SDGs上的重要作用已成为国际共识。联合国《2019全球可持续发展报告》提出将科学技术作为重要的四个杠杆之一，通过六个切入点进行部署，聚焦2030年可持续发展议程转型的需求，为未来十年SDGs的实现指明了方向。

中国作为世界第二大经济体，在落实可持续发展议程方面展现了应有的责任担当并作出了大国的贡献。其中科技创新发展成为SDG诸多目标“早期收获”的新动能。中国提前实现在现行标准下的全面脱贫、率先发布落实议程的国别方案和进展报告等，充分彰显了科技是第一生产力的效应。最近发布的《地球大数据支撑可持续发展目标报告（2020）》即其中的一个典型代表。作为科技领域“国家队”，中国科学院充分发挥在多领域大数据资源、科技基础设施集聚和科研人才实力的优势，组织开展了大数据支撑SDGs的研究工作，为联合国可持续发展目标实现提供以往未有的数据与数字知识公共物品，受到了国际社会的欢迎。

2020年度的《地球大数据支撑可持续发展目标报告》，重点聚焦“零饥饿”、清洁饮水和卫生设施、可持续城市和社区、气候行动、水下生物、陆地生物六个SDGs目标的诸多指标，通过案例研究展示了国家、典型地区、区域和全球四个不同尺度在数据采集、方法模型和决策支持方面的SDGs指标监测进展与评估结果，填补了SDG的许多数据空白，为2030年SDG实现提供了中国经验与方案。连续两年，两期报告在联合国的发布引起较高的国际关注和积极反响，也证明地球大数据作为科学技术创新的重要手段，已经成为我们认知地球的新钥匙和知识发现的新引擎。

《地球大数据支撑可持续发展目标报告（2020）》展示了中科院“地球大数据科学工程”先导专项利用地球大数据的独特能力与优势。例如，在全球关注的粮食安全问题方面，该研究建立了三大主粮作物产量潜力遥感估算模型，发现稻谷和小麦在面积最大主产区的单产提升潜力分别为2015年单产的13.3%和12.5%，其实现可使两种作物的全国产量满足2030年预测的消费需求，并提出合理规划增产与化肥减量的空间布局是有效提升中国粮食生产可持续性的关键。在水资源监测方面，创建了一种基于双波段反射率的湖泊水体透明度监测评估算法，生产的2000～2019年中国湖泊水体透明度产品显示中国湖泊水体透明度表现为“西高东低”，水体清澈程度表现良好且呈现出向好态势，表明了中国近年来在生态文明建设、坚持环境与经济平衡发展政策举措的效果。在城市灾害监测方面，发展了基于深度学习网络模型的城市棚户区和灾害目标等识别方法，提出经济增长率与土地使用率之间的比率新指标，扩展了可持续城市与社区(SDG11)指标体系，通过省域尺度多指标综合评估结果，显示中国城市朝可持续方向发展。在海岸资源与环境监测方面，提出基于海域生态系统结构、服务功能的健康评估方法，揭示中国近海典型海湾环境因子对生态系统关键要素变化的贡献。在生态保护与监测方面，发展了综合时空谱多维特征的森林类型提取与濒危物种空间丰富度模拟方法体系，生产 2019 年全球高分辨率森林产品，开展中国土地退化零增长进展评估，提出生态系统保护和修复的对策建议，为陆地生命(SDG15)指标动态监测和评价提供了有力的支撑。

以上系列案例，有力地证明地球大数据及其相关技术和方法可以为深入认识和更为精准地判定 SDGs 相关重大问题提供新的分析工具，在推动科技服务全球可持续发展方面具有重要意义和实践价值。

《地球大数据支撑可持续发展目标报告(2020)》在联合国的发布，分享了中国利用大数据技术支撑联合国可持续发展倡议所作的有益的尝试，宣传了中国在践行 2030 年议程方面所作的努力和切实的行动，展现了中国在落实可持续发展方面的决心和效果。

科技是人类社会发展的不竭动力，大数据正在改变着人们的生活方式，也在推动着科学研究范式的发展。随着中国倡导“创新、协调、绿色、开放、共享”的新发展理念以及经济和社会的数字化转型，以大数据、人工智能、区块链和 5G 为代表的新型科技手段也将发挥更重要的作用。中国加强国际合作，与国际社会一道，共同推进新的科技发展，必将为“一带一路”倡议实施和推动构建人类命运共同体以及实现联合国 2030 年可持续发展目标作出新的巨大贡献。

与联合国合作共建全球电子政务服务共同体*

我今天主要围绕今年联合国电子政务报告的主题,从“第三只眼”观察的角度,谈谈三点看法。

一、联合国电子政务调查报告的指南作用

从2001年至今,联合国共发布了11期《联合国电子政务调查报告》。这是目前唯一一个系统评价全球电子政务发展现状与趋势的最权威的报告。由于报告具有参与广泛、数据平衡、资料现势、信息综合和中立独立等特点,该报告已成为成员方政策决策与规划的主要指南、全球治理学术与智库研究以及从事ICT行业包括企业人员的主要参考。

今年的报告主题鲜明。紧紧围绕数字政府、电子政务支持秘书长提出的推进联合国2030年可持续发展的“行动十年”,重点考量了数字技术、电子政务的可持续性、包容性以及提供均等服务的特质与作用。报告还及时地评估了电子政务与数字技术在全球新冠肺炎疫情中的重要作用;同时,分析了当前所面临的缩小数字鸿沟的政策、机制与能力等诸方面的挑战。

我觉得,今年的报告更接地气、更切实际,因此也更具实用价值。许多建议很值得成员方参照执行,建议有关部门多印一些,分发省市地方一级参考使用。

二、中国电子政务发展进入了快车道

根据报告,我国电子政务发展指数(EGDI)在全球的排名已从2018年的第

---

* 该文是作者2020年7月26日在联合国经社部与国家行政学院共同组织的《2020联合国电子政务调查报告(中文版)》北京发布会上的发言。

65 位提升到第 45 位，进入了"非常高"的一组；而作为电子政务发展指数三个最主要的综合指标之一的在线服务指数（OSI），则从 2018 年的 0.8611 提升到 0.9059，与荷兰、日本两个发达国家并列第 9 位。

与两年前相比，这是一个量与质"双翼驱动"的、飞跃性的发展，充分反映了中国电子政务工作从战略部署到决策布局、从政策法规制定到机制体制创新、从建设落实到应用推广等得到了全方位的、实质性的、有些地方还是创新性的提升。中国电子政务的发展模式在联合国的报告中，有许多地方得到了直接的肯定，还有不少报告内容也给了间接的肯定。

中国电子政务发展不但进入了快车道，而且迈上了新的台阶。这可以从它的"时间效益"、"突发事件应对"以及"系统压力测试"三方面考量，提交了一份满意的考卷。

其一，时间与效率考验。两年来，中国国家电子政务新发展可以"全国一体化政务服务平台"建设为标志。一体化平台上线短短 14 个月，就实现了与各地区、各部门政务服务平台的互联贯通；推动跨区域、跨部门、跨层级的"立体"的数据共享和业务协同，推动更大范围、更深层次的"一网通办"，为服务企业和群众办事带来了很大便利。全国各地不断深入推进"互联网 + 政务服务"，自上而下体现了需求导向的原则，实现了边建设、边完善、边服务，收到了投资的社会效益，体现了中国的发展理念与速度。

其二，"突发事件"的考验。全球新冠肺炎疫情对所有国际组织和各国政府的治理能力与管理水平，都是一场严峻的考验。为助力做好疫情精准防控和有序复工复产工作，中央网信办和有关部门推出一系列政策与举措，依托全国一体化政务服务平台，便利了民众，有力地推动了有序复工复产，涌现出大批创新性的服务模式。例如，福建省充分发挥数字福建大数据、省市两级数据共享与业务协同平台，更好地方便群众在疫情防控期间生活、出行和返岗复工。

在这次疫情监测、防控过程中，各地电子政务系统下为民众提供及时、透明和权威的信息，上向中央部门提供科学决策的辅助数据，作出了可圈可点的贡献。民众可以及时从电子平台收到官方疫情资讯、旅行信息和市场动态等，对于粉碎谣言、稳定社会起到了"稳定器"作用。中国电子政务得到了这次罕见的全球突发事件的实用考验,发挥了投资效应与社会效益。

其三,系统压力测试。这可以说是一次"计划外"的"系统压力测试"收获。在国际形势空前复杂的特殊环境下,一体化平台与各级、各行业系统面临着巨大的不确定性的挑战,能够及时为公众的知情权、决策的科学性、企业的纾困要求等各种利益相关方提供"时效性强、权威可靠"的不间断的业务服务。在前所未有的疫情应急业务化运行要求的巨大状态下,通过了系统的"压力测试",这是预先没有想到的效果。

三、今后工作的两点建议

其一,"打铁还需自身硬"。全球新冠肺炎疫情是目前全球多重危机的触发器。美国不断从国际组织退群,不断出台各种狠招、恶招,用甩锅、污名化等手段遏制、围堵中国;全球化出现逆流,全球治理处在无领导状态,世界被推入至暗时刻。联合国秘书长说:这是联合国成立以来的最大危机。疫情让我们更深刻地体会到百年不遇大变局的真正含义。

我非常赞同,中国应该首先聚精会神做好自己的事。在当前特殊、恶劣的国际情况下,网络安全和网络可持续性发展成为最大的关切。据报道,本月(9月)15 日美国推特被黑客攻击就是一个非常严重的例子。黑客攻击篡改了克林顿、奥巴马、拜登等前政要和一些名流的账号;一些公司的推特账户被黑客入侵,并发布了欺诈性信息,包括比特币诈骗信息,呼吁人们向指定的比特币地址转账。被攻击的账户包括了拥有数百万粉丝的人物,如亿万富翁比尔·盖茨、亚马逊 CEO 杰夫·贝佐斯等。2019 年,伊朗的一个核设施遭遇网络攻击,导致它的气体浓缩装置过热,破坏了部分设备。在什么都可能发生的今天,确保国家电子政务体系的安全,应对可能出现的恶意攻击等突发事件毫无疑问应该再次提到国家电子政务发展建设的最优先议程。

在服务应用方面,我们还需要进一步强化部门协调,推动包容发展,扩大电子参与,抓好"以数据为中心"的发展机遇是今后工作的重中之重。建议结合数字经济转型示范区建设、决胜小康和新农村建设等,选择安排示范,从地方基层做起,开辟一种类似于乡村"祠堂议事"的功能,让普通老百姓与乡贤参与讨论,实现电子政务的效力从省市级下沉、落地到乡村基层,针对精准扶贫、新农村建设的一些重大的决策,如村庄整改、集体土地利用、生态保护等发表意见与建议。要坚持“以人为本”的原则,重点兼顾不会使用现代数字技术与工具的弱势群体,特别是老年人、妇女、偏僻山区的农民等。

而在国家协调层面,下一步的努力方向则应该在业务协同的基础上,进一步加强“同一事项”在全国范围的细化梳理和规范统一(颗粒度再小些)。同时建议考虑建立“负面清单”制度,引导各行业主管部门修订、废止与时代不相适应的规章制度。

具体来说,重点是在强调数据安全,加紧制定出台更加开放的数据政策、法规、标准、规范的同时,要特别突出执行机制的建立,让“子弹飞起来”——让数据真正通畅地流动起来,使那些沉睡的海量数据,特别是冷数据得以使用,产生效益,为加速实现数字经济转型发展提供基本的资源要素。

其二,当前国际政治生态极具不确定性,如何应对变局,化挑战为机遇,窗口有限。王钦敏主席刚刚提出的积极践行共建国际电子服务共同体的理念非常及时,值得深入讨论、探索推进。

在严峻的挑战面前,联合国应该利用其中立平台的优势,号召成员方团结一致,确保联合国在全球数字治理中的主流引导作用。但联合国本身必须与时俱进,搭上信息化、数字化和智能化的快车。WTO 的武功被废,除某些西方强国的霸凌的政治因素外,这个机构没有以最快的速度转型,赶上数字化潮流,而是从某种程度上还停留在“货物贸易”时代的思维、机制、政策与标准等,也是一个不可忽视的问题。这是一个教训。

为此,我建议,由联合国(经社部)牵头协调,对如何推进共建国际电子政务服务共同体的思路开展深入的调研与论证。按需求导向、成员方驱动的原则,基于全球治理的“五个维度”理论,提出国际电子政务共同体的理念基础、框架构思、远景使命、任务目标、优先领域、运作规制以及评估指标体系等。重点应该围绕联合国秘书长提出的“行动十年”①,优先从信息技术/数字技术支撑疫情监测与重大灾害应对、精准扶贫与全球粮食安全以及生态监测等方面,适当安排示范项目,开展研究与人力资源培训等工作。特别是加强信息

① https://www.un.org/sustainabledevelopment/zh/decade-of-action/.

化人才队伍建设,包括电子政务人才发展的规划以及人才发展体制机制改革等,帮助成员方打造一支具有全球胜任力的、多层次的国际化电子政务人才队伍。

发挥全国一体化政务服务平台的“头雁”作用*

2019年,以国家政务服务平台为总枢纽的全国一体化政务服务平台①上线试运行,至今年5月31日已整一周年。一体化平台的建成运行实现了与各地区各部门政务服务平台的互联贯通,不断推动跨区域跨部门跨层级的数据共享和业务协同,推动更大范围、更深层次的“一网通办”,为服务企业和群众办事带来了极大便利。以下围绕电子政务、“互联网+政务服务”、数字政府等主题,谈谈个人的一些看法与对未来发展的几点建议。

一、全国一体化平台的建立,加速促进政府治理能力与政务服务水平的提升

全国一体化政务服务平台旨在为老百姓办事,为政府决策与服务交付提供跨部门、跨行业、跨地域与跨层级的一体化政务服务。平台的建设是基于“服务民众、面向公众需求”的原则。它是中国政府管理现代化和国家网信事业的重要组成部分,是以信息化推进国家治理体系和治理能力现代化的重要途径,是落实网络强国、建设数字中国战略的重要组成部分。顺便指出,目前,世界上许多国家也都纷纷制定或更新政府数字化转型战略,以实现政府治理能力和管理水平提高、服务效率与质量的提升。

全国一体化平台运行一年来,取得了一系列令人瞩目的成果。自2018年7月国务院印发《关于加快推进全国一体化在线政务服务平台建设的指导意见》以来,截至2019年年底,国家政务服务平台“六个统一”的主体功能建设初步完

---

* 该文是作者2020年7月接受书面采访的手稿,反映了作者自2018年参与数字中国峰会与数字中国研究院筹建工作以来主要关注问题的思考。感谢魏华及数研院专家协助收集相关资料与案例。

① 本文提到的全国一体化政务服务平台未含香港、澳门与台湾地区。

成，涵盖46个国务院部门，31个省（自治区、直辖市）和新疆生产建设兵团5,656,182项功能。事项实施清单1,367,612,961件已汇聚政务服务办件。国务院部门政务服务平台及地方32个省级政务服务平台可提供108,103项政务服务事项的办事指南、网上办理和结果查询服务，“互联网+政务服务”形成良好发展格局。不少地区组织领导机制进一步加强，各部门一体化平台功能不断强化，开展“放管服”改革，流程持续优化，涌现出不少的便民创新服务模式，如“一网通办”“最多跑一次”“不见面审批”“马上办、掌上办”“一号通认”等。基础设施支撑保障能力增强、网络覆盖面扩大、连接政务部门增多、业务承载量急速增加。不少地区/政府部门还开始探索大数据、云计算、区块链、人工智能等新技术应用为政府履职提供支持，推动政府决策科学化、社会治理精准化、公共服务高效化。如在新冠肺炎疫情下，“互联网+政务服务”提高了对小微企业的融资信贷服务，最近发放通过互联使用的“免息券”有效地帮助小微企业复工复产等，说明“放管服”改革明显有效，改善了营商环境，提升了民众获得感。

全国一体化平台也得益于地方的成功经验与做法，同时对未来的建设运营也有重要的启示。在中央有关文件的指导下，一些省市已经形成“大网络”、“大平台”、“大数据”和数据云体系架构①，基本形成“一张网（统一的省、市县、乡镇、行政村四级覆盖电子政务外网）、一个中心（统一的政府数据中心）、一朵云（统一的政务云）”的信息基础设施建设格局，具备了电子政务基础设施统建共享的条件，如贵州“集成服务”、上海“一网通办”、安徽“智慧政务”、江苏“不见面审批”、福建的“闽政通”等。

另一些省份出台了细致全面的改革建设方案，政企合作，采用自主安全可控的云平台技术构建数字政府政务云平台，推出集成民生服务的微信小程序及民生服务平台，如广东“数字政府改革”、浙江“最多跑一次”。福建省在数据汇聚和共享平台建设以及在数据挖掘应用方面取得实际效果，特别在“精准扶贫”

① 《国家互联网信息办公室发布〈数字中国发展报告（2020年）〉》，载人民政府网，http://www.gov.cn/xinwen/2021-07/03/content_5622668.htm。

和生态监测方面的一些应用经验值得总结。①

国家一体化平台经过一年多时间紧锣密鼓地推进建设，目前已基本建成国家平台为总入口、部委和地方平台具体办理的运行模式。这种模式的建立为以后继续优化升级政务服务体系打下了良好的基础。但对标《指导意见》的任务要求，现阶段还存在差距、短板及尚待发力的方向。

比如，多部门协同办理的事项在部门间流转的无缝衔接、跨区域特别是跨省域事项的协同办理、在全国范围内对同一事项规格的统一定义以及推进电子证照应用和政务数据汇聚共享、减少群众办事提交材料等方面，均有进一步的改进与提升空间。

此外，还应该看到，部分地区和部门电子政务发展还存在不均衡、不充分的问题。东部省份系统建设和运行机制建设相对完善，东西部地区明显存在较大的数字鸿沟，需要加快推进西部省份的政务服务体系建设。

总的印象是，“信息孤岛”依然存在，统筹协调机制仍需完善，跨地区、跨部门、跨层级、跨业务的信息资源共享共用和业务协同力度还面临很大挑战，在线服务能力尚需加强提升。只有集中力量解决这些“瓶颈”，才能进一步深化线上线下融合发展，提高服务集约化水平。

二、发挥全国一体化平台“头雁”作用的理念、技术突破与政策考虑

全国一体化平台作为政府面向公众提供政务服务的统一门户，具有中国特色，是国家现代化与加强软实力的体现。基于中国的国情，全国一体化平台的愿景是发挥“头雁”作用，强化数字政务中“一个政府”（one - government）对外服务的定位，更大力度地整合和优化所有政府部门政务服务入口。毫无疑问，这是当今世界上一项建设规模最大、服务人口最多、面临问题最综合最复杂的巨大系统工程。

从理念上看，作为一个普通公民和用户，我希望平台建设始终坚持“用户导向，使用友好”（user driven，user friendly）的原则。为了“不落下一个人”的目

① 《数字政府建设的典型模式：各省数字政府规划发布情况、省大数据局成立情况、省运营公司成立情况》，载智慧城市行业分析，https://www.smartcity.team/policies/digitalgovernment/geshengshuzizhengfumoshi/。

标，应特别照顾不会使用现代技术与工具的弱势群体，包括老年人、妇女、偏僻山区的农民等，真正实现服务查找方便、操作简单、界面统一规范、流程无缝衔接；实现事项在跨地区、跨部门、跨平台流转办理时用户无感知。目前还存在一定程度“本能上”的政府部门的“需要”取向，这是下一步需要着力解决、进一步完善的机制与体制问题。

从技术上来说，平台下一步的努力方向应该是进一步加强同一事项在全国范围的细化梳理和规范统一（事项名称、编码、颗粒度、办事流程、办事材料等），重点推进跨地区、跨部门高频服务事项的“一网通办”“异地可办”，加快推进电子证照应用和政务数据汇聚共享，引导各行业主管部门修订、废止与时代和技术发展不相适应的规章制度。

实现“头雁”作用，需要特别的战略与政策。以下几点是个人的具体建议：

一是进一步完善一体化的国家电子政务体系。围绕新基建，重点抓好我国电子政务发展中的框架设计、网络基础设施、业务协同体系和应用基础设施等方面进行统一部署，突破电子政务发展中的共性问题和难点问题。

二是加快数字政府技术创新，提高服务集约化水平，推动政务运行“一张网”、精准化社会治理的形成。通过数字化、智能化的方式促进政府职能转变，完善政府治理，推进以公众为中心的公共服务；提高“三性”——民众的参与性、信息的透明性和决策的科学性；提高管理效率、改善服务体验；促进公众与政府的良性互动，特别是通过探索运用 AI 与 VR、生物识别、深度学习等高新技术，提高政府服务的即时性与服务质量和效率，不断提升人民的满意度。

三是完善电子政务标准规范体系。充分发挥标准对实现信息化系统工程的共建共享功能的引领与规范作用，促进政府管理更加科学、市场监管更加规范、社会治理更加有序，提高治理服务效能。此外，应当建立科学合理的电子政务评价体系与政府数据质量保障体系，形成高质量的政务数据资源，提高电子政务发展成效。

四是培育开放数据市场，解放数字生产力。目前已积累的、还在指数级增加的多源、多层次、多要素的数据资源是有待开发的“可再生”战略资源。抓紧研究、完善国家的数据资源治理体系，推动立法，在确保国家安全的基础上，鼓励数据有序开放、合理共享，让市场在数据挖掘和应用中起决定性的作用，包括让常年储存在各部门中、各行业的“冷数据库”中的数据激发生产要素的潜力。

五是加强信息化人才队伍建设。研究制定指导电子政务人才发展的规划，推动人才发展体制机制改革，加强多种形式的培训，打造一支多层次的具有竞争力的信息化人才队伍，包括领导管理者、行业领军人和专业技术人员。特别是青年人才的培养，事关电子政务技术创新突破与应用可持续发展的根基。几年来全国发展的成就业已证明，健全国家与省级电子政务专家委员会体系是保障各级电子政务科技发展及相关政策咨询（如数据开放共享）的有效举措。

三、我国电子政务、数字政府的发展迈入新阶段的特点与趋势

经过几年的努力，我国电子政务/数字政府的发展迈入了新的阶段，出现了一些新特点、新趋势，其发展指数在联合国的排名进一步往前推进。

（1）新特点

一是电子政务建设的发展导向发生重大变化。随着移动互联网进一步普及，从满足政府部门履职的建设目标向“以人民为中心”的服务方向转变。主要有如下几个特点：公众参与度越来越高；国家电子政务正从主要支撑部门依法履职向全面支撑行政管理与公共服务融合的方向转变；从资源分散向资源整合；从业务分割向部门协同以及线下办理为主向一体化在线服务转变。

二是服务模式发生重大变化。移动互联网和大数据技术的发展使公共服务呈现渠道多元化、资源获取便捷化、需求个性化等特点。服务渠道多元化进入了打破公共服务时空和行政障碍的新时代，使不同背景、不同区域、使用不同媒介的更多的公众能够及时便捷地获取服务。服务需求个性化则更好地满足公众的个体差异，使更多的普通民众也能享受到互联网带来的便捷和实惠。

三是数据资源的开发利用开始得到重视。当前，全球数据呈爆炸式增长，有效利用政务数据资源与空间数据和 GIS 数据等叠加分析，正在成为各国推进数字政府发展的新焦点。政务数据资源的部门共享程度越高，政府治理水平就越高；政务数据资源的开放程度越高，数字经济的发展水平就越高。如何推进数据资源有序开放，如何促进政府数据与社会数据融合，如何将全社会数据资源开发纳入法治化轨道，释放数字红利，促进经济高质量发展，创造有益于各种

人工智能发展的大数据、大模型与强算力，是亟须我们研究解决的科学、技术、政策和立法的综合性问题。

(2)新趋势

进一步加强政务数据治理、推动数据共享、加强安全保障是今后发展的新趋势。我国近年来高度重视大数据发展战略，多个省份均从政务数据汇聚共享和开放开发等方面入手做了大量工作，在政府内部共享特别是支撑政务服务和公共服务方面取得了较好的效果，但在数据开放和增值开发利用方面尚差强人意。究其原因，一方面是国家和各地目前缺乏可操作的相关法律法规；另一方面是很多地方信息化基础还很薄弱，需要培养政府各部门领导干部加强信息共享开放意识，勇于担当开拓创新。研判国际国内的发展趋势，有以下几点建议供参考：

一是强化顶层设计，开展底层共享，建设信息资源统一开放平台，加强大数据开发基础设施建设，充分利用人口、法人、地理空间信用等基础数据，促进信息资源创新应用。特别是要加强金融信息、信用信息的共享和开发利用，为中小微企业融资贷款提供便利。

二是培育一批连接政府信息资源与公众的数据内容服务“经纪人”、第三方信息应用服务提供商，吸引社会力量参与电子政务系统建设与服务。在数据要素开发与开拓应用中，可出台激励政策，促进青年科技人员“三创”——创业、创造与创新。

三是切实做好国家关键信息基础设施安全防护，以可信的信息技术产品、软件和安全服务的审查为基石，以风险评估和系统综合防范能力检测为支撑，通过透明系统认证的安全评价机制向社会传递信任。

四是强调在顶层设计中完善法律法规和规章制度，消除全国“一网通办”的制度障碍。考虑到电子政务的相关法律法规和标准化体系明显滞后，亟待完善，近期主要侧重以下三方面工作：

第一，通过电子政务立法，梳理和补充缺失的标准规范，废除过时的、不科学的、修改不合理的规定，保障电子政务的有效运转，加强各级电子政务运行服务的规范性。

第二，健全数据资源管理法律法规体系，明确政务数据资源利用的权责关系，促进数据资源化，为数据资源的开发利用提供法治保障。

第三，健全网络公民权利保护、网络安全保障和个人隐私权等方面立法，为逐步建立法律规章全面的、法律规范明晰的数字化社会奠定基础。

优化数据供给，解放数字生产力*

数字技术发展日新月异。基于“数字中国”建设的发展思考，特别是20多年“数字福建”建设的经验，本报告探讨如何从技术、机制与政策等不同领域，推动创新发展，消除数字“瓶颈”，优化数据供给，解放数字生产力的一些政策问题，并分享相关建议。

主要谈三点：一是中国大数据发展的简单背景；二是数字生产力的主要“瓶颈”；三是如何解放数字生产力。

一、中国大数据发展的简单背景

20世纪70年代末，美国的科学家阿尔文·托夫勒出版《第三次浪潮》一书。此书探讨了人类社会的发展历程和未来走向，提出了一些新颖的理念和观点。托夫勒认为，人类社会已经经历了两次重要的变革，即农业革命和工业革命，而当前正介入第三次浪潮的时代。

所谓第三次浪潮，是指由信息革命引发的一系列社会、经济和文化变革。托夫勒认为，信息技术的发展将彻底改变人类社会的面貌，推动人类社会从工业化向信息化转型。这种转型将带来巨大的变革和挑战，但也为人类带来新的发展机遇和可能性。《第三次浪潮》这本书对信息时代的理解和预测，深刻影响了当时的社会思想界，成为信息时代的代表作之一。现实正如托夫勒所预测，人类社会提前进入了信息时代。

1998年1月，时任美国副总统的戈尔在加利福尼亚科学中心开幕典礼发表

---

* 该文是作者2019年12月6日在前海世界数字论坛主旨报告（根据演讲内容整理）。数字中国研究院（福建）吴升等教授协助PPT制作，在此表示感谢。

了题为《数字地球——认识二十一世纪我们居住的星球》的演说①。他在演说中提出有关地球环境、气候变化和全球化的综合观点，并预测了未来环境问题的趋势。虽然戈尔并非"数字地球"提法的第一人，但他的演讲首先展示了一个通过数字技术和人类智慧实现联通、信息化和可持续发展的世界愿景。在他的演讲中，戈尔描述了"数字地球"是一个与 GIS、网络、虚拟现实等高新技术密切相关的概念；他将"数字地球"看成是"对地球的三维多分辨率表示、它能够放入大量的地理数据"。他认为，"数字地球"是一个全球信息网络，使全世界的人们能够访问和共享有关地球环境、资源和居民的信息。他还认为，这样的网络对于解决 21 世纪世界面临的许多环境和社会挑战至关重要。有趣的是，作为一个政治家，戈尔虽不谙数字技术，却高屋建瓴地讨论了使"数字地球"的概念成为可能的一系列技术发展，包括计算能力、数据存储和卫星遥感等新技术。他强调，为了发展、运营和维护"数字地球"，政府、学界和私营部门之间合作的重要性，并认为"数字地球"可以成为促进不同文化和背景的人们之间理解的强大工具。

"数字地球"概念一经提出，立即引起全球的重视与追踪。由中科院、科技部、教育部等部门联合发起，率先于 1999 年 11 月在北京举办了全球第一个"数字地球国际讨论会"，美、加、英、法、澳、日等一批发达国家的高级别专家以及联合国专门机构的代表都参加了会议，并共同发表了《北京宣言》，②有力地推动了"数字地球"研究的国际合作，也带动了"数字地球"的研究在中国的发展。

20 年后的今天，世界许多大国都从不同角度发展"数字地球"技术。目前有数千在轨卫星，在距离地球从几十公里到 3 万多公里的高度上采集地球的数据，并与航空飞机、气球、无人机与地面观测台站网络等形成了"天—空—地"一体化观测体系。目前，中国已经汇聚了大量的各种类型的多光谱、多时相、多平台（高度）、多分辨率的空间数据。"天—空—地"一体化观测体系在国民经济建设、环境资源管理以及灾害监测中发挥了不可替代的作用，有效推动了数字经济的发展。根据最近的研究，2019 年全球数字经济规模达 31.8 万亿美元（1

① Gore, Al. *The Digital Earth: Understanding our planet in the 21st century*, Speech presented at the California Science Center, Los Angeles, California, January 31, 1998.

② 作者当时作为联合国粮农组织的代表参会，协助秘书处磋商通过了英文版的《北京宣言》。

美元约合6.48元人民币),占全球经济总量的41.5%,产业数字化占全球数字经济比重超80%。[①]

目前,从技术上说,数据用户已经进入多网并行的时代,面临着多源异构的大数据挑战。随着互联网、政务网和物联网以及商务网的发展,加上各种地球观测手段获取的地球科学大数据,实际上已催生了一种新的经济形态——出现了数字经济的新产业、新业态、新产品以及新模式。

在新一代信息技术的驱动下,中国步入了信息化发展的新方位。国家做了明确的部署,政府、企业和科技界结成伙伴,围绕着经济、政治、社会、文化、生态文明"五位一体"来建设"数字中国",促进了数字经济的融合发展。目前,我国实际上已经迈进了数字经济的新阶段——以数字生产力为标志的一轮新的科技革命和产业变革。

数字生产力到底是什么呢?我们试图把它定义为利用数据作为生产要素来创造财富、改变生活和提高发展的能力。

数字生产力的实现涉及一连串的问题:现在科技手段所能获取的海量数据是不是都是有用和可用的数据?是否所有数据都可以变成生产要素,得到有效利用呢?要真正发挥大数据的生产力作用,到底要克服哪些发展的"瓶颈"呢?以下简单解析这个问题。

二、数字生产力的主要"瓶颈"

简单地说,发挥数据的生产力目前主要存在如下三大"瓶颈":

其一是政策法规"瓶颈"。这包括几个方面,如数据的确权问题,谁有权利拥有这些数据和支配数据的使用权限;数据的安全问题,涉及国家安全层面和个人隐私层面的数据问题。现在,公民的许多个人信息(如身份证、电话、家庭住址、消费偏好等)几乎都被电商所收集,这里就有相关数据的所有权和使用权以及监管、个人信息保护、商业税收等涉及机制、政策与法规层面的许多问题。目前,由于相关的政策、法律或执法机制还大多缺位,共同构成阻碍数据开放使

① 《把握科技创新机遇　共促数字经济合作》,载人民网,http://world.people.com.cn/n1/2021/0802/c1002-32177221.html。

用的巨大的障碍。

其二是技术创新"瓶颈"。最明显的,一方面是数据技术本身的复杂性和市场创新的动力不足;另一方面是某些核心技术还受制于人,特别是信息技术的"缺芯少魂"——高端半导体芯片与操作系统软件等对外依赖与存在"卡脖子"风险,影响了大数据大规模应用的算法、模型与算力等相应能力的发展与提升。我们看到,在涉及多源异构数据融合技术、分析模型建立、算法开发以及特殊应用场景(如智慧医疗、智慧城市、智慧农业)等方面存在科技投入不足、原始创新明显缺乏。此外,投资资金的分散、急功近利与浮躁的科研作风以及创新人才资源的短缺等,使解决当前的主要技术"瓶颈"也遇到一定难题。可见,采取综合措施,甄别限制数据生产力的重点领域,围绕核心技术组织攻关,是推动数据技术创新的必要途径。

其三是良好数字生态的建立。从国际经验看,建立良好的数字生态是发挥数据要素、解放数字生产力的基础。良好的数字生态是一个系统的产业链的概念,包括确保数据生产、供给和应用等,需从数据的质量、数据标准、数据可及、数据共享与使用的综合环境、政策环境与能力建设等方面统筹考虑。具体涉及数据采集、汇聚与共享的政策、法规、数据定价机制与数据交易市场的良性运作等多方面的因素。目前还缺乏可行方案以实现良好的数字生态的顶层设计,建立一种开放、有序、安全、可靠、可持续的数据流通与应用渠道,最终有利于促进数据要素真正发挥应用潜力与市场效益。实践证明,这是一个极其复杂但又亟待解决的问题。

以上简单分析的是数据资源要素充分利用、发挥效益方面面临的三个主要"瓶颈",也是目前发展数字经济中需要首先解决的重点、热点、难点问题。

三、如何解放数字生产力

那么,如何突破这些"瓶颈",解放数字生产力呢?基于已有的经验与思考,以下谈谈几点初步想法。

从市场角度看,必须从数据的供给侧和需求侧同时考察考量。

从供给侧看,根据需求导向的原则,突破数据开放的技术与机制"瓶颈",包括数据的优化、数据治理能力的提升、数据的安全可控(如数据清洗、脱敏等)以及数据资源的优化配置和配送等,实现普惠、公平的数据服务,这是目前所关心的基础性问题。

从需求侧看,关键是数据的可及性、可用性、开放性以及用户端的数据挖掘、分析能力的提升,特别是数字技术融合应用等方面的能力。当前亟须聚焦国家、民生、企业的痛点,如金融信贷、环境生态、医疗健康以及休闲旅游和新农村建设等问题。培养、扩大数据的用户群体是数据发挥生产力的重点方向。

综合而论,我们可以从以下五个方面来改善提升:

第一,要考虑数据的供应能力。需要探索"多网融合信息应用基础设施"的建立与健全,促进互联网数据、物联网数据、地球观测网数据以及政务网数据的共享与互补融合。综合考虑人、环境、资源(山水林田湖草沙)可持续发展的三要素,与电子政务(如社会、经济、公安、贸易、城市……)等多方面要素的安全、有序开放,把数据资源从不会用与不想用的"属主"手中解放出来,进入市场流通,让想用、能用数据的各种用户容易获得需要的数据。只有这样,才能使数据实现人们决策过程中的"放大镜""显微镜""望远镜""透视镜"的功能,发挥数据生产力的作用。

第二,要高度重视数据的整理开发。要设立多源异构数据融合的统一规范标准。福建的经验是建立数据整合汇聚与共享应用平台,通过数据的融合汇聚,打通各个部门的"数据孤岛",打破部门所有制的信息壁垒。福建省进行这项工作时,设立了统一的标准,统一接入二十几个部门、300多种不同的数据,对数据进行了整合、规范化处理,使它变成政府部门能够共享的数据资源。

第三,强调整个数据开放过程中的开放流程。为数据安全起见,需要建立一级开发团队,进行数据的全面清洗脱敏、加工整理,梳理出合理有效地开放给企业、政府、普通老百姓使用的数据。开发是非常重要的环节。要想让数据变成资源要素,再转化成"金矿银矿",必须建立有严格数据清洗加工脱敏的、带有公共服务性质的一级开发团队,避免把数据安全问题带到市场应用的下游。

第四,多网数据具有海量特点,同时由于数据采集的时间与使用频率等参数影响,数据库中的数据具有"冷热"特性。有些数据是"热数据",因为它们具有高共享性、高使用率及多用途的特性,如人口、法人、信用、贸易、城市交通等数据以及基础资源数据如土地利用图、城市规划图、河流水系图等。对此,福建提出建立主题数据库的概念，收集汇总存储能够适用于高频应用的数据。例如，像港珠澳大湾区、前海这样发展迅速的地方，金融、医疗健康、生态文明、乡村振兴等数据动态性强，对空间规划弥足珍贵，各行各业使用频率必然很高。但有时候有些数据则是“冷数据”，具有低共享度、低使用频率的特性；但它们却具有历史意义与战略用途（如小比例尺地形图、边界图等），不能随意丢弃。所以，要把这些数据与主题数据库的数据划分开，利用冷数据存储技术，既解决大量冷、热数据混合存储与检索应用的效率问题，又有助于解决大型数据库的节能减排，贡献绿色高效发展的问题。

第五，发挥数据生产力，最重要的是培育市场。这要求解决数据流通应用中的体制创新，重点解决数据的权、散、小、乱等问题。这既涉及体制机制改革问题，也涉及规范规章、政策法规的制定等问题。此项工作需要政府部门引领，做好顶层规划，统筹解决。

目前的重点是建立一套数据流通制度和完善的数据市场机制，有利于激励不同用户投资，推动技术创新与应用突破，具体包括：推动大数据技术与云计算、边缘计算、区块链等前沿技术和各种算法模型相结合，拓展应用场景，开拓商业前景，实现把数据变成信息、生产知识和产生智慧市场的能力，形成规模化的数据市场。

政府在建设电子政务中已成为数据的生产者，也是数据的使用者。政府要考虑如何转变角色，起到推动数据市场的拓展与培育创新应用数据市场的作用，成为推动数据生产、流通与应用环节中的数据政策、立法、安全与使用的引领者。这是政府在数字化转型中的一种更重要的角色，是新的挑战。

推动政府数字化转型的若干思考*

政府数字化转型是信息时代的一个重要课题。现在就个人对这个问题的思考，与大家分享以下三方面的内容，包括：政府数字化转型的简单情况；电子政务建设与发展存在的问题及未来发展的若干思考与建议。

一、关于政府数字化转型是发展趋势

今天上午我们已经听了一系列的演讲，专家对当前的数字化转型，特别是中国国内的情况做了很全面、精辟、深入的总结。我就不需要再重复什么了。我个人觉得，党的十九大把网络强国、数字中国和智慧社会的建设提到国家战略的高度，迅速推进了电子政务、数字经济、数字文化、智慧社会和数字生态“五位一体”的数字中国的综合发展。我们之所以能在短短的时间内取得如此引人瞩目的阶段性的成果，归功于我们的模式与道路。我早年在联合国工作时经常与同事分享这么个观点，即中国之所以在治国理政方面能取得系列成就，其主要原因是政府一旦有了战略部署，马上就会有相应的政策举措，就会统筹各方力量、安排相应的项目与资金，接下来就是强有力的措施与行动，直到实现目标，收割辛苦劳动的成果。细想，中国的电子政务发展也正是得益于这种发展模式。

目前，31 个省区和新疆生产建设兵团、40 多个国务院部门均建立了网上政务服务平台。“互联网 + 政务服务”深化了改革，在 15 个省、区、市 100 多个县开展基层政务公开标准化、规范化试点。全国 31 个省和新疆生产建设兵团全部公布升级政府部门权力清单，实施多证合一、一照一码等级制度，降低企业办

---

* 该文是作者 2019 年 7 月 21 日在广州参加第十四届中国电子政务论坛的学术报告。

事制度性成本。电子政务集约化建设、数据共享、网上办事等方面涌现出的不少新理念、新手段、新应用。营商环境从 2015 年全球排名第 84 位上升到 2019 年第 46 位,成为全球营商环境改善排名前十位的经济体之一。

电子政务是政府数字化转型的重要手段。其目的是赋能政府的管理服务,帮助政府提高治理体系,使治理水平产生革命性的变化。老百姓从过去跑断腿到 10 年前少跑路,现在则出现了完全不同的局面:如浙江“最多跑一次”;江苏“不见面审批”;上海“一网通办”;长三角“一地认证”、“全网通办”;广东“一趟不要跑”;福建“一号通认”、“马上就办”和新疆的减证便民;等等。中国人开始真正感受到了数字化、网络化、智能化带来的实惠;同时也感受到信息技术正在改变着自己周边的社会组织形态与人们的生活习惯与谋生手段。

国外的电子政务发展趋势如何?有哪些特点?上午联合国经社部官员已经做了介绍。联合国把电子政务建设作为一个国家治理能力和水平的重要标志,每年出版综合报告,对成员方的电子政务进展开展评估,引导缩小并消除数字鸿沟。我们注意到,工业化国家电子政务排名总体靠前,目前进入职能导向的后台数据共享、业务在线处理和服务整合阶段。世界主要国家的电子政务正从主要支撑部门行政业务向全面支撑行政管理与公共服务融合的方向转变,从业务分割向部门协同服务、公共服务向一体化、专业化、个体化在线服务转变。随着信息高速公路和宽带的发展以及移动互联网的进一步普及,为了进一步缩小数字鸿沟,联合国把推动信息设施建设、公众参与和数据开放等作为评价一个国家电子政务发展水平的主要指标。

电子政务开创了数据资源流通的新范式。人力流、物质流、资金流和信息流共同构成当今社会发展的基础性资源。电子政务的迅猛发展,集聚了海量的政府管理数据;电子政务数据成为一种新的可再生资源,涵盖多维度、高动态、综合性的非结构性数据和结构性数据,包括资源生态监测、空间规划等数据。它们具有如图 11 所示的特征:横向是应用场景,包括经济、政治、文化、社会和生态文明(如山水、林田、湖草……)等有关行业;纵向从乡村社区、地县、省市到国家等各级管理层次;而纵横交错形成时空序列的数据立方体。

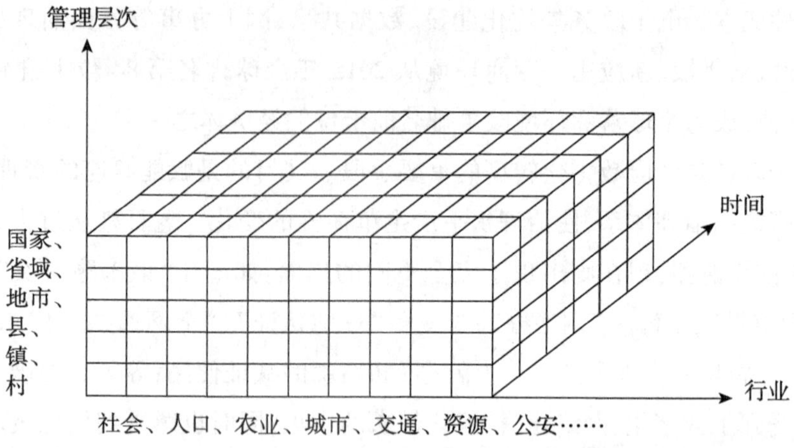

图11　时空序列的电子政务数据立方体

然而,目前大多电子政务的数据资源主要服务于政府部门的业务管理,电子政务产业的海量数据资源还在"沉睡休眠",有待于被"挖掘唤醒",变成很具潜力的、高效益的衍生产品,通过不同用户再转化为生产力,带动数字经济发展,在金融、贸易、医疗、生态等领域产生二次效益,实现数字产业化。

二、电子政务建设和发展中遇到的主要问题

电子政务的可持续发展应该从三个方面来考虑:第一,趋势是什么?第二,大数据挖掘的主要障碍是什么?第三,如何开展和推进电子政务扩展应用?

从发展趋势看,数字化政府必将推动高效率服务型的治理模式的实现。然而,对政府职能的转变和新的治理手段需要不断学习。目前,管理人员对电子政务的必要性及其数字经济的带动作用认识尚存不足,一些地方对电子政务的资源投入有限甚至出现减少的趋势,是电子政务可持续发展的一个主要"瓶颈",应该引起重视。

机制上,由于电子政务发展上升到新的台阶,现行的机制已不相适应。原先的多部门、多层次的电子政务构架整合后,在强调顶层设计的同时,对下垫面组织如市、县一级的缺乏协调指导或者指导不足,出现了对电子政务基础性的工程项目投入明显减少的情况,存在基层能力不足的风险。"基础不牢,地动山摇"是化解风险中必须牢记的定律。

政策上，在强调提高政府服务能力的同时，缺乏明确的以综合应用为导向、以数字技术创新为引领、以数据为关键驱动要素的数字政府的通盘规划与实施方案，包括数据规范、标准与数据立法的缺失等。

技术上，随着人类步入后摩尔时代，大数据、物联网、云计算、区块链、人工智能和虚拟现实以及5G等技术的发展、应用、快速更新与迭代，明显感到数字技术创新应用的研究团队、人才资源和企业的应对能力不足，特别是二、三线城市和地方，它们的共性是投资不足、人才集聚困难、产业化推进尤其乏力。

大数据挖掘遇到的困难。数字化政府的建设开创了数据资源共享的可能性与新范式。但是，要开拓基于数字资源的产业链，开展大数据挖掘应用，带动数字产业和数字经济的发展，目前还存在三个方面的短板，分别是："两栖"人才缺乏、动态数据缺少以及综合应用模式缺失。

"两栖"人才指的是掌握着电子政务数据的政府部门缺乏解决实际应用技术的综合型人才。从事数字政府建设的企业对政府面临的痛点难点问题往往无法理解，而科研部门的兴趣点往往在解决理论问题和模型方法，这三者之间缺乏有效的对话机制和沟通平台。从市场角度看，大数据产业的发展需要数据密集型的模型，目前政府提供的单一端口的数据共享模式，基本上无法满足动态模型的建立、开发和应用，如智慧交通、无人驾驶汽车与适合无人驾驶汽车高精度数字地图缺失就是一个明显的例子。

动态数据缺少主要涉及政府主导的电子政务系统与企业数据分割，政府与企业的数据共享存在法律、安全等诸多方面的问题。缺乏社会的动态行为如企业运作、运营商行为和电子商务等动态数据，给营商环境测评、信用评估、银行贷款等大数据分析与挖掘应用带来巨大的障碍。另外，由于缺乏数据规范、标准导致的不一致、不统一、不完整、不准确与不精确等数据质量问题，也妨碍了数据的有效使用。

图12显示的是一个数据金字塔：左边是从数据到信息，变成知识，成为智慧，这可以说是人们认知的梯度变化；但若从右边看，则是大数据挖掘的产业链，越往高处，增值就越大。如何推动主要由政府掌控的电子政务数据的整合和有序开放，供挖掘利用；如何能促使政府数据和社会数据有效的融合，发挥它的经济效应；如何把全社会的数据资源开发纳入法治化轨道，在确保数据安全

的同时，开放数据，释放数字红利，带动经济高质量发展，是目前世界上许多国家都在探索的电子政务可持续发展与推广应用的重要课题。

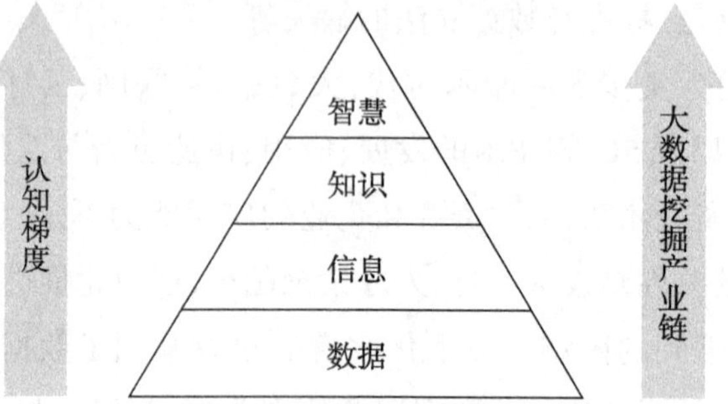

图 12　数据金字塔——数字经济产业链

三、未来发展的若干思考与建议

下一步如何理解和处理政府数字化转型与电子政务、数字经济、社会、文化、生态的关系，建设中国特色的数字化政府，推进构建人类命运共同体，有一系列政策性课题亟须集中研究。以下是当前的重要任务与一些亟待研究的课题：

第一，开拓电子政务应用。

从 20 世纪 80 年代的办公自动化向现在的数字化政府转型，电子政务发展主要围绕着如何提高政府的治理能力和治理水平。目前，伴随着信息基础设施的迅速发展，包括大量电子政务数据的积累，大数据已呈指数级增加。随着大数据、云技术、物联网、区块链、5G、AI、VR 等技术发展应用，政府数字化已不再局限于政务应用，而必须考虑巨大的、潜在的溢出效应——向全社会释放数据红利。为此，往后的电子政务建设需要考虑“综合包容”（inclusiveness）和“应用扩容”（expansion）的转型模式，这就要求：

在建设理念上，从以政府部门业务为中心向以民众服务为中心转型，最大限度地考虑开放性问题，并预留足够的空间；在建设目标上，从支撑业务应用向提升履职能力和人民获得感扩展；在建设模式上，从政府主导建设向政府统筹指导过渡，企业参与和社会采购，培育数据经纪人、第三方信息应用机制等社会化市场化的功能；在建设技术上，在强调网络与数据安全的前提下，需要大力推进平台化、一体化、移动化、便捷化、主动化的在线服务能力的提升。

第二,加速推进信息应用基础设施建设。

信息应用基础设施是以"用户第一"为目标,为便捷各种领域数据用户开拓应用场景、挖掘数据生产力、服务数字经济发展的信息基础设施。根据应用为王、问题导向、面向用户需求的原则,信息应用基础设施需要明确共建共享的机制,打破信息烟囱,连通"信息孤岛",释放电子政务的新动能。为此,当务之急是要建立梳理、规范电子政务数据的治理体系。在国家层面,要从体制机制、标准规范、工具流程、应用服务等多方面制定设计指南;制定综合的数字政府发展规范和实施方案,尤其要把市场的作用与企业的角色纳入考虑;采取有效政策举措(如数据安全,数据有偿服务)和技术手段(数据清洗、脱敏等)统筹推进电子政务发展和应用;整合基础数据库资源,推动数据汇聚和数据共享平台建设以及面向便捷规范应用的数据中台的创建(如福建经验),为多样化、创新型的应用场景提供高效高质的服务。

第三,加强政府数字化转型人才队伍培养与建设。

数字化、网络化、智能化改变了人类生活与生存,如电子政务正在改变政府部门的日常运作,融入会议、行文、报告、评估、决策和审批等工作流程,政府的角色正在产生根本性变化,从"使能—中心化管理,让别人围着你转"向"赋能—去中心化管理,让更多利益相关者发挥作用"。这就需要认识到:数字化不只是政府职能部门(如各层级的数办)的事。各级领导干部首先对政府数字化转型的冲击不仅要有充分认知,还得有战略眼光,要预见到数字化生存对一方领导的机遇与挑战,要带头学习、适应才会主动引领。要系统提升各级领导干部的信息化的实用能力,为此,有关部门要考虑设计开展针对管理干部的数字化转型和电子政务的系列培训课程,强化培养具有思想理念与时俱进、超前信息化眼光的领军人才。在干部制度上,要把信息化水平和能力纳入干部的考核、升迁提拔机制。高校要加大新型信息化和大数据技术人才的系统培养力度。政府则要吸纳更多有信息化背景与实际经验的人才,特别是青年进入管理部门。

第四,要加强国际合作。

中国正处在数字化快速转型升级的关键时期,无论从深化改革还是从发展战略空间的争取以及参与全球治理、扩大中国影响、发出中国声音、提出中国方案等维度,网络空间既是一种特殊手段,也是一个重要战场。中国需要世界,世界也需要中国,为此,应该在数字化转型,缩小填补数字鸿沟,尤其是电子政务建设与应用领域加强国际合作,特别是利用各种多边机制平台,推动共建数字命运共同体,开展“一带一路”信息交流、能力建设方面的合作,应该纳入国家对外合作(特别是科技合作)的战略与计划。在这一方面,青年作为互联网世界的“原驻民”将具有特殊的作用。

中国智慧农业建设进展、趋势与未来发展的思考与建议*

一、数字中国是中国现代化战略的重要组成部分

党的十九大报告明确提出建设数字中国、智慧社会。数字中国成为新时期的国家战略,具有中国新时代的特征。其目的在于推进国家信息化与可持续发展。其主要特征为:由新一代数字技术与工业创新引领,推进数字化、网络化、智能化;以信息资源作为核心要素,推进数字经济发展的国家信息技术应用系统工程;为国家的经济、政治、文化、社会与生态文明"五位一体"进程与国家治理系统提供信息支撑。早在2000年,习近平在主政福建工作期间就提出"数字福建"的建设,通过18年的稳步推进,"数字福建"已成为数字中国的思想源头与实践起点。

近10年来,数字中国相关领域发展建设已经取得了重要进展。表现在:

一是通信技术与应用发展提速。国家"十三五"规划信息技术应用计划明确了17项发展指标并安排了包含16个项目的10个主要任务。到目前,7个指标已超前完成,包括:固定宽带用户数,贫困村庄宽带网络覆盖率,8个大数据综合试验区建设,新一代信息基础设施快速发展,建立了世界上最大的移动通信网络,成功引领了全球5G发展,中国的物联网用户已达3亿。

二是空间信息基础设施迅速增强。在过去20年,中国发射了超过200颗人造卫星,分别在低轨、中轨与高轨运行,成为少数具有复杂、综合的实用遥感卫星系统能力的国家。中国已完成完全自主研发的北斗卫星定位系统的发射

* 该文是作者2018年12月5~7日在云南腾冲参加第三届"数字丝路"国际会议的发言。

布局,成为目前全球三个业务运行卫星定位系统之一。中国已经拥有自己的高容量的通信卫星系统。机载遥感系统以及无人机技术成为中国的品牌。此外,我国部署了成千上万的地面观察台站,用于监测、接受从气象到地震、林火以及水文等自然地理与地质活动数据。这一系列技术装备与系统,构建了比较完善的“天—空—地”一体化数字观测系统,奠定了数字中国发展的关键的基础设施。

今天的中国,包括现代空间遥感技术采集的海量数据与传统的统计数据,已经形成社会、经济与自然资源的多层次、多分辨率、多源的数据集,为数据的叠加分析与数据挖掘的综合应用,为中国可持续发展与决策规划提供了前所未有的可能与应用潜力。

三是数字中国应用不断扩展与深化。在政府引导,社会与企业主导下,数字中国建设与应用得以平行推进,取得了快速进展,投资的社会与经济效益明显增加。主要有如下方面:

(1)数字经济:中国的数字经济发展成为最快的行业之一,目前已跃升世界第二;2017 年的贡献总量为 27.2 万亿元人民币,占国家 GDP 的 32.9%。数字经济提供了 1.7 亿个就业机会,占就业总数的 22.1%;其中电子制造、软件与信息技术服务产值超过 18 万亿元人民币。据预测,到 2020 年,中国的数字经济总量将达到 32 万亿元人民币,约为 GDP 总量的 35%。

(2)电子政务:到目前为止(2018 年),所有的政府部门和 37 个省市(不包括台湾地区,香港与澳门两个特区)都开展了电子政务的发展建设,有 100 个县也开始了基层的开放的标准化的电子政务试验。综合应用与服务也已延伸到城市、农业、农村发展、生态环境、自然资源(耕地、水资源管理)、交通、文旅等领域。

(3)智慧城市:这是中国组织最为系统,发展也最为迅速的数字中国技术应用领域。目前有 300 多个地市级以上城市都开展了智慧城市建设。许多城市居民都可以比较容易地获得服务如数字地图、城市交通、消费系统、医疗服务等。许多地方已广泛建立“一人一卡”,并在机场、宾馆、超市以及一些公共场所使用上“人脸识别”技术。

(4)数字生态:随着对生态环境的高度重视以及美丽中国建设的推进,数字生态取得长足发展。各地积极开展数字化的"资源一张图""水与灌溉一张图"等项目。一些脆弱的生态系统,如全国海岸生态环境监测与管理系统建设已经完成。环境监测网络覆盖了1000多个工矿企业,可以自动测量并报告16,000个污染监测点数据。

二、数字中国建设为农业现代化奠定了坚实的基础

1. 农业仍然是国民经济的基础

农业是国民经济的基础,具有多功能性,特别在三大方面起着关键的作用:一是确保14亿人口的吃饭,解决粮食安全问题;二是至少直接提供2亿多农民的就业,占全国活跃劳动力的27%,同时贡献全国GDP的7.9%;①三是农业还担负着自然资源与环境保护的作用,是可持续发展的重要基础。

但也应该看到,中国的农业要实现上述三个功能,还面临着巨大的挑战。主要问题是资源禀赋有限:中国只有全球9%的耕地与6%的淡水资源,却要养活养好全球的近20%的人口,特别是考虑到快速的城市化及城市人口对膳食质量要求的不断提高。气候变化的影响,土地退化(污染,盐碱化,黑土地严重退化)以及农村劳动力老龄化和城市化引起的有知识的青年劳动力流失等问题。此外,中国农业目前还面临着高质量种业的对外依赖的风险与挑战,至今某些高质量农作物品种与畜牧品种的进口替代是我们的明显短板。

2. 农业现代化是中国现代化的基础

没有农业现代化与信息化,中国农村就不可能实现振兴繁荣,中国的农民也不可能提高收入,富足发展,中国的现代化就不可能实现。智慧农业代表中国农业现代化与信息化的未来与方向,是数字中国的主要支柱与重要的攻关方向。

中国的小农占农业经营主体的90%以上——这是当下中国农村农业的主要图景,是中国与发达国家发展智慧农业的明显差别与挑战,但也是中国发展智慧农业必须考虑的基本出发点。

---

① 《农业生产跃上新台阶 现代农业擘画新蓝图——新中国成立70周年经济社会发展成就系列报告之十二》,载人民政府网,http://www.gov.cn/xinwen/2019-08/05/content_5418684.htm。

鉴于这种情形，中国的智慧农业需要着眼提高和改善传统的多功能农业，主要目标即前文提到的三个方面：一是生产足够的、质量好的食物，确保全体中国人的饭碗能牢牢端在自己的手里。二是在现阶段继续为数亿农民提供得体的就业机会，助力到2020年完全消除贫困。中国目前尚有3500万的贫困人口，大部分在农村，主要分布在老少边等落后地区，这是发展农业的核心目标。三是有效地保护生态系统，在推动乡村振兴、建设美丽中国中起关键的基础性的作用。实现这一切，将是中国贡献支持实现联合国2030年可持续发展目标的重大的公共产品，国际社会都高度关注中国的农业发展。

3. 智慧农业是农业现代化的最高形式

数字中国建设为智慧农业发展奠定了坚实的基础。智慧农业为粮食生产、收获、运输、仓储、市场流通、贸易、加工到餐桌消费的农业与粮食体系的整个链条提供更加完善、综合的规划决策与治理管理服务。它包括使用现代数字技术与信息技术，如遥感、卫星定位系统、地理信息系统、互联网、物联网、人工智能、云计算、区块链以及现代生物等技术；目标是系统推动对人类友好无害，资源使用高效，环境可持续发展的农业与粮食安全体系。

从技术上说，智慧农业涉及各种数据的系统化感测、收集与更新，更便捷更广泛的互联性与更好的数据共享，开展更加深入的数据分析与大数据挖掘，实现从数据到信息再到知识与智慧的转化，最终在规划决策中应用。

从实践上说，智慧农业不应被理解为只是供给侧——农业生产的事。它不仅包括如精准农业，而且涵盖贸易、电商、农产品质量追溯、农业与牧场、养殖场的生态系统监测、农业保险以及农村金融与农村发展信贷等业务。智慧农业还涉及生物技术与信息技术的融合应用与育种以及新的高质高产品种的制造等方面。

可以说，智慧农业涉及广泛，它的应用只受到我们想象力的限制。毫无疑问，智慧农业将是可持续发展的一个重要的解决方案。实践说明，现代信息技术与智慧农业正在改变中国的农业生产、农民的社会生活，改变着整个中国的农村发展。目前，我国许多农村已逐渐扩大智能农机的使用以及农民对智能手机的广泛应用就是很实际的例子。

4. 智慧农业建设发展的逻辑考虑

(1)政策考虑

智慧农业是农业信息化的最高阶段。中国政府非常重视数字技术在农业与粮食安全中应用。特别是2012年以来,中国政府相继出台了一系列的政策,推动农业信息化包括智慧农业发展,如2012年的《关于加快推进农业科技创新持续增强农产品供给保障能力的若干意见》,2013年的《关于加快发展现代农业进一步增强农村发展活力的若干意见》,2015年的《关于加大改革创新力度加快农业现代化建设的若干意见》,2016年的《关于落实发展新理念加快农业现代化实现全面小康目标的若干意见》以及今年(2018年)出台的《关于实施乡村振兴战略的意见》。农业发展的迫切需求,加上国家政策的明确支持与推动,是中国智慧农业发展的主要驱动力;其中,数字中国的整体建设与发展也为推进智慧农业打下了良好的基础。

从学术上说,智慧农业属于交叉学科;从应用角度看,它又是一种涉及多部门不同要求的、需要多学科协同的工程手段。任何一个单位都很难靠一己之力,独立发展与实施重大的智慧农业项目。因而,在政策制定中,往往需要明确要求:

①以人为中心的发展理念。通过对国家总体战略方向的深入分析与了解,确定明确的发展目标。如智慧农业纳入数字中国建设的整体规划,成为主要的组成部分。

②问题导向与结果驱动。发展智慧农业,需要实地调研,了解农民的真正需求、熟悉当地的农业生态系统的基本情况。

③顶层设计与统筹规划。出于跨部门跨行业特性,深度了解交叉学科科技问题以及利益相关方作为参与者的特殊利益考虑,是项目设计的核心出发点。

④建立必要的伙伴合作。成立跨部门的执行小组,并由最高层的部门领导人亲自担任组长,协调各方伙伴共同执行——这是数字福建的成功经验,值得智慧农业项目参考。

(2)发展导向

科研引领。党的十八大以来,由于政策的支持力度不断加大,数字科技的发展方向不断明确,社会与企业的投资兴趣也随之提高。一个明显的趋势是,在国家科研项目的引领下,通过技术转让与能力建设的培育,智慧农业的发展出现了从科学研究与实验向大型实用项目及系统化建设的转型发展。基础研究广泛布局,涉及数据挖掘、处理应用的高光谱大数据模型,几何重建、物理模型、数据融合与数据同化以及人工智能(机器学习、深度学习)等。推进了“天—空—地”系统的建立,如卫星遥感—无人机航拍—地面观测网站对农作物生长监测、病虫害、作物水胁迫、产量预报等业务应用得到快速发展。比较成功的案例有:中国农科院的“天—空—地”一体化的实验系统、中国科学院的 CropWatch 业务系统,都得到国际上同行的认可。

企业参与。企业参与智慧农业建设是行业健康与可持续发展的一个重要标准;民营中小企业不断增加的投资热情,表明智慧农业市场张力的扩大。如在中国东北地区,由于大面积的农田工作,农业机械化程度较高,推进现代化条件优越,农民使用无人机、物联网以及卫星定位系统,开展精准农业播种、收获与农田管理。西南地区以山地为主,如广西地区小农利用智能型综合水—肥滴灌系统,开展精准的柑橘生产,很大程度提升了果农效益。山东等地企业经营的智能化设施农业发展迅速,得益于数字化、信息化与智能化的发展。江苏多家企业支持研制了设施农作物生长环境如土壤、水分、温度等信息传感器,多回路智能控制器,水—肥精准滴灌系统等。智慧粮仓使用传感器、物联网以及云技术对粮仓进行实时参数监测调控,实现自动化、数字化和智能化管理,大大降低了粮食在仓储环节的损耗。这几年,农产品贸易流动网络化更是如雨后春笋般出现。如电商农产品销售新模式解决了许多落后地区“最后一公里”的农产品滞销现象,典型的有四川、云贵、陕西等地的网购与直播带货,既增加了青年农民的就业机会,又提高了农民的收入与种地积极性。

市场开拓。智慧农业发展涉及科研、生产、市场、贸易、消费等诸多领域,将带动一个利润丰厚的新兴产业,市场潜力巨大。有人预测,中国互联网 + 农业的市场到 2020 年累计将达 10 万亿元。① 国际市场的主要兴趣点将集中在大田作物生产机械化、信息化、数字化以及设施农业、室内种植、水产养殖和智慧畜

① 《2021 年中国智慧农业全景图谱》,载前瞻经济学人,https://www.qianzhan.com/analyst/detail/220/210604-efeb008f.html。

牧业等。前景看好的市场产品开发将聚焦智慧农业的硬件、软件、集成系统、物联网以及综合服务等。重点突破的核心技术将主要围绕在人工智能与农业机器人以及各种智能农机具和装备。

有研究指出:全球智慧农业市场预测将从2016年的113亿美元增加到2025年的300.1亿美元的规模;2017~2025年的年复合增长率(CAGR)为11.5%。[①] 麻省理工学院曾把无人机列为2014年的十大主要发明之一。无人驾驶拖拉机、智能收割机、播种机、除草机、撒药机、饲料机、挤奶机器人以及各种传感器、自动控制、自动测量等监测装置层出不穷,且不断更新。无疑,智慧农业相关的传感器、装备、系统和分析软件以及集群服务等,将是今后市场追踪的热门、技术攻关开发的重点。目前,农业数据要素的综合挖掘应用还相对薄弱。

模式创新。在智慧农业的发展进程中,政府、高校与研究院所以及企业这三大利益攸关方起到关键的作用。值得强调的三个要素是技术、资本与人才。中国民营企业对智慧农业的投资明显增加,有力说明农业市场的潜力,也表明智慧农业行业发展的创新方向,潜力可期。

中国在智慧农业发展中有一定的相对优势。首先,中国是一个农业大国,农业生态的多样性以及资源要素分布的广泛性,形成了天然的场景丰富、内容广谱的特点,具有非常富足的应用场景。从布局上说,中国不仅具有明确的国家、省级以及部门的多层次的数字技术、信息技术发展战略,实现了比较完整的技术积累,建立了"天—空—地"一体化的空间信息基础设施,空间数据采集能力较强,并且已经积累了海量的大数据集,形成了多源多层的统计与空间数据以及大量手机应用的众包数据。这些比较优势可以为不同目标研究的选择以及针对不同用户应用的实证示范提供良好的空间。还有一个重要的特色,就是在40年的改革开放中成长起来的、充满改革精神与创新意识以及创业能力的新一代数字技术与信息应用的企业家群体,如华为、腾讯、阿里巴巴、大疆等。他们都是未来农业信息化与智慧农业的重要伙伴。

---

① Smart Agriculture Market to 2025 - Global Analysis and Forecast by Solution Type and Application, ReportLinker, https://www.reportlinker.com/p05064752/Smart-Agriculture-Market-to-Global-Analysis-and-Forecast-by-Solution-Type-and-Application.html.

三、推动中国智慧农业未来发展的一些思考

在新一代信息化革命的浪潮中，智慧农业将会是发达国家以及大国之间新的激烈竞争高地。在这场竞争中，创新应用无疑将是竞争的热点与赢家。以下几点值得思考与深入讨论：

（1）智慧农业是一个交叉学科与综合应用工程。在决策技术路径时，最关键的考量应该是基于国家发展的需求与国情现状的深入分析以及农民的真正需求。对于中国，我们需要主要考虑下列因素：中国现代化的发展途径与目标（如数字中国建设框架）、中国农业生态系统的复杂性、农业现代化的总体水平相对落后、大量存在的小农与较低的生产率以及发展的不充分与不平衡、高质量农业发展与乡村振兴的要求与资金和人才的缺乏特别是青年新农人的短缺之间的矛盾。需要综合分析规划，避免盲目投资。

（2）坚持四条方针：一是在设计智慧农业工程项目时，必须严格坚持问题导向与应用驱动。最大的问题始终是为了高质量农业发展目标，确保粮食安全，支持农民就业并且增收以及确保生态安全。二是明确政府在提供公共服务中的角色定位，主要是引领战略与规划、政策与立法、激励机制创新以及提供必要的基础设施支持等。三是在发展具有符合中国特色的智慧农业项目中，要提倡鼓励产学研用商融合发展的创新机制；通过政策加速科研的孵化与成果的转化应用。四是创造良好的有利于技术创新的生态，吸引中小商企业主导并投资智慧农业，特别是鼓励青年参与智慧农业的“三创”活动。

（3）需要优先解决的若干问题包括：第一，学界、研究部门以及行业由政府投资的智慧农业出现一定的碎片化，部门间还存在“粮仓”（silos）现象，消除这些现象迫在眉睫，否则将很难避免低水平的重复投资。第二，引起严重关注的问题是，核心技术与系统软件薄弱，有的还不得不依赖进口。缺乏数据分享的政策与机制，主要原因是数据的属主职责不明，数据分享政策、数据的确权定价机制等缺位。此类问题有的通过部门改革可以解决，但涉及数据安全的问题则需要国家层面的主管部门在科学论证的基础上，出台政策、有效协调。第三，涉及智慧农业的标准问题，特别是数据、技术装备、系统等方面的标准缺失，影响了技术的集成、成果转换与商业化的发展，也将影响国际交流与国际合作以及

"走出去"的战略。最后一点是有关高端人才的稀缺，特别是智慧农业领军人才的缺乏，尤其是缺乏农业人工智能领域的战略科学家与企业家以及系统的集成构架师等人才。解决这些阻碍农业现代化智能化转型的"瓶颈"，需要制定长远的发展战略与统筹协调与布局。

(4)若干政策建议：

第一，建立开源智慧农业信息平台。这是一个面向所有合作伙伴和潜在用户开放共享的开源平台。平台主要收集各种智慧农业项目的主要成果，包括自愿分享的项目数据、分析模型与各种算法。平台将作为桥梁，服务产学研用商融合发展；交流成果数据，推动数据进一步挖掘利用；协调提炼、研究制定标准，并推广应用。

第二，强化智慧农业核心技术研究。"关键核心技术是要不来、买不来、讨不来的。"[①]对任何国家来说，核心技术都是至关重要的，它决定了国家的竞争力和未来的发展。历史证明，如果一个国家没有掌握核心技术，就会处于被动地位甚至安全受到威胁。智慧农业的进一步发展需要突破一些核心技术，重点攻关如农业专用传感器、植物模型与智能决策软件、农用机器人与精准智能装备等。

第三，推动智慧农业规模化、业务化。从总体说，我国的智慧农业与发达国家差距在10～15年，处于从SA1.0版本向SA2.0发展阶段，即向规模化、业务化推进。改变目前的"概念验证"与"示范展示"的科研项目做法，通过加强成果转让转化，吸引投资是实用化的主要途径。

具体可以考虑：在农业大省如东北、河南等地区重点扶持推广大面积精准农业；江浙地区扶植智能养殖、花卉业；针对贫困地区加强电子商务体系能力建设（地方特色、品牌产品等）；针对缩小数字鸿沟的互联网科技普及服务，如专门为关注农村留守儿童制作的动画故事，培养儿童对农业与粮食安全的认知与兴趣；适合农村青年的数字书籍、互联网学习教材等；推动地方经济、美丽乡村建设、特色文旅等，也通过数字技术留住念想，保护生态。需要强调的是，应该制

① 《习近平在中国科学院第十九次院士大会、中国工程院第十四次院士大会上的讲话》，载人民政府网，https://www.gov.cn/gongbao/content/2018/content_5299599.htm。

定专门的政策，扶植中小型民营企业与农民主体参与智慧农业发展，在贷款与投资方面给予必要的支持。

第四，鼓励政策创新与机制创新。智慧农业是交叉学科，是系统工程，其代表农业现代化的最高阶段，新问题自然会不断出现，也在所难免。在科技创新的同时，必须由政府、学院以及产业伙伴甚至农民主体共同参与，推动政策与机制方面的改革创新，包括容错机制与允许失败的科研。在农村数字化转型中，尤其应该考虑小农、弱势群体的需求。智慧农业是资金与人才密集的行业，需要有技术、资本、人力资源组织动员的创新机制，如激励资本下乡（从城市到农村）、知识人才回乡等。

第五，构建智慧农业全球命运共同体。可持续农业与粮食安全一向是全球治理中高度关注的议题。联合国千年发展目标（MDG）与 2030 年可持续发展目标都把消除贫困与“零饥饿”列入全球行动的重中之重。坚持全球化理念，加强国际合作，推进智慧农业，助力实现可持续发展目标，是国际社会共同期盼的公共物品。“一带一路”倡议的“共商、共建、共享”原则应该是构建智慧农业全球命运共同体的基本遵循。重点应该聚焦发展中国家对缩小数字鸿沟的要求，根据不同的国情与文化，合作发展智慧农业，把大家带到数字世界发展的共同赛道。毫无疑问，信息应用基础设施建设与人力发展应该被摆到重中之重的位置。

构建智慧绿色农业，助力实现“零饥饿”目标*

一、重注动力，加速“转型性”的行动

1. 联合国2030年可持续发展目标偏离轨道

2015年9月，联合国成立70周年之际通过了《变革我们的世界：2030年可持续发展议程》，提出17个可持续发展目标（SDGs）、169个具体目标，旨在号召国际社会通过全面和可持续的方式，解决全球面临的社会、经济和环境的可持续发展问题。这是以联合国为核心的全球治理机制，在总结2000年提出的千年发展目标（MGDG）实施经验与教训后，提出的综合性的可持续发展目标。

将近8年过去，特别是过去3年来，由于新冠肺炎疫情、单边主义、新冷战思维以及地区冲突等多重危机的影响，世界百年未有之大变局加速演进，联合国的2030年可持续发展目标的全球实施受到了严重冲击，按联合国秘书长的说法：可持续发展目标已经偏离了轨道。下面的几个例子一目了然：

SDG1——消除贫穷。根据世界银行预测，到2030年，全球极端贫困人口（低于1.9美元/天）仍然将有6亿，90%将集中在撒哈拉以南非洲。世行认为：原定2030年将全球赤贫人口降至3%以下的目标恐难实现。

SDG2——“零饥饿”。全球饥饿人口一直徘徊在7.6亿左右。2007/08年全球金融危机导致的全球粮食危机，一度使饥饿人口飙升到10亿，达到人类有史以来的最高值。粮食安全一直是国际社会优先关注的全球安全问题之一。

SDG13——气候行动。几乎涉及社会经济的所有部门，影响SDG的社会、经济与环境三个核心维度。今年全球性的超高温等异常气候带给世界的影响

---

* 该文是作者2023年7月14日在桂林参加由科技部与广西壮族自治区政府共同主办的中国—东盟可持续发展创新合作国际论坛的主旨演讲。

就是一个鲜明的例子。联合国政府间气候变化专门委员会的研究指出,温室气体的主要排放国如果不采取紧急应对行动,把全球增温控制在2℃以内的目标是根本不可能实现的。

其他SDG目标,如清洁饮水、卫生福祉、陆地生物、水下生物、城市与社区、生产与消费等同样进展缓慢,亦乏善可陈,达标困难重重,不容乐观。

2. 亟须"转型性"的行动

国际社会对当前进展表示极大关切。联合国决定在今年9月18~19日的联合国大会高级别会议期间,召开2030年可持续发展目标峰会。联合国秘书长指出:"峰会必须是一个团结的时刻,为可持续发展目标的实现重注动力、加速行动。"联合国系统将与成员方一道集结、采取"转型性"的行动。从目前的磋商进展看,多数利益相关方建议将下一步的重点聚焦在六个主要的SDG目标、采取五种实施手段以及一个围绕"性别平衡"的跨领域优先举措。联合国已经准备了一份"零版本"的峰会宣言草案,并在全球范围征集意见。[①] 我注意到,科技、创新、大数据、数字经济、能力建设以及伙伴合作等均为峰会宣言草案的高频词,值得本次论坛关注。

二、中国为可持续发展目标实现提供了有益方案

1. 大国的担当与贡献

2015年,中国通过艰苦的努力与实际行动,成为按时实现联合国千年发展目标(MDG)的首批国家,得到国际社会的高度赞赏。中国作为世界第二大经济体的大国,在落实联合国2030年可持续发展目标中,以更明确的政策、更系统的计划以及更强有力的综合举措,作出了大国应有的担当和贡献,包括率先发布落实2030年议程的国别方案和进展报告等。

多年来,我国秉承把农业与粮食安全当作治国理政的头等大事的国策,通过政策与战略、规划与计划、资金与科技创新等多措并举与机制改革,用世界

① 本文发表时间为2023年7月14日。在两个月后(9月18日)的联合国峰会上,决议草案中关于重点聚焦"六个主要的SDG目标、采取五种实施手段以及一个围绕性别平衡的跨领域优先举措"的建议被峰会否定。峰会重申国际社会必须继续瞄准SDG全球17个目标,并一致呼吁支持采取"转型性"的实施。

9%的耕地与6%的淡水资源，确保了全球19%人口的口粮问题，粮食产量连续8年保持在6.5亿吨以上。中国宣布于2020年实现了在现行标准下的全面脱贫，提前10年实现了联合国2030年可持续发展的首要两个目标——消除贫困与"零饥饿"。在环境生态、绿色能源、气候变化、卫生教育以及生物多样性与荒漠化治理等领域，均制定了明确的优先政策，注入了大量的资金，采取了科学的、强有力的举措，取得了举世瞩目的阶段性成果。我本人就是一个见证者：2013年我完成了在联合国任职25年的使命从欧洲回到北京。这10年来，我们目睹了北京与全国许多地区环境的美化、空气质量的根本改善，实在是让人惊叹不已。可以毫无偏见而且非常自豪地说，中国在实现联合国SDG中的政策决策、在实践中的方案举措以及成就效果特别是在消除贫困、粮食安全、绿色农业以及新能源与科技创新等方面，成为SDG诸多目标"早期收获"的新动能，充分彰显了绿色生态是可持续发展底盘的理念的效果。这个理念值得与全球特别是亚太地区的朋友分享。

2. 中国农业绿色发展基础的奠定

党的二十大报告中指出：尊重自然、顺应自然、保护自然，是全面建设社会主义现代化国家的内在要求。必须牢固树立和践行"绿水青山就是金山银山"的理念，站在人与自然和谐共生的高度谋划发展。

同年12月，习近平总书记在出席中央农村工作会议时进一步强调："坚持绿色是农业的底色、生态是农业的底盘。"①

中国的重要经验是，把推进农业绿色发展全过程转型作为中国可持续发展的重要战略部分，得到各级政府的全力支持与认真贯彻推进。农业部部长唐仁健在第十九届中国国际农产品交易会开幕会暨农业绿色发展论坛上讲话指出：统筹农业稳产高产与绿色发展，下大力气构建绿色低碳循环发展的农业产业体系，加快推进农业资源利用集约化、投入品减量化、废弃物资源化、产业模式生态化，实现绿色供给全方位保障、绿色生产全过程转型、绿色空间全维度拓展、绿色产业全链条构建。可以认为，这实际上是中国实现智慧绿色农业，为联合

① 《习近平：加快建设农业强国　推进农业农村现代化》，载人民政府网，https://www.gov.cn/xinwen/2023-03/15/content_5746861.htm。

国可持续发展目标贡献的实践路线图。

具体来说，发展智慧绿色农业，就是从生产、生活和生态等多角度统筹布局、系统推进。根据《中国农业绿色发展报告 2022》①，中国已经在诸多领域取得进展，包括：

（1）土、水、生物多样性等农业资源保护利用能力提升：农业环境保护包括改善利用率、肥料结构、施肥方式等实现化肥农药持续减量；绿色防控应用范围扩大到 12 亿亩，数字化专业化防治水平提高，农药包装废弃物回收、秸秆综合利用能力稳步提升到 88%，畜禽粪污资源化利用扎实推进达 76%，农膜回收率达 80% 以上。

（2）农业绿色产品供给持续增加：推进现代化制种基地建设，建设一批区域性良种繁育基地，逐步提升国家级制种基地保障水平；强化农产品质量安全监测，持续推进国家农产品质量安全县建设；稳步扩大绿色食品、有机农产品发展规模，发展名特优新农产品；出台多项举措深入推进农业品牌高质量发展等。

（3）农业生产标准化水平持续提升：完善农产品标准体系，健全优化农兽药残留食品安全标准，加快制订、修订优质农产品相关标准；推进现代农业全产业链标准化基地建设和推进畜禽养殖标准化示范创新，制订、修订了 735 项农药兽药残留限量及配套检测方法食品安全国家标准。

（4）推动农业多功能开发：持续推进稻渔综合种养，休闲农业和乡村旅游不断拓展；创建了 50 个国家现代农业产业园、40 个优势特色产业集群、100 个国家农业现代化示范区；全域推进农业生产“三品一标”提升行动；扩大健康养殖示范推广范围，创建了 180 个国家级水产健康养殖和生态养殖示范区。

（5）乡村生活更加富裕美好：农民收入持续增加；推进农村“三产”融合，大力发展县域经济，积极推动乡村振兴，培育壮大乡村产业和美丽乡村建设成效显著。

上述各领域的进展，离不开科技的进步发展、数字技术推广应用以及智慧绿色农业的推进。

---

① 《中国农业绿色发展报告 2022》，中国农业出版社有限公司 2023 年版。

3. 智慧绿色农业发展不断提速

(1) 国际简况

简单介绍以下国际情况。目前，许多 OECD 国家都先后制定了智慧农业发展国家战略与中长期发展计划。美国、法国、德国普遍实现政府鼓励、社会参与、企业引领的模式。农业数字化、信息化、智能化程度不断提升，实现了普遍的市场驱动商业服务。智慧农业的发展，出现了"软件专业化、应用平台化、数据共享云化"的"三化"趋势。

国际组织，如世界银行、国际电联、欧盟以及联合国经社部等亦积极推进数字化与智慧农业建设项目。联合国粮农组织则积极引领推进三个优先项目：

"手拉手地理信息平台"(Hand - in - Hand Initiative)。建立一站式农业数据服务平台，致力于数据的整合共享、跨学科大数据知识管理与发现、数据与农业领域专业专家知识与模型的深度融合，为终端用户提供可执行的信息(actionable information)，在多个层次上缩小农业领域的数字鸿沟。

"数字千村"(1000 Digital Villages)。与农业生产需求紧密结合的数字和信息技术的示范，带动农业领域数字化转型，帮助成员方特别是发展中国家提高数字农业水平，缩小数字鸿沟，为发展智慧农业打好基础。

"数字组合服务"(Digital Service Portfolio)。通过农业领域移动端的 App，把农业专业数据转化为农民可理解、可执行的信息与指令，降低农业信息技术的服务门槛，提高服务时效与效益。

联合国粮农组织通过这三个项目的整合，致力推进农业领域数字公共产品服务，系统推进农业数字化转型，缩小数字鸿沟，助力可持续发展，确保粮食安全，得到国际社会的瞩目。

(2) 国内发展

党的十九大对建设网络强国、数字中国、智慧社会作出了战略部署。习近平总书记在给数字中国峰会的贺信中指出：加快数字中国建设，就是要适应我国发展新的历史方位，全面贯彻新发展理念，以信息化培育新动能，用新动能推动新发展,以新发展创造新辉煌。①

国家有关部委制定了相应的数字发展规划与实施方案。智慧绿色农业发展已列为国家重点,编制了"十四五"规划,包括广西壮族自治区在内的数字政务、数字经济、数字社会、数字文化、数字生态"五位一体"的数字中国建设进展不断提速,迈上了新台阶。

智慧绿色农业发展的相关研究与试验示范态势良好:高标准高水平国家农业绿色发展先行区的建设与实施监测,国家重要农业资源数据库(台账工作)的建设与业务化运行,汇聚了包括构建覆盖全国31个省、自治区与直辖市(不包括港澳台)的128个先行区及256个县的农业水、土、气候、生物、农业废弃物等农业资源数据。通过数字技术赋能,以数字技术驱动引领农业农村绿色发展,推进农业绿色产业数字化、数字产业化、"天—空—地"一体化农业感知系统、数字化智能化观测试验、绿色发展智能决策平台等科技设备、装备与服务平台创新不断涌现。

农业部采取了以"总体设计、突出重点、分步实施"和"横向到边、纵向到底、互联互通"为原则,以大数据、云计算技术为手段,以数据汇聚、数据管理、数据分析、信息服务为主线,构建了"1+1+N"的农业绿色技术观测试验数据平台的总体架构(1个数据中心、1个服务平台、N个业务模块),实现数据能互通、试验能分析、服务能共享、效果能评价。

在构建绿色农业生产技术体系方面也进展喜人:精准农业,如水稻精确定量栽培技术、节水抗旱栽培技术、优质小麦全环节高质高效生产技术、黄淮平原冬小麦固碳减排丰产高效栽培技术、马铃薯增产增效栽培技术以及农业无人机水肥药一体化技术应用等,不断出现技术突破。

政府其他部门也开展了相应的工作。科技部组织开展了全球生态环境遥感监测,主动定期向世界各国提供包括全球大宗粮油作物生产形势监测与预测的报告。中科院利用地球大数据的优势与特点,一直围绕相关的SDG目标开展科技分析与研究,每年向联合国提供地球大数据支撑可持续发展目标报告,供国际组织与各国决策规划使用。

---

① 《习近平致首届数字中国建设峰会的贺信》,载新华网2018年4月22日,http://news.cnr.cn/native/gd/20180422/t20180422_524207603.shtml。

(3)发展机制和模式的改革探索

在高度重视数字技术与信息技术在智慧绿色农业的科研布局与开发应用的同时,高度重视推动发展的机制与模式的改革,适应农业信息化、智能化与现代化的时代要求,出现了一批颇具潜力的实际成果:如天津市西青区借力智慧农业服务平台创新小站稻“五统一”标准化生产模式;山西省运城市万荣县健全农业绿色发展支撑体系,推进农业生产方式绿色转型;浙江省湖州市的践行“绿水青山就是金山银山”理念奋力打造高效生态农业强市;福建省龙岩市上杭县创新的“土长制”守护一方净土;云南省红河州弥勒市发展绿色生态产业,探索生态与经济齐头并进的石漠化治理新路子等。

值得注意的是,新型经营主体成为推动农业绿色转型的“领头雁”:农业企业和农民合作社等新型农业经营主体是现代农业建设的重要力量。企业积极推进农业绿色生产数字化和市场营销电子化,涌现了一批专精特新的企业。据农业部统计,2021 年营业收入超过 11 亿元人民币的农业龙头企业中有51.4%启动数字化建设,37.40%采用电子商务交易,10%种养业龙头企业开拓休闲农业和乡村旅游业务,平均利润增速达 18.6%。2022 年全国依法登记的农民合作社达到 222 万个,辐射带动近一半农户,包括坚持“三产”融合,促进全链条绿色发展;发展肉鸡健康养殖,提升绿色生产水平以及智慧农业驱动标准化生产等。各种智能化、信息化的农机设备研发也迈上了快车道,如农业无人机的研发与广泛使用等,涌现了一批具有一定规模的创新型智慧绿色农业企业与企业家群体。

(4)存在困难与问题:任重而道远

从一个农业大国发展成为一个以现代化、信息化、数字化为标志的农业强国,我们还存在许多困难与挑战。首先是,中国的农业资源禀赋有限,广大农村还存在发展不平衡、不充分等问题。广大干部与群众对贯彻绿色发展理念的意识还亟待加强,亟须增强对生态优先、绿色发展以及信息化重要性的足够认识;发展农业生产与保护生态环境对立的问题仍然存在,农业生产还没有从单纯追求产量真正转向高质量发展、数量质量并重的轨道上来。

总体上,我们还处在农业生产方式仍然较粗放的条件下向全链条的农食体系转型阶段。向数字化、信息化、智能化的智慧绿色农业发展,需要加强绿色科技自主创新、技术推广应用、集成创新等,困难与挑战可想而知。为此,关键要把重点放在机制创新上,如绿色发展激励机制、相应的法律法规和监督考核机制的健全、生态产品价值实现机制的建立与完善等方面。随着改革开放的进一步深入,牢牢抓住科技发展的先机,我们完全可以变挑战为机遇,把智慧绿色农业发展推上快车道。

三、加强中国—东盟合作推进智慧绿色农业发展建议

1. 桂林论坛的意义

近 8 年的全球实施 SDG 的经验告诉我们,没有任何一个国家可以单独应对发展与环境中的各种挑战;唯有按联合国 SDG17 所要求的那样,通过全球合作,团结努力,建立伙伴关系,才能更有效地推进联合国 SDGs 的实现。

从这个意义上来说,2023 中国—东盟可持续发展创新合作国际论坛的召开非常及时。本届论坛作为第 11 届中国—东盟技术转移与创新合作大会系列论坛之一,以“生产生活生态、宜业宜居宜游”为主题,可以说是合天时、坐地利、享人和。

这次会议在联合国可持续发展目标峰会的中期评估前夕在桂林召开,会议议程与成果应该能为联合国秘书长提出的“转型性”行动提供“重注动力、加速行动”的中国—东盟案例——这就是合天时;桂林是中国—东盟区域合作的重要地区门户,虽然从地理上说属亚热带地区,但与东盟 10 国却有着相似的地理环境条件,共享热带生态资源,这是坐地利;桂林是多民族和合共生的地区,与东盟各国有着悠久的人文、经贸交流与友好往来,有着得天独厚的合作机缘,这就是享人和。

桂林市对中国的西部发展具有特殊的意义。5 年前(2018 年 2 月),国务院批复同意桂林市以景观资源可持续利用为主题,建设国家可持续发展议程创新示范区。重点针对喀斯特石漠化地区生态修复和环境保护等问题,集成应用生态治理、绿色高效农业生产等技术,实施自然景观资源保育、生态旅游、生态农业、文化康养等行动,统筹各类创新资源,深化体制机制改革,探索适用技术路线和系统解决方案,将桂林建设成为世界级旅游城市、生态宜居的山水文化名城、可持续发展的创新产业高地、开放融合的区域门户,使其成为经济繁荣发

达、社会和谐稳定、人民殷实安康的可持续发展样板城市。

5 年来的探索实践为绿色发展与乡村振兴，把“绿水青山变成金山银山”，在建设“生产生活生态，宜业宜居宜游”方面，做了大量的探索，为中西部多民族、生态脆弱地区实现可持续发展发挥示范效应，也为落实联合国 2030 年可持续发展目标提供实践经验。这可以为中国—东盟合作提供一个相互借鉴的典型。

绿色发展、人与自然和谐共生正在成为国际共识，推进中国—东盟智慧绿色农业将是一个既有战略意义又有现实意义的选项。中国作为一个发展中国家、经济大国，东盟的好朋友、好邻居、好伙伴，我们有义务面对世界特别是地区共同关注的议题，主动分享我们的发展经验、成功案例与改革方案。

2. 政策建议与行动

主要思考与建议有如下几点：

(1) 战略规划与政策调整

对应正在考虑的今年 9 月联合国可持续发展目标峰会重申的重点 SDG 领域以及 2021 年联合国粮安峰会关于“建设更高效、更包容、更有韧性和更可持续的农食体系转型”核心要义，结合当前全球严峻复杂的形势、全球经济复苏的困难局面以及各国发展中的实际问题与机遇，需要不断调整优化相关政策。建议更多资源要素向农村生态文明建设聚集，把低碳绿色纳入生态文明建设整体布局，建立完善以绿色为导向的智慧农业支持保障体系，为农食体系的绿色转型、智慧发展提供有力支撑。

(2) 科技创新与机制改革

以生物技术和信息技术为特征的新一轮农业科技革命深入发展，智慧绿色农业发展的关键核心技术必将逐步破解。特别是注重发展中国家饱受为难的种业“卡脖子”问题，适合东南亚多云、多山、耕地破碎等环境的新品种、新农机、新数据采集传感器、系统集成等难题；推动建立不同区域、不同类型绿色发展技术模式集成以及应用推广机制，从政策到计划方案以及市场化的改革举措如创新激励、中小企业融资、青年返乡创业等入手，将是推进智慧绿色农业科技发展的强大的原动力。

(3) 有为政府与企业伙伴

中国—东盟地区多为转型经济，无疑需要继续深化全面改革。在构建智慧绿色农业的进程中，政府除加强科研投入、人才培养，开展必要的基础研究与开发核心技术外，也必须重视机制体制的改革，不断适应市场经济的客观要求。主要趋势是：新型经营主体的不断涌现，专业化社会化服务的加快发展，绿色品种、智慧技术与智能装备以及生态友好、低碳投入品的增加，都要求加强培育国际视野的企业家精神与经营能力。政府要发挥作用，市场起主导作用，需要推动政府、企业、学术、传媒以及社会组织结伴联盟，共同营造需求导向、市场驱动发展智慧绿色农业的基本生态。

(4)深化国际交流与合作

进一步推动中国—东盟科技交流与加强南南合作是发展本地区智慧绿色农业的重要途径。利用中国在多边组织的各种信托基金以及东盟各国强烈的合作意愿，重点开展在数字技术、遥感与GIS、互联网、物联网、区块链、云计算、人工智能技术合作；充分利用东南亚地区生物多样性丰富优势，开展智慧育种与生物技术融合发展等方面的合作，应该得到各方的充分重视与支持。

(5)建议把合作优先放在最需要的能力建设与人才培训方面。随着绿色优质农产品消费需求不断扩大，中国与东盟有天然的地理生态“近缘”与发展需求的互补“机缘”。建议人才培养中适当强调“上移合作重点”，探讨政策、法规、规范方面的能力发展合作研究，通过共商共建互利互惠的市场机制，促进释放绿色生态农业建设投资的带动效应，为进一步推进整个东南亚智慧绿色农业发展与优质优价农产品和服务提供广阔的市场空间。

(6)缩小信息和数字鸿沟

全球化中的一个重大错觉是数字鸿沟在自动地缩小。事实上，随着信息技术飞速发展，新技术、新产品、新业态、新服务层出不穷，数字鸿沟也在不断扩大。信息核心技术成为当今国家竞争的高地，谁掌握了核心技术，谁就掌握了国家发展与安全的“任督二脉”。眼下信息领域的竞争使许多发展中国家有更多的人成为新技术的“新贫困户”。解决信息贫困是新全球化和全球治理的重要议程，也应该是中国—东盟可持续发展创新合作的重点领域。

建议在“一带一路”建设中加大对数字技术的交流与科技合作力度，包括举办各种形式的讨论会与工作坊。例如，首先可以从电子政务的培训和能力建设入手，与东盟成员共同设计基于需求与符合各国国情的课程，分享利用数字技术特别是电子政务提高政府的执政能力与治理水平。支持青年利用互联网开展创业、创造与创新的“三创”的机会，对助力联合国可持续发展目标的实现意义重大。

总之，加强中国—东盟智慧绿色农业发展合作，得天时、坐地利、享人和。应对世界百年未有之大变局下的新形势、新格局，世界更加需要我们东亚文明与智慧。我们需要进一步夯实、强化务实合作，以推动构建智慧绿色农业生产体系为抓手，为助力联合国 2030 年可持续发展目标实现作出中国—东盟的独特贡献。

后　记

“两栖”人才与“三种人”

——陈述彭院士的人才培养战略思维

20 世纪 70 年代中期，我从福州大学毕业，由国家分派到中国科学院地理所（后成二部，为中科院遥感应用研究所前身）当一名实习研究员，开始了我遥感领域的科研工作。

记得 1975 年年底的一个下午，陈述彭先生在他堆满书籍的办公室见了我，与我这个初出茅庐的年轻后生倾谈良久。那次谈话内容至今让我难以忘怀，也让我终身受益。

作为一个刚到中科院的青年新人，能有机会聆听大师的单独指点，这是我的幸运。陈先生谈到他于 1972 年以及 1974 年带团到墨西哥和英国考察遥感的经历，分享了他向中央有关领导汇报国外遥感新技术的发展以及方毅等中央领导的指示精神；他还谈及他对中国遥感发展的畅想。

他说，中国国土面积大，地质条件复杂，地理景观多样，生态环境变化迅速，需要解决的科学问题很多，遥感科技将大有用武之地。他鼓励说，遥感是一个新型的科技领域，是一门基于物理的基础、数学的手段、地学的分析的综合学科，需要既懂地学又懂物理和计算机学科的“两栖”人才。

也是在那一次，陈述彭先生还谈到了对科研团队“三种人”的看法。我觉得特别新鲜，就像勒石铭文一下深深刻在我的脑海里。

陈先生说，中科院有三种人：第一种人“捡兔子”，第二种人“打兔子”，第三种人“指兔子”。每种人都有角色、都很重要，但需要很好协调才能发挥整体大于 1 的团队作用。

他说，年轻人刚进研究所，缺少实践经验，可以从实习研究员干起。要向所有人学习，先从搜集文献做起，帮助做些具体的实验，就好比在猎场上“捡猎手打死的兔子”。他鼓励我说：年轻人只要保持努力，踏踏实实，坚持目标，早晚一定会成功成为“打兔子”或“指兔子”的人。

第二种人是指那些积累了一定经验的研究人员，包括助理研究员和一些研究员。他们可以独立负责一个课题，带领课题小组设计具体的研究方案，规划研究路径并具体负责项目的组织实施。他们要解决关键的科研问题以实现课题目标。这犹如在猎场上的枪手举枪瞄准打兔子。管理团队是“打兔子人”的重要能力。

第三种人年纪可能大一些，经历更丰富些，即所谓的资深研究人员。他们需要站得更高一点，看得更远一点。需要重点考虑如何带领团队定战略方向、提发展思路，谋篇布局，这就是所谓的“指兔子”。在科学发展的重要阶段，我们需要许多不同的“指兔子”的人带领大家一起攻关。他还接着补充说，其实，不光是科研战线，其他领域一样需要三种人的梯队配合作战。

在后来跟随陈述彭先生工作的日子里，我注意到他在许多场合都多次强调培养“指兔子”的人，即“战略领军人才”的重要性。

尽管我当时对陈先生所说的大部分遥感学术问题似懂非懂，但对他的“两栖”人才与“三种人”的团队建设的思维却极感兴趣，印象也特别深刻。这是一个科技领军人对如何打造团队、带兵打仗的既生动形象又浅显易懂的描述。

后来在不同的岗位上，我对陈先生的主张不断有更新的、更深入的思悟：不管干哪一行，作为一个年轻的团队成员，只有脚踏实地，抓铁有恒，知行合一，敢打敢拼，才能不断提升自己。“捡兔子”与“打兔子”的基本功夫是靠在实践中磨炼的；而作为一个领军人物，或者说成为管理者，就要有比其他人作出更多的投入，有更超前的思考能力，更具前瞻的眼光与判断力。在不同的工作中，我不断观察到，但凡是一个“指兔子”的领军人物，一定不仅具有洞察问题、确定方向、谋篇布局、统筹规划的领导水平，还要具有构建团队、组织协调和落实计划的执行能力。

多年后，我成为一名联合国职员，面临一个工作任务综合、职员构成复杂的多元文化环境，我更加深刻地体会到陈先生的“两栖”人才与“三种人”理念的现实意义，也更加体会到他一贯平易近人与和为贵的处事风格。纵观国内外，新时期的全球治理与国际组织无疑需要更多的复合型人才。当今的大科学哪一项不需要有很好的顶层设计和战略规划？我们所执行的国际发展项目哪一个不需要团队建设和协同作战呢？

人的一生经历无数，也会遇人万千，但有意思的是，有时一次不经意的一段对话或一句话，却能在你的心中永久镌刻，且历久弥新，受用一辈子。陈述彭先生提倡的"两栖型"的复合人才观、循序渐进的"三种人"的人才发展论以及领军人才培养的战略思维，一直是我职业道路上不懈拼搏的"金科玉律"。几十年来，无论我走到哪儿，陈先生的思维方法始终鼓舞着我做一个学习型的人，不断挑战自我，不断探索爬坡；一直助我顺利转型，从普通的理工男走向职业管理人的职业生涯。陈先生对青年后生的孜孜不倦的诚恳施教、谦虚低调、雅量宽容、乐为人梯的做人态度，也是我们在全球治理人才培养工程中需要永远学习的模范。

从联合国退休十余年来，自认初心不改，继续老牛奋蹄，夕阳朝晖，发挥余热，努力在全球治理、粮食安全与数字技术等领域跨界学习，并积极与青年朋友坦诚交流，有所心得。斗胆集成此书，算是《我的联合国之路》一书的后续。自知此集有些地方难免粗糙或出现差错，真诚希望得到各位先进与朋辈指点。

书至此，特将我在中科院地理所纪念陈述彭院士100周年诞辰时发表的文章（略有删节修改）①作为此书后记，期望也能给有志于从事全球治理与国际组织工作之青年带来一些启迪。是为慰。

2024年3月20日

① 《陈述彭编年纪事》编委会：《陈述彭编年纪事》，科学出版社2021年版。